U0367889

减少竞争中的政策壁垒

国际经验与教训

林至人（Cyril Lin） 编著

Reducing Policy Barriers to Competition in China

Lessons from International Experience

中信出版集团 | 北京

图书在版编目（CIP）数据

减少竞争中的政策壁垒：国际经验与教训 / 林至人编著 . -- 北京：中信出版社，2019.11
ISBN 978-7-5086-7388-2

Ⅰ . ①减… Ⅱ . ①林… Ⅲ . ①反不正当竞争－经济法－研究－世界 Ⅳ . ① D912.294.04

中国版本图书馆 CIP 数据核字 (2018) 第 281467 号

减少竞争中的政策壁垒：国际经验与教训

编 著 者：林至人
出版发行：中信出版集团股份有限公司
（北京市朝阳区惠新东街甲 4 号富盛大厦 2 座 邮编 100029）
承 印 者：北京楠萍印刷有限公司

开 本：787mm×1092mm 1/16 印 张：22.5 字 数：408 千字
版 次：2019 年 11 月第 1 版 印 次：2019 年 11 月第 1 次印刷
广告经营许可证：京朝工商广字第 8087 号
书 号：ISBN 978-7-5086-7388-2
定 价：88.00 元

版权所有 · 侵权必究
如有印刷、装订问题，本公司负责调换。
服务热线：400-600-8099
投稿邮箱：author@citicpub.com

目　录

第二篇 背景论文

（按作者姓氏首字母排序）

序

借鉴国际经验，确立竞争政策的基础性地位

北京凯恩克劳斯经济研究基金会多年专注于竞争政策的研究，曾发表题为“以竞争促增长”的研究报告，提出了很多有价值的改革建议。这份新的报告在前一个报告的基础上，重点介绍各国消除反竞争的政策壁垒的经验教训，非常及时。

竞争其实本来就是我国四十年改革开放的一个关键内容。早在1993年，中共十四届三中全会《关于建立社会主义市场经济体制若干问题的决定》就已经提出要“创造平等竞争的环境，形成统一、开放、竞争、有序的大市场”，并要求国家“为各种所有制经济平等参与市场竞争创造条件”。二十年之后的2013年，中共十八届三中全会在《关于全面深化改革若干重大问题的决定》中再次重申，“建设统一开放、竞争有序的市场体系，是使市场在资源配置中起决定性作用的基础”。2015年，中共中央和国务院进一步要求“逐步确立竞争政策的基础性地位”。

为什么要把竞争政策的重要性提到这样的高度？一个根本的原因是我国的经济发展已经进入了一个新的阶段。在这个阶段，经济增长必须越来越多地依赖资源使用效率的提升，而不是资源投入总量的增加。这是我国经济未来能否实现可持续增长的关键，也是我们应对各种挑战的基础。但如果没有一个平等竞争的环境，资源使用效率是无法提升的。这不仅仅是经济学的基本常识，也是为我们自己的实践所反复证明的事实。有限的资源能不能实现最有效率的配置，取决于竞争；企业有没有足够的激励和鞭策来提高自己的核心竞争力，能不能真正实现优胜劣汰，也取决于竞争。

然而，改革的实践证明，建立一个平等竞争的环境，绝非易事，因为这里涉及一个竞争政策与产业政策的关系问题。20世纪80年代中期以来，虽然我们的目标是要建立有计划的商品经济，随后又确定为建立市场经济，但是在实际的资

源配置中处于中心地位的，是以日本70年代以前的产业政策为模板、吸收我国自己的计划经济遗产而形成的“产业政策”，其主要特点是“选择性”，即各级政府对不同产业、不同企业给予不同的对待，而不是为它们“平等参与市场竞争创造条件”。其结果是，市场机制在资源配置中难以发挥决定性作用，在很多领域，市场机制更多只是政府“统筹协调”的手段和工具。

这种“半统制、半市场”的制度格局是当前中国经济社会发展的一个重要的“体制性障碍”。虽然它与公平竞争原则的冲突一目了然，但由于其支持的利益分配格局，要进一步改革，建立一个充分竞争的、以法治为基础的市场经济体制就非常困难。

但是再困难也必须改革。因为能不能克服这一体制性障碍，建立起更加成熟完善的法治化的市场经济体制，事关中国发展的前途和命运。在改革开放的早期阶段，一方面体制转型刚刚开始、资源控制在政府手中，另一方面经济发展处于主要靠引进消化技术实现“赶超型增长”的阶段，基础设施等方面的投资缺口大量存在，政府发挥主导作用集中和调配资源，靠资源累积促进增长，既是实际需要，也有很大的空间。今天，这种传统的增长方式已经走到了尽头。未来的增长必须靠创新驱动、生产率的提升来实现，舍此别无他途。与此同时，市场经济体制的建设也取得了长足进展。在这种情况下，逐步确立竞争政策的基础性地位，在公平竞争的前提下更好地发挥政府作用，既是我国经济稳定发展所必需的，也是完全可行的。十八届三中全会后，改革的方向和目标已经很清楚，关键的问题是加强执行力，克服各种阻碍和困难，把正确的方针、好的顶层设计和实施方案落实到位。

毋庸讳言，如何处理市场竞争和政府作用的关系，不仅在中国是一个重要挑战，其他国家也面临类似的挑战，也在不断探索。尤其是近年来经济全球化随中国崛起而迅速深化，已经使竞争问题日益超越各国边界，成为全球治理的重要问题。在这种情况下，我们建设竞争性的市场经济体制，可以而且必须充分吸收和借鉴其他国家的经验教训，这样一方面可以少走弯路，另一方面也有利于使我国的竞争政策与对外开放和国际合作相得益彰。

正是在这个意义上，北京凯恩克劳斯经济研究基金会的这份报告很有价值。报告从国际经验的角度探讨了影响中国市场竞争的政策壁垒，介绍了国际上为消除限制竞争的政策壁垒而采取的应对措施，着重探讨了如何借鉴国际经验，更充分地发挥中国公平竞争审查制度在减少限制竞争的政策方面的重要作用。这有利于我们充分地吸取中外关于竞争政策的研究成果，更好地从理论、政策和实践上解决我们面临的问题。

是为序。

吴敬琏

2019 年 10 月

前　言

北京凯恩克劳斯经济研究基金会（CF，以下简称基金会）是在北京市民政局登记注册的一家独立非营利性组织。基金会的宗旨是通过国际和中国知名专家的合作性政策研究，为中国的经济决策做出贡献。

基金会曾组织中外专家为中国竞争政策出谋献策。基金会的第一项研究《以竞争促增长：国际视角》于 2016 年完成。① 该项研究建议对《中华人民共和国反垄断法》（以下简称《反垄断法》）及其具体实施做出改进，比如，将三家反垄断执法机构合并为单一的高级别国家市场监督管理总局。该项研究提出的建议还包括：有效利用竞争政策应对行政垄断，协调产业政策与竞争政策，将国有企业全面纳入竞争政策。

本次主报告是基金会的第二项相关研究，其政策侧重点是削减市场竞争中的不合理规制性壁垒——这些壁垒类似于中国 2016 年 6 月出台的公平竞争审查制度所要应对的问题。国际类似制度的经验教训可能有助于进一步完善公平竞争审查制度以及其他应对市场竞争政策性壁垒的措施，而本次研究的目的就是总结相关的国际经验与教训。

此次研究由本报告主要作者林至人（Cyril Lin）博士（来自基金会）予以指导。主报告的撰写基于本次研究各位参与者准备的背景报告。吴敬琏教授、彭森副主任和陈清泰副主任担任此次研究的高级顾问。阿尔贝托·海姆勒（Alberto Heimler）教授（经合组织竞争委员会竞争与规制工作组主席）、黄勇教授（中国对外经济贸易大学竞争法中心主任、国务院反垄断委员会专家咨询组成员）、威

---

① 见威廉·科瓦西奇、林至人、德里克·莫里斯主编，《以竞争促增长：国际视角》，北京：中信出版社，2017 年。书中所含各报告的英文版本可从北京凯恩克劳斯经济研究基金会处获取。

廉·科瓦西奇（William Kovacic）教授（美国联邦贸易委员会前主席）和德里克·莫里斯（Derek Morris）爵士（英国竞争委员会前主席）就欧盟、中国、美国和英国的竞争政策提出了宝贵的见解。阿德里安·伍德（Adrian Wood）教授（牛津大学荣休教授、英国国际发展部前首席经济学家）对本次研究的规划和主报告撰写提出了宝贵建议。报告在最后列出了本次研究的参与者以及他们为本次研究准备的背景报告。

本次研究极大地受益于国家发展和改革委员会、商务部和国家工商总局反垄断执法部门的官员（尤其是时任发改委价格监督检查与反垄断局副局长李青女士）与我们展开的探讨。基金会在此也要感谢欧盟竞争总司和格特·扬·库普曼（Gert Jan Koopman）博士（负责国家援助事务的副总司长）与我们的合作，感谢莫琳·奥尔豪森（Maureen Ohlhausen）（美国联邦贸易委员会主席）、中共中央财经领导小组（中财办）的参与，感谢国务院法制办公室官员参加 2017 年 4 月举行的研讨会。

本报告表达的观点不代表中国或国际顾问、研究团队成员或与研究团队进行过谈话的中国政府官员的观点。报告中的任何谬误均为作者之责。

第一篇

综合报告

第 1 章　概论

中国在 1978 年改革之后取得了现代经济史上前所未有的经济成就。中国在 20 世纪 70 年代末仍属于欠发达经济体，但在 2009 年已经成为全球最大出口国，在 2013 年超过美国成为世界第一大贸易国，如今已经是世界第二大经济体。不过，中国仍是一个中等收入经济体，其 2016 年人均 GDP（国内生产总值）约等于美国的七分之一（按现行价格计算），或者约等于美国的四分之一（按购买力平价计算）。中国的战略目标是在 2035 年之前成为一个“中等繁荣”国家，并在数十年内跻身全球最发达经济体行列。中国在避免中等收入陷阱和向高收入经济转型等方面面临的挑战与其在早期发展阶段面临的挑战有着本质上的差别，甚至可以说比那时更为严峻。

如何通过加强内部市场的商品和服务竞争维持强劲的增长势头，是中国面临的重大挑战之一。事实上，过去 250 年来，各大经济体的所有重大发展都是在市场竞争与自由贸易的环境下取得的，在这种环境中，资源是由竞争市场配置的。世界各国的大量研究得出了这样的结论：竞争能够降低价格，提升经济效率，加速创新并提高生产率。竞争市场具有两个关键特征，那就是信息和创新，这两者是维持效率与增长的决定性因素。信息使企业能够基于市场缺口，以更有效的新生产方式、新技术和新产品发现商机。信息为消费者提供了产品和服务选择，激励企业以最有效的方式生产此类产品和服务，并进行创新以开发新技术、生产新产品。效率较低的公司被迫退出市场，而效率较高的公司将进入市场并赢得市场份额。资源因此得到有效配置，消费者福利达到最大化，社会获益于强劲而持续的经济增长。

竞争带来的这些效益对于处在早期发展阶段的经济体来说相对不那么重要，因为这一阶段的首要任务是满足基本需求和实现工业化。但随着经济体的逐渐成熟，经济增长必须以更高的生产率和更快的创新速度为基础，这时竞争带来的这些效益就变得至关重要。在 1945 年以来的战后时期，很多国家已达到中等收入水平，但只有少数几个国家成功晋级到高收入水平。增长与发展委员会（2008）列出了高收入国家取得成功的五个关键因素。中国在其中四个因素上得分较高，但在一个因素上得分较低，这个因素就是以竞争市场经济为基础的资源配置。① 正如本报告后文所述，这是因为中国在国民经济的重要领域，竞争要么缺乏，要么受限，或者受到扭曲。

在过去40年里，中国通过出口导向和投资驱动型粗放式增长模式实现了快速增长，而这种增长模式主要基于要素投入的显著增长。② 要想实现快速增长，以市场为导向的体制改革起着决定性作用。随着国际贸易和投资的放开，民营企业的发展和国有企业的改革给国内和国际市场带来了生产动力。产品市场引入竞争后，企业为了在竞争中脱颖而出，不得不采取现代化生产技术和管理手段。如果没有国有企业的改革、民营部门的发展和竞争的逐步引入，中国就不可能实现贸易的静态和动态收益，取得快速增长，使数亿人摆脱贫困并一跃成为世界第二大经济体。

加强竞争的必要性。21世纪第一个10年结束的时候，中国的决策者已经意识到中国的粗放型发展模式越来越不可持续。出口导向型增长之所以不再可行，不仅仅是因为国际贸易在2008年全球金融危机之后出现周期性下滑，也是因为经济结构的变化削弱了中国在劳动密集型传统制造业中的比较优势。③ 尤其需要指出的是，由于高昂的资源成本和缓慢的生产率增长与创新，粗放型增长无法再持续下去。

中国在改革期间取得的经济增长主要基于要素投入的显著增长，尤其是资本的增长。据估计，1978—2012年，TFP（全要素生产率）每年仅增长1.1%，实际增加值增长中有64%要归因于资本投入，仅有27%和9%分别归因于劳动力投入和全要素生产率。在经济效率低下的时候，需要持续高水平的投资以防止增长率进一步下滑。此外，投资效率的低下又导致必须以过高的公

---

① 另外四个因素分别是：国际贸易和发展的静态与动态收益，宏观经济的稳定，高储蓄率和高投资率，一个坚定、可信、能干并支持增长的政府。

② 中国自1978年开始实施对外开放政策并进行市场改革，于2001年加入WTO（世界贸易组织），这使得中国能够凭借其在低成本劳动密集型传统制造业中的比较优势取得迅速发展。出口导向型增长带来了高储蓄率和高投资率，这推动了极度依赖进口技术的综合性现代产业体系的进一步扩展。

③ 对中国在劳动密集型传统制造业中的比较优势造成负面影响的因素包括：劳动年龄人口因独生子女政策减少，近年来工资增长速度超过了GDP增速，低劳动力成本的新兴市场经济体参与竞争。

司债务水平和杠杆率维持高投资。这些正对金融体系造成系统性风险并对宏观经济平衡构成威胁。

中国经济的日益成熟意味着，只有通过以效率提升为基础的集约型增长和以竞争市场力量为基础的最佳资源配置，才能维持强劲的增长。2013 年 11 月召开的中共十八届三中全会阐明了加强竞争的必要性，并做出具有突破性的决策，提出要让市场在资源配置中发挥决定性作用，建立“统一开放、竞争有序的市场体系”，改革政府与市场的关系。2014 年 10 月举行的中共十八届四中全会提出要全面推进中国法治，这也是向着加强《反垄断法》的方向迈出的重大一步。2017 年 10 月 18 日，习近平主席在十九大报告中重申了中国最高领导层誓要加强竞争的决心。他再次指出，使市场在资源配置中起决定性作用并在国民经济中实现公平竞争将是未来几年的关键改革目标。

“十二五”规划中新提出的再平衡发展模式主张：推动结构转型；更多地依赖国内消费；让服务部门在国家产出中占据更高比重；发展高附加值的知识密集型新兴产业，如数字经济、人工智能、自动化和绿色技术，这些产业将使中国处于全球技术发展的最前沿。“十三五”规划更明确地指出，提升经济效率、提高生产率和加快创新速度将是新发展模式中更高质量和更具包容性增长的关键驱动因素。值得一提的是，“十三五”规划首次明确将竞争政策列为实现创新主导型增长必需的十项机构与规制改革之一。

中国在加强竞争方面面临的挑战。在中国，想要加强竞争，面临的挑战之一就是《反垄断法》的进一步完善。《反垄断法》基于全球范围内的最佳实践，是一部非常出色的法律。但是，正如基金会上一项研究指出的，在一部竞争法引入十年之后，应当根据积累的经验、中国经济的重要变化以及全球竞争法和竞争实践的新近发展，从相关规定、机构设置和具体落实等方面予以加强。

还有一个更大的挑战，那就是应对之前中央计划经济体制遗留下来的影响市场竞争的现行政策和体制壁垒，以及 1978 年以来市场改革过程中出现的新壁垒。如专栏 1 所述，以纵向产业政策形式推出的限制竞争的政策和措施，国有企业置身于市场竞争之外的事实，以及地方政府的保护政策促成的二元经济体系，即一个受到高度规制的子经济体和一个放松规制的子经济体——前者不存在竞争或竞争程度较低，后者则存在较少的竞争限制。在受到高度规制的子经济体中，国家干预普遍存在，主要是通过行政手段而不是竞争市场配置资源，因此经济效率低下，经济成本高昂，创新步伐缓慢。[①]

专栏1

中国的二元经济体系

自1978年以来，国家通过纵向的、干预主义的、选择性的产业政策控制产业发展的方向和速度，该产业政策针对的是身为产业政策执行者的特定产业和国企。这种做法在中国创建了两个子经济体或子系统。一个是受到规制的子经济体，在这个子经济体中，垄断性国有企业占据支配地位，市场竞争被消除、遏制或扭曲。另一个是竞争性子经济体，在这个子经济体中，市场准入基本不受限制，企业面对的是竞争市场机制。两种类型的垄断也由此产生。第一种是国家层面的部门垄断，主要由所谓的战略性产业中的央企构成。第二种是地方政府的行政性垄断（横向或地域垄断）。权力下放也导致了一种负面竞争，地方层面，尤其是各省之间为了实现高增长率而展开的竞争导致了“增长锦标赛”（李宏彬和周黎安，2005）。这些锦标赛的特点是各地对高增长率的不懈追求，具体手段则是地方政府对资源配置的干预以及具有高度干预性的地方保护主义产业政策，这些产业政策规避并无视市场竞争。

由此我们不难得出这样的结论：由于对竞争的广泛限制，中国经济尚有极大潜力没有得到开发。竞争性子经济体是推动中国经济快速增长的最强劲引擎，但这个子经济体中的竞争主要在产品市场。资源在一定程度上是通过竞争市场配置的；在这个竞争市场中，生产什么、如何生产以及投资决策主要基于市场价格信号。但是，总的来说，资源并不是通过市场配置的，因为金融和土地等要素市场是由国家支配、受政府规制的。因此，虽然这个更具竞争性、更有活力的子经济体以及在其中占据主导地位的民营企业迅速发展成为中国经济增长的主要动力，但是就国家垄断性市场的准入壁垒和国家控制的要素市场及资源的进入而言，竞争限制仍然广泛存在。

虽然存在大量竞争限制，但竞争性子经济体还是迅速发展并在某些产业（电

---

① 威廉·科瓦西奇、林至人、德里克·莫里斯在《以竞争促增长：国际视角》（2017）中详细讲述了中国经济体制的这些特点。

子商务、生物技术、人工智能等）具备了国际竞争力，这些事实表明，如果解除限制，中国经济将取得更加强劲的增长。如果资源通过竞争市场得到最优配置，如果其产业和企业能够接受竞争市场力量的约束和激励，变得高效而创新，那么受到高度规制的非竞争性子经济体以及支配这一子经济体的国有企业的发展潜力很有可能会更大。

限制竞争的政策。竞争为企业提高效率、加强创新提供了最强劲、最有效的动力，因而推动了经济快速增长并改善了消费者福利。然而，世界各国政府都会干预某些市场和某些产业，以实现社会或国家利益的目标，否则这些目标会因为经济外部性、信息不对称、无法实现大范围的规模经济和其他形式的系统性市场失灵而无法达成。为了在具有网络特征的公共产品和基础设施等领域（能源、运输、电信等）实现国家经济和社会利益，经济和福利方面的规制是必要的。然而，在竞争能够且应该有效运作的市场中，如果这些规制消除、遏制或扭曲了竞争，它们就变得过滥且限制竞争。

限制竞争的政策削弱了竞争带来的效益，造成高昂的经济和福利成本。这些政策消除了竞争性市场力量施加的约束，造成了预算软约束，削弱了提高生产率和加强创新的动力。这些政策还为寻租和腐败创造了无数机会，巩固已经制度化的既得利益并通过政治力量反对改革。该等政策通常会涉及监管俘获，即政策制定机构和规制机构常常因腐败而服务于它们所负责产业中经营者的既得利益并对之进行保护，而不是服务于那些符合国家利益的产业中的经营者。竞争市场既有明确的产权，也有设计得当并得到法治支撑的激励机制，往往可以解决规制想要应对的问题，并且可以更加有效地实现这些目标。合理的法规在设计上应该支持竞争而不是妨碍竞争。

政策会因为两个原因妨碍竞争。第一，规制在最初引入时就有可能过于严格，或者由于技术进步和创新而逐渐变得过于严格。比如，能源、运输和电信等行业尽管具有规模经济和网络特征，但不再是自然垄断行业，因为技术进步使它们能够分拆并以竞争性特许经营权（或民营或国有）的方式运营。因此，数十年前制定的规制标准可能会随着时间的推移构成不必要的限制。

第二，一些政府法规在制定的时候就刻意限制竞争，以便通过市场准入壁垒保护特定的产业和企业（通常是国有企业），使其免受国内外竞争对手的影响，从而推动它们的发展。这样的法规在追求国家主导型发展的国家最为突出，因为这些国家认为，虽然长远看成本高、效率低、不可持续，但国家干预通过规避或无视竞争市场过程，可以更为直接、快速地发展新兴产业和战略性产业。在中国和其他国家，地方政府通常会引入这种限制竞争的法规，以保护当地经济活动不受外部竞争者的影响。地方政府借助其控制当地与国内其他地区的交易条件，最终导致国内市场分割、规模经济效益下降、效率降低。

由于国家干预和国有制普遍存在，限制竞争的法规在转型经济体内尤为常见。不过，由于强大的既得利益和政策惯性，限制竞争的干预性政策往往在发达市场和转型经济体中都会得到保留和延续。总的来说，限制竞争的法规使其目标企业或产业受益，这些企业或产业的很大一部分收入都依赖于这些限制，而由此造成的成本则由社会共同承担。通常情况下，受益者拥有充足的资源和强大的政治力量要求保留此类法规，而公众和其他市场参与者则过于分散，缺乏发言权或资源反对这样的论点。

限制竞争的政策也明显存在于某些国家援助和优惠政策等其他类型的国家扶持之中。如果国家扶持是为了服务于扶贫或区域发展等更大的国家、安全、经济和社会利益，以便实现包容性增长，那么就是必要的。这是对经济外部性和信息不对称造成的次优投资水平的救济措施。但是，如果国家扶持措施存在差别对待并且面向目标企业、产业或地区，那么它们在本质上就对竞争形成了不必要的限制，因为它们给予受益人竞争优势并让非受益人面临竞争劣势。国家扶持政策的设计可以做到既实现国家利益，同时又不会限制竞争，或对竞争仅有较小的限制性影响。

应对限制竞争性政策的国际经验。竞争法的主要目标是明令禁止那些妨碍竞争的企业行为和市场结构，但它通常无法解决限制竞争的政府政策问题。因此，竞争政策还应有一个目标，那就是应对国家施加的限制竞争的法规。正如美国联邦贸易委员会（Federal Trade Commission，FTC）前主席蒂莫西·穆里斯（Timothy J. Muris）指出的：

> 虽然反托拉斯法最常涉及的是针对私人当事方的执法行动，但竞争执法机构也应考虑政府行为带来的影响。如果仅仅把重点放在私人限制上并借此保护竞争，那无异于试图通过阻挡一条水道来截停小溪岔口处的水流。[T. J. Muris（2005），转引自 E. M. Fox 和 D. Healey（2013）]

国际社会越来越清楚地认识到需要明确应对国家对竞争的限制。为了应对限制竞争的政策，最早也是最成熟的体制是欧盟在 20 世纪 50 年代末创建的单一市场规则，它在相当短的时间内减少了成员国的区域和规制壁垒，创建了一个高度竞争的单一市场。欧盟还引入了国家援助控制（SACR），目的是确保成员国的国家援助（其宽泛定义涵盖了与国家财政转移支付有关的各种国家扶持）不会破坏单一市场的自由公平竞争。单一市场规则、国家援助控制以及反托拉斯法构成了欧盟竞争政策的核心组成部分。

在 20 世纪 80 年代末和 90 年代，《关税与贸易总协定》以及后来的 WTO 提出了担忧：一个经济体内部的国家行为可能转变成对国际自由贸易的妨碍（E. M. Fox 和 D. Healey，2013）。随后，所有 WTO 成员在乌拉圭回合谈判结束时签署了一份（国家）《补贴与反补贴措施协议》（SCM），以便对国家援助进行规范管理。西非经济货币联盟（WAEMU）和安第斯共同体等区域贸易集团采取了禁止公共补贴和贸易关税的竞争指南：这些补贴和关税面向特定企业或产品，因此扭曲了贸易竞争。[①] 国际竞争网络（ICN）已经启动一个项目，专门协助竞争执法机构制定措施，评估规制对竞争的限制。

很多国家已在国家层面采取措施应对限制竞争的法规或行为。20 世纪 90 年代，中欧、东欧以及苏联的转型经济体承袭了大量垄断产业和国有企业，而这些产业和企业的经济利益通常都由行政机构和地方政府保有。为了确保市场改革的成功，很多国家在竞争法和竞争政策中规定，不得实施国家援助和限制竞争的政府法规，因为它们与企业排除和限制竞争的行为具有同样的破坏性。

为帮助成员国政府应对限制竞争的政策，OECD（经济合作与发展组织）制定了一项重要制度。它的竞争评估工具箱（OECD Toolkit）提供了一份核对清单并列明需要应对的限制竞争的法规，帮助政府制定最优政策，做到既实现其政策目标，又不会限制经济的竞争或是将其对竞争的影响降到最低。该工具箱已被成功应用于多个政治和治理体制以及经济发展水平迥异的国家。

在一些国家，竞争执法机构有权审查甚至废除限制竞争的立法。澳大利亚和其他一些国家的法律制定了适用于政府机构和国有企业的“竞争中性”原则。竞争中性的目的是确保国有企业不会因为公共所有而享有其他企业无法享有的竞争优势，从而使它们与民营企业展开公平竞争。经合组织制定了在实践中落实这种竞争中性政策的通用框架。

---

① 不过事实证明，没有哪个区域性自由竞争和公平竞争协定像欧盟协定那样富有成效。

“竞争倡导”这一举措也可用来应对限制竞争的政策。这类举措起源于美国，当时美国联邦贸易委员会制订了一份竞争倡导计划，以强化立法人员、国家和地方（州）政府官员、产业和消费者对竞争政策目标的认识与合规。在那之后，很多国家将之视为可有效应对限制竞争型政策的非强制性（非法定）制度。

世界各国还运用市场调查这一工具应对限制竞争的行为，其中最成熟的就是英国的市场调查制度，竞争执法机构通过该制度应对大多数竞争法无法解决的由企业实施的某些限制竞争的行为。如果经济体中受管制的战略性产业由少数大公司支配，例如中国，那么这种制度尤为适用。

中国的公平竞争审查制度。中国《反垄断法》的独特之处在于它是全球少数几部明令禁止某些限制竞争型法规的竞争法之一。《反垄断法》用整整一章列出了6条禁止行政权力滥用的单项规定，这些权力滥用因消除或限制竞争而造成行政性垄断。但是该章的效力非常有限，因为这些规定只允许竞争执法机构提请违法机构的上级机关关注相关行政性垄断案件，而这些上级机关可能会采取纠正措施，也可能不会；它们可能会决定对外公布决定，也可能会不予公布。更重要的是，《反垄断法》的这些条款无法解决产业政策、国家扶持措施和国有企业带来的限制竞争的影响。

限制竞争型法规的普遍程度超出了《反垄断法》禁止的范围，因此，中国要想加强竞争，就需要采取措施专门针对竞争面临的规制性和政策性壁垒。出于这一目的，中国在2016年6月出台了公平竞争审查制度。该项制度的设立表明中国力图强化竞争的决心。正如国务院第34号文件（以下简称国发〔2016〕34号）《关于在市场体系建设中建立公平竞争审查制度的意见》所述，公平竞争审查制度的实施：

> 为规范政府有关行为，防止出台排除、限制竞争的政策措施，逐步清理废除妨碍全国统一市场和公平竞争的规定和做法。现就市场体系建设中建立公平竞争审查制度提出以下意见。

公平竞争审查制度有望成为一项应对限制竞争型政府法规的强大制度。不过，作为一项新的政策举措，公平竞争审查制度目前仍然处于起步阶段。正如国发〔2016〕34号文件和其他相关官方文件指出的那样，公平竞争审查制度尚需进一步完善。

本报告的目的和研究范围。凯恩克劳斯经济研究基金会在 2016 年 7 月与国家发改委官员进行了一些非正式沟通，随后启动本次研究，着手探讨中国在通过公平竞争审查制度和其他改革举措减少限制竞争的政策时如何借鉴国际类似制度的经验与教训。中国竞争政策领域的专家和在应对限制竞争的政策上具有直接经验的外国专家为这项研究做出了共同努力。本报告基于各位专家的专业背景报告和研究团队的实况调查结果，总结了此次研究的主要发现和建议。

此次研究重点分析了 5 项制度，其目标与中国的公平竞争审查制度基本相似，而且事实证明它们可以有效解决中国普遍存在的限制竞争的政策性壁垒。这 5 项制度分别是：经合组织工具箱、欧盟单一市场规则和国家援助控制制度、国有企业的竞争中性、竞争倡导计划和英国的市场调查制度。这些制度的原则和运作方式经过调整之后已经有效应用于治理体系和经济发展水平大相径庭的多个国家，因而也可以根据中国的国情和要求进行调整。

报告第 2 章阐述了中国限制竞争的政策的主要类型。报告对某些政策的经济成本做了量化估算。这些高昂的成本限制了中国的潜在增长率。报告第 3 章介绍并评估了国发〔2016〕34 号文件及后续官方和非官方相关文件中关于公平竞争审查制度的目标、规定和功能。报告第 4 章分析了上述 5 项制度的显著特点，并研究了它们行之有效的主要原因。报告第 5 章基于对中国公平竞争审查制度和国际经验的评估，探讨了在中国减少竞争中政策性壁垒的方案和建议。报告第 6 章总结了报告的主要研究结果和建议，并得出以下结论：要想强化竞争，中国必须对产业政策和国有企业进行并行配套改革。

第 2 章　限制竞争性政策在中国的影响

2.1　竞争与经济效率

虽然 1978 年开启的改革已经将中国经济从一个完全由公共（国家和集体）所有制构成的封闭性中央计划体制转变成一个开放的市场经济体制，非国有部门占据了 GDP 的最大份额，但中国仍然是世界上管制程度最高的经济体之一。[①] 粗放型增长主要基于要素投入的大幅上涨并通过行政手段动员和配置资源，而这些行政手段的目的是在金融体系和诸多产业中规避市场竞争。行政资源配置手段由众多限制竞争的法律、法规和政策构成，这种做法导致的结果就是经济效率低下。

改革后的经济增长一定程度上是因为劳动力投入的增加和劳动生产率的提高，但主要还得归因于资本的快速积累。劳动力、资本和全要素生产率的相对贡献在估值上差别很大。伍晓鹰（2014）对中国经济 1978—2012 年的表现进行过严谨的研究，发现校正后的年均 GDP 增长率为 7.2%，全要素生产率每年仅增长 1.1%，实物资本每年增长 5.2%，劳动力数量和人力资本每年的增速分别为 0.2% 和 0.5%。伍晓鹰（2016）的研究使用了乔根森的总量生产可能性边界（APPP）框架以及重新构建的产业序列数据，这一研究发现，从 1980 年至 2012 年，实际增加值增长率估值为 8.4%，其中资本投入贡献了 6.71%，劳动力投入和全要素生产率分别贡献了 1.40% 和 0.83%。换言之，实际增加值增长中有 64% 依赖于资本投入，27% 依赖于劳动力投入，仅有 9% 依赖于全要素生产率的

---

① 凯恩克劳斯经济研究基金会此前就中国竞争所做的研究报告《以竞争促增长：国际视角》（威廉·科瓦西奇、林至人、德里克·莫里斯，2017）更为全面地介绍了中国经济的这些特征。

增长。[①] 此外，劳动生产率的增长在不同时期未能跟上资本深化的步伐，这表明越来越多的过度投资导致了资源严重错配。

上述调查结果与官方对改革期间固定资产投资和 GDP 增长率的统计数据相一致，后者显示增量资本产出率（ICOR）在上升（即恶化），也就是说，每单位 GDP 增长需要的投资越来越多。投资效率下降，就得不断提高投资水平以维持增长率或防止增长率下滑，这在近年来造成了无法维系的高信贷增长以及不利于稳定的高杠杆率和企业高负债，凡此种种给中国的金融体系带来了系统性风险。

近年来趋势增长率的长期减速表明粗放型增长是不可持续的。虽然投资率持续走高，但官方增长数据显示，GDP 平均增长率从 2005—2007 年的 13.5% 降至 2013—2015 年约 7% 的“新常态”。[②] 这样的增长放缓出人意料，伴随出现的是结构性失衡，钢铁、煤炭和水泥等产业的产能严重过剩以及越来越多的“僵尸”亏损国企充分说明了这一点。国有部门是中国经济效率低下的一个主要原因。1995—2005 年，95% 的国企补贴都被投入亏损国企。国企部门最缺乏竞争，资源通常是通过行政手段而不是竞争市场进行配置。

经合组织的统计数据表明（如图 2.1 所示），自 2013 年以来中国已经在减少竞争限制方面取得了进展，但普遍存在的产品市场规制对企业的限制（如对竞争的妨碍）要远高于 OECD 成员的平均水平。据 OECD 估算（如图 2.2 所示），如果中国能够消除对企业的限制，GDP 增长率将提高 30%。

限制竞争型政策的影响。中国对竞争的限制有多种不同的形式，并有各种各样不透明的运作方式，不过它们造成的影响主要可分为三个方面[③]：

（1）市场分割；

（2）行业垄断保护；

（3）歧视性产业政策。

---

① 伍晓鹰（2016）还发现，实物资本积累逐渐成为经济增长的主要源泉，资本投入对经济增长的贡献从 20 世纪 80 年代的 46% 增至 2001 年后的 71%，在 2008 年全球金融危机之后更是增长到将近 100%。从 1980 年至 2012 年，全要素生产率在不同时期的增长情况各不相同，但是它并不具有可持续性，因此在此期间呈现下降趋势。

② 官方统计数据显示，2007—2012 年 GDP 年均增长率为 10.0%，2012—2015 年年均增长率为 6.7%。然而，伍晓鹰（2016）使用麦迪森 - 伍晓鹰法（Maddison-Wu approach）进行了估算，结果表明，年均增长率下降得更快，在这两个时期分别是 8.7% 和 2.5%。请参见伍晓鹰（2016）的表 4 和表 6，这两张表显示，1980—2015 年 GDP 增长率在重新估算后仅为 7%，远远低于官方公布的 9.8%。

③ 这一分类以及后续大部分分析均基于陈永伟和叶逸群（2017）为本次研究准备的报告。

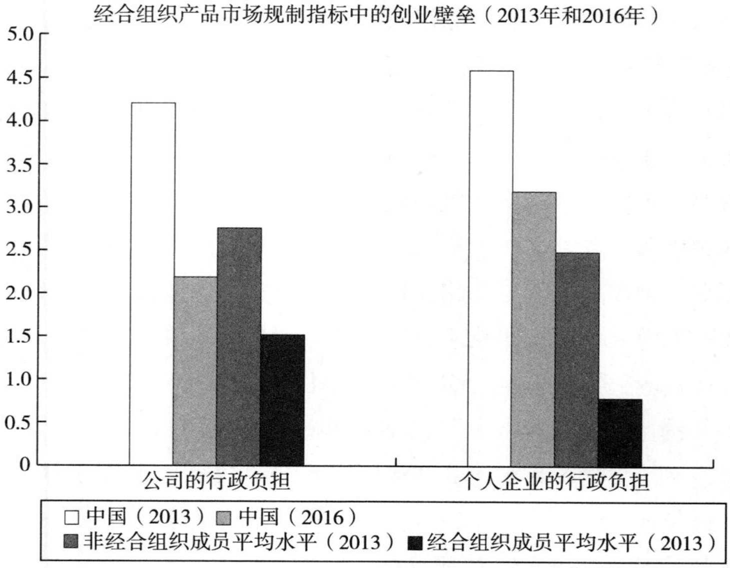

图 2.1 中国的行政负担

注：指数范围为 0 ~6，其中 6 表示最严重。

资料来源：S. Ennis（2017），转自经合组织文件（2017）。

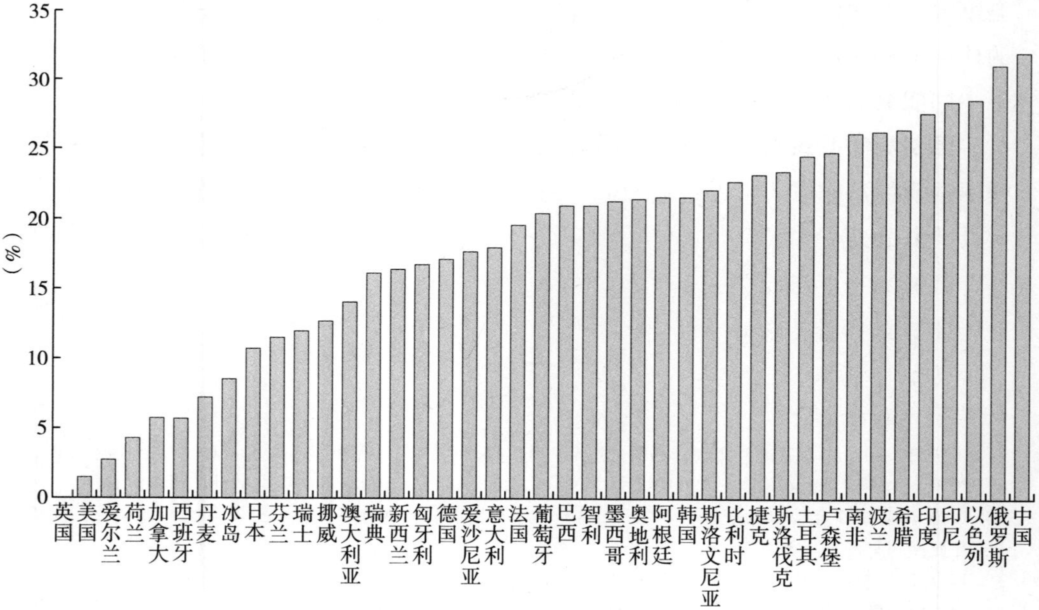

图 2.2 产品市场改革在 2060 年前可能带来的 GDP 增长

资料来源：S. Ennis（2017），转自经合组织文件（2013）。

不管是在国家层面还是在地方层面，保护特定企业或特定经济活动不受竞争的冲击通常都会给受保护方带来可观的经济利益，同时也赋予保护方极大的行政权力。这些利益不仅数量可观，且往往高度集中，而后续成本的承担者在力量上往往要弱得多，他们通常还分散在消费者和公众之中。

对全球多个经济体和多个时间段的观察结果表明，受益者会全力反对放松管制并通过各种手段顽抗到底。中国经济更是如此，因为这种限制性管制多年来构成了无处不在且根深蒂固的经济控制要素。反过来，这也表明，要想进一步放松管制，就需要通过强有力的连续举措消除对公平竞争的既有限制。如果没有政府、竞争执法机构和放松管制的机构以及广大公众的持续支持，这一目标很难实现。现在的关键，不仅要认识到这种大范围的限制从理论上说会对经济造成什么样的严重影响，还要认识到在现实中它们已经在中国造成什么样的影响以及还将继续造成什么样的影响。如果所有相关方都清楚地了解中国目前在宏观经济层面的这些限制会造成多大损害，那就会更有政治意愿和行政能力去应对并消除大量限制。

在上述背景下，本章内容旨在量化中国目前比较严格的限制带来的影响，这些限制或来自歧视性产业政策和行政垄断，或来自其他国企保护。不过，这种量化不可能高度精准，其中部分原因在于这些限制的范围、规模和形式是如此之广，给统计造成了很大难度，不过主要还在于以下原因。

限制竞争行为的原因和后果往往密不可分。比如，如果一项法规不合理地要求某一产品只有在遵守某省企业采用的技术规范时才能在该省出售，那么它就有可能会对省级经济起到保护作用。这最终会削弱省际贸易和发展在比较优势理论下带来的效益。它还为当地企业带来不公平的优势，容忍甚至导致受保护企业效率低下，妨碍资源得到最有效利用，维持低效的技术，削弱追求有效研发和创新的动力。单就这么一项限制来说，想要测算低效率带来的成本就已经非常困难。因此，要想估算所有这些法规造成的成本基本是不可能完成的任务。

同样困难的是，一些最具破坏性的后果从本质上说很难衡量甚至是无法衡量。这其中最重要的就是竞争市场的两大效益：信息和创新。限制性法规会干扰竞争市场的这些关键特征，但如果成本较低，或者说如果这些法规最终导致创新产品和流程未能转化为现实，那么就无法从真正意义上识别它们，因此它们更是难以测量。

鉴于上述这些问题，我们能够想到的最佳办法就是确定少数更为普遍的影响

（也有望是最重要的一些影响），尝试对限制性法规引起的问题的可能规模进行非常宽泛的估算。就其本质而言，这种类型的分析只能提供粗略排序的成本规模。但是，如果它们具有重要意义，如果它们代表的只是最低估值（因为有些重大成本是无法量化的），那么这将为中国经济放松管制的进一步改革举措提供有力的论据。

2.2 市场分割

限制竞争的法规对中国经济造成的成本首先是将国内市场划分成受保护的省级或地方市场。从分析角度看，中国只是当前的一个实例；事实上，试图保护一个国家或地区免于进口并通过进口替代等措施促进地方发展是普遍存在的现象，数百年来已经出现在世界上许多国家。人们已经认识到，从长远看，这种做法既低效又耗费成本，但是继续实施这种保护措施以增进狭隘利益的现象并没有减少。

在中国，这个问题又发展出一个新的维度，因为中国是一个由诸多大省组成的庞大国家，这些省份在地方化治理体系下享有相当大的经济决策权和行政权。这种情况必然会导致各省无视国家经济和整个社会的成本，一心追求地方利益而不是国家利益。这可能会引发“囚徒困境”，也就是说，如果消除市场分割，那么整个国家将会从中获益，但任何一个单一省份都有可能遭受损失，至少在短期内会遭受损失。这个问题需要国家层面的解决方案。还有一个问题是很多地方官员的待遇和晋升前景主要取决于当地的经济表现。

地方保护会导致国家市场的分割，而其形式是多种多样的。下文将对它们进行简要总结。[①] 有些限制涉及国家资金的划拨，属于投资“审查”制度的一部分。另一些限制被嵌入投资“审批”制度，涉及受保护产业。还有一些限制来自企业登记制度，涉及大型企业。每种限制都对潜在进入者构成重大壁垒并为现有企业提供高度保护。除此之外，还存在大量复杂的其他限制，包括：针对外部采购商品和服务的限制性许可；制定更高的技术或安全标准，或是制定有利于当地生产的歧视性标准；采购政策优先考虑本地产品，不允许外部供应商竞标合

---

① 如需了解更多细节，参见陈永伟和叶逸群（2017），刘小玄（2016），以及威廉·科瓦西奇、林至人和德里克·莫里斯（2017）。

同；对外部产品征税；阻止外部投资并对外部产品实施各种行政限制。有时，这种限制还可能包括地区封锁以及对行政或司法程序的干预，这类做法不可避免地会引发投诉。

我们不可能一一鉴别所有这些限制及其对国民经济的直接影响。针对这一问题，我们先是利用帕斯里和魏尚进（D. C. Pasley 和 S. J. Wei，2001）设计的方法来评估市场分割程度。① 这种方法假定，不管采用何种限制，如果其影响很小或没有影响，那么各地区的价格就不会有太大差异。但是，如果这些限制确实使国内市场出现严重分割，那么在正常情况下会随着区域间贸易而消失的价格差异将持续存在并日益加剧。这种方法也有其局限性。一方面，价格差异有可能是出于运输成本等其他原因，但我们不认为这会对大多数产品产生显著的影响。另一方面，由于生产成本相似，因此即使存在阻碍区域间贸易的限制，价格仍有可能处于相似水平。这意味着，没有发现价格差异并不代表没有限制，发现价格差异不存在也不能否认限制的存在。

陈永伟和叶逸群（2017）的研究结果表明，根据《中国统计年鉴》中的价格差异测算的市场分割程度在 2000—2015 年有所波动。具体数据起始水平相对较高，在 2002 年达到峰值，之后大幅下跌，这种情况一直持续到 2006 年，随后再次上升直到 2008 年。之后它们有所下降，但自 2011 年以来几乎没再出现变化。这与 2008 年开始实施的巨额财政刺激措施可能有关，也可能无关。当时为了应对全球金融危机的影响，中国向各省提供了大量投资资金。② 总体而言，价格差异在此期间的显著下降是个好迹象，它表明随着市场进一步放松管制、推动竞争，限制性法规造成的市场分割程度出现显著下降，尤其是在 2008 年之前实施重大经济体制改革和国有企业改革那段时期。但是 2011 年以来的效益下滑表明，这方面的改革势头已经放缓。为了明确这个问题的严重性，我们需要评估市场分割造成的效率损失。

由于数据有限，我们的分析仅限于那些达到两位数产业水平的制造业，不过实际上最有可能受市场分割影响的也就是制成品。该分析受到的另一个限制就是我们无法获取小企业的数据。我们使用郑毓盛和李崇高（1995，2003）以及刘培林（2005）设计的方法，将每个两位数产业部门的产能与其潜在产能进行比较，

① 关于这一分析法，更多细节参见帕斯里和魏尚进（2001）。

② 陈永伟和叶逸群（2017）认为，这一模式受到了中国五年规划和对外贸易的双重影响。

然后将两者间的差异归入不同类型的效率损失。我们认为市场分割将导致效率较为低下的地方进行相似类型的生产；还会导致生产要素达不到最优配置。我们重点关注了两种类型的效率损失。

分析结果表明，首先，就价格差异反映的市场分割程度而言，这两种类型的效率损失遵循的模式和上文提到的模式非常相似，即总体呈下降趋势，但在2004年和2009年达到峰值（比市场分割的高峰晚一年），2006年达到各自的低点。其次，技术方面的效率损失也遵循相似的模式，只是下降和上升的幅度更显著。然而，目前尚不清楚这是否与市场分割有关；这种情况也有可能是因为市场分割程度较高时，区域市场保护的加剧造成了对技术信息和知识流动的限制。

为了完善分析过程，我们将市场分割导致的效率损失转换成产能损失等值：也就是将每年的潜在产能减去实际产能后得出的数值。这样就可以评估年度GDP损失，从而估算市场分割造成的年度社会福利损失。分析结果呈现两个主要特点。首先，在2005—2015年，损失模式反映了市场分割的程度；但是在2001—2004年这一初始阶段，情况并非如此。其次，实际数据非常惊人，从2001年1.5%的GDP损失低点上升到2010年13.5%的GDP损失峰值，然后又在2015年下降至4.9%。累计起来，未实现的潜在GDP高达102.8%，也就是说，2000—2015年的年均产能损失为GDP的6.4%。

正如前文所述，我们要对这一估算值附加一些重要的说明。此举是为了从大量促成因素中辨别广泛的关联。相关的数据非常有限，此外，虽然市场分割、效率损失和产能损失之间存在着合理程度的相关性，但是这种相关性并不是始终如一的。不过推导出来的估算值还是足够显著，可以抵消极大程度的不确定性。

重要的是，我们有足够的理由相信统计结果表明市场分割的影响被严重低估了。尤其需要指出的是，如果对目前的生产模式进行保护，那么竞争和效益受到的一系列更广泛的影响，特别是对创新活动的抑制效应，都是无法衡量的；且上述分析仅针对制造业，确切说仅针对大型制造企业。因此，我们可以合理地得出结论：中国国内市场分割给中国经济造成了显著的损失。

2.3 对行业垄断的保护

从历史上看，在中国实施改革开放之前，中央计划经济体制将国有行业垄断视为常态。在那以后，由于连续的改革，中国经济的一大部分现在为私人所有制，更多的跨产业部门面临着一定程度的市场竞争。但是，中国经济仍有相当一部分（由部门垄断企业组成的、受到严格管制并完全排除竞争的子经济体）实际上是被国有企业控制的，由于国家的大力保护和支持，这些国企或是拥有垄断地位，或是拥有实质支配权。

这种支配地位之所以持续存在，原因有很多：充当落实产业政策的工具，保护所谓的战略性产业和自然资源；提供公共安全和国防；提供教育等各种公共服务；为研发工作提供资助。一些垄断在人们看来是“自然的”，这主要涉及那些带有网络特征的产业；而另一些垄断则表现出不当的信息不对称，如医学和金融产业。还有一些产业受到保护是因为它们的资本非常密集，容易受到短期竞争压力的影响，或者是因为它们的垄断地位使其能够从垄断利润中创造高税收。

因此，中国的垄断规模和保护程度按国际标准衡量仍然处于极高水平也就不足为奇了。主要保护措施包括以下方法。第一，设立壁垒，阻止更具竞争力的企业进入。这些可能是明确的法律壁垒或行政壁垒，如前所述，它们涉及各个政府机构极为冗长和复杂的投资与商业登记申请、审批程序，并涵盖了潜在进入者活动的诸多方面。第二，这种地位可以通过优先购买以及对上游企业（这些上游企业的产品和服务被下游生产广泛使用）的高度控制得到加强。第三，在实际操作中，其在一定程度上可以得到竞争法的豁免，可以订立不利于竞争的划分市场协议。第四，很多企业拥有自己的内部融资来源，这为其抓住投资机会带来了显著的优势。第五，很多企业可以以低息贷款、损失核销、廉价或免费土地等形式获得直接或间接的国家补贴。

与评估市场分割时一样，我们在衡量这些限制竞争的措施给中国经济带来的损失时遭遇了一些难题。错综复杂的交互作用再一次使垄断或支配影响的判明工作变得困难重重，而且很多损失都表现为未能实现的收益，因此无法衡量。所以，我们有必要像之前一样，采取一种更为温和的方法，以期至少概述可能遭受的损失。有两项观察结果很有价值：第一，大多数垄断或支配地位都由国有企业持有；第二，国有企业涵盖的经济活动范围越大，支配程度就越大。我们可以研究一下国有企业在一个市场中的份额，由此大体上确定其在该市场中的支配程度。

有学者（Z. Liu、F. Jiang 和 H. Yu，2007）对 2000 年以来行政垄断的影响进行了重点研究，结果发现，1977—2005 年，有 6 个特定产业造成的 GDP 损失在 0.6%~3.3%。根据张柏杨和魏强（2015）的研究评估，2003—2007 年，中国经济 40 个部门的行业垄断带来的损失介于国家产能的 1.6%~2.1% 之间。

在本次研究做进一步调研时，陈永伟和叶逸群（2017）使用了两阶段法评估中国行业垄断造成的损失。他们先是使用国有企业在一个产业部门里所占比重（资产、销售等）的加权平均值构建 2000—2016 年的行业垄断程度指数。① 结果显示，该指数从 2000 年到 2008 年出现显著下降，但之后几乎没再进一步下降。这与之前的定性证据和传闻证据是一致的。这些证据表明，始于 2008 年的财政刺激计划为国有企业注入了大量资金，加强了它们的市场垄断和支配地位。此外，在研究单个产业部门时，这幅图景看起来包含了两个要素：第一，在一些之前只存在适度支配权的产业部门，支配地位出现显著下降甚至完全消失；第二，在支配地位历来处于高水平的产业部门，支配地位基本没有下降，尤其是水、气、石油、电力与煤炭、航空航天与汽车、各类金属与矿石以及烟草等产业。

从某种角度来说，这种情况乍一看令人鼓舞，因为随着民营部门相对于国有企业出现增长，有可能变得更具竞争性的产业部门在数量上增加了；在某些部门，就市场结构而言，情况看上去的确如此。此外，除汽车、金属和烟草外，保留垄断的产业部门都是世界其他国家历来也保持垄断的产业部门。尽管如此，这种情况还是会造成损失，因此其他很多国家正试图在这些产业中引进市场机制以提高效率。刘小玄（2016）的研究表明，还有其他很多部门仍保留着较高的国企占比，其中包括：①与网络产业相关的部门，如铁路运输、航运、电信设备等；②除烟草外的其他高税收和国家垄断产品，如酒和盐；③与建筑业有关的产品，主要是水泥和建筑材料；④石化产品和设备制造业，这些都在经济中占据重要地位。

陈永伟和叶逸群（2017）使用迪克西特与斯特恩（1982）以及达斯金（1991）设计的方法，再根据 2000—2013 年的中国企业数据（无法查到之后的此类数据），评估了国企支配地位的两个影响——价格上涨和效率下降——导致的 GDP 损失百分比。他们的初步分析结果显示，相关影响在此期间有所变化，在 GDP 的 17%~21% 之间浮动。作者认为，这可能夸大了国企支配地位的影响，因为有些市场力量可能来自其他源头，如持续的产品或服务优势。支配权较少的市场中更有可能出现这种情况，因此作者重复了之前的分析，但这一次排除了竞争更为激烈的产业，这些产业的国企占比在此期间出现了大幅下降。在此基础上，

① 具体数据请参见陈永伟和叶逸群（2017）。

2000—2008 年的损失在每年 13% 上下略有浮动，但在 2009 年，它们下降至 10% 并一直在该水平持续到这一阶段结束。

在此我们同样也要做出多项说明。这项研究将国企占比与支配程度画上了等号，而且依赖的是反映经济绩效多个方面的微观数据。但是，在大多数方面，估算值有可能低估而不是高估涉及的损失。很多产业仍然表现出较高的国企占比，但它们并没有包括在上述计算之内。此外，正如前文所说，很多国有企业对上游资源配置拥有相当大的控制权，还有很多国企现在已经成为联合企业，可以利用自己在一个部门的支配地位获取在其他部门的优势。上面引用的偏低估值明确排除了一些显性效应，但它们与 GDP 相比仍然非常可观。它们没有涵盖由于创新速度较慢或寻租活动（包括腐败行为）导致的损失，也没有考虑垄断利润通常会导致收入分配和消费者利益的恶化。因此，我们可以合理地得出结论：与市场分割一样，对行业垄断的保护给中国经济造成了巨大的损失。

2.4　歧视性产业政策

在上面两节中，我们尝试着分析限制性法规在分割国内市场、支持并保护一系列产业部门中的国企支配或垄断地位方面发挥的作用，以此来评估其给中国经济造成的损失。在这两种情况下，虽然评估过程中存在各种难题，但是计算出的损失数据看起来非常惊人；同样令人担忧的是，其不再像 21 世纪头十年那样处于下降趋势。不过，这两项估算并没有充分说明其可能产生的负面经济影响。干预行为和歧视性产业政策的目的是为了确保国有企业的支配地位，但随之产生的部门垄断和行政垄断造成全国市场四分五裂，这给 GDP 带来的限制竞争影响和损失要大于市场分割和行业垄断保护造成的影响。动用一系列歧视性行政规则和法规为特定企业提供保护或优惠待遇的做法导致了国家市场分割以及对国企的保护，这样做产生了更广泛的不利影响。

将产业政策重新制定成非歧视性“横向”政策的必要性以及消除行政垄断泛滥现象的必要性是众所周知的。事实上，公平竞争审查制度的设立就是对这些问题的明确回应。尽管如此，我们应当正视产业政策仍是中国经济的内在特点这一事实。然而，除了已经估算的那些损失之外，我们很难找出什么方法来评估这类做法造成的更广泛损失。举例来说，当行政规则被用来阻止更具竞争潜力的企业进入某一区域时，我们可以评估市场分割效应，可以评估生产要素和产出地点的不当配置带来的效率低下，但我们无从得知新竞争者的进入可能会对就业、投资、新技术引入、上游供应商或下游市场的新产品开发、税收、国际贸易以及经济增长产生什么样的影响。同样，在产业政策保护特定部门的情况下，我们可以对效率和市场分割进行评估，但是我们很难计算更多竞争条件的引入能够多带来多少好处。

对于这个问题，我们至少可以用三种方法来评估潜在的影响。第一种方法着眼于歧视性产业政策与受保护部门的优异表现有多大的相关性。第二种方法着眼于产业政策或限制性法规在多大程度上凌驾于市场这一资源配置机制之上。第三种方法着眼于一些重要的历史时段，以此来评估特定情况下的损失严重程度，从而为总潜在损失估算提供一些参考。

陈永伟和叶逸群（2017）采用第一种方法，考察了2000—2015年不同产业部门的国家投资和国家资助性研发的分布情况，以此确定某些部门享受优惠待遇的程度。然后，他们将每项数据与同时期内每个产业部门的产能增长相关联，发现两者负相关，也就是说，国家扶持不会带来产能增加。[①] 但是，这一结果是有限制条件的。如果没有国家扶持，受支持部门的增长可能会下降，这表明支持可能是有益的。不过，如果情况确实如此，那就表明，国家扶持被引入了夕阳产业而不是那些能够推动未来经济增长的产业，这种情况在其他国家也经常发生。

刘小玄（2016）使用了第二种方法。根据各种官方文件和数据，她研究了9大产业部门，这些部门通常有着极高程度的管制。针对每个部门，她先是确定了2004年新投资开始之前需要的审批程序，然后再将其与2013年所需的审批程序进行比较。她得出了两个重要结论：第一，对资源配置这个关键性问题起决定性作用的仍是行政审批，而不是对财务可行性和盈利能力的标准市场测试；第二，行政审批程序在4个产业部门（燃料乙醇、化肥、造纸和城市轨道交通）被放宽，在1个产业部门（稀土）有所精减，但在其他部门基本上没有任何变化（如农业、能源、石化、运输和金属）。

对投资的行政控制在过去10年里没有出现进一步的大幅减少，与此相一致的是，此前对市场分割和国企支配地位的分析也都发现了这样的现象。也正是在这一时期，中国的高增长率大幅放缓。造成这种情况的原因有很多，中国经济的规模扩大和成熟度提高是其中一个尤为重要的原因。不过，毫无疑问，中国先前

① 投资方面的统计结果在10%水平上显著，而研发方面的统计结果只在20%水平上显著。

的快速增长以及相应的劳动力增加和资本投入增加主要归因于产品市场竞争机制的逐步引入、伴随着竞争市场出现的选择和激励机制以及效率和创新方面的提升。这充分证明，如果保留诸多限制竞争的行政控制措施，将继续阻碍中国经济充分发挥潜力。换言之，减少或消除行政控制将极大地推动强劲且可持续的增长。

刘小玄（2016）还使用了第三种方法，即通过具体案例得出一般性结论。她认为，从一些产业得出的观测结果有可能广泛适用于其他产业。她重点关注了以下产业：属于自然资源产业的煤炭开采，属于基础建筑产品的水泥，属于核心能源产业的电力，属于先进技术产业的电动汽车。她的研究结论还有一个重要背景，那就是她对行业垄断问题进行了扩展，确定了两种截然不同的市场支配类型，这两种类型会导致两种截然不同的结果。

第一种类型的市场支配主要来自中央政府（部门）垄断，通过国有企业和歧视性产业政策，直接和间接地控制着大量产业。垄断领域包括电力、煤炭、国家汽车生产、钢铁、石化、造船等。在某些情况下，市场自由化带来了一定程度的地方国企和民营企业之间的竞争。但是，这些占支配地位的国企享受的诸多补贴及其他支持和保护严重削弱了市场决定型经济原本有望取得的经济成果。

第二种类型的市场支配来自地方支配，而地方政府通过地方国企支持并维续这种支配。地方中小型矿场、石油生产商、房地产、钢铁、化肥、地方汽车生产和水泥都是其中典型的例子。很多这样的地方产业都存在竞争，有时甚至是相当激烈的竞争。但是，由于地方国企得到地方政府的支持，民营部门的竞争对手经常受到区别对待或是彻底排挤，因此市场机制还是不能决定资源配置。

这两种不同类型的支配带来的结果也截然不同。就央企而言，由特权和受保护地位生成的市场力量往往会带来高昂价格、垄断利润和产能限制，而与全面竞争带来的结果迥异。产能不足对其中一些国企来说是有利的，因为产能不足可以维持较高的价格和持续的垄断利润——由于新进入者面临的壁垒和其他形式的国企保护，很难通过竞争消除掉这些利润。

相比之下，在地方支配的情况中，面对效率更高的竞争对手时（如果存在市场竞争的话），效率较低的地方国企将被迫退出市场，但对它们的支持意味着其不会退出市场或是不会全数退出。事实上，效率低下的地方国企有可能继续大量投资，即使它们不太可能盈利。在这种情况下，其结果就是（越来越严重的）产能过剩逐渐蔓延并对高效企业的生产活动造成破坏。

一项针对水泥产业的个案研究说明了市场过程中这两种不同类型的干预带来的问题。水泥的价值重量比很低，因此本质上是一种地方产品。但是，地方补贴和保护意味着很多地方的水泥产业已经出现严重的产能过剩。为了解决这个问题，一家大型央企（中国建材集团有限公司）收购了大量地方水泥企业，以期解决产能过剩问题并稳定价格和利润。因此，对于地方保护造成的产能过剩，补救措施其实就是将低效、亏损的地方国企（包括僵尸企业）整合进国家垄断企业，在国家层面接受国家保护。两种情况都不是通过竞争市场的规则和激励来决定资源的配置或是产生高效的成本、价格和投资水平。

在刘小玄（2016）的个案研究中，我们可以看出中央和地方垄断在破坏自由、公平竞争方面起到了不同作用。2002 年，根据国际最佳实践，国务院发布了 5 号文件，即《电力体制改革方案》，该方案设想的是将政府与电力企业分开、将发电与电网分开、将（国家）传输与（地方）供电分开、将主要服务与辅助服务分开，还设想了一个电网价格投标系统。在那之后它有过一段复杂的历程，但是由于央企和很多地方企业之间的冲突，这一大胆的改革基本上未能实现。在这场冲突中，一方是寻求控制该产业的央企，一方是地方企业（既有民营企业也有国有企业，既有高效企业也有低效企业），这些企业受到地方政府的支持，想要为当地经济留住税收和利润。因此，中国电力行业的特点不是互相竞争的发电企业、受到管制的国家传输系统、受到标准竞争规制的地方供电公司、以最低价格向民众提供电力的独立而相互竞争的供应和辅助服务公司，而是表现出传输、供电和其他服务的高度整合，其特点是重复浪费、更高效的供电公司遭到排挤、产能呈现不足或过剩倾向。由于缺乏适当的竞争市场压力，这些问题得不到解决。

很多个案研究都能够说明地方保护这个问题。在煤炭开采方面，山西省地方政府推动并强制进行各种并购，以便提高当地国企的产业集中度。这一操作有时会涉及对私人矿场的强制收购，其集中程度远远超出了国务院的规定，过程中也违反了一系列相关法律和国务院文件。结果就是，无论是煤炭价格还是产能水平都没有接受任何市场检测。推动企业高效运营矿场的竞争压力被大大降低，煤炭开采投资几乎不用接受任何市场检测。山西省的石油钻探要更复杂一点，但基本上也存在同样的情况。当地政府强行收购私人地方业务，所有权全被集中在当地的国有企业。这样做带来了巨大的垄断利润，同时由于价格、产量和投资不用接受任何真正的市场检测，驱使企业高效运营的市场压力被大幅降低。

电动汽车是一种截然不同的产品，但在这个产业的发展背后也有着非常相似的推动力。中央政府将这项新技术视为中国有望早早取得全球领先地位的领域之一。作为选择性产业政策的一部分，大量补贴被用于支持电动汽车的开发，地方政府认为这一产品能给当地经济带来巨大的潜在利益。因此，全国各地的地方政府都采取了极其强烈的地方保护措施，造成的结果就是规模次优、产能过剩、损失巨大，原本有望形成的全国市场几乎成为一盘散沙，中国也未能像最初设想的那样早早取得全球领先地位。

2.5　政策影响

据估算，分割国内市场、保护和延续行业垄断、区别对待民营企业、支持中央和地方国企等限制竞争的政策给国民经济带来了极大的损失。上面总结的个案研究揭示了这些政策的广泛应用以及这类政策在中国确立和运作的诸多类型和方式——通常都既复杂又不透明。

虽然进行了市场改革，但是受到选择性产业政策保护的央企在各个市场中的支配地位仍然是中国经济一个长久而普遍的特征。这种现象在某些行业造成了过高的成本和高昂的价格，在另一些行业则造成了产能过剩和经济损失。在很多市场中，竞争市场机制不要说发挥最佳资源配置作用了，就连明确作用都没能发挥出来。一旦非本地企业或民营企业构成竞争威胁，即使效率更高的企业在业绩上胜过国企，这些企业仍有可能或者正在被排挤出很多产业，或是根本无法进入这些产业，尤其是那些对国家经济来说至关重要的产业。

本章的分析表明，市场分割、各种市场中的国企支配地位、选择性和歧视性产业政策以及维持了中国经济这些特点的各类法规和行政限制造成的损失会带来重大的负面影响。即便是保守的成本估算也表明，其总体上轻轻松松就可以将 GDP 的增长潜力拉低 20%~ 30% 乃至更多，并对人口的经济福祉产生相应的影响。很少有其他经济体承受着这种自我施加的负担，发达经济体更是完全没有这种情况。

虽然上面探讨的这些因素——纵向干预性产业政策、国有企业对资产和市场的控制、经济活动受到的广泛行政限制——可能在 1978 年后改革时期的国家经济转型和发展中发挥了作用，但是该等作用的发挥伴随着高昂且越来越不可持续的代价。如果在一个经济体内，资源配置效率低下的主要原因在于限制竞争的行政手段，那么持续性高水平投资不但不会加速增长，反而必然会造成高度结构性失衡并影响稳定性。此外，对供方市场的行政干预措施不会长期促进国内消费，因为消费最终要靠竞争市场来决定供方对消费者需求的反应。

这其中的政策影响一目了然。首先，如果没有明确和严格的经济和社会理由进行国家干预，那么必须要限制并逐步取消限制竞争的政策（这些政策远远超出上述数例的范畴）。好在这正是2016年推出的公平竞争审查制度的目标。其次，虽然公平竞争审查制度目标远大、雄心勃勃、令人赞赏，但这项制度并不是“灵丹妙药”，无法仅凭一己之力就解决中国大范围存在的限制竞争型政策问题。公平竞争审查制度应该被视为经济体制改革框架内的一项政策动议，即顶层设计框架的一部分。顶层设计框架应同时对国有企业和产业政策进行配套改革，使其与竞争政策保持一致。国有企业和产业政策将在中国经济中继续发挥重要作用，因此只有对其进行改革，才能最终做到支持市场、促进竞争。

第3章　中国的公平竞争审查制度

公平竞争审查制度的建立可以说是迄今为止，中国为实现十八届三中全会宣布的让市场在资源配置中发挥决定性作用这一目标出台的最明确举措。公平竞争审查制度的概念最早见于中共中央和国务院2015年3月联合发布的《关于深化体制机制改革加快实施创新驱动发展战略的若干意见》（中发〔2015〕8号）。后续文件阐述了建立公平竞争审查制度的必要性，并指出作为协调产业政策和竞争政策、确保竞争市场价格在资源配置中起决定性作用并促进创业和创新的手段，这项制度至关重要。①

2016年4月28日，中央全面深化改革领导小组（2018年3月改为“中央全面深化改革委员会”）第23次会议通过了国家发改委起草的《关于建立公平竞争审查制度的意见》，随后国务院法制办公室在2016年6月正式发布了《关于建立公平竞争审查制度的意见》（国发〔2016〕34号）。李克强总理在2017年初向全国人民代表大会提交的政府工作报告中将公平竞争审查制度称为全面深化改革的标志性、支柱性措施之一。习近平主席在2017年10月18日十九大开幕式上的“工作报告”中重申了公平有序竞争、使市场在资源配置中起决定性作用的必要性。

本章介绍了公平竞争审查制度的具体内容，并对其解决中国限制竞争型政策问题的潜力进行了初步评估。国发〔2016〕34号文件阐明了公平竞争审查制度的目标、范围、职权和实施程度。但是，作为一项新的政策动议，其一些要点仅是用一般性术语表述。公平竞争审查制度仍在“推进之中”，现在正处于初步实

---

① 2015年5月，国务院授权国家发改委发布《关于深化经济体制改革重点工作意见的通知》（国发〔2015〕26号），通知中明确了促进产业政策和竞争政策有效协调、建立和规范公平性、竞争性审查机制的必要性。2015年6月，国务院发布《关于大力推进大众创业万众创新若干政策措施的意见》（国发〔2015〕32号），要求加快出台公平竞争审查制度，建立统一透明、有序规范的市场环境。中共中央和国务院2015年10月发布的《关于推进价格机制改革的若干意见》（中发〔2015〕28号）重申了这一决定。

施过渡期并且正在进一步完善。继国务院文件之后，中国发布了多份官方和非官方文件，详述公平竞争审查制度的目标和职能。2017 年 10 月 23 日发布的国家发改委、财政部、商务部、工商总局、国务院法制办关于印发《公平竞争审查制度实施细则（暂行）》的通知（发改价监〔2017〕1849 号）提供了更多有关公平竞争审查制度实施和运作的细节。随后，国家发改委和财政部于 2017 年 12 月 5 日发布的关于印发《2017—2018 年清理现行排除限制竞争政策措施的工作方案》的通知（发改价监〔2017〕2091 号）中给出了更多关于审查重点和实施步骤的细节。下文对公平竞争审查制度的介绍和评估主要参考了发改价监〔2017〕1849 号文件和发改价监〔2017〕2091 号文件，以及国发〔2016〕34 号文件和其他有关公平竞争审查制度的非官方文件。①

我们在此会尽可能完整地详细介绍公平竞争审查制度，因为如果在后文再不时介绍更多细节的话，会使人难以全面了解公平竞争审查制度。同样，这一制度的不断演化也意味着后续介绍可能会跟不上后续的事态发展。

3.1 目标

公平竞争审查制度的目标是防止政府“过度和不当”的行为干扰市场在资源配置方面的决定性作用，让竞争能够以一种“依据市场规则、市场价格、市场竞争实现效益最大化和效率最优化”的方式进行。公平竞争审查制度的基本目标是通过建立一个自由和公平竞争为主导的全国统一市场来促进经济效率和资源配置效率。

公平竞争审查制度旨在消除的限制竞争型政府干预有以下几类：①阻碍货物和要素自由流动、妨碍国家统一市场发展的地方保护主义和地区封锁；②歧视性技术标准和法规等形式的限制性准入条件造成的市场准入壁垒；③“指定交易”，即政策制定者要求市场参与者经营、购买和使用指定企业提供的货物和要素，政策制定者通过行政手段迫使企业从事损害消费者和企业合法权益的垄断行为；④面向特定企业并给其他企业造成竞争劣势的非法财政补贴和税收、土地、贷款、定价方面的优惠政策；⑤歧视性和扭曲性定价，这样的定价没有反映实际生产成本和供需关系，保护落后或低效生产者，加剧产能过剩。下文会详细介绍

① 这些非官方文件包括 H. Zhang（2017），李青（2017），黄勇、江山和周海涛（2017），以及宁宣凤、宫婷和杜楠（2017）此次研究准备的报告和演示稿。

这些公平竞争壁垒。

3.2　18 项限制竞争的标准

公平竞争审查制度用四大类、18 项标准定义了禁止实施的限制竞争行为，上述公平竞争壁垒在其中得到了明确阐述。现行或新出台政策中所有符合这 18 项标准的措施都应被废除。公平竞争审查制度有一些限制竞争标准基于《反垄断法》第五章第三十二条至第三十七条所说的行政权力滥用，其他标准则超出了这一范畴。

专栏 2 列出了这四类标准以及每一类下面的详细标准，它们涉及：①市场准入和退出；②商品和要素的自由流动；③生产经营成本；④生产经营行为。随后出台的发改价监〔2017〕1849 号文件对与这些标准相关的限制竞争措施和行为做出了更详细的说明，本报告附录 1 引用了相关内容。

专栏 2

公平竞争审查制度政策审查标准

1. 市场准入和退出标准

1.1 不得设置不合理和歧视性的准入和退出条件

1.2 未经公平竞争不得授予经营者特许经营权

1.3 不得限定经营、购买、使用特定经营者提供的商品和服务

1.4 不得设置没有法律法规依据的审批或者具有行政审批性质的事前备案程序

1.5 不得对市场准入负面清单以外的行业、领域、业务等设置审批程序

2. 商品和要素自由流动标准

2.1 不得对外地和进口商品、服务实行歧视性价格和歧视性补贴政策

2.2 不得限制外地和进口商品、服务进入本地市场或者阻碍本地商品运出、服务输出

2.3 不得排斥或者限制外地经营者参加本地招标投标活动

2.4 不得排斥、限制或者强制外地经营者在本地投资或者设立分支机构

2.5 不得对外地经营者在本地的投资或者设立的分支机构实行歧视性待遇

3. 影响生产经营成本标准

3.1 不得违法给予特定经营者优惠政策

3.2 安排财政支出一般不得与企业缴纳的税收或非税收入挂钩

3.3 不得违法违规减免或者缓征特定经营者应当缴纳的社会保险费用

3.4 不得在法律规定之外要求经营者提供或者扣留经营者各类保证金

4. 影响生产经营行为标准

4.1 不得强制经营者从事《中华人民共和国反垄断法》规定的垄断行为

4.2 不得违法披露或者要求经营者披露生产经营敏感信息，为经营者实施垄断行为提供便利条件

4.3 不得超越定价权限进行政府定价

4.4 不得违法干预实行市场调节价的商品和服务的价格水平

资料来源：国发〔2016〕34号文件。

例外规定。属于下列四种情形的政策措施，如果具有排除和限制竞争的效果，在符合规定的情况下可以实施：①维护国家经济安全、文化安全或者涉及国防建设；②为实现扶贫开发、救灾救助等社会保障目的；③为实现节约能源资源、保护生态环境等社会公共利益；④法律、行政法规规定的例外情形。

例外规定受到三个条件的制约：第一，对实现政策目的不可或缺，即为实现相关目标必须实施此项政策措施；第二，不会严重排除和限制市场竞争；第三，明确实施期限。政策制定机关应当逐年评估适用例外规定政策措施的实施效果；实施期限到期或未达到预期效果的政策措施，应当及时停止执行或者进行调整。

3.3 政策自我审查

公平竞争审查制度旨在从源头上解决限制竞争的措施。根据“政策制定机关负责相关政策措施的清理工作”这一原则，公平竞争审查制度要求所有相关政府政策制定机关对其现行政策进行事后自我审查，并对正在起草的新政策进行事前

自我审查。[1] 除了例外规定排除的情况，所有政策措施将按照上述 18 项标准进行审查，具有排除、限制竞争效果的政策和措施将被废除。未在公平竞争审查制度框架内进行审查的现行政策或新政策将不得发布或不得继续实施。自我审查的结果要按照《中华人民共和国政府信息公开条例》的要求向社会公开。

自我审查被视为最实用、最可行的审查办法，这其中有多个原因。第一，政策制定机关因此而直接承担起废除现行政策或新政策中竞争限制性措施的责任。政策制定机关要承担起全部法律责任，负责进行自我审查、废除所有竞争限制性措施并解释修订后的现行政策和新政策对市场竞争有何影响。第二，政策制定机关最清楚自己发布了多少政策。第三，与外部机构不同，政策制定机关更有可能掌握政策的目的、规定和影响方面的专业和技术知识。有观点认为，外部机构的审查可能会导致所谓的“专业知识陷阱”，即外部审查机构可能缺乏足够的知识理解政策的背景、目标和具体内容。第四，自我审查可以将政策实施方面的负面影响降到最低，因为相关政策制定机关的自我审查可以更有效地将市场竞争保护与政策目标的实现挂钩，竞争执法机构可以在竞争问题的专业知识方面提供指导和协助。第五，自我审查有利于制度的顺利过渡，可以将公平竞争审查制度迅速有效地纳入现行的法律和行政管理体系而不对这些体系做出重大改变。

第三方参与。确保政策制定机关自我审查有效性和完整性的一个重要手段就是让第三方作为审查员或顾问以及监督员参与审查过程。国发〔2016〕34 号文件规定，自我审查应与外部监督、社会监督和执法监督结合起来。“在条件成熟时”应组织开展第三方评估，鼓励各级政府部门委托第三方开展评估。

3.4　实施程序

机构设置。公平竞争审查工作部际联席会议（以下简称联席会议）制度于 2017 年 1 月建立，是国家层面的协调委员会（国务院办公厅发布的国办函〔2016〕109 号文件）。其主要职责是：①在国务院领导下，统筹协调推进公平竞

① 如果政策由多个政策制定机关联合发布或起草，主要政策制定机关负责审查，其他政策制定机关根据各自职能参与审查。政策制定机关指的是根据法律法规具有职权管理公共事务的行政机关和组织。这意味着需要进行自我审查的政策制定机关在范围上是全面的、包罗万象的，不仅有那些直接负责经济事务的机关，还包括所有行政机关。在对现行政策和新政策进行自我审查时，政策制定机构应当听取“利益相关方”的意见，或者向社会公开征求意见。

争审查相关工作。对公平竞争审查制度实施进行宏观指导，协调解决制度实施过程中的重大问题。②加强各地区、各部门在公平竞争审查制度实施方面的信息沟通和相互协作，及时总结各地区、各部门实施成效，推广先进做法和经验。③研究拟定公平竞争审查制度实施细则，进一步细化审查标准，明确审查程序，推动工作不断完善。④完成国务院交办的其他事项。

联席会议的办公室设在国家发改委，后者被指定为联席会议和审查制度实施工作的牵头机构。联席会议由中央 28 个部委和单位的副主任或副部级官员组成。由各级地方政府成立的地方联席会议以及各级相应的工作协调机构（在此统称为“联席会议”），负责协调各自辖区内的公平竞争审查工作。每一级联席会议都需要向上一级联席会议提交关于公平竞争审查制度实施进展的年度报告。如果不同政策制定机关对审查工作的争议无法在地方层面解决，就会提交当地联席会议解决，同时也会提交至上一级联席会议。

审查程序。国务院下属所有中央部门、省级及省级以下地方政府负责制定公平竞争审查工作方案并监督实施情况，地方联席会议在实施过程中负责协调。政策制定机关进行审查的基本程序和步骤请参见本报告附录 2。政策制定机关应当每年对开展公平竞争审查的情况进行总结，于次年 1 月 31 日前将书面总结报告报送同级公平竞争审查联席会议办公室。发改价监〔2017〕1849 号文件发布了政策审查流程和审查结果书面报告标准表格。

政策制定机关还应当对政策措施影响全国统一市场和公平竞争的情况进行定期评估。定期评估可以每三年进行一次，也可以由政策制定机关根据实际情况自行决定。自行决定评估时限的，政策制定机关应当在出台政策措施时予以明确。政策制定机关应当在书面审查报告中说明政策措施是否适用例外规定。认为适用例外规定的，应当对符合适用例外规定的情形和条件进行详细说明。

现行政策审查的重点是涉及地方保护、指定交易和设置市场准入壁垒的相关政策。对市场主体反应比较强烈、问题暴露比较集中、影响比较突出的规定和做法，要尽快废止。对立即终止会带来重大影响的部分优惠政策，要设置过渡期。对已兑现的优惠政策，不溯及既往。新政策在获批之前必须重点进行以下七个方面的评估：（1）市场准入；（2）产业发展；（3）招商引资；（4）招标投标；（5）政府采购；（6）经营行为规范；（7）资质标准。

实施阶段。从 2016 年 7 月起，国务院各部门、各省级人民政府及所属部门均应进行公平竞争审查。不过据后续文件显示，审查将首先在省一级进行，然后再到县市级。2017 年 12 月发布的《2017—2018 年清理现行排除限制竞争政策措施的工作方案》（发改价监〔2017〕2091 号）规定了审查的范围、重点以及五个实施阶段。

社会监督和责任追究。公平竞争审查制度包含多项保障措施，以确保实施工作和自我审查的有效性和完整性。这些措施包括政府问责和政策合规机制、政策制定的透明度以及审查过程的社会监督，此外任何单位和个人都可以进行投诉或举报。

如前所述，第三方作为外部审查员、顾问或监督员的参与是一个重要的保障措施，因此鼓励各级政策制定机关委托第三方专业机构协助展开审查并定期评估政策影响。地方联席会议有权建立公平竞争审查制度“专家支持体系”，协助政策制定机关进行审查。政策制定机关可以就公平竞争审查中遇到的具体问题，咨询履行相应职责的反垄断执法机构。

值得注意的是，发改价监〔2017〕1849 号文件中发布的实施细则为“外部第三方参与审查过程以提高审查有效性和完整性”赋予了更显著、更有力的地位。文件要求政策制定机构向利害关系人①、专家学者、法律顾问、专业机构和社会征求意见。关于征求到的意见以及意见实质内容，应当在政策制定机关的书面审查报告中说明有关情况。

社会监督和责任追究是公平竞争审查制度的附加保障措施。政策制定机构涉嫌未进行公平竞争审查或者违反审查标准出台政策措施的，任何单位和个人可以向政策制定机关反映，政策制定机关应当核实有关情况。发现存在违反审查标准问题的，应当按照相关程序停止执行或者调整相关政策措施，并按照《中华人民共和国政府信息公开条例》的要求向社会公开。任何单位和个人可以向政策制定机关的上级机关或者反垄断执法机构举报，如果举报提供相关事实和证据，上级机关应当责令政策制定机关改正。拒不改正或者不及时改正的，对直接责任人员依据《中华人民共和国公务员法》《行政机关公务员处分条例》等法律法规给予处分。政策制定机关上级机关和反垄断执法机构的决定和行动需要向社会公开。为促进社会监督和责任追究，发改价监〔2017〕2091 号文件指出要充分利用媒

① “利害关系人”指参与相关市场竞争的经营者、上下游经营者、消费者以及政策措施可能影响其“公平参与市场竞争”的其他市场主体。

体（电视、广播、报刊）和网络等传播渠道，向社会广泛宣传公平竞争审查制度的重要意义、取得的进展和成效，并及时曝光典型案例。

实施进展。2017 年和 2018 年初的多份报告显示，公平竞争审查制度的实施正在稳步进展。据报道，国务院各部门已建立内部审查制度并着手审查新出台的政策。30 个省和直辖市已经出台实施方案并建立了审查制度。十多个省市宣布正在推动第三方对审查情况进行评估，并表示评估结果将对外公布。据官方公布，截至 2017 年 8 月，所有省市都已发布公平竞争审查制度实施文件，不过据一项独立评估（黄勇、江山和周海涛，2017）反映，这些方案只是重复了国发〔2016〕34 号文件的内容而已。实施过程中遇到的问题包括：某些政策制定机关执行审查的能力比较薄弱或未能认真执行审查。

虽然相关法律要求政策制定机关对外公布自我审查的结果，但目前几乎查不到有关此类审查效果的信息。能够查询到的信息表明，某些产业的市场参与者已经开始使用公平竞争审查制度来挑战限制竞争的政策。2016 年，一些优步类网约车服务经营者抱怨称，某些城市（根据中央颁布的规定）拟定的实施细则明显违反了公平竞争审查制度中禁止地方保护这一标准。但市政当局驳回了这些异议。不过，在另外一起案件中，一家律师事务所提起了诉讼，国家发改委进行调查后要求福建省泉州市和甘肃省兰州市当局取消在司机户籍、车辆类型准入壁垒和网约车行政规定等方面的竞争限制。这一案件具有重要意义，不仅因为它反映了市场参与者对公平竞争审查制度的认识越来越深，也越来越多地使用这项制度来维护自己的权利，还因为它揭示了公平竞争审查制度的有些标准是为解决传统经济活动中的竞争限制性法规制定的，用来应对新兴数字技术活动中的复杂技术领域可能会存在一些问题。①

公平竞争审查制度中有关市场准入和退出、商品和要素自由流动、生产成本和生产标准的规定已经成功地废除了深圳市卫生和计划生育委员会、浙江省卫生和计划生育委员会、河北省交通运输厅与上海市交通委等机构制定的政策中限制竞争的措施（黄勇、江山和周海涛，2017）。2018 年 1 月，国家发改委通报了 2017 年四起滥用行政权力排除限制公平竞争的案件。②

---

① 有关此案的研究请参见 W. Huang、B. Yin 和 W. Zhou（2016）以及黄勇、江山和周海涛（2017）。

② 这几起案件涉及 7 个市政当局以及湖南省旅游部门、延安市卫生和计划生育局、枣庄市质量技术监督局和山东省物价局。

3.5　对公平竞争审查制度的初步评估

十八届三中全会提出要在中国加强竞争，而公平竞争审查制度的建立可以说是为了实现这一目标采取的最切实、最具体的举措。这项制度的建立表明当局已经认识到，普遍存在的限制竞争的政府法规对经济增长和竞争力形成了重大障碍，废除或减少这些法规将对中国创新驱动的集约型平衡增长新模式的成功起到决定性作用。其还反映出这样一个事实：《反垄断法》中禁止滥用行政权力的基本规定必须由一个专门为减少竞争中政策性壁垒而设计的更强大机构来执行。公平竞争审查制度的建立让中国在竞争政策方面做到了与大多数先进市场经济体的最新全球最佳实践相一致；在这些实践中，应对竞争限制性法规的制度对处理企业排除、限制竞争行为的《反垄断法》形成了补充。

公平竞争审查制度是一套精心设计的制度，目的是为了解决中国诸多严重且普遍的限制竞争的政策。据称这一制度在设计上借鉴了国际类似制度的经验。不过作为一项新举措，随着实施过程中不断积累经验，该制度还需要进一步的完善和发展。当局也认识到了这一点。公平竞争审查制度应该被视为一项“进展中的工作”。这种渐进方式是一个明智的决定，因为该项制度面临着巨大的技术和政治挑战。

下面是我们对公平竞争审查制度的设计和功能方面的关键问题所做的一些观察，这样的观察也许可以在该制度的发展过程中帮助提高它的效力。我们的评估着眼于两个问题：当前版本的公平竞争审查制度如何有效地实现既定目标？它能否充分解决限制竞争的主要系统性和政策性壁垒？我们的评估提供了一个立足点，可以借此来判断中国能够借鉴哪些国际经验教训，也可以借此来判断中国在进一步完善措施以减少竞争的政策性壁垒方面有哪些选项。后面两章将探讨这两个问题。

法律基础。公平竞争审查制度是以国务院“意见”的形式建立的，这意味着目前它是一部“软”法，即可以随时修改的政府指令或行政法规。作为一项仍在修订之中的新制度，公平竞争审查制度尚未成为全国人大颁布的“硬”法。就公平竞争审查制度相对于其他法律或政策的法律地位和优先权而言，似乎存在一些含糊之处，而这可能会给制度的实施和合规带来问题。这些含糊之处源于其“软”法地位。作为一份国务院“意见”，国发〔2016〕34 号文件在国务院文件等级中排名相对较低：其法律地位和效力要低于以“决定”和“条例”形式发布的国务院规范性文件。

国发〔2016〕34 号文件明确禁止现行政策和法规中的限制竞争措施，并规定，除非这些措施符合公平竞争要求和相关法律法规，否则应当予以废除。但是，哪些政策合法（或不合法），这一点应当得到明确。由于需要在公平竞争审查制度下接受审查的现行政策已经以某种形式正式颁布，或者由于先于公平竞争审查制度而被默认继续存在，因此从定义上看，它们事实上是（或者曾经是）“符合相关法律法规的”。如果说现行限制竞争政策之前是合法的，此后因为包含了违反 18 项标准的措施而被国发〔2016〕34 号文件判定为不合法，那么文件中“除非其符合公平竞争审查和相关法律法规”这一条就会令人困惑：是不是所有违反 18 项标准的政策从此之后都自动变成不合法政策？如果是这样，文件中所说的“除非符合相关法律法规，否则任何违反 18 项标准的措施都要被禁止”又是什么意思？从法律确定性的角度来说，这一点需要得到明确。

很显然，全国人大颁布的“硬”法被排除在公平竞争审查制度的涵盖范畴之外，因为国务院的政令或“软”法不能凌驾于这些“硬”法之上。国发〔2016〕34 号文件是中国最高行政机关国务院颁布的行政规则。因此，它要优先于国务院下属政策制定机关和地方政府颁布的法规。但是，国务院也出台了很多限制竞争的政策，如一些与产业政策、国家扶持和国有企业相关的政策。目前尚不清楚公平竞争审查制度是否适用于审查此类政策和“软”法。如果大范围保留限制竞争的政策，将严重削弱公平竞争审查制度推动公平自由竞争的效力。这也提出以下问题：公平竞争审查制度是否也应涵盖包含限制竞争措施的上述法律和政策？依照国际经验，其应该被涵盖在内，要想做到这一点，可以将公平竞争审查制度转变为全国人大颁布的“硬”法，或是将其单独立法，或是将其合并到修订版《反垄断法》中。

审查标准。公平竞争审查制度本质上是一项“默认制度”，其 18 项标准构成了一份限制竞争措施的负面清单。这些标准主要针对的是妨碍全国统一市场和公平竞争的限制措施，因此其侧重于地方保护措施。很显然，这 18 项标准的设立经过了深思熟虑。比起《反垄断法》第三十三条禁止的那些措施，其包含的限制竞争的措施要全面和有力得多（见专栏 3）。例如公平竞争审查制度的标准包括了限制服务和资源（生产要素）自由流动的措施，而《反垄断法》第三十三条仅仅涵盖了商品的自由流动。

专栏 3

《反垄断法》第三十三条

第三十三条：行政机关和法律、法规授权的具有管理公共事务职能的组织不得滥用行政权力，实施下列行为，妨碍商品在地区之间的自由流通：

（一）对外地商品设定歧视性收费项目、实行歧视性收费标准，或者规定歧视性价格；

（二）对外地商品规定与本地同类商品不同的技术要求、检验标准，或者对外地商品采取重复检验、重复认证等歧视性技术措施，限制外地商品进入本地市场；

（三）采取专门针对外地商品的行政许可，限制外地商品进入本地市场；

（四）设置关卡或者采取其他手段，阻碍外地商品进入或者本地商品运出；

（五）妨碍商品在地区之间自由流通的其他行为。

资料来源：中华人民共和国主席令第六十八号《中华人民共和国反垄断法》(2007)。

公平竞争审查制度中一些审查标准的措辞比较笼统含糊，如“防止政府过度和不当干预市场”“不合理的市场准入和退出条件”“严重排除和限制市场竞争”。对于什么是“过度”、“不当”或“严重”，人们可能会有高度主观的解释，这使得政策制定机关、执法机构、法院和公众难以判定某些审查标准是否被违反。以“标准”而非“规定”的形式禁止限制竞争的措施，这具有重要的法律意义和影响。

公平竞争审查制度的审查标准把重点放在了地方保护政策上，因此没有充分解决某些没有直接影响地方保护措施但从国际经验看不利于公平竞争的政策。本报告第 4 章和第 5 章将会谈道，这其中包括消费者权益保护、国企享有的不公平竞争优势以及歧视性国家扶持等方面的政策。

《反垄断法》并未豁免某些产业部门内企业排除、限制竞争的行为，如金融服务、能源、运输、电信以及其他受特定管制框架约束的战略性产业。[①] 不过目

① 这一点可以从第一例反垄断案件中看出来，该案是由国家工商行政管理总局北京分局于 2017 年针对 15 家大型银行的住房贷款业务价格违规操作提出的。

前尚不清楚公平竞争审查制度——这项制度应对的是限制竞争的政策而非企业排除、限制竞争的行为——是否适用于以“硬”法或国务院行政规则形式颁布的管制法规。在中国的法律体系中，产业法规和《反垄断法》各自管辖范围的边界划分从原则上讲是这样的：管制框架涵盖的领域构成《反垄断法》的边界，而《反垄断法》明确涵盖的领域又构成管制范围的边界。如果类似的原则适用于公平竞争审查制度，那么其消除或减少管制法规中大量限制竞争的措施的能力将受到限制。

还有一点也同样不够明确，那就是与外商投资和外资企业相关的法律和政策是否适用于公平竞争审查制度。《外商投资产业指导目录》（2017）的最新修订版列出了三类外商投资准入负面清单（鼓励、限制或禁止），很多产业都被归在限制一类，如汽车和金融服务（宁宣凤、宫婷和杜楠，2017）。对于那些被认为对国家安全至关重要的产业，几乎所有国家，即使是美国和欧盟等发达的市场经济体，都会限制外商投资。不过，中国的受保护产业在范围上更为广泛，而且就连国内企业在很多产业也都面临准入限制。让公平竞争审查制度逐步应用于外商投资（以及技术转让），这将是解决国际社会对中国经济开放度担忧的重要一步。

例外规定。公平竞争审查制度例外规定的范围非常广泛，而且定义笼统。在每条例外规定中加入“等等”一词似乎使其成为开放式的规定，可以进行自由裁量。“国家经济安全”的含义可能非常广泛，如何定义？谁来对其定义？第 4 条的“法律、行政法规规定的其他情形”则更具开放性。这会造成道德风险，因为其允许大量政策免于审查，从而严重削弱了公平竞争审查制度的效力。同样，与扶贫和社会保障目的相关的例外规定也很笼统。如果扶贫涉及对贫困和欠发达地区的支持，那么如果不通过经济和量化指标或标准来确定贫困线，这条例外规定就有可能会被滥用，尤其是被地方当局滥用。比如说，中国媒体最近就报道了扶贫资金使用过程中的严重滥用和腐败现象。

中国《反垄断法》的适用除外制度本质上是与垄断相关的。《反垄断法》第七条规定了“国有经济占控制地位的关系国民经济命脉和国家安全的行业以及依法实行专营专卖的行业”等笼统而宽泛的适用除外情况。这种允许某些行业内国家垄断的适用除外规定的条件是：不得利用其控制地位或者专营专卖地位损害消费者利益。《反垄断法》禁止的是企业排除、限制竞争的行为，而公平竞争审查制度则旨在废除那些要求或允许企业排除、限制竞争的政策措施。不过公平竞争审查制度没有也不能禁止国家垄断，而国家垄断有可能会对竞争造成严重破坏，因为《反垄断法》允许它们这样做。但公平竞争审查制度可以被用来对效率低下的国家垄断和国有企业进行管理，并通过控制对国家垄断和国有企业的限制竞争的国家补贴和支持以改善其业绩。

国有企业、国家援助和优惠政策。中国通过国有制、国家援助、优惠政策和其他国家扶持对市场进行干预从范围和规模上来说相当广泛。该等干预构成了国民经济中限制竞争的政策性壁垒。除非公平竞争审查制度能够解决此类干预，否则很难甚至是不可能以任何有意义或实质性的方式实现公平竞争。

公平竞争审查制度指出，18 项标准适用于所有影响企业和市场参与者的政策，不管其所有权如何，也就是说，国有企业也被涵盖在内。和其他企业一样，对国有企业排除、限制竞争的行为予以禁止并负责执法的依据是《反垄断法》，而不是公平竞争审查制度。公平竞争审查制度的作用是禁止那些要求或允许企业参与此类操作的政策，特别是与地方保护相关的做法。如果公平竞争审查制度能够针对国企政策，这将是朝着更加公平的国企竞争迈出的重要一步。但是，这 18 项标准远远不足以确保国企在公平的环境中参与竞争。下一章将会说道，根据国际经验，要想确保国有企业在公平竞争环境中参与竞争，还需要更加明确和严格的规定。

《反垄断法》中有关国企的规定限制了公平竞争审查制度应对限制竞争的国企政策范围。《反垄断法》中有关国企的表述有点含糊不清，这也许是刻意为之，因为在起草这部法律时，中国在国企是否应该受制于以及在多大程度上受制于竞争政策的问题上缺乏政治共识。很显然，《反垄断法》第七条原则上规定了国有企业应当受制于《反垄断法》，但人们普遍认为，它们事实上多半不受《反垄断法》的影响，而这样的看法是有理由的。虽然很多国企已经受到反垄断执法行动的制约，如通过价格排除、限制竞争的行为，但毫无疑问，其很多限制竞争的做法仍未受到影响，还在严重妨碍公平竞争。

国企待遇的模糊性源于《反垄断法》第七条的措辞，该条款允许关乎国家经济安全的行业的国企垄断地位，只不过规定这些国企不得利用其控制地位或者专营专卖地位损害消费者利益。第七条还规定，国家对这些国企的合法经营活动予以保护，并对其价格和经营行为实施规制。由此看来，国家控制和国家政策似乎要优先于《反垄断法》，因此让人担心国企只在国家有此意愿的情况下才会受制于《反垄断法》，具有偶发性和任意性。[1] 此外，由于对关乎国家安全的行业并没有严格的界定，因此当局可以任意允许大量国企从事各种垄断经营，即使在有些行业这样做并不具有经济合理性。至于国企可以在哪些行业专营专卖或是享有支配地位，做出决定的是国家发改委和国资委等政策制定机关，而最终拍板的则是中共中央和全国人大。《反垄断法》对国企的模糊处理或许可以解释公平竞争审查制度中同样含糊不清的处理方式，后者不仅没有明确表示该制度适用于国有企业，甚至没有设立明确的标准来遏制限制竞争的国企政策。

公平竞争审查制度的另一个重要缺口是直接并充分解决国家援助和其他国家扶持政策中歧视性和竞争限制性措施的标准。国发〔2016〕34 号文件提到，“违法给予优惠政策”是公平竞争审查制度旨在废止的一种做法。这类政策包括财政补贴（如国家援助）、税收减免和其他财政措施。但是，关于什么是合法的或不合法的国家扶持，何时以及为何允许或禁止这种限制竞争的支持，并没有得到解释。虽然这 18 项标准禁止特殊或歧视性政策，但其主要侧重于地方保护措施。一些标准，如市场准入和退出标准与影响生产经营成本标准，解决了一些限制竞争的国家扶持措施。不过，公平竞争审查制度的整体标准并没有充分解决中国数量庞大、种类繁多、形式多样的国家援助和优惠政策。从国际经验看，要想实现自由公平竞争，需要设立专门针对竞争限制性国家扶持政策的机制，具体我们将在下一章讨论。

自我审查。公平竞争审查制度中的自我审查机制可能是短期内唯一可行的方法。中国的现行政策有成千上万之多，尤其是省、市、区、县等地方政府颁布的政策。要对如此之多的现行政策或是正在起草的诸多新政策进行审查，这超出了竞争执法机构的现有能力范围。有时（虽然并非总是如此）政策制定机关中了解情况的专家对国民经济多个领域内的各类政策可以进行更为有效的审查，而且自我审查也让政策制定机关为自己制定的政策承担起废除限制竞争措施的责任。基于这些原因，借助于分散化的自我审查是一种合理的做法，不过只能在一定程度上这样做，而且仅限于公平竞争审查制度实施过程中的早期过渡阶段。

自我审查过程中存在着极大的道德风险和挑战。利益冲突和偏见必定会妨碍政策制定机关进行彻底而严格的审查并真正完成对其所有政策的审查。任何国家

① 近期在供给侧结构性改革过程中批准的大型央企集团的合并加剧了人们的担忧。这些改革造成了极大的垄断，而这些垄断在现代市场经济中通常不受制裁。

的政策制定机关都会利用其强大的政治权力和技巧，非常有力地（通常也是非常令人信服地）争辩，竞争阻碍了重大国家利益目标的实现。中国和其他国家一样，政策制定机关，无论是大是小，无论是中央层面还是地方层面，在制定限制竞争的措施方面都很有经验，在捍卫这些措施方面也都很有一套。如果政策制定机关有权决定优先审查哪些政策，那么其就有可能会延缓或不断推迟对最重要政策的审查。这就是很多国家的自我规制——这种自我规制构成了自我审查——都不够到位的原因。

当政策制定机关和行业管制机构被监管俘获，服务于企业和行业利益而非国家利益时，这样的危险尤为严重。正如中国自 2012 年以来展开的反腐斗争所反映的那样，政策制定机关和管制机构的大量贪腐案件（通常都出现在竞争受限程度最高的管制领域，如金融、基础设施和战略性产业部门）表明，监管俘获在中国是一个严重且普遍的问题。所以，即使有一系列保障措施，也还是很难将自我审查机制作为有效解决中国竞争限制型政策的唯一或主要手段。

公平竞争审查制度通过一系列保障措施确保自我审查过程的有效性和完整性。其中一项保障措施是公平竞争审查工作联席会议。至于这个目前由 28 个中央主要部委和部门代表组成的机构是否可以成为一个公正的监督机构、是否具备必要的机构资源和能力，这一点尚且存疑。其他保障措施包括外部第三方审查、社会监督和责任追究、征求利害关系人意见以及政策制定机关须得公布审查结果的透明度要求，这些必须成为关键的制衡机制以及公平竞争审查制度实施时重要的自下而上机制。这些机制只有得到法定权力的支持才能有效运作，尤其在提交投诉和寻求改正方面更是如此，而这又取决于强有力的法律依据。现在的问题是，公平竞争审查制度的法律地位不够强大。它不是一部“硬”法，这就让第三方很难去挑战那些明显违反了 18 项标准和例外规定的法律。

第 4 章　削减竞争中政策性壁垒的国际经验

本章回顾了国际社会的经验，即五项旨在减少竞争中政策性壁垒的制度，其与中国的公平竞争审查制度有着相似的目标。这些制度是全球最成熟的制度，事实证明，它们在多个国家都行之有效，而这此国家在治理体系和经济发展水平方面大相径庭。

第一项制度是经合组织的竞争评估工具箱，该工具箱提供了一份竞争核对清单以及一个最佳法规设计框架；竞争核对清单可用于判定潜在的限制竞争的内部法规，而最佳法规是指可以在不限制竞争或对竞争影响较小的情况下实现政策目标的法规。第二项制度是欧盟的做法，即通过两项相互关联的措施实现经济一体化和公平竞争：以单一市场规则来保证“四项自由”，即商品、服务、资本和人员的自由流动；控制破坏单一市场公平竞争的国家援助（不仅指国家的财政转移支付，还包括直接影响公司财务状况的任何优势，如国家担保、优惠信贷和资本注入）。第三项制度是将竞争中性原则应用于国有企业，使其在公平的竞争环境中运作。第四项制度是反垄断部门的竞争倡导，这种竞争倡导旨在通过非法定或非执法机构促进竞争环境，主要是提高政策制定机构、其他政府实体和公众对竞争问题的认识。第五项制度是英国的市场调查制度，该项制度可用于发现和补救市场、行业或国家法规中任何排除、限制或扭曲竞争之处，即便没有出现明显滥用市场支配地位、卡特尔或企业间限制性协议。

4.1　经合组织竞争评估工具箱

4.1.1　经合组织工具箱的目标

经合组织工具箱旨在识别限制竞争的法规并对其进行修改，从而促进有利于创新和增长的市场发展。经合组织之所以觉得有必要控制规制造成的限制，原因在于其观察到，要想达成某些预期中的普遍利益目标，规制可能是必要的，但有时规制可能会出现过度或失调的情况，结果带来不必要的限制。经合组织工具箱不断演变发展，使用新的信息进行修订和更新。第一版工具箱发布于 2007 年，不过之后一直在不断改进、扩展、充实。① 当前版本（2016 年版）一共包括三卷：原则、指南和操作手册。

竞争评估已被广泛用于审查法规对竞争的影响，而工具箱就是其中一例。②工具箱的设立是为了供世界各国政府在自认为合适的时候予以使用并做出调整，其既可用于法规推行之前的事前审查，也可用于现行法规的事后审查。工具箱中所列办法的优势在于，虽然竞争政策方面的经验有利于实质性的深入审查，但它并不要求所有官员都具备大量的竞争评估经验。该工具箱已在多个国家得到应用，如欧盟、韩国、墨西哥、罗马尼亚和英国。该工具箱还被用来详细审查希腊、墨西哥、葡萄牙和罗马尼亚的现行产业法规，经合组织也受邀在这些国家进行立法审查。

规制改革最优政策设计。在很多公共政策领域（如财政和货币政策）最佳实践都非常笼统，并不是为了某个特定法域量身打造；与此不同，经济规制方面的经验和实践通常都与一国国情密切相关。作为一项通用制度，工具箱提供了设计最佳法规的总体框架，从而克服了这些缺点。工具箱设定的基本前提是：只有在确属必要时，尤其是需要进行干预以确保实现普遍利益目标时，才应阻碍或限制竞争和自由市场机制。工具箱并没有直接讨论这些普遍利益，而是先评估法规可能带来的限制，并要求现行法规的审核人或新法规的起草人对强制实施的限制做出解释，证明其确属必要而且可以实现其他手段无法达成的普遍利益目标。该工具箱提供了一份用来判定潜在限制性法规的竞争核对清单，不过又要求相关政府在采用其方法时要确定最合适的制度结构，详细分析并确定限制程度最轻的解决方案，即最优规制。

最优规制的问题在于市场总是在不断发展。因此，规制规则必须具有前瞻性，因为意料之外的创新可能会从根本上改变某一特定普遍利益的实现方式。为了促进创新，规制法规应该简单地阐明所要实现的普遍利益，然后交由行政部门——不管是独立规制机构、部委、地方政府还是机构——对这些普遍利益

① 本章主要基于 A. Heimler（2017）和 S. Ennis（2017）为此次研究所做的报告。报告包括对中国公平竞争审查制度的评估和制度进一步发展的建议。

② 请参见经合组织竞争评估经验对外报告（OECD，2014）。

指标做出修改，使其适用于某一个案（行业或部门）的具体情况；当然，在这个过程中还可能出现司法审查和法院诉讼。因此，如果一个具有创新力的新进入者受到法规阻碍，那么它可以将案件提交至规制机构并做出辩述。新进入者有可能会因此获准进入市场，而这有利于整体的国民经济和消费者利益。此外，如果新进入者没有获得市场准入，则应允许其在法院对此提出上诉。

不过，如果具体规则是特定法律的一部分，那么要想对其做出修改或使其适应新情况则会很困难，甚至无法做到。立法议程可能很不灵活，没有给新提案留下空间。此外，即使拟议的变动会对一些明确的普遍利益做出回应，也未必能够轻易赢得必要的多数票，因为这些多数票可能已经被现行规制受益者的特定利益俘获。因此，只有外部的老牌大企业才有可能做到不偏倚、拥有必要的技能和资源来为规制改革进行游说并且有望取得成功。

4.1.2 工具箱竞争核对清单和评估方法

根据经合组织工具箱的框架以及已引入竞争评估机制的国家的经验，竞争核对清单是对规制改革的一项投入。一旦核对清单识别了限制竞争的法规，就会进行分析，以验证其是否属于为了达成某些普遍利益目标且确属合理必要的措施。如果分析结果显示其不具有合理性，则应向相关立法机构提交议案来决定是否应该批准这些法规。

工具箱竞争核对清单。工具箱列出的第一步是判定或评估有可能潜在限制竞争的规制规定。这项评估基于一份长仅一页的核对清单，该项清单列明了四大类需要审查的限制。这些大类由很多更加详细的子问题予以补充，这些子问题有助于解释每一大类下的法规类型。正如专栏4所示，它们分别是：①限制市场允许的市场参与者数量；②限制市场参与者可以从事的活动类型；③限制市场参与者参与竞争的积极性；④限制消费者的选择和做出选择时需要的信息。在上述这些情况下，首先必须判明法规可能具有的限制性，然后再决定是否需要进行修改以及应该进行什么样的修改。

专栏4

经合组织竞争评估工具箱竞争核对清单

如果拟执行的政策有以下任一影响，则应该实行竞争效应评估。

（一）限制供应商的数量或经营范围

如果拟执行的政策：

1. 授予某供应商提供商品或服务的特许经营权；

2. 确立颁发营业执照或经营许可证制度；

3. 对某些类型的供应商提供商品或服务的能力进行限制；

4. 大幅提高市场的进入或退出成本；

5. 对公司提供产品或服务、资本投资和劳务供应能力设置地域壁垒。

（二）限制供应商的竞争能力

如果拟执行的政策：

1. 限制销售商制定商品和服务价格的能力；

2. 限制供应商进行广告宣传或市场营销的自由；

3. 设置有利于某些供应商的产品质量标准，或者设置过度超前的产品质量标准；

4. 大幅提高某些供应商的生产成本（尤其是区别对待市场新进入者和现有企业）。

（三）打击供应商参与竞争的积极性

如果拟执行的政策：

1. 创建自我管理或联合管理制度（也就是说，在这样的制度下，私人参与者全部或部分承担设立相关法规的责任）；

2. 要求或鼓励供应商披露产量、价格、销售额或成本的信息；

3. 给予特定行业或特定供应商一般竞争法的豁免。

（四）对消费者可获信息及其选择的限制

如果拟执行的政策：

1. 限制消费者的选择能力；

2. 通过直接或间接增加更换供应商的成本来限制消费者选择供应商的自由；

3. 从根本上改变消费者进行高效购买所需的信息。

资料来源：S. Ennis（2017）。

评估程序和方法。经合组织工具箱的方法可以用于在新法规定稿之前进行（事前）评估，也可以用于对现行法规进行（事后）评估。工具箱建议，事后审查不应仅限于影响最大的那些限制，因为这有可能会阻碍更广泛的审查，从而允许很多明显存在问题的限制继续留存，而这些限制虽然单独看来影响不大，但加总在一起可能会产生很大的整体影响。① 比如说，澳大利亚展开的一项竞争评估在 5 年内审查了大约 1 800 项法规，最终有数百项法规被修订。

经合组织工具箱旨在为新政策的规划设计做出积极贡献。因此，评估工作应在政策制定早期阶段进行，而不是等到需要决定如何应对特定政策挑战的时候。如果拟执行的政策有可能限制竞争，那么就应该在政策制定的早期阶段咨询政府竞争问题专家，确定是否可以制定替代方案，既实现规制目标，又减少对竞争的影响。这意味着，必须精确定位所要追求的普遍利益目标，以便起草必要的法规。反过来说，如果一开始就是一个满是保护性限制措施的法规草案，之后再试图通过竞争评估来废除这些限制，那么效果会差很多，而且往往无法实现。在法规改革过程中，受影响各方经常会参与磋商。

外部评估。从竞争评估经验中得出的一个普遍教训是，如果由法规起草机构之外的机构来执行或进行实质评估，能够更好地识别潜在的竞争限制。外部评估的经验表明，很多部级规章都有限制竞争的可能，即便各部委声称这些规章不会对竞争形成不必要的限制。这说明很多部委都带有固有的偏见。因此，下面这一点至关重要：事后审查的主要责任应当落在部委之外，而事前审查则应包含部委之外的一个重要机构。

仔细而彻底的审查需要三个条件：①审查人不得来自法规拟定部门，但对于拟定部门来说，获得竞争评估方面的专家意见是极有价值的；②将竞争评估程序嵌入紧凑、简单而可用的框架，这有助于其得到广泛应用；③确保竞争评估的法律必要性以及对评估的顶层政治或财政支持，这对评估的成功实施也至关重要。表 1 列出了不同经济体的经验。

---

① 比如，如果福利约占某一产业部门收入价值的 2.5%，那么 10 个产业部门（每个产业占 GDP 的 1%）的累加值将等同于审查一个价值占 GDP 10% 的产业部门。经合组织的研究表明，当存在限制时，竞争限制的价格影响约为收入的 20%，因此，消除限制，包括似乎具有低附加值的省级和市级限制，其价值从经验来看仍是相当显著的。请参见 S. Ennis（2017）。

表 1　外部审查执行机构（经合组织工具箱）

国家	审查机构	注
澳大利亚	国家竞争委员会（20 世纪 90 年代）	经过国家竞争委员会的核实，各州可以得到适度的款项（约占联邦预算的 0.3%）用于审查和实施改革
希腊	经合组织*和竞争执法机构	经济或协调部牵头实施工作，总理办公室承诺支持相关项目，按照“规定”给予财政激励
罗马尼亚	经合组织*和竞争执法机构负责事后审查	总理办公室在项目过程中予以支持
	竞争执法机构负责事前审查	
墨西哥	经合组织*和经济部竞争政策部门牵头负责事后审查；竞争执法机构也可以进行事后审查	经济部牵头负责实施工作
	规制影响评估机构“联邦规制委员会”根据经合组织工具箱的指导，牵头展开事前审查工作	
韩国	竞争管理当局根据经合组织工具箱的指导，牵头对立法进行事前审查	部际机构对竞争执法机构提出的建议进行审议

* 其中一些项目涉及经合组织牵头与国内机构合作展开的竞争评估，经合组织的工作人员和顾问（多达 15 人）审查了相关法规并提出建议（通常在一年左右）。此类工作的经费来自经合组织收到的自愿捐款。

资料来源：S. Ennis（2017）。

4.1.3　激励措施和机构设置

激励措施。竞争评估经验表明，其效力最终不仅取决于谁来审查相关法规，还取决于保证审查人和修订人以连贯、完整和系统方式行事的激励措施。竞争评估领域的一个常见现象就是，负责限制性法规的政府官员通常会竭力维持这些法规，并争辩为了满足普遍利益，这些法规的不利影响确属必要。这就提出了以下问题：如何在国家层面和地方层面的政府部门推动对改革的支持？从这些经验中得到的一个教训是，如果各部委或各州给予直接的财政激励，那么这些地方的落实工作就会快得多。澳大利亚在希尔默改革期间和希腊在债务支持计划期间就是这样做的。

财政支持机制的一个优点就是，国家财政部门、地方财政部门以及总理对规制改革的支持有可能会带来国家职能部委和地方政府部门的支持。在澳大利亚，政府在竞争评估方面的这项初始额外支出有正当理由，因为规制改革将带来额外的经济活动和税收收入，而这些可以抵消联邦预算的这项支出。在希腊，国际机构认识到了产品市场改革的特殊性和重要性，并最终将大范围竞争评估列为希腊政府继续获得支持的先决条件。

专栏 5

澳大利亚对竞争评估的财政激励措施

澳大利亚的这种方法尚未在其他地方使用过，不过其为规制改革带来了非常有力的激励效果。具体方法就是在中央政府划拨给各州的预算上再加一笔没有划拨的额外经费，条件是各州承诺每年落实一项具体的改革。中央政府机构——国家竞争委员会——负责评估落实情况，因此各州财政部门成了地方层面竞争改革的推动者。澳大利亚中央政府部门并没有受到这样的预算激励。（地方）州财政部门受到的激励对（地方）州财政部门层面的行为产生了重大影响。澳大利亚中央政府财政部提供的资金是合理的短期支付，这抵消了部分变革阻力，降低了限制竞争的程度并获得投资回报，最终推动了GDP 增长并随后推动了税收收入增长，其增加值超过了短期支付成本。

资料来源：S. Ennis（2017）。

如果竞争评估缺少财政支持，那么强有力的政治支持和指导就变得至关重要。这种政治支持必须来自最高层，但一般不会动不动就涉及最高层政治人物。相反，其涉及的通常都是有时间关注竞争评估实施细节的高层官员。

机构设置。经合组织参与的实际项目面临的诸多挑战包括：

◎政治层面的落实决心；

◎特殊利益集团的反对/政治风险；

◎时机；

◎人员；

◎部委/机构间缺乏合作；

◎实际的工作范围在初始阶段存在不确定性。

机构设置是应对这些挑战的关键所在。使用经合组织工具箱进行竞争评估无意再为法规制定增加一套官僚流程，而是为总理提供一个工具来管理产业部门，并确保各部门提出的规制规则不会过于限制竞争。例如在意大利，如果没有经过充分的竞争评估，那么某项法案草案就不会得到部长理事会的批准。从原则上说，总理的这种否决权将促使部长们更加认真地对待竞争评估。不过，这也要取决于控制机制的质量和效果。在实际操作中，意大利只是要求包括影响分析，而这并没有带来太大的动力。

竞争评估要想真正发挥作用，就应该追求更远大的目标，那就是建立起法规制定方面的理念或文化，而不只是出台针对现行法规或新法规的评估清单。在实际操作中，这个目标很难实现，而且竞争评估被简化成“在报批法案草案的强制性评估清单上简单打个钩”的风险很大。

经合组织在工具箱中建议：“为了确保竞争效应得到适当考量，制定新法规的政府机构应该进行竞争评估。”这就迫使政策制定机构在一定的时候提出必要的相关问题，从而迅速有效地制定出适当考虑竞争效应的政策。可以执行此类审查的有规制机构、具有竞争专业知识的官员（如竞争执法机构的官员）或两者的结合。换句话说，竞争评估报告的审查工作必须交由经验丰富且声誉良好的机构进行。

墨西哥成立了一个独立委员会，即联邦规制委员会，由其负责推动规制，促进市场的竞争性。① 联邦规制委员会对所有新出台的联邦法规进行审查，如果新法规会影响竞争，则会咨询墨西哥竞争执法机构。根据经合组织的建议，政府机构在向联邦规制委员会提交法规之前必须填写竞争影响核对清单，因此竞争执法机构能够提供独立评估。

韩国于 1998 年建立了一个最佳实践架构。规制改革委员会的成立是为了推

① 联邦规制委员会于 2013 年发布了竞争评估指南，但其成立时间要早得多。

动规制变革。委员会由总理和一名文职人员担任主席，包含 20 名成员，其中 7 人是内阁部长。委员会的目标是促成消极体系（未经许可的一律被禁止）向积极体系（未被禁止的一律许可）的转变。这种消极体系在很多国家都普遍存在。实现这一广泛目标的主要手段是审查该国所有现行法规，并强制要求进行规制影响分析。从 2008 年开始，竞争评估也被纳入其中。韩国公平贸易委员会受命成为规制改革委员会的顾问，就影响竞争的事项提供建议。就流程而言，韩国体系与墨西哥体系的类似之处在于影响分析最初由负责起草法规的政府机构执行。规制改革委员会随后决定是否修改或撤销该项限制竞争的法规。在规制改革委员会做出决定之后，政府机构将修改后的法规草案提交给国民议会。本报告附录 3 详细介绍了韩国的经验。

想对韩国的这一体系进行评估并不是那么容易，因为虽然规制改革委员会在精简韩国法规数量和规制程度方面非常有效，但是这一改革的重点显然只是对全国性的法规进行管控。结果就是，地方政府及其法规没有受到影响，因而损害了公民和企业实实在在的利益。此外，这种方法并不具有系统性，评估是在该国规制架构中随机进行的。该方法没有考虑到不同法规之间的联系，也在很大程度上忽视了与跨区域商品和服务自由流动相关的问题，因此成了一个比较低效率的体系。然而，由于规制改革委员会在政府层级中的重要地位、其成员构成以及与韩国公平贸易委员会等其他规制机构的关联，韩国的这种制度结构很适合在日后处理这些问题。

其他很多国家在通过新法规之前会进行横向磋商。如果竞争审查机构发挥突出作用，并且能够尽早进入相关程序并就规制内容和规制方式提出建议，这样的协商将会更加行之有效。审查机构的独立程度也很重要。与韩国一样，澳大利亚在 1995 年成立了一个新机构，负责监督国家、州或领地法律法规的国家竞争政策审查。这个机构名叫国家竞争委员会，其既不同于审查新法规的管制监督机构，也不同于竞争执法机构。

为确保规制规定的起草和实质内容都符合竞争原则，设立一个政府最高层面的专门机构会是非常有效的做法。墨西哥和韩国都成立了独立的规制改革委员会；该委员会在实行最佳规制方面有着相当大的影响力。要想让这一过程体现出价值，反垄断部门理当是天然的盟友。其拥有必要的经验，可以确保政府法规草案不会以不合理的方式限制竞争。

说到规制改革过程，反垄断部门的作用不仅限于就具体议案提供意见建议。

事实上，反垄断部门可以主动出击，判明哪些市场或部门将受益于规制变革。有些立法在反垄断部门看来是必要的，有些立法在执行反垄断规则时进入了反垄断部门的视线，而倡导报告的目的无疑就是为了争取让这些立法做出有利于竞争的修改。竞争主管部门也发挥着积极作用。法律要求其研究问题市场的运作并提出必要的改革建议。

还有一些更具体的调查工具可供反垄断机构使用，这些工具也许可以更加顺理成章地生成竞争倡导报告。市场研究就属其中之一，大多数竞争执法机构都使用这种工具来识别市场过程中的缺陷。竞争执法机构先是判定一个缺乏有效竞争的市场，然后考察竞争是否因市场参与者采用的某些规则或某些限制性做法而受到限制。市场研究产生的结果可能会是依照职权而采取的反垄断执法行动或是对规制改革的建议。市场研究最近被欧盟作为附加执行手段引入，在有效识别市场结果中的缺陷、有效确定必要的解决方案上卓有成效，并促成进一步的竞争倡导建议和执法行动。

4.1.4　成功因素

在评估过程中先是取得相关政策制定机构之间的合作，然后再获得政治支持，这是成功的关键。总的来说，这种情况会发生在审查过程受到高层政治支持的时候。这种高层支持确保了政府职能部门官员在审查过程中的合作。要想成功完成审查并对限制竞争的法规做出适当的修改，这些部门的知识、专业和数据至关重要。尤其是希腊和罗马尼亚两国的项目经验表明，最高层对审查进程的政治支持可以确保各部委迅速与法规审查工作涉及的机构展开合作。

成功因素包括：

◎设立以下操作原则：如果存在能实现政策目标且限制竞争程度较小的解决方案，那么就应当废除对竞争的不当限制（该原则由澳大利亚政府制定，是对《希尔默报告》的回应之一）。

◎设立明确的指南，说明如何处理合理的竞争限制。技巧之一就是让主管官员向总理证实某项限制的必要性，并要求对此类证实进行补充论证。（这项原则是由澳大利亚财政部在2007—2008年的竞争审查中确立的，不过具体运作时间并不明确。）

◎设立明确而简单的指南，说明什么时候可以存在竞争限制。指南越是模棱两可或明确单一，相关部委就越容易声称不存在相应的限制。因此，经合组织的竞争核对清单在首要原则（即一般原则）之后列出了一些重要实例（涵盖了大多数已知的竞争限制）。

◎政府高层应当给予支持，并有责任在必要时进行干预，以确保限制竞争的法规受到充分审查。如果缺少高层支持，那么在一方声称法规限制了竞争而部委持不同意见时，争端很难解决。

◎联邦资金给予各州的财政激励可以帮助各州赢得州财政部门的内部支持（在澳大利亚，对各州的财政支持使财政部门等主要政策制定机构成为改革的支持者）。

◎为制定政策的部委/州/其他相关机构的官员提供有关竞争影响的实操培训。经合组织与墨西哥经济部于 2013 年 9 月面向政府各个部门展开关于竞争评估的培训项目，在那之后，规制审查机构（联邦规制委员会）向竞争执法机构提交的可能限制竞争的法规在数量上出现了增长。

◎对竞争影响进行量化评估。希腊于 2013—2014 年开展了第一次竞争评估项目，在那之后，该国经济部长表示，在提议任何有争议的改革时，他最看重的就是对这一改革潜在利益的量化评估。虽然人们认识到，对竞争影响的专业经济研究具有极大价值，但我们往往缺乏研究所需的数据和资源。经合组织研究出了一种可在缺少高度专业化经济研究的情况下评估竞争影响的方法，这个方法的立足点就是其他地方类似改革带来的影响以及财政收入方面的数据。（见 S. Ennis，2017）

不管是竞争评估，还是明确将国家补贴和国企待遇纳入考量的经济审查项目（国家补贴和国企待遇涵盖在竞争评估的范围之内，但经合组织工具箱核对清单的一般性要点中并未直接提及），市场审查标准在应用过程中都必须根据应用国的经济、政治和社会需求进行调整。过往经验表明，随着时间的推移，这些标准会从现行规则中获得经验，继而出现动态发展。例如，英国的规则已经修改过三次，第一次是在 2002 年，第二次是在 2007 年，最近一次是在 2015 年。鉴于这样的变化，应当确保政府内外都有制度改进的支持者。

4.2　欧盟单一市场规则和国家援助控制制度

欧盟的经验尤其值得中国借鉴，因为这个由多个国家组成的经济体在相对较短的时间内，通过减少成员国之间的规制和贸易壁垒，创造了一个具有高度竞争性的单一市场（在中国，各省政府有点类似于欧盟成员国）。美国也有一个庞大、单一、竞争性的内部市场，但其是在一个主权国家内经过长时间发展形成的，而且政府干预经济的情况也要比欧盟少得多。

欧盟的竞争政策制度有三个主要组成部分。其中一个类似于全球其他国家，也类似于中国的《反垄断法》，那就是竞争法。另外两个组成部分分别是嵌入欧盟条约的单一市场规则和国家援助控制制度。这两者是欧盟独有的制度，其目的就是在整个欧盟内实现自由公平竞争。对中国的公平竞争审查制度来说，尤其值得借鉴的是后两项制度的经验教训，因为公平竞争审查制度的目的同样是旨在通过减少中央行政机关和地方政府对自由公平竞争设置的规制和政策壁垒，发展出具有竞争性的全国统一市场。

4.2.1 单一市场的自由公平竞争

单一市场的目标和范围。欧洲经济共同体创立于 20 世纪 50 年代后期，后来发展成为欧盟。其创立起源于这样的政治愿景：通过经济一体化来预防日后的战争和破坏。单一市场的经济目标是推动成员国的经济一体化，实现高效的资源配置，让企业进入更大的市场，从而加强竞争、专业化程度和规模经济，让竞争带来更快的创新、更高的质量、更低的价格。[①] 这些目标在实现过程中已经遭遇到种种想要破坏竞争的壁垒和诱因，而欧盟竞争政策的有效性基于高层政治承诺、大量执法资源、明确而有力的监督以及有效的救济措施。

欧盟条约的目的是建立一个经济上一体化的联盟，竞争不被人为扭曲是其目标之一。目前欧盟已经引入多种工具来解决不同类型的壁垒和扭曲。条约的核心是旨在确保“四项自由”的单一市场规则；“四项自由”是指商品、服务、资本和人员的自由流动。这些规则确保成员国不会直接或间接地对来自其他成员国的商品、服务、资本和人员的自由流动设置人为障碍，从而以不正当的方式限制整个单一市场的自由公平竞争。

欧盟单一市场构成了一个统一的经济空间或领域，在这里，商品、服务、资本和人员的自由流动不存在任何内部边界或其他规制壁垒。单一市场超越了自由贸易区，后者主要旨在消除或减少成员国之间的贸易壁垒。它也超越了关税同盟，后者允许成员国进行商品自由贸易，免去同盟内部进行关税检查的必要，并

① 如想更全面地了解欧盟单一市场，请参见 A. Heimler（2017）为本次研究准备的报告。

一致同意对世界其他国家实施单一的商业政策。要想保证单一市场中的四项自由，不仅要消除所有阻碍商品、服务、资本和人员自由流动的贸易壁垒，还得取消所有间接阻碍自由流动和经济一体化的规则和做法。

自《罗马条约》于1957年签署之后，六十多年来，单一市场在商品、资本和人员流动方面几乎已经实现，但在私人服务这个更为复杂的领域，相关工作还在推进之中。2006年的服务业指令[①]代表了大胆向前迈出的第一步，但是要想实现在整个欧盟建立单一服务市场的目标，该指令还有待完善。

单一市场规则。欧盟单一市场的建立需要跨越国界的公平竞争环境。要想做到这一点，首先成员国得"相互承认"彼此的法规，即在一个成员国供应的商品和服务不能被另一个成员国拒之门外。只有在欧盟条约严格定义的特殊情况下（如国防、公共安全与公共卫生），才能保留阻碍商品、服务和资本自由流动的国家规则。

欧盟条约的规定不只是面向成员国，它们也为个人和公司提供了法庭认可的权利。因此，对《罗马条约》的尊重和执行不只是欧盟委员会和成员国政府能够实现欧盟公共设施市场自由化的行动（自上而下的机制），同时，如果欧洲公民和公司按照《罗马条约》规定享有的权利没有得到其他私人部门和政府的充分承认，那他们全都可以提出司法诉讼（自下而上的机制）。这意味着，如果公民和公司认为某项立法或行政决策侵犯了他们依照《罗马条约》享有的权利——这其中当然包括自由流动的权利——就可以将该成员国诉至法庭，而相关规定或做法有可能会被判定违法并被废除。在为了实现自由流动这一目标而必须废除歧视性规则时，这种消极一体化格外有效。

不过，有些领域需要某种形式的规制来克服真正的市场失灵，这时上述消极一体化就无法在整个欧盟内实现全面协调了。在这种情况下，就得根据欧盟委员会的提议，在欧盟层面将各国的规则统一起来，确保商品和服务在所有成员国得到自由供应，并在整个欧盟内部建立起明确且可预测的公平竞争法律框架。在大多数制造行业，如电子、电气设备、机械、升降机和医疗设备等行业，欧盟立法仅限于基本的健康、安全和环境要求。在汽车等其他领域，欧盟立法则给出了详细规定，要求某些类型的产品具有相同的技术规格。欧盟统一立法还对电气和电

① 请参见2006年12月12日"欧洲议会和理事会关于内部市场服务业的2006/123/EC号指令"。http：//eur-lex. europa. eu/legal-content/EN/TXT/PDF/？uri = CELEX：32006L0123&from = EN.

子设备中有害物质的自由流动做出了规定。一方面，在制造业之外，欧盟的行动在促成公共设施市场的自由化方面格外有效。另一方面，私人服务业仍然受到国内法规的严格约束，直到近年来，单一市场规则才开始在这一领域出现积极而有益的融合。

欧盟取得的成果超出了《罗马条约》的规定和欧洲机构的行动范畴，因为每个成员国都可以对之做出补充。对于每一项欧洲政策倡议，成员国都发挥着积极作用，而不是简单地将欧盟规则转换成国内立法。很多时候，成员国必须建立新的机构（如独立的规制机构）来落实欧盟的规则。有时，为了最大限度地受益于欧盟规则，在一个成员国的倡议下，某个产业，尤其是公共事业服务部门，必须进行横向或纵向重组。[①] 还有一些时候，欧盟规则的作用仅限于复杂程序的某些方面。例如，就公共采购而言，欧盟的重点是做出向其他成员国的供应商开放国内采购市场的裁定，而成员国则全面负责执行和批准。

这意味着欧盟规则的效力在很大程度上取决于成员国在国家层面采取的行动。很多规制，尤其是服务业规制，仍然是国内层面的，因此成员国的作用远远不是对欧盟政策进行补充那么简单。在不太适合通过立法进行全面协调的部门，欧盟法院的司法审查可以有效地确保一定程度的规制融合。话虽如此，成员国发挥的最重要作用仍是制定并落实尊重《罗马条约》相关的规则。

4.2.2　国家援助控制

目标。要想在欧盟单一市场实现公平自由竞争，不仅要禁止所有直接和间接根据供应商国籍施加的不合理差别对待，还得确保相关补贴不会非法且不公平地向特定公司倾斜。欧盟国家援助政策的目的就是为了确保政府不会为了特定企业的利益而牺牲其他成员国的企业。[②]

欧盟在创建内部单一市场的同时，也设想着要全面禁止限制竞争的国家援助，从而通过这种手段和反垄断控制实现公平竞争。公共部门给予的国家援助扭曲了成员国之间的竞争，也扭曲了内部市场中企业之间的竞争。国家援助规则是实现内部市场目标的关键所在。这些规则旨在禁止各国向自己国家的公司提供援助，因为这会给自由市场带来壁垒。这些规则还旨在确保，由于单一市场规则而

① 例如，在电力行业，为了确保将现有电力垄断企业与发电商和电网相剥离，创造竞争性电力市场，成员国采取的措施甚至超出了欧盟的规定。

② 此处论述主要基于 E. Righini（2017），同时也参考了 A. Heimler（2017）。两份报告均是为此次研究准备的。

被取消的规制贸易的壁垒不会被具有同等效果的国家补贴取代。因此，国家援助政策是一项促进公平竞争并让企业和消费者获益的重要工具。事实上，正如宽带行业所示，欧洲人为接入快速优质的宽带服务支付的费用比美国人少了三分之一，由此可以看出，国家援助控制会带来有效且目标明确的公共支出，从而让欧洲企业公平竞争，最终在质量和费率方面使消费者受益。

国家援助规则与单一市场之间这种不可分割的联系是显而易见的，因为它源自国家援助规则对“援助”的定义。一项国家措施要扭曲或有可能会扭曲单一市场内的竞争，才会被视为或被定义为国家援助。因此，国家援助规则构成了欧洲经济一体化的基本特征。在此我们就不赘述国家援助政策的具体细节了，但是必须强调一点，那就是欧盟委员会和欧洲法院对何谓企业优势给出了非常宽广的定义，认为国家援助不仅包括国家的财政转移，还包括直接影响公司预算费用的有利条件，如国家担保、优惠信贷条款乃至对国企的资本注入。

不过，国家援助规则同样也基于这样一种认识：除了公平竞争之外，还有普遍利益目标需要追求。在实施国家援助政策的这 60 年里，欧盟委员会用区域发展、公共服务等共同的欧洲政策目标来证明国家援助禁令特殊情况的必要性。虽说要想克服某些定义明确的市场失灵，补贴往往是必要的，但在有些情况下，补贴要么过多，要么毫无必要。国家援助政策必须做到足够全面，区分必要的和不必要的补贴，而且让人难以找到空子可钻。例如，由于成员国在公司所有权方面采取了不同方式，欧盟一直很注意尊重国内做出的选择，不会偏袒私有制抑制国有制。欧盟只是想要确保，通过禁止国有企业比其私人竞争对手得到更好的待遇来实现国有企业与非国有企业之间的竞争中性，例如禁止优惠税收待遇、取消不合理的补贴或确保特许权是根据竞争条件分配的。这种竞争中性原则在国家援助政策方面尤为重要，欧盟已经因此禁止对国企进行资本注入，除非能够证明私人投资者也认为这样做有利可图。

国家援助政策随着时间的推移不断发展。最近的“国家援助现代化”是始于 2012 年的修订流程，其三个主要目标是：①在强劲且充满活力和竞争的内部市场中推动经济增长；②专注于对内部市场影响最大的案件；③精简规则，使决策更快落实。总而言之，这些目标旨在通过“良好援助”来促进增长。“良好援助”指的是经过精心设计，旨在识别市场失灵和共同利益目标，对内部市场扭曲程度最低的援助。至于兼容性评估，在被视为欧洲社会经济驱动力的领域和市场本身确实未能实现必要增长的领域，欧盟委员会尝试过刺激成员国花费它们（通常）稀缺的公共资源来促进——而不是取代——私人支出。

总而言之，欧洲的国家援助控制制度非常复杂。其基于一个全面禁令，又附有一个宽泛而明确的豁免制度。欧盟在国家援助问题上采用的大多数次级规则都是为了明确规定：就所追求的目标（纠正市场失灵）和所提供的额度而言，什么样的做法是允许的。在这些领域之外，要想获得国家援助授权，成员国必须向欧盟委员会通报每一项向一类企业提供补贴的立法草案以及每一项向特定一家企业提供补贴的决定草案。如果成员国不遵守此类程序并容许不符合规定的补贴继续存在，那么已经发放的援助必须退还。换句话说，没有制裁措施来惩罚不符合规定或未经授权的援助，但是援助金必须退还给发放机构。政府的决策透明度决定了不合规援助的信息是可以公开获取的，因此从欧盟的经验来看，这种归还机制是一种有效的威慑手段。

4.2.2.1 **国家援助分析**

欧盟国家援助分析有两个主要步骤：

> 第一，评估一项公共措施是否可以被视为援助，然后再看它在原则上是否与公平竞争和内部市场的建立相矛盾；
>
> 第二，如果一项公共措施符合《欧盟运行条约》第107（2）和107（3）条中所列的欧洲共同目标之一，那么则由欧盟委员会独自评估这一公共措施是否“符合要求”（或者说，是否予以批准）。

实质性法律标准。用于评估公共部门行为是否造成国家援助以及这种援助是否符合要求的实质性法律标准至关重要，因为其决定了欧盟委员会管控下的公共干预与成员国公共部门自由采取的措施之间的分界线。分析的第一步——是否存在援助——本身就是一个问题。第二步的兼容性评估是一种平衡，给予委员会一定的自由裁量权，不过其始终要受制于司法审查。

禁止限制竞争的国家援助意味着不仅要禁止限制竞争的直接补贴，还要禁止在实际操作中可能产生同样效果的其他所有公共措施。欧盟委员会和欧洲法院都对“国家援助”一词做出了广义解释，将多种不同形式的国家财政援助或经济优势涵盖在内。关于是否存在援助这个问题，欧盟法律的一个基本特征是，其没有区分国家干预的原因或目标，而是根据影响对其进行定义。例如，一项措施的所谓财政性质或社会目标（如减少社会成本、创造就业机会或鼓励经济发展和投资）不足以使其免受国家援助规则的限制。援助的法律概念是客观的，唯一的检验标准就是一项公共措施是否会使一家或多家企业处于有利地位。

企业的概念。除了对援助和兼容性的两步评估之外，在对公共措施是否属于国家援助政策进行分析的时候，一个初步步骤就是要评估这种措施的接受者，也就是说潜在受援者是不是一个企业。国家援助规则仅适用于受援者是企业的情况。企业指的是所有从事经济活动的实体，经济活动是指所有在市场中提供商品和服务的活动，至于其法律地位和融资方式均不予考虑。这是一种“功能性”手段，因为在判定国家援助规则乃至整个竞争规则的适用性时，关键的不是相关实体的法律或所有权特征，而是其所从事的活动。①

这种功能性手段产生的一个重要结果就是，欧盟针对限制竞争的国家援助的法律同时涵盖了私人企业和公共企业及其所有的生产活动。这一点对国有企业乃至从事经济活动的国家机构来说格外重要。如果一个实体同时从事经济活动和非经济活动，比如说公共部门的活动，那么其就应该被视为从事经济活动的企业。同样，如果国家或其他公共机构从事经济活动，那么在其行使公共权力——这种公共权力要么涉及国家特权，要么提供公共部门服务——的时候，如公共行政、军队或警察，就不应当被视为企业。

援助是否存在。根据欧盟法律，在满足以下所有条件的情况下，公共拨款的支持措施将被视为国家援助：②

a. 该项措施对国家或公共权力机构构成负担（由国家拨款或使用国家资源）；

b. 该项措施不会被理性的市场经营者采用（优势）；

c. 偏袒某些企业（选择性）；

d. 加强了某个企业在市场中的地位（扭曲竞争），并对内部市场产生实际或潜在影响（对成员国之间贸易的影响）。

如果符合上述条件，除非适用于豁免条款，否则未经委员会事先批准，不得给予援助。

4.2.2.2 豁免与兼容性评估

欧盟国家援助控制基于这一原则：除非得到授权或豁免，否则一切援助措施

① 欧洲法院和欧盟委员会因此能够随着时间和空间的变化而调整对企业的定义，从而做到在欧洲所有经济部门的自由化取得进展的时候，跟踪市场内部的发展，尤其是公共活动与经济措施之间的界限变化。

② 这些条件的具体内容请参见 E. Righini（2017）为本次研究准备的报告。

均被禁止。在欧盟，豁免分为法定豁免和酌情豁免，具体视援助目的和效果而定。

《欧盟运行条约》第 107（2）条列出了合乎内部市场要求的援助措施，包括：①援助具有社会性质；②援助旨在修复自然灾害或特殊情况造成的破坏；③最后一类援助与德国的分裂状态相关，如今已经不再使用。

在另外一些情况下，援助的竞争限制性质应当与一些必须实现的普遍利益目标相平衡，从而带来福利的整体改善。第 107（3）条指出，可以在下面这些情况下采取国家措施：①促进生活水平异常低下或未充分就业情况极为严重的地区的经济发展；②推动开展事关欧洲共同利益的重要项目，或改善某一成员国经济严重紊乱的状况；③促进某些经济活动或某些经济领域的发展，同时这些援助对贸易条件产生的不利影响不会与共同利益相悖；④促进文化和遗产保护，同时这种援助不会违反共同利益，影响贸易条件和竞争。

首先，国家援助可被用于推动弱势地区的发展和整合。此外，欧盟委员会可以授权国家援助，敲定欧洲范围内的项目，改善某一成员国经济严重紊乱的状况。例如，2008 年金融危机之后，欧盟委员会批准了面向银行的援助，以便解决金融部门面临的系统性问题。第 107（3）(c）条列出的第三种豁免是涵盖面最广、最常派上用场的援助授权依据。它被用来推动一系列经济活动的发展。比如，欧盟委员会授权成立拉脱维亚发展机构，从而促进中小企业融资，并为一种创新型太空发射引擎的研发提供支持。根据第 107（3）(d）条所列的第四项豁免，欧盟委员会授权了一个图书出版项目，该项目旨在保护克罗地亚语文学创作和出版作品的质量与多样性。我们可以通过这些不同的例子看出欧盟委员会如何通过兼容性评估，既实现其政策目标，又确保内部市场的公平竞争。

欧盟委员会关于援助兼容性的每项决定都必须对援助在实现普遍利益目标方面的潜在积极影响与负面影响进行权衡。欧盟委员会在行使自由裁量权时，必须以整个欧盟而不是某一个成员国为背景进行经济和社会评估。需要指出的是，阻碍单一市场贸易的成员国国家援助通常不会被批准，对于这种支持措施的豁免只出现在极少数情况下。

一般集体豁免条例。随着时间的推移，欧盟委员会逐渐认识到，其所评估的大部分援助都属于相对标准化的援助类别，这些援助对竞争和内部市场的影响非常有限，原因既在于接受援助的产业部门，也在于援助的规模不超过给定阈值。因此，欧盟委员会于 1998 年通过了一系列条例，即所谓的集体豁免条例。这些条例宣布某些一般类别的援助具有兼容性，享有豁免权，无须再进行事先通报。在通过若干行业集体豁免条例之后，欧盟委员会于2006年决定将所有豁免标准重新归入一份单一的文件之中，这就是所谓的“一般集体豁免条例”（GBER）。一般集体豁免条例明确规定了哪些类别的援助无须事先通报欧盟委员会。根据客观制定的具体标准，这些援助具有兼容性。一般集体豁免条例当前的版本是在2014年通过的，另一项专门针对农业和林业部门的集体豁免条例对之形成了补充。

这种简化的审批程序使得成员国无须通报就可以提供财政支持，也使得欧盟委员会可以将兼容性深入评估的重点放在那些对内部市场影响最大的援助措施上。一般集体豁免条例涵盖的援助类别包括：①地区援助；②以投资援助、经营援助和融资渠道的形式向中小企业提供的援助；③环境保护援助；④研发和创新援助；⑤培训援助；⑥面向弱势工人和残疾工人的招聘和就业援助；⑦旨在修复某些自然灾害造成的破坏的援助；⑧为偏远地区居民提供交通运输的社会援助；⑨宽带基础设施援助；⑩文化和遗产保护援助；⑪体育和多功能康乐基础设施援助；⑫地方基础设施援助。

对于每类援助，一般集体豁免条例都规定了额度阈值，超出阈值的援助措施必须通报欧盟委员会。[①] 一般集体豁免条例指出：“不得通过人为切分援助计划或援助项目来规避阈值。”此外，为了确保将援助限制在必要的额度之内，只有符合援助强度阈值的才能享受一般集体豁免条例。[②] 欧盟委员会对这一程序的简化意味着成员国要肩负起更大的责任。对于新的豁免措施，事后管控将会得到加强。此外，欧盟还制定了新的透明度规则。按照一般集体豁免条例第5条的要求，在条例生效两年后，成员国必须通过国家或地区网站提供关于援助的信息。

微量豁免。低于最低阈值的援助是未经分析权衡就可以发放的唯一一种援助；根据定义，这样的援助在欧盟委员会看来无关紧要。欧盟委员会对微量援助的定义是：在三个财政年度内向单一受援者提供最多20万欧元的公共资金。

4.2.2.3 机构设置

《欧盟运行条约》第108条赋予欧盟委员会管控成员国国家援助政策的专属权。所有援助发放或变动方案都得向欧盟委员会申报，再由欧盟委员会评估该方案与内部市场的兼容性。未经欧盟委员会批准，任何援助措施不得生效。这种控

---

① 例如，中小企业投资援助的通报阈值为每年750万欧元，而环境保护投资援助的通报阈值为每年1 500万欧元。

② “援助强度”是指在税收或其他征税之前以合理成本百分比表示的援助总额。

制在实施过程中会受到欧盟法院的全面审查，法院会从受益人、竞争者和成员国的利益出发，判定欧盟委员会执行机制的合法性。

在欧盟治理架构中，欧盟委员会充当着中央竞争执法机构。其独立于国家和政治利益，这一点对其促进整个欧盟共同利益的使命来说是根本所在。在欧盟委员会内部，竞争总司（DGCOMP）负责竞争政策（包括国家援助控制）制定和政策实施。竞争总司共有约 800 名官员，其矩阵制组织结构将各种竞争工具合并成五个根据行业划分的司。[①] 每一个行业司都由专门负责实施主要竞争执法工具（反垄断、并购控制和国家援助控制）的小组组成。除此之外，还有几个按执法工具划分的司：G 司专门负责卡特尔执法，H 司专门负责所有横向（即非特定部门）国家援助规则，A 司负责所有涉及竞争执法工具及欧洲竞争网络、私人执法机制和国际关系的政策。

竞争总司还会就执法活动与其他总司进行沟通，使竞争控制与行业政策相一致并确保欧盟委员会行动的连贯性。竞争总司在法务部的监督下行事，所有具有法律效力的欧盟委员会行动，如单项决策以及通信、指南、通知和立法提案，都必须征求法务部的意见建议。法务部还在所有国家和国际层面的欧洲法院诉讼程序中代表欧盟委员会。与此不同，首席经济学家及其团队则是在单个竞争案例和政策制定的经济分析方面提供支持。他们直接向竞争总司的司长汇报工作，并向竞争专员提供独立建议。

大多数时候，成员国之所以没有向欧盟委员会报告相关援助是因为其错误地以为某项措施不属于国家援助。有些援助措施是经过投诉而受到欧盟委员会重视的，所以说投诉是探查国家援助的一大信息来源。当竞争者正式填写表格提出投诉并成功证明其利益可能受到相关援助的影响时，欧盟委员会必须对投诉进行尽职而公正的审查，可能还要审查申诉人没有明确提出的事项。最后，欧盟委员会有能力主动审查各种有关非法援助的信息，确保国家援助规定得到遵守，这就是所谓的依职权调查案件。在过去 10 年里，这一执法行动让委员会平均每年筛选出 700 多起国家援助案件。

4.2.2.4　国家援助的追回和执行

除非是最小援助或集体豁免，否则在欧盟委员会判定某一援助措施合乎内部

---

① 这 5 个司分别是：能源和环境（B 司），信息、通信和媒体（C 司），金融服务（D 司），基础工业、制造业和农业（E 司），交通、邮政及其他服务（F 司）。

市场规定之前，成员国不得实施这一援助措施。如果欧盟委员会发现某项措施属于不合法、不合规的国家援助，那么其可以要求发放援助的成员国从受援者那里收回援助款，让一切回归原状。同样，当一个国家法院面对非法发放的援助时，从原则上说其必须要求从受援者那里全额追回这些援助款项。

追回。如果发现非法援助不符合内部市场规定，发放援助的国家机构不会受到制裁或经济处罚，但必须从受援者或受益于援助的企业那里追回援助款，或是采取“反向措施”来扭转不合规国家援助措施造成的影响，从而让一切恢复原状。成员国必须按照国家程序性规定，在欧盟委员会的监督下，追回上述款项外加复利。

国家法官的执法。追回非法援助既可能是欧盟委员会做出否决裁定的结果，也可能是竞争者将没有事先获得欧盟委员会授权的援助诉至国家法院的结果。国家法院同样有权采取临时措施，制止那些已经报告至欧盟委员会但尚未拿到授权就已发放的援助。

4.3 竞争中性

理论基础。大多数国家都有国有企业，这些实体的商品和服务要么专为国家提供，要么与民营部门进行竞争。其中专供给国家的一些商品和服务也许可以由竞争市场中的民营实体提供。如果国有企业和民营企业都（或都能够）提供这些商品和服务，那么要想提高效率、实现创新，提供质量更佳的产品和服务，在最大程度上服务于消费者利益，国有企业和民营企业之间的公平公开竞争必不可少。当国有企业和民营企业在公平的环境中展开竞争时，市场就处于竞争中性状态。然而实际情况是，同时存在国有企业和民营企业的市场中通常并不存在竞争中性，原因或是由于国有企业享有特殊优势（如垄断地位、国家补贴和其他形式的优惠待遇），或是由于国有企业处于不利地位（如承担起提供住房、医疗的责任，或者服务于其他非商业职能，而民营公司无须这样做）。

当国有企业和民营企业在某一市场中共同运营时，很多国家采用竞争中性原则确保公平竞争是主流趋势且资源在竞争市场中得到最佳配置。根据国际经验，政府要想实现国企竞争中性，必须采取三套措施。首先，必须考虑企业业务活动的运作形式，以期最大限度地提高公平竞争的可能性。其次，如果要强制实施竞争中性原则，必须充分披露企业商业活动方面的信息。最后，在判定了有可能造成非中性的诸多潜在原因之后，既要单个应对，也要整体考量，从而解决这些问题。

竞争中性的构件。在实际操作中，想要有效应用竞争中性原则通常并不那么容易，而且目前并没有什么可靠的通用之道。为了推动制定最适合当地情况的办法，经合组织发布了一系列报告来帮助各国政府判定自己需要解决哪些重要问题才能实现竞争中性。经合组织还制定了一个由八大“构件”组成的通用框架，用于在实际操作中落实竞争中性政策（经合组织，2012a）。下面是对这些构件的总结：

（1）简化国有企业的运营形式。国有企业的运营规程和法律形式对竞争中性具有重要意义。如果国有企业拥有有效的治理架构，以独立实体的身份进行运营并与政府保持一定距离，那么就可以在最大程度上实现竞争中性。国企的商业和竞争活动应在架构上独立于非商业活动和不涉及市场竞争的活动。

（2）判明特定职能的直接成本。要想确保竞争中性，关键的一点就是要制定合理的成本分摊机制，区分国有企业商业活动和非商业活动的成本。需要确保非商业活动不被用来交叉补贴竞争性商业活动。透明度和信息披露，如季度和年度报告，应与民营公司的透明度和信息披露相类似并符合国际公认的会计和相关报告标准。

（3）实现商业收益率。竞争中性意味着国有企业需要在其用于商业活动的资产上获得与市场一致的收益率，而且在计算过程中必须考虑到与公有制相关的利益（如资本优惠成本、总成本以及其他经济状况或定价规定）。与市场相一致的收益率意味着收益率应与同行业类似公司不相上下。不过，竞争中性并不表示国有企业的每一笔交易或每个预算期都得实现商业收益率，因为国有企业各有不同，它们的利润率也可能会在较长的战略机遇期间发生变化。之所以提出收益率要求，主要目的是防止国有企业使用政府提供的非商业活动资金进行交叉补贴。

（4）对公共义务予以补偿。竞争中性面临的最具挑战性的问题之一是，在竞争环境中运营的国有企业需要从事服务于公众的非商业活动，这使其和民营企业相比处于不利地位。在这种情况下，应当用公共资金给予它们适当而透明的补偿。补偿机制（如直接拨款、资本补助、事后和事前报销、预算拨款和国家援助/补贴）取决于正在交付的服务和提供服务的实体。面向基本公共服务的补偿通常根据行业相关法律（如邮政、公用事业、电信、医疗保健或运输）进行管理。

（5）税收中立。税收中立要求国有企业承担与民营竞争对手类似的责任。特定类别的从事非商业活动的国有企业有时可能有所例外（如邮政服务）。

（6）规制中立。规制中立要求国有企业与民营企业处于相同的规制环境之下。例外情况应在市场规则或管理国企的赋权立法中加以规定。国有企业有时会获得规制优势，如较低的合规成本（较低的许可证、注册或执照成本）、免受分区法规影响以及更快的项目审批。政府应采取并实施非歧视性规制政策，实现规制中立。将竞争法和反垄断规定应用于国企是实现规制中立的附加必要措施。

（7）债务中立和直接补贴。债务中立意味着国有企业支付的债务利率应该与类似情况下同行业民营企业支付的利率一模一样。国有企业不应当通过显性或隐性的政府担保或政府支持受益于融资补贴、直接补贴或资金优先获得权。如果国有企业获得不正当优势，政府应进行债务中立调整，具体调整措施包括补偿性支付、贷款利率调整或在贷款文件中声明没有受到政府支持。

（8）公共采购。要想实现竞争中性，公共采购的基本标准是：①采购应具有竞争性和非歧视性；②参与投标的所有公共实体均应按照上述七项竞争中性标准运营。国家采购政策应符合世贸组织的相关原则，确保公平、透明、非歧视、合乎经济效益。

私人投资方市场测试对竞争中性来说非常重要：与民营部门一样，是否对国企进行注资应取决于其预期盈利能力。

实现竞争中性的方法。经合组织已经用由八个构件组成的框架来调查各国如何努力实现竞争中性，调查对象包括经合组织成员国、欧盟成员国和少数几个考察国家（非经合组织成员国）。经合组织的调查结果（2012a，2012b）包括以下内容。

经验表明，要想实现竞争中性，政府必须制定具体规则和法规，说明如何在所有的公共行政机构和商业部门实施竞争中性原则。是将这一工作纳入具体的政策框架，还是让其体现在各项具体法律（如竞争、公共行政和公共采购法或国家援助控制）之中，这需要精心权衡。还有一个重要问题需要考虑，那就是有关部门在判定了非中性做法之后应当以什么样的方式予以纠正。政府还应考虑的一个问题是，当民营或国有企业认为自己因非中性做法处于不利地位时，是否为其提供具体的投诉机制。

要想实现竞争中性，最有效的方法就是建立一个解决所有相关问题的总体政策框架，框架中涵盖与国际理念相一致的合理执法和实施机制。原则上，竞争中性框架应包含以下要素：

（1）明确承诺在政府最高层面保证竞争中性，如果国家规模较大，还应涵盖地方政府层面，因为这些地方政府享有相当大的公共行政和经济决策权。建议各国让议会批准以上承诺，因为某些针对非中性做法的救济措施可能涉及法律修改。

（2）明确执法和实施的责任分工。相关责任可以合并交由一家公共机构，也可以分开，例如由负责监督的实体和负责实施的实体分别承担相应责任。监督机构（在这种情况下通常是竞争执法机构）探查非中性法规或歧视性公共采购行为的时候涉及执法，而政府部委则负责这些行为的补救工作。

（3）在指导文件中详细说明竞争中性的含义及实施办法（包括它在上述八大“构件”中的应用）。此类指导文件必须向市场参与者和社会公布。

（4）纠正机制，确保及时纠正偏离竞争中性的现象，在相关情况下，对因非中性做法遭受损失的经济行为人给予充分并及时的赔偿。

（5）投诉机制，让市场参与者能够将他们在竞争中性方面的关切提请有关机构注意。

目前最为完备的竞争中性框架是澳大利亚实施的框架。该框架由独立的实施和投诉处理机制予以支撑。另一种接近全面竞争中性框架的方法出现在泛欧层面涉及国家援助、透明度和公共采购的欧盟法律体系之中。与澳大利亚的框架不同，它没有为竞争中性本身分配具体的责任。从某种程度来说，它超越了竞争中性，因为其致力于解决偏离公平竞争环境的问题，而公平竞争环境与竞争实体的所有权并无关系。然而，比起澳大利亚的办法，其局限性在于一般不处理优惠待遇之外的原因（如某些公司享有有利的商业条件，原因在于市场认为这些公司得到了政府支持）造成的非中性。不过，欧盟体系的独特之处在于它能够有效地控制并追回国有企业收到的补贴/国家援助。

并非所有想要实现竞争中性的国家都必须遵循澳大利亚或欧盟的方法。设立自己的框架可能会成本高昂并占用大量资源，但这样对实现竞争中性大有助益。其他大多数国家主要是通过国家竞争法律和政策来处理竞争中性问题。

4.4 竞争倡导

竞争倡导一般是指竞争执法机构通过非执法机制——主要是通过自己与政府其他机构的关系——促进竞争环境的活动。竞争倡导旨在提高政府其他机构乃至整个社会对竞争问题和竞争效益的认识，其起源可以追溯至美国联邦贸易委员会的竞争倡导计划,① 其他国家竞争执法机构制订的类似计划都参照了这项计划。

联邦贸易委员会竞争倡导的目标。美国经济在发展过程中遇到的政府所有权、控制权或干预情况相对较少，因此比起国家干预更为普遍的地区，美国没有那么多用来打击非腐败性政府权力滥用的工具。不过，联邦贸易委员会的经验表明，即使在私有制和竞争市场成为绝对常态的经济体中，滥用政府权力为私人或地方利益服务的诱惑仍然很大。

因此，美国在联邦政府体制（在这种体制下，各州保留着相当大的自主权）的限定范围内制定了一系列工具来控制这种趋势，其中有一种机制被写入美国宪法（第 1 条第 8 款第 3 项），该项机制赋予国会“管理与外国的、州与州间的以及对印第安部落的贸易”的权力。② 还有一个工具主要针对的是公司的反托拉斯法。但是这些法律的涵盖范围在联邦体制下受到了“州政府行为理论”的限制，该理论有时可被用来为下面这种论点辩护：各州作为主权主体，有权采取限制竞争且不受反托拉斯法管辖的政策。这意味着，如果州政府决定通过某种管制故意限制竞争以实现某一政策目标，那么这种行为通常是被允许的。

联邦反托拉斯机构对各州采取行动的权力有限，这也是美国实施第三项工具来推动竞争政策的重要原因。这项工具就是竞争倡导，即反托拉斯机构积极鼓励联邦、州和市级政府其他机构以促进而非阻碍竞争的方式行事。联邦贸易委员会在竞争倡导中大力推广其在竞争、经济和消费者保护方面的专业知识，说服各级政治体系和政府部门的行为人制定推动竞争和消费者选择的政策。

竞争倡导还有一个目标，那就是在消费者不太能够或者完全无法保护自身利益的时候去保护他们的利益。规制经济理论认为，由于高昂的组织成本和交易成

---

① 在展开此次研究时，于 2017 年 4 月在北京举行了一次研讨会。本报告中有关美国联邦贸易委员会竞争倡导经验的部分内容基于 M. Ohlhausen（2017）在此次研讨会上的讲话。另有部分内容摘自 J. Cooper、P. A. Pautler 和 T. J. Zywicki（2005）。

② 根据“商业保留条款”，美国最高法院曾引用对这一条款的解释判决地方保护性州法律和行为无效，这些法律和行为试图以有利于本地企业的方式管理州际贸易。

本，如果保留优惠性法规，那么消费者相对于企业来说是处于不利地位的。这种情况往往会导致一些牺牲消费者利益、保护特定行业的法规。这也是一个政治问题。在资金充裕、复杂而狭隘的利益集团与普通消费者福利之间的冲突中，消费者自然而然地处于不利地位，因为特殊利益集团的利益是集中的，而消费者或社会受到的损害则是分散的。有这些情况下，虽然消费者总体受到的伤害巨大，但特定个人受到的直接伤害一般都相对较小——小到不值得单个消费者花费时间或资源去反对那些导致他们支付更高价格或接受劣质产品的法规。

市场参与者和消费者通常都不太了解技术性竞争问题。如果政策制定机构在没有充分了解其对竞争影响的情况下颁布限制性法规，或者，如果政策制定机构和既得利益者优先考虑自己的利益而不是社会利益，利用消费者的知识差距故意颁布限制性规则，那么这种知识差距就为限制竞争提供了机会。还有一种不利于消费者利益的信息不对称，即特定行业的人士掌握着专业知识，而一般政策制定者缺乏此类专业知识，两者之间有着巨大差距。

只要没有明确的消费者保护理由说明必须将相关成本强加给公众，竞争倡导就可以在政府或政治体系内倡导不限制竞争的法规，帮助解决与消费者集体行动相关的问题。此外，反托拉斯法的例外情况和其他豁免情形可能会导致竞争执法机构无力挑战或阻止政府法规导致的限制竞争做法，在这个时候，竞争倡导往往会成为竞争执法机构达成使命的最有效手段。此外，竞争倡导可以说是一种成本相对较低的实现竞争政策目标的工具。联邦贸易委员会的倡导工作（以及全球大多数竞争执法机构共有的类似经验）是通过各种形式进行的，下面我们来介绍其中一些形式。

研讨会项目。联邦贸易委员会竞争倡导工作的一个重要组成部分就是举办研讨会。联邦贸易委员会定期举行研讨会，在这些研讨会上，委员会工作人员会对特定行业或做法进行深入了解。这些研讨会通常为期一天，联邦贸易委员会邀请有兴趣的利益相关者、学者和行业专家围绕新问题或争议性问题的方方面面，公开而详尽地讨论联邦贸易委员会可能感兴趣或关注的具体竞争问题。例如，其举办过研讨会来探讨汽车销售程序、住宅太阳能市场等方面的州立法规，最近还就美国助听器市场的一些相关问题举行过一场研讨会。

这些公共研讨会极大地提高了行业特定知识的质量，使联邦贸易委员会工作人员对受审查行业有了更加细致入微的了解，而且他们获得的知识有助于他们进一步了解政府对行业的特定干预措施可能对竞争以及最终对消费者产生的影响。

主持研讨会的通常是联邦贸易委员会的高级官员和经验丰富的学者，他们会确保讨论的侧重点是关键性竞争问题。研讨会的完整文稿乃至视频都可在联邦贸易委员会网站上查阅，成为可供其他政策制定机构和市场参与者参考的资源。在某些情况下，联邦贸易委员会还会制作后续报告，对研讨会的会议记录和得出的经验教训加以总结，从而为政策制定机构提供更多涉及重要竞争问题的资源。这些研讨会有助于解决政策制定者和行业参与者之间的信息或知识差距，还可以提高透明度，帮助改进政府问责制。

调研。另一项竞争倡导措施是联邦贸易委员会展开的调研活动。这些在适当情况下展开的调研使得联邦贸易委员会可以利用传讯权向外界征求信息并用于研究目的。强制要求公司回答详细的研究性问题会给企业带来沉重的负担，因此这种权力很少被动用。一般而言，除非有令人信服的理由表明需要审查某一特定问题，而学术界又无法自行就此进行有意义的研究，否则联邦贸易委员会不会开展此类调研。

联邦贸易委员会能够就特定行业或做法展开调研，这使其研讨会项目受益良多。这些研究提高了政策制定者可获得的行业知识的质量，有助于政策制定者理解特定政府行动可能产生的竞争影响。相关研究以及它们产生的宣传效果也提高了透明度、改进了政府问责制。有关竞争问题的调研报告由竞争法专家或经验丰富的行业经济学家负责撰写和审查，从而在狭窄的专家范围之外进一步传播竞争规范。

外联沟通。联邦贸易委员会的外联沟通是开展竞争倡导工作的另一种手段。联邦贸易委员会官员会向各种私人商业利益团体发表公开演讲和谈话，劝导他们遵守竞争法。正式和非正式公开演讲的内容会被提交给其他政府机构和政策制定者。根据过往经验，很多受众对此类问题怀有真正的兴趣并赞赏联邦贸易委员会愿意分享其专业知识的做法。过去的经验还表明，不要以为政府其他机构会觉得自身负责领域受到入侵和冒犯，也不要觉得他们不愿意改变自身对竞争问题的看法。事实证明，在竞争政策问题上，政策制定者通常是联邦贸易委员会的天然盟友。

正式评估。竞争倡导还有一种形式，那就是联邦贸易委员会以工作人员或整个委员会的名义给规制机构或国家机构发送信函、正式评估和“法庭之友”（amicuscuriae）简报（即专业人士或机构提供的简报，这些专家或机构不参与某个特定诉讼，但法庭允许他们就某些直接影响案件的法律事项提出建议）。这些通常被称为“卷宗”的书面评论会对待定立法或规制举措的竞争效应做出分析。这是应州议员或政策制定者（包括地方政策制定者）的要求撰写的。评估文件会就消费者和竞争可能受到的影响，对联邦贸易委员会的看法加以总结并提出具体建议。全球大多数竞争执法机构都可以依职权发表此类述评。

当小范围特殊既得利益集团俘获并利用政府机构来追求私人或行业目标时，竞争倡导有助于解决由此产生的问题。美国联邦贸易委员会的倡导工作透明且公开，相关分析材料会在网站上对外公布。这对政府问责制来说是一种促进。如果决策者后来采取的政策或立场与消费者或社会利益不一致，那么他/她就不能再辩称自己不清楚限制竞争的后果。美国联邦贸易委员会的述评或简报往往会让立法者和政策制定者明白，据称需要市场干预的问题实际上完全可以交由竞争市场妥善处理。

这些年来，美国联邦贸易委员会基本上已经就每一个重要行业撰写了数百份倡导文件。[①] 由于倡导文件的撰写需要成本，而且往往耗费极大的人力资源，因此联邦贸易委员会倾向于重点关注那些正在积极考虑做出政策修改的案例。联邦贸易委员会一般都是等待政策制定者邀请其对待定立法发表意见，因为这有助于确保其受众愿意接受其看法。

其他国家的竞争倡导。全球大多数竞争执法机构都逐渐将竞争倡导机制视为一项重要的非法定措施并借助它来实现竞争政策目标。竞争执法机构建议、影响或参与政府经济和规制政策的能力有助于促成更具竞争力的行业结构、企业行为和市场表现。这一作用在发展中国家和转型经济体中尤为重要，例如中国。这些国家和经济体历来就有国家干预经济和国家拥有受规制行业所有权的传统。竞争主管机构可以通过面向行业规制机构的竞争倡导，防止规制法规变成限制竞争的法规，从而保护消费者福利。

“国际竞争网络”一直积极推动竞争倡导工作。该组织对其 50 个成员国的调查显示，很多国家都在使用竞争倡导机制，只不过投入的资源在数量上差异较大。其在一份报告中（ICN，2004）阐述了 17 个发展中国家和转型经济体以及 11 个发达经济体的竞争倡导工作何时并如何在受规制行业取得成功。其竞争倡导工作组（AWG）设计了一个通用竞争倡导工具箱，帮助各国设计和定制实用

① 有关联邦贸易委员会竞争倡导计划的历史以及截至 2004 年涵盖的行业范围，请参阅 J. Cooper、P. A. Pautler 和 T. J. Zywicki（2005）。

工具，并为各国倡导工作提供指导（ICN，2011）。竞争倡导工具箱列出了某些对全球倡导工作行之有效的常见步骤或组成部件：

①确定竞争倡导问题：问题是什么？竞争主管机构为什么要介入？

②确定与谁合作：针对谁进行宣传？需要什么样的以及来自谁的支持和信息？应该向谁咨询？

③实施和监督倡导工作：为什么以及如何进行竞争倡导？这项工作是否正在有效进行？

④评估有效性：干预措施取得了多大的成功？问题是否得到了解决？

4.5 英国市场调查制度

目标。2002年，英国政府通过了一项新的《企业法》，其中有一条是关于竞争政策的。该条的目的是：①让英国的做法更加符合欧盟的竞争政策；②让竞争执法机构（当时被称为英国竞争委员会，现在改为竞争和市场管理局，英国另一家竞争执法机构“公平交易办公室”也被纳入其中）在处理限制竞争的并购、卡特尔和滥用支配地位等问题时独立于政府；③修订立法，解决那些很难甚至不可能通过传统竞争政策工具加以解决的竞争问题。

首要的问题就是所谓的“协调效应”，当市场主要由少数大型企业构成时（寡头垄断），这种效应就会出现。在这种情况下，因为对竞争对手的反应有着理性预期，因此它们实现最大利益的做法是跟着涨价，但实际上如果要想保持市场竞争，应该是跟着降价才对。这意味着这些企业其实可以将价格提高到垄断水平，而且可以避免彼此间的降价竞争，前提是：①没有明显滥用支配地位，因为没有哪家企业占据支配地位，或者②没有任何卡特尔，企业之间其实都没有真正的联系或沟通。

不过，在起草这项立法时，英国当局开始认识到，在很多市场中，尤其是某些金融市场，消费者表现出高度的惰性，没能对价格或质量的明显差异做出反应，结果给了企业侵害他们权益的大好机会。在另外一些情况下，高度的信息不对称，即买家掌握的信息通常不如卖家那么完整或准确，也可能产生类似的结果。对中国的公平竞争审查制度来说，尤其值得注意的是，在很多情况下，国家机构（通常是规制机构）采取的行动导致了（至少是加剧了）限制竞争的行为和结果。

因此，这项新立法中的关键条款规定，如果相关市场的任一要素或一系列要素阻碍、限制或扭曲竞争，即构成所谓的“对竞争的不利影响”，竞争执法机构可以对企业施加结构性或行为性救济措施；如果问题是由国家行为引起的，竞争执法机构则可以建议修改或废除国家法律、规定或法规，而相关的国家机构须在 90 天内给出合理答复。

特点。需要强调指出的是，这一政策工具至少有三个特点。首先，从调查角度来看，其不在传统的竞争政策范围之内，不需要任何证据证明支配地位，更不需要证据证明滥用行为、卡特尔活动或其他限制性协议。其次，其触发点和侧重点可能是市场表现出来的任一特征，而不仅仅是市场中企业的行为。最后，其不仅保留了传统竞争政策所有影响深远的结构性和行为性救济措施，而且在相关国家机构的行为阻碍、限制或扭曲竞争时，可以对其追责。

因此，市场调查是一种强有力的工具，必须谨慎使用，而且通常只在传统竞争政策工具不太可能起效时才会使用。这意味着，首先，此类调查耗资巨大；其次，关于如何进行此类调查，必须有非常明确的、面向所有人的指导准则。每一次调查都涉及五个主要阶段：①确定涉及的市场；②收集所有相关数据并接收所有相关方提交的材料；③制定并公布所谓的“损害理论”——也就是潜在的“对竞争的不利影响”；④查实在相关市场内，数据是否支持这些理论；如果是的话，⑤为“对竞争的不利影响”制定救济措施。

到目前为止，此类调查共进行过 45 次，其中 9 次涉及银行和金融业（消费惯性、信息不对称和大规模国家干预等典型案例），3 次涉及能源市场（带有类似特点），另有一些重要案例涉及机场、电信、水泥、铁路和汽车运输、杂货、法律和审计服务、医疗保健、药品、数字数据服务、广告等。由此我们可以看出，此类调查可以在很多市场发挥重要作用。[①]

值得中国借鉴之处。中国可能无法立即着手将之与竞争政策进行交叉参考。凯恩克劳斯经济研究基金会此前的竞争政策研究项目曾强调指出，中国的竞争政策不仅面临所有此类政策都会面临的共同问题，还面临着其他至少三个重要问题：①在资源配置方面仍然高度依赖国有企业；②一直对市场运作进行着严重的选择性和限制竞争的产业政策干预；③有过行政垄断盛行的历史，主要表现为不同的国家机构对行政权力的滥用。

① D. Morris（2017）为本次研究准备的背景报告详细介绍了重要案例及调查结果。

相比之下，英国的国企少之又少。很早之前英国就废除了先前具有高度干预性、几乎一败涂地的产业政策，而且英国也没有经历过真正的行政性垄断问题。不过需要指出的是，在迄今为止的45起案例中，至少有20起是针对国家机构行为采取的某种形式的救济措施，其中11起具有相当重要的意义。如果在英国已经是这种情况，那么我们完全可以合理地推断出，这种情况在中国的发生率会高出很多倍。

不过，中国在进一步完善其公平竞争审查制度的时候，至少可以从英国市场调查的历史和经验中得出五点借鉴。

第一，这一经验突显了处理国家机构限制竞争的行为时拥有独立的竞争执法机构的优势所在。这种独立性使竞争执法机构有着相当大的权力和影响力去应对公平竞争审查制度眼下处理的各类问题。

第二，其还突显了将传统竞争政策与旨在解决国家规定和法规限制竞争影响的行动相结合的优势所在。国家规定与企业行为之间的相互作用通常都很复杂；如果试图在不同时期由不同机构或根据不同立法逐一解决这些问题，将会存在严重缺陷。例如，如果市场中的企业把价格控制在同一水平，那么最合理的政策回应取决于下面这些因素：国家是否促成了这一点，是否要求同一价格，是否没有在定价中发挥作用（欧盟国家援助规定中也涉及了这个问题）。

第三，与前两者有关但又不同的是，如果能够对整个市场进行调查而不是动用单个工具应对问题的不同方面，将会有一定的优势。例如，市场中垄断定价的程度可能不仅取决于集中度、准入壁垒、协调效应的范围等，还取决于市场信息特征、消费者行为和国家行为。同样，救济措施也需要反映所有这些因素。

第四，需要指出的是，在处理这些问题时，如果想要行之有效，就很有可能需要耗费极大的资源。在国家权力限制竞争的情况下，并没有什么快速简单的方法消解这种广泛存在的权力。

第五，对英国的事后剖析研究一再告诉我们，此类行动的经济效益一般会比成本高出很多倍，通常要高出10～20倍。

中国在进入公平竞争审查制度下一个发展阶段的时候，应该将上述有关调查的独立性、整合性和资源配置的五点认识牢记在心。

第5章　强化中国公平竞争政策的可选举措

正如本报告第3章指出的，公平竞争审查制度的建立可以说是中国经济体制改革的一个里程碑。这是中华人民共和国历史上第一次出台限制政府干预市场的制度。公平竞争审查制度以《反垄断法》中防止行政性垄断的规定为基础，同时还要求产业政策、国企运营以及所有政府政策都服从于竞争政策——至少从原则上是这样要求的，这在中国历史上也是第一次。① 中国的这一举措符合大多数发达市场经济体的最佳实践，即赋予竞争执法机构对竞争限制性政策的潜在影响进行审查的权力。

公平竞争审查制度的优势之一在于中国政府非常清楚它的目标所在。国发〔2016〕34号文件对此做出了非常明确的阐述，反映了十八届三中全会的决定并指出：

> 经济体制改革的核心是使市场在资源配置中起决定性作用和更好发挥政府作用。统一开放、竞争有序的市场体系，是市场在资源配置中起决定性作用的基础。建立公平竞争审查制度，防止政府过度和不当干预市场，有利于保障资源配置依据市场规则、市场价格、市场竞争实现效益最大化和效率最优化。

这些文字清晰地说明了公平竞争审查制度的作用和职权。如果该制度的目标得以实现，那将有望带来显著的效益。如果效率优化、生产率提高、创新步伐加快，中国的GDP增长率就能维持现有水平，甚至进一步提高。更公平的竞争还能平衡消费者与生产者的利益，提供平等的跨行业和跨地区市场准入和商业机会，确保商业成功主要取决于市场力量而不是优惠待遇和行政、政治权力滥用，

---

① 公平竞争审查制度对行政垄断式区域封锁的禁止程度超出了《反垄断法》第三十三条至第三十五条的规定。

从而促进包容性增长并提高社会公正度。根除这些滥用行为将大大减少腐败机会。此外，中国竞争政策的更大作用是解除国际社会对中国市场公平性和开放度的担忧，这些担忧导致一些国家拒绝落实世贸组织关于中国入世 15 年后应当获得“市场经济地位”的规定。

公平竞争审查制度目标远大，但面临着巨大的技术和政治挑战，因为中国限制竞争的政策比其他所有现代经济体都要普遍。数十年来，这些政策已经制度化并构成了中国经济体系的运行规则。其经常服务于强大且根深蒂固的经济和政治利益团体，因此这些团体必然会积极捍卫这些政策。之所以说公平竞争审查制度目标远大，是因为其不仅旨在识别并废除限制竞争的法规，还旨在为中国的政策制定创建一个新的框架和流程，通过改革政府（国家）与市场之间的关系来改善治理体系。正如国发〔2016〕34 号文件所述，未经公平竞争审查制度事前审查，不得批准任何类型和任何领域的新政策。需要审查的政策范围广泛、种类繁多。

公平竞争审查制度面临着巨大的技术挑战，因为中国限制竞争的政策范围广泛、形式复杂，而且往往缺乏透明度。公平竞争审查制度是一项目标远大、史无前例的新动议，目前其还只是一个基本的、初步的制度，需要随着初步实施阶段积累的经验进一步完善。幸运的是，公平竞争审查制度在完善过程中可以借鉴国际社会类似制度的经验教训。

本章接下来会探讨中国政府在进一步完善公平竞争审查制度时可以参考的选项和建议。限制竞争政策并没有通用的解决之道，我们在此也并不是说这些国际经验应该或者说能够在中国全盘复制。鉴于中国特有的社会主义市场经济，这种做法既不可取也不现实。相反，以下建议旨在指明中国实现公平竞争改革可能需要考虑的关键原则和因素。事实已经证明，这些原则和因素对于具有类似目标的全球重要制度的有效性至关重要。这些制度的基本原则和成功因素基本是通用的，其在一些治理体系和经济发展水平迥异的国家得到了实践的验证。现在的挑战是如何在中国国情下将其应用于实践，就像公司治理、财务和会计准则、企业法、证券法和竞争法等领域的国际最佳实践在中国国情下得到有效应用那样。

需要指出的是，以下建议的主要目的是减少中国的政策性（规制性）竞争壁垒。一些建议的侧重点是加强公平竞争审查制度的设计和实施机制，而其他建议则可以纳入公平竞争审查制度框架或是在公平竞争审查制度外与其并行运作。当然，这些建议是否行之有效、哪些建议行之有效以及怎样能够让它们最好地适用于中国国情，这些问题都要由中国政府决定。这些建议相互关联、相互依存，从设计上是一整套措施——这符合中国改革顶层设计的做法，因此可以最大限度地发挥效力。

5.1　政治支持

国际经验带给我们的一个最重要教训就是，要想实现公平竞争，国家最高领导层和地方政府最高层对竞争政策强有力的政治支持至关重要。要想减少政策制定机构设立的竞争壁垒并加强必要的法律基础和机构设置，这种支持必不可少。

欧盟的竞争政策体系由单一市场规则和国家援助控制制度构成，该体系之所以有效和可持续，就是因为欧盟管理、行政和法律机构（如欧盟议会、欧盟委员会和欧洲法院）的领导层对自由公平竞争给予了强有力的政治支持，同时成员国政府也予以支持。欧盟的这种支持具体体现为竞争法在欧盟法律层级内占据的重要地位，也体现为独立的欧盟司法机构享有的超越所有成员国的首要地位和执法权。还有一点体现，那就是欧盟设立了竞争执法机构并将其列为欧盟管理架构层级中的高级别机构，赋予其资金、人力及其他资源以有效运作。① 如果没有这样的支持，欧盟很难成功消除成员国限制竞争的法规并实现单一市场和公平竞争。

强有力的政治支持也有助于经合组织工具箱和竞争中性原则的成功推行。但凡是这些工具发挥出极大效力的国家，政治支持都来自政府最高层。韩国、墨西哥和希腊等国成功地应用了工具箱，而澳大利亚成功地应用了竞争中性原则。举例来说，在韩国，工具箱的成功应用表现在该国成立了由总理担任主席的规制改革委员会，委员会有权决定是否修改或废除限制竞争的法规，并向国民议会提交修改后的法规草案。与之形成对比的是，在意大利，竞争评估缺少足够强大的政治支持，结果变成了在核对清单上打钩，因此没能带来什么积极影响。

公平竞争审查制度的设立反映了中国领导层想要加强竞争政策的政治意愿。2013 年 11 月十八届三中全会的决定和习近平主席在 2017 年 10 月党的十九大开幕式上的“工作报告”都清楚地反映了这一点。两者都重申了领导层要让市场在资源配置中发挥决定性作用并实现公平竞争的决心。公平竞争审查制度目标远

① 例如，欧盟总人口为 5.12 亿，约占中国 13.8 亿人口的 37%，而其竞争管理机构（欧盟竞争总司）的工作人员达到 800 名。

大，但在实施过程中将面临巨大的挑战，因此可以在党中央文件中——例如中央全面深化改革领导小组或中共中央财经领导小组（中财办）下发的文件——更明确地阐述最高政治领导层对公平竞争审查制度的支持。如果该项制度能够在每年的全国人大经济计划中以及共产党定期的全体会议和侧重于经济体制改革的政府工作会议中占据更加突出的地位，那么也可以展现对公平竞争审查制度的支持。

这种明确的支持可以清楚地表明公平竞争审查制度是最高政治领导层的一项关键改革举措，该项制度将成为中国竞争政策制度长久而关键的特征。强有力的高层政治支持将迫使政策制定者认真对待公平竞争审查制度，同时也会鼓励市场参与者和公众维护自己的权益。这将向政策制定者和市场参与者发出一个明确的信号，即改革的前进方向必然是废除那些妨碍竞争市场在资源配置中发挥决定性作用的政府政策。

5.2 完善竞争评估标准

公平竞争审查制度的核心是一份对 18 项限制竞争的干预措施予以禁止的负面清单，该项制度的效力也依赖于这 18 项标准。随着经验和判例法在实施过程中逐步积累和建立，应该重新审视这 18 项标准，或许可以再加上其他一些标准，因为越是往后越难做出改动。从国际经验看，该清单做出了明确规定，但在有些领域应当考虑做出改进。

澄清现有标准。有些标准的表述相当宽泛或是不太精确，使审查人员难以判定某项措施是否违反了相关标准。为了帮助那些不太熟悉竞争问题的政策制定者，应该对选择性造成竞争劣势的标准和选择性赋予竞争优势的标准加以解释和区分。发改价监〔2017〕1849 号文件提供了更详细的细则，列出实际操作中限制竞争的措施的多种运作或呈现形式。随着标准的完善，此类细则也应相应完善，而且细则中应该包含一些非法限制竞争的措施的真实案例。在保留合理通用性的同时，更加明确的措辞和定义能够带来进一步的法律确定性。

对规制行业的适用性。公平竞争审查制度是否以及如何适用于具有自身特定规制法律和框架的产业和市场，如基础设施和战略性产业（如电力、电信和运输）、房地产、金融服务和外商投资以及外资和合资企业，这一点需要得到明确。这些行业的法规中含有最为严重的政策性公平竞争壁垒。在这些受保护行业中，亏损严重的僵尸国企数量庞大，产能过剩也最为严重，这绝非巧合。这种情况在辽宁、吉林和黑龙江等东北省份最为普遍，在这些省份，技术落后的重工业由国企把持，而这些国企仍然享有国家扶持并且无须参与潜在非国有竞争对手的竞争。[①]

最新版《外商投资产业指导目录》（2017）中以行业负面清单形式禁止或限制外商投资的法规也含有很多限制竞争的法规。虽然与所有国家一样，这些限制都以国家安全为理由，但在中国，其范围广泛且存在自由裁量权，涵盖了很多现代化市场经济体对外商投资开放的行业。中国政府近来称美国在多个涉及国家安全利益的领域采取了针对中国的贸易保护措施，中方认为这些领域的范围之“广”已经到了不合情理的地步。但是，美国、欧盟和其他国家也对中国提出过同样的意见。如果将公平竞争审查制度应用于外商投资政策，应该可以解决国际社会对中国经济开放度和公平性的担忧。

只要能够在上述受到高度规制的行业确保自由和公平竞争，就能够推动创新、促进生产率增长并提高国际竞争力。要想实现这些目标，一个重要手段就是将公平竞争审查制度应用于这些行业。《反垄断法》对规制行业的适用性基于下面这一原则：行业法规涵盖的领域位于《反垄断法》的管辖之外，反之，《反垄断法》明确涵盖的领域则位于行业规制框架的管辖之外。目前尚不清楚这一原则是否也适用于公平竞争审查制度的行业规制规定。不过，这些传统的管辖边界可能需要重新划定，因为自十八届三中全会以来，中国在落实竞争政策，尤其是实现公平竞争和全国统一市场方面展现出更大的决心，而这需要进行审查并更新行业规制框架。

竞争限制性措施的范围。公平竞争审查制度列出的标准将侧重点放在了最严重、最普遍的地方保护性限制竞争措施上，这是正确的做法。然而，多个国家的竞争评估带给我们的一个经验教训就是，很多小规模或不起眼的单项限制竞争的措施反而可能会对竞争产生极大的不利影响（S. Ennis，2017）。因此，公平竞争审查制度的相关标准最终应当涵盖那些可能产生巨大限制竞争影响的小规模限制措施。

并不是说经合组织工具箱核对清单上的每一项限制竞争的措施都会在某个国家出现或是在该国形成重大壁垒，但是这个核对清单还是提供了一个宝贵的通用

① 就整个中国而言，17% 的工业岗位都在国有企业。与之形成对比的是，辽宁省的这一比重约为 40%，而黑龙江省的这一比重则达到了 55%。

工具，可以用来全面筛选大多数国家都普遍存在的措施。总体而言，公平竞争审查制度相关标准与工具箱核对清单之间有着极大的相似性，这表明公平竞争审查制度借鉴了经合组织在多个国家发现的多项重大规制性竞争壁垒。本报告附录4对公平竞争审查制度和工具箱涵盖的竞争限制性措施的范围和类型进行了对比。值得注意的是，经合组织核对清单中有6项涉及损害消费者利益的措施，但这些措施并未反映在公平竞争审查制度的18项标准之中。具体措施见下文。

限制供应商竞争能力的行为：

①限制供应商进行广告宣传或市场营销的自由；

②设置有利于某些供应商的产品质量标准，或者设置过度超前的产品质量标准。

下面这样的行为：

③创建自我规制或共同规制，打击供应商参与竞争的积极性。

限制消费者可及信息及选择的行为：

④限制消费者选择供应商的能力；

⑤通过直接或间接增加更换供应商的成本来限制消费者更换供应商的自由；

⑥从根本上改变购买者进行有效购买所需的信息。

①②和③条充其量也就是与公平竞争审查制度中影响生产经营成本的标准稍微沾边，而④至⑥条则根本没有出现在公平竞争审查制度中。公平竞争审查制度没有列出的这6项措施中至少有4项在中国是很严重的问题。制定有利于某些特定供应商的标准，即做法②既是被其他国家广泛采用的一种策略，也是中国限制竞争行为的一个显著特点。这个领域管理起来格外困难，因为总会有充分的理由设定一些标准——或是技术标准，或是服务标准。此外，在某些情况下，这种做法可以合理地排除一些不符合标准的供应商。但在另外一些情况下，这仅仅是保护优先供应商的幌子，因此其将成为自由和公平竞争的重大壁垒。

同样，限制消费者选择供应商能力的做法④是一种提供优惠待遇的普遍手段。比如，如果不以任何明确的法规做出限制，而是仅仅要求企业使用指定的或首选的供应商，那么这仍会对竞争造成破坏性影响，但却很难察觉。做法⑥的侧重点是信息问题。在这种情况下，破坏性最大的限制措施可能就是未能绝对公平地提供供应商竞标商业合同时所需的信息。

经合组织担心自我规制或共同规制度可能会打击竞争积极性，因此列出了做法③。虽然这一点未必能够直接被中国借鉴，但现在一个令人担忧的重要问题是，占支配地位的国有企业可能会在极大程度上参与设立那些有利于自身的限制性措施。如果中央政府希望它们负责的国企取得成功，同时地方政府也一样希望它们的地方国企取得成功，那么它们之间就会有利益一致性，在这种情况下，这种限制竞争行为就会变成自然而然的做法，它会支持或保护效率低下的企业，妨碍竞争并严重干扰市场积极性和规范。

经合组织工具箱列出的上述 6 项限制或损害消费者利益的限制性措施应被纳入公平竞争审查制度的相关标准。公平竞争审查制度中关于商品和服务自由流动的标准尚不足以保护消费者利益。消费者利益是公平竞争审查制度的重大疏漏，因为市场体系最终要基于消费者对不同的资源供应商、中间产品和最终产品及服务的选择，而且消费者需要有关竞争产品的信息以做出正确的选择。《反垄断法》和《反不正当竞争法》都有保护消费者利益/权益的规定，因此公平竞争审查制度的这种疏漏很是奇怪。公平竞争审查制度涵盖了《反垄断法》中的行政滥用条款，因此《反垄断法》中保护消费者利益的条款，还有《反不正当竞争法》中保护消费者权益的条款，同样也应该包含在公平竞争审查制度之中。

设计最优政策。经合组织工具箱的一个独特而宝贵的特点是，其目的不仅仅是识别政策对竞争的限制，主要还是主动指导政策制定者设计最优替代政策，在实现政策目标的同时又不造成（或造成较小的）限制竞争影响。这是工具箱一个重要的正向特点，其证明可以通过促进竞争的方式来保留和实现合理的政策目标，从而给政策制定者带来政策审查动力。经合组织工具箱中的这种主动性在公平竞争审查制度中并不存在，因此后者看起来只是一项完全消极的制度，其目标仅仅是为了消除限制竞争的措施，而不是指导政策制定者去设计能够促进竞争的措施。

最优政策设计应该成为公平竞争审查制度的一个重要特征。中国的一些限制性措施并没有什么合理的经济政策目标，就是为了刻意妨碍竞争。这样的措施应该被彻底废除。但也有一些限制竞争的措施是有合理政策目标的，在这些情况下，则有必要提供最优政策设计指导。中国的很多政策制定者可能既缺乏对竞争问题的认识，也不具备设计竞争政策或最优政策来取代限制竞争的政策的必要技能。这种局限性导致政策制定者不太愿意或不太能够按照公平竞争审查制度的要求，废除现有限制竞争的政策。在对公平竞争审查制度进行完善时可以加上建设性指导和程序，阐明如何设计能够促进竞争的最优替代政策，这样的话政策制定者就有动力审查政策。这一点在审查国家援助和国家扶持政策时尤为重要，因为有些合理的国家利益目标可以用限制竞争程度较轻的方式去实现。

如果考虑将工具箱中有关消费者利益的标准及最优政策设计纳入公平竞争审查制度，可以先选一个主要城市或省份作为试点项目。这类试点项目的结果可以告诉我们，在公平竞争审查制度的进一步完善过程中，是否以及如何将这些标准纳入其中。

5.3 国有企业、国家扶持和公平竞争

中国最严重、最普遍的竞争限制性政策和做法出现在国有部门。其主要目的是通过以下这些相互关联的措施使得国企规避市场竞争：①允许国企在一系列被视为战略性产业的部门中享有垄断或支配地位；②建立市场准入壁垒，以便消除、限制或扭曲来自非国有企业的竞争；③通过不公平的国家扶持和优惠政策，使国企和受青睐的地方非国有企业具有竞争优势。一般来说，中央政府部门产业政策通过这些公平竞争壁垒制造部门垄断，而地方政府则通过它们制造行政垄断。这些壁垒被强加于很多产业，而这些产业并没有因为市场失灵需要干预，这种做法导致的结果是这些产业的资源是由政府通过行政或官僚手段而不是通过竞争市场配置。因此，我们很容易就可以得出这样的结论：除非废除或减少这些限制竞争的政策，否则很难在十八届三中全会的市场改革目标和公平竞争审查制度的公平竞争目标方面取得重大进展。

《反垄断法》允许国有企业垄断经营，或是在其他上级部门选定的产业中享有支配地位，前提是其不得滥用权力排除和限制竞争。现在的一个根本问题是，允许垄断的行业在范围上是否应该像目前这样广泛，因为在很多产业中似乎没有任何正当的经济理由进行垄断。但是这个问题不属于《反垄断法》和公平竞争审查制度的管辖范围，要想解决这个问题，则需要那些决定是否允许垄断的相关机构进行政策改革，也就是发改委、国资委、国务院，最终是中共中央委员会。这些上级部门应该对获准垄断经营的国企的范围、类型和数量进行慎重考量。

至于如何通过并行和配套改革，在公平竞争审查制度的当前框架之内或是在公平竞争审查制度框架之外更全面、更有效地实现这一目标，国际社会有一些经验教训可以借鉴。

国企竞争中性。在中国，提高国企绩效很重要，因为国有企业规模巨大，而且在现行官方政策下，其将继续在国民经济中发挥重要作用。目前的国企改革旨在通过所有权多元化（非国家性战略投资者持有少数股权的“共同所有权”和国企之间的交叉所有权）来改善公司治理，从而提高国企绩效。但是，这些措施本身并未让国企置身于更加激烈的市场竞争之中。

事实上，由于这些改革刺激着国企实现利润最大化，因此其有可能会更多地利用自己目前通过市场准入壁垒和国家优惠政策享有的不公平竞争优势来实现这一目标。而随着规模已经很庞大的央企再并购整合成拥有强大市场支配地位和力量的大型国企集团，这种危险将会加剧。让国企在公平环境中竞争，既可以遏制这种危险，也可以提高其效率和创新速度。此外，一旦国企的少数股权被剥夺，其资本结构和公司实体可能会导致其难以进行重组并通过市场竞争提高效率。举例来说，一方面，只要有了少数股权，垂直整合的电力公司就会很难切分或解体，因为这样做需要对少数股权的权益做出赔偿。而从另一方面来说，如果电力公司完全为国家所有，则更容易做到这一点。

公平竞争审查制度没有具体说明该项制度对国企的适用性，但其确实指出，这 18 项标准适用于所有对企业产生影响的政策，不管企业是什么样的所有权。这些标准侧重于地方保护性和行政垄断性限制竞争的措施，但是尚不足以确保国企在公平的竞争环境中运作。从国际经验看，要想让国企在公平的竞争环境中运作，最有效的手段就是运用竞争中性原则。这些原则在其他地区已经得到不同程度的运用，其中以澳大利亚最为严格。

因此，中国应当认真考虑面向国企运用竞争中性原则。要想做到这一点，一个有效的方法就是根据中国的国情运用本报告第 4 章所述的经合组织竞争中性框架。该框架包含 8 个政策实践板块，这些板块共同确保了国企与其他类型的企业在公平环境下运营和竞争（极少数情况除外）。其中一个板块已经被中国设为目标，即政企分开。其他板块包括：为国企的非商业公共服务职能计算成本并予以补偿、税收中立、规制中立、债务中立和无差别化公共采购。其他国家运行这一框架时遇到的主要挑战是要确保政治支持并明确执法和实施的责任归属。

在将经合组织竞争中性框架应用于中国的过程中也会出现同样的挑战，其中政治支持最为关键。不过，可以对公平竞争审查制度的实施细则进行扩展，使其明确指向国企并涵盖所有的经合组织竞争中性板块。这样的扩展还可以解决公平竞争审查制度与《反垄断法》之间可能出现的冲突，因为《反垄断法》允许战略性产业中的国企在不滥用市场支配力的情况下进行垄断运营，而这明显违反了公平竞争审查制度的相关标准。

如果要将经合组织的竞争中性框架（或其隐含的国企竞争中性原则）应用于中国，那么中国政府需要决定是将其纳入公平竞争审查制度，还是将其作为单独的框架与公平竞争审查制度并行运作。起步阶段可以先在一两个省份试点看经合组织框架的效果，这样有助于确定最佳方案。中国国企数量众多，而且将经合组织框架应用于大型央企时可能更有挑战性，因此一开始最好是将该框架应用于一个或数个省市的地方国企。这样的尝试可以证明该框架能够在地方层面有效实现公平竞争，之后再将该框架应用于全国，实现全国统一竞争市场。

遏制限制竞争的国家援助和其他类国家扶持。大多数国家的国家援助、优惠政策和其他类国家扶持都是为了实现国家利益政策目标，这些目标由于市场失灵无法以其他方式实现。但是，公共当局给予的国家援助和支持可能会扭曲受益和非受益企业或地区之间的竞争。歧视性和竞争限制性措施有时可以受到竞争法的豁免，因为我们需要认识到，除了公平竞争外，还有国家利益目标需要追求。但是随着时间的推移，由于技术、结构和经济的发展，曾经享有国家扶持的地区可能不再需要这样的支持。此外，在设计政策时，可以用限制竞争程度较轻的方式实现合理目标。

因此，国家扶持政策应当受到控制，从而确保这种支持是“良性支持”：政策旨在实现合理目标而不过度破坏公平竞争，面向明确涉及市场失灵和国家利益的领域，不会被用于或滥用于其他目的，如地方保护和腐败。中国媒体最近着重报道了与国家扶持政策相关的滥用或腐败案例，其中包括产能严重过剩的宁夏和吉林一些公司得到34亿元非法电力补贴，以及各省滥用扶贫和环保资金等案例（F. Wang，2017）。

要想实现公平竞争，中国对国家扶持政策的控制至关重要，因为中国的这类支持在规模和范围上要远远超过其他现代市场经济体。公平竞争审查制度没有涵盖国家援助、优惠政策和其他类国家扶持，因为根据该制度的例外规定，有四类政策被排除在审查范围之外，因此即使其有可能妨碍竞争，也是可行的。这四个类别的相关领域都涉及国家援助和支持：维护国家经济安全、文化安全和国防等；扶贫开发、救灾救助等社会保障目的；节约能源资源、保护生态环境等；法律、行政法规规定的例外情形。这些例外规定涉及的通常都是因市场失灵需要通过国家扶持实现国家利益目标的领域。虽然上述例外情况受到三方面的制约,[①]但是由于多种原因，公平竞争审查制度在当前配置下有效消除或减少国家扶持政策限制竞争影响的能力非常有限。

第一，虽然这些例外规定可被应用于国家援助和相关的国家扶持措施，但其不能成为保护性国家政策的理由。举例来说，在全国统一市场中，国防、文化或扶贫不能成为妨碍自由和公平贸易的理由。在追求普遍利益目标方面，还有很多相关的例外情况。

第二，公平竞争审查制度中的例外规定在范围上过于宽泛，每一类别结尾的“等”都使它们具有开放性。在这么宽泛的例外领域中，有些是没有市场失灵为国家扶持背书的。如果对这些广泛类别一视同仁地给予例外待遇，那必然会消除或限制竞争市场的力量，而要想在例外类别涵盖的诸多产业内推动创新，这种市场力量又是必不可少的。事实上，近来推进大众创业万众创新以及向民营企业和外商投资开放更多规制行业的政策已经导致越来越多的民营企业在例外规定涵盖的经常享有国家扶持的产业中成功地参与竞争，这些产业包括节能、新兴技术产业（电动汽车、数字公司等），甚至还有国防领域。[②] 如果国家扶持有国家利益方面的理由，如研发领域，那么这种支持不能通过选择性地支持目标企业（通常是国企和受保护的地方非国有企业）而具有歧视性或限制竞争。

第三，公平竞争审查制度旨在清理废除“破坏公平市场竞争的非法优惠政策或财政补贴”（H. Zhang，2017）并禁止“违法给予优惠政策”（国发〔2016〕34号文件）。但目前尚不清楚这些措施在何时何地是合法的，也不清楚如何解决公平竞争审查制度相关规定与有法律基础的国家扶持政策中限制竞争的措施之间的潜在冲突。由于存在这些含糊之处，很多限制竞争的国家扶持政策最终看来会被保留或批准。

第四，中国的国家扶持政策涉及各种形式的限制竞争措施，而公平竞争审查制度的相关标准并没有禁止这些措施。公平竞争审查制度的18项标准中只有一部分涉及国家扶持政策，如市场准入和退出标准以及影响生产成本标准。

---

① 这三项制约是：相关政策措施对实现政策目的来说不可或缺，政策措施不会严重排除和限制市场竞争，要对相关政策措施的实施效果进行逐年评估。

② 例如，越来越多的民营企业成功地赢得了中国军事机构的国防相关设备采购订单，如无人机、制导系统和计算机软件，这些都属于豁免类别。其他豁免类别也有类似情况，如节能和环境保护。

第五，和其他政策领域一样，公平竞争审查制度没有说明如何在不产生（或产生较少）限制竞争影响的情况下，对国家扶持政策进行重新优化设计，从而实现政策目标。

关于如何减少国家扶持对竞争造成的破坏，国际社会有很多经验教训。最成熟、最成功的体系就是欧盟的国家援助控制制度，该制度旨在确保国家援助不会扭曲成员国之间的竞争或单一市场内企业之间的竞争。如果将“成员国”替换成“地方政府”，那么国家援助控制制度的目标与公平竞争审查制度的目标完全相同。根据欧盟的定义，国家援助不仅包括来自国家的财政转移，还包括那些为企业提供财务和财政优势的措施，如国家担保、优惠信贷、税收减免和对国有企业的资本注入。欧盟的应对之道是通过国家援助控制制度，禁止限制竞争的国家援助，同时豁免或允许符合公共利益且限制竞争影响较小的援助。

欧盟的经验可以同时为中国提供正面和负面的可借鉴之处。[①] 欧盟的国家援助控制体系非常精细，其全面禁止国家援助，同时又设立了广泛而明确的豁免制度。正如本报告第 4 章所述，所有国家援助措施在实施之前必须上报并接受审查。在这个过程中，需要详细分析以下事项：一项措施是否构成国家援助，接受者是否为企业；其对竞争和单一市场的影响；这种措施是否符合既定的欧盟共同或普遍利益目标；额度与目标的实现是否成比例。为了减轻成员国和欧盟委员会的行政负担，欧盟制定了一般集体豁免条例，该条例明确了成员国可以在未经事先通报和欧盟委员会同意的情况下批准哪些类型的国家援助来解决真正的市场失灵。一般集体豁免条例包含了大量详细而复杂的法规。欧盟花了数十年时间设计并实施一般集体豁免条例，这项工作需要耗费巨大的人力资源（大约 500 名专家）和高昂的管理成本。

像中国这样刚刚开始建立国家扶持控制制度的国家，可以采取尝试性手段。这样的话，最初可能需要创建一个较为简单的负面清单，列出极度妨碍竞争的国家援助和其他类国家扶持并予以禁止。负面清单可以运用竞争中性原则判定并禁止最为严重的限制公平竞争的政策性壁垒。上文建议过将竞争中性原则应用于国企，如果再将这些原则应用于国家扶持政策，将会起到呼应和加强的作用，原因

① 虽然国家援助控制制度仅仅旨在控制国家援助（国家援助的定义包括任何涉及国家财政资源转移的措施），但该制度的原则也适用于中国更加广泛的国家扶持体系，后者不仅包括国家援助，还包括优惠政策和其他支持形式。

就在于大多数国家扶持都是面向国企的，而且这种做法将简化框架的设计和实施，采用一套通用的原则和标准来解决国有企业和国家扶持政策中的竞争问题。就国家援助而言，要想实现竞争中性，国企需要承担起与竞争对手相似的税收负担。国企获得土地和公用设施的条件与竞争对手获得这些待遇的条件应当是一样的，任何资本注入都应接受私人投资方的市场测试（就像欧盟国家援助控制制度那样）。国有企业不得因显性或隐性的政府担保或政府支持而受益于补贴融资或优先获得资金。

使用负面清单时，国家扶持只要不违反某些规则就是可行的。这种方法管理成本较低，如果运用得当，可以在中国取得同样（甚至更好）的效果。上文说过，公平竞争审查制度的例外规定有着各种各样的缺陷，而负面清单则可以免去制定例外规定的必要。或者说，即使保留了例外规定，负面清单仍然可以有效地审查并禁止例外规定中最具破坏性的政策。一方面，这意味着此类政策将不再自动免受公平竞争审查制度的审查。另一方面，除了针对四类例外规定的三项现有制约措施之外，负面清单又将构成一项额外制约。对于需要重组改善业绩或因所有权改革面临拆分的国企（或是在时机合适时实现全面私有化），作为竞争中性原则的一项例外，可以考虑为其引入短期“救助和重组”。

除了使用负面清单禁止对竞争影响最大的国家扶持政策之外，还应当制定实施程序指南，阐明如何以最佳方式设计合理的国家扶持政策，在不限制竞争（或影响较小）的情况下实现目标。如果要保留公平竞争审查制度中的例外规定，这样的指南必不可少，而且其将强化公平竞争审查制度对例外规定的现有限制。指南可以采用欧盟国家援助政策中的一些原则，采用严格而透明的标准确定国家利益目标，对可能妨碍竞争的国家扶持政策予以说明，确保支持措施的指向更加明确，同时也防止出现滥用现象。指南应当详细说明哪些例外情况属于这一范畴。另外，即使这类政策属于例外情况，也应使用公平竞争审查制度的 18 项标准和基于竞争中性原则的负面清单对其限制竞争影响进行评估。如果想要按照经合组织工具箱的方式继续完善公平竞争审查制度，这一举措必不可少。

尤其需要指出的是，与国家扶持相关的例外规定不应成为补贴的借口，更不应成为推行扶持措施并设立市场准入壁垒的理由。在欧盟，成员国（即各个主权国家）只有在自由流动会导致安全、保障或健康问题的情况下才可以引入贸易壁垒。在中国这样的单一国家，地方政府给商品、服务、资本和人员自由流动强加的管制壁垒永远都应该是不可接受的。如果一项拟议法规（如国家扶持法规）

有可能（在省内或各省之间）限制竞争，那么政策制定机构应当在起草过程中尽早咨询竞争执法机构，弄清楚是否可以制定替代方案，做到既实现政策目标又不影响竞争或影响程度较轻；也就是说，采取经合组织工具箱主动优化政策设计的做法。

与欧盟国家援助政策制度一样，如果能够在以下这些问题上提供指导的话，中国对国有企业或民营企业的支持将会得到更有效的定位和实施：①国家扶持应当如何做到仅用于既定目的；②可以在不限制竞争或影响较小的情况下以最佳方式实现既定目标的国家扶持有哪些形式；③如何计算实现既定目标时必要且合理的国家援助金额；④问责制、严格的财务和预算控制以及对国家援助使用情况的监控；⑤对援助和其他国家扶持措施的效力和结果进行经济评估和报告，并公开披露评估结果。

中国的国家扶持政策，包括在例外情况下免受公平竞争审查制度审查的政策，都类似于欧盟和其他很多国家的豁免政策。其简单明了，涉及的都是众所周知的市场失灵领域，如文化与遗产、健康与安全、环保、能源安全和自然灾害。另外两个领域同样常见，那就是研发支持和国防、国家安全保障。不过，其也引发了一些重要问题，这些问题应当在国家扶持控制原则和指南中得到应对。

一旦研发支持超出探索、发明等领域并进入市场主导的创新领域，那么其就应当尽可能做到不具有歧视性。欧盟对中小企业支持也有豁免，原因在于更大规模、更加成熟的企业带来的竞争压力可能会抑制新想法、新产品和新流程的发展，而如果拥有更多资源或享有一些优惠待遇的话，这些新想法、新产品和新流程有可能成功挑战现有产品和技术。如果要保留公平竞争审查制度例外规定，可以加上这一特点。现在的主要问题出现在中国另外两个普遍存在国家扶持的领域：产业结构调整和扶贫与区域发展。

产业结构调整。随着经济的快速转型，国家对产业结构调整的支持现在是（也将继续是）一个重要政策领域。随着贸易模式、消费者选择、产品设计和工艺技术的变化，一些产业将出现衰退，而这将对它们适应新的生产模式、筹集必要的资金或重新培训员工的能力造成限制。因此，国家在结构调整的转型过程中提供支持或保护是合情合理的。在这种情况下，有破产风险的国有企业或民营企业会获得补贴，以便重组、出售或实现所有权多元化。然而，补贴极有可能扭曲竞争，而且有可能破坏结构调整并最终影响经济增长，因为结构调整的关键驱动因素就是要让效率低下的公司被淘汰、被更替。

上文提议过以负面清单的形式列出禁止限制竞争的国家扶持措施，而此类支持正属于负面清单中竞争中性原则的例外情况。不过，欧盟和其他地区的经验表明，这种情况很容易发展成对不可持续性企业（如僵尸国企）的持续支持。在欧盟，实施“救助和重组”的前提条件非常严格。尤其需要指出的是，欧盟委员会仅在以下情况下授权重组救助：重组计划在没有进一步公共支持的情况下具有长期可行性；企业将承担足够比例的重组成本；重组计划制订合理的措施，如出售资产或减少产能，以尽量减少援助造成的扭曲。同样，在中国，处理这一风险的关键是：①除非有明确而且真正有望实现自我财务平衡的转型计划，才会授权支持保护措施；②为重组支持设定明确的时限和截止日期。这些规则易于实施，但如果得不到贯彻执行，原本合理的国家扶持就有可能对竞争造成重大妨碍并导致效率持续低下、资源大量浪费。

扶贫与区域发展。要想解决扶贫与区域不平衡问题（这种不平衡主要体现在生活水平或就业方面），国家扶持非常重要。中国越来越重视包容性增长，也越来越注重解决收入差距这一问题，因此这类支持可能会继续增长。在欧盟，此类目的的国家援助存在的一个问题是，所有成员国都设有旨在帮助各自领土内较落后地区的区域支持政策。但是，为了在单一市场内实现全面公平竞争，欧盟不得不用单一的、由欧盟决定的区域政策取代单个成员国的政策大杂烩；根据这一单一政策，只有生活水平远低于欧盟平均水平的区域才有资格获得支持。在实际操作中，当欧盟由数量相对较少且发展水平基本持平的经济体组成时，这种政策并没有太大影响，但是在欠发达经济体（主要为中欧和东欧国家）加入欧盟之后，巨大影响随之显现。其结果就是，高收入成员国面向该国贫困地区的大部分区域支持措施都无法获得批准。欧盟可以通过区域发展目标放宽对国家援助的限制，但不能由其批准涉及供应商之间限制竞争的差别待遇的援助，也就是说，不能援引公共利益方面的考量来为妨碍单一市场公平竞争的歧视性法规辩护。

在中国，很多面向省级经济体或省级经济体内较小区域的国家扶持都有区域发展与扶贫方面的合理原因。但是，就像以前一样，如果将支持政策的决定权交到地方政府手上，那么竞争将被过度削弱，国内市场也会过度分散。解决之道不是放弃区域发展措施（这种措施是减轻贫困以及在各省之间和各省内部实现经济平衡的重要工具），而是确保这些措施就像欧盟豁免规定那样，只能由中央政府根据可公开获取且完全量化的标准予以批准。这些标准需要说明什么样的情况才能构成区域贫困和不平衡，而贫困和不平衡的定义取决于整个经济体的平均生活水平。政策制定方面的这些约束措施至关重要，其既可以减少中国的政策性公平竞争壁垒，也可以确保区域政策的有效性。如果由各省自己解决区域发展失衡问题，富裕省份则有更多的资源可用于这种支持，因此区域失衡问题最终更有可能加剧而不是缓解。国家扶贫援助不应当仅仅为特定产业（如汽车业）或特定企业（如国有企业）提供区别待遇。所有想在贫困地区成立企业的人都应该得到援助。

5.4 政策审查的效力与执行

分阶段引入外部和第三方审查。自我审查有切实的合理原因，而且短期内可能也没有其他可行的方法来评估中国大量法规和政策对竞争的影响。不过，自我审查远远不够理想，因为正如国际经验表明的那样，其带有极大的与生俱来的道德风险。自我审查极易受到利益冲突和偏见的影响，而政策制定机构在审查自己制定的政策时也有可能缺乏竞争方面的专业知识。正因为如此，在很多国家，自我审查涉及的自我规制往往问题多多，甚至毫无效力。例如，葡萄牙有三个部委参加了一项经合组织工具箱审查工作，做出的初步裁定是自己的政策几乎没有限制竞争；然而，在审查结束时，葡萄牙本国和国外的外部专家得出的结论是，这类限制其实有 750 处左右。就像其他国家一样，即使公平竞争审查制度有强大的政治支持和法律执行，也不要天真地以为中国的政策制定机构不会想方设法保留符合其自身利益并受到一定程度管制俘获的限制竞争的措施。

为了减轻这些风险，应当逐步引入独立的第三方外部审查，使公平竞争审查制度更加有效。举证责任是外部审查的一个主要优点。根据国发〔2016〕34 号文件，没有通过 18 项标准测试的政策是不可实施的，这就使得证明政策措施可行的举证责任落在了政策制定机构身上。然而，在实际操作中，如果自己感到满意或是声称其属于豁免情况，那么政策就会获准继续施行。要想成功挑战政策制定机构的自我审查结果，就需要外部机构承担起举证责任来证明评估结果是不正确的。如果做不到这一点，限制竞争的政策就有可能会无限期地施行下去。如果一开始就转向外部审查程序，那么政策制定机构就有义务向竞争执法机构或外部审查机构证明，现行政策或新政策从竞争角度看具有可行性或者属于豁免情况。举证责任的这种转变有着无可置疑的优势，能够迫使政策制定机构更多地接触公平竞争审查制度和《反垄断法》中促进竞争的原则，还能节省竞争执法机构执行公平竞争审查制度和《反垄断法》时所需的资源。中国将会由此加入国际最佳实践的行列；

毫无疑问，这将使公平竞争审查制度成为更有力、更有效的竞争促进制度。

外部审查机构。应当成立一个享有强大政治支持的外部机构来负责重大政策的外部审查工作并监督、核查政策制定机构的自我审查。需要接受审查的现行法规和新政策，尤其是地方政府的法规和政策，可以说数不胜数。国际社会在政策竞争评估方面的经验表明，这一过程必将持续多年。

要想加快审查进程，就得要求政策制定机构提交一份政策清单，这样外部审查机构就可以核实是否所有相关政策都得到了有效审查。在确定审查顺序并在现行政策与新政策之间分配资源时，应当优先审查那些潜在限制竞争影响最为严重的政策。与此同时，所有国务院文件也可以由国务院法制办进行公平竞争审查。

外部审查机构应当根据需要审查的综合性政策清单，明确哪些政策应由该机构、竞争主管部门或指定的竞争政策专家小组进行外部审查，而不是留给相关政策制定机构自我审查。政策外部审查的重点应当是那些潜在限制竞争影响最为严重的政策，尤其是那些具有广泛外部性的政策，也就是说，这些政策对竞争的影响超出了某一政策制定机构的政策涉及的产业、市场和地区。针对上游产业或极具产业关联性的产业制定的政策会对多个市场的竞争和整个国民经济产生广泛的直接和间接影响。因此，这些政策不能仅仅由相关产业的政策制定机构自我审查，而应当交由能够更好地考虑这些外部因素的第三方审查。

公平竞争审查制度以及随后出台的更为详尽的实施细则（发改价监〔2017〕1849 号）允许并鼓励（但不要求）政策制定机构让第三方外部专家参与审查过程。国务院设想的是随着资源和经验的积累，逐步提高第三方的参与程度。但目前合格的能够履行这一职责的竞争政策专家非常短缺，尤其在大城市之外更是如此。因此，应当着手研究加速推广外部第三方审核的方法，尤其是培训更多专家。竞争政策方面的专业知识可以通过学术和研究机构、专业协会和公司（如商会、企业和法律协会、律师事务所和咨询公司）以及竞争执法机构的竞争倡导计划（如美国联邦贸易委员会推行的计划）得以建立和发展。

第三方审查流程的确切性质应该得到重视。即使外部专家的作用只是向政策制定机构提供信息和建议，专家也必须做到独立、客观。同样重要的是，外部机构要确保独立专家的建议在审查结论以及可能需要采取的纠正措施中得到充分的重视。理想情况下，这样的外部机构应该就是上文提议的外部审查机构。不过，最好的保障措施是允许市场参与者和个人在法庭上对政策审查和法规提出质疑。

需要指出的是，按照目前的配置，公平竞争审查制度部际联席会议并不能服务于上文提议的外部审查机构的目标。该联席会议目前基本上只是一个协调机构，缺乏内部专家、行政资源和执法权力。更重要的是，它缺乏独立性和公正性，因为它的成员包含了所有待审查政策的主要政策制定机构的官员。要想发挥外部审查机构的作用，联席会议必须配备新的任务、权力和资源。对于中国这样的大国来说，外部审查机构可能出现效率低下的现象，因此需要将其职能下放到地区分支机构。

执行机制。应考虑为政策制定机构提供激励措施，使其进行严格的审查。可以像澳大利亚那样，为审查提供财政和预算支持。不过，鉴于公平竞争审查制度在实施过程中面临着巨大的政治和技术挑战，这项工作必须由强有力的执行机制承担。具体机制不仅应包含正规行政机构自上而下的执行机制，还应包含市场参与者和公众自下而上的执行机制。

国际经验表明，就那些旨在减少政府干预对竞争不利影响的制度而言，自上而下的行政执行机制发挥着重要作用。在欧盟，欧盟委员会和成员国都积极参与自上而下的行政执行机制。经合组织工具箱的审查结果就像英国市场调查给出的很多建议那样，已经得到了一些政府的有效落实。如果干预措施对竞争的不利影响和对国家利益及其他社会目标的有利影响之间形成严重冲突并且需要权衡，那么相关决策尤其需要政府更高层的参与。

国际经验还表明，要想有效执行一项制度来减少竞争的政策性壁垒，如公平竞争审查制度，则需要强有力的法律依据来阐明该制度相对于可能包含限制竞争的措施的法律和政策的法律优先权，或者说，至少要说明如何解决该项制度与此类法律和政策之间的潜在冲突。这个重要问题我们将在下文展开进一步讨论。

公平竞争审查制度明确规定了中国自上而下的行政执行机制的作用，即下级机构依照上级机构的指示，根据竞争执法机构的政策审查和建议或社会上的投诉落实政策或法规变更。事实上，公平竞争审查制度部际联席会议的任务就是确保这一流程得到遵循。与所有法律法规一样，政策制定官员对公平竞争审查制度的遵守主要是通过《行政诉讼法》《公务员法》和其他适用法律法规得到落实，根据这些法律法规，官员将因违规和渎职受到处罚。但是，由于官员滥用行政权力的现象非常普遍，现在想要判断这些法律能否在实际操作中有效推动公平竞争审查制度的实施还为时尚早。[①] 到目前为止，上级机构只是负责确认下级机构正在

① 《行政诉讼法》和《公务员法》负责处理渎职或违反行政职责的行为，而党员腐败等滥用职权行为也可由党的纪检部门予以处理。

建立公平竞争审查机制并进行审查。然而，对于这种自我审查的实质内容和质量以及必要的纠正措施，上级机构应该给予更多关注。

根据国际经验，想要加强自上而下的行政执行机制并对之形成有力的补充，一种重要手段就是鼓励和促进自下而上的监督和投诉。公平竞争审查制度以及随后出台的更为详尽的实施细则（发改价监〔2017〕1849 号）要求，公平竞争审查制度自我审查必须征求市场参与者和受限制竞争政策影响的广大民众的意见。文件还授予企业和个人对违反公平竞争审查制度标准的政策进行举报的权利。这种自下而上的执行机制应当发挥出更大的作用。要想做到这一点，那些要求政策制定机构及时披露政策审查结果以及要求官方快速回应投诉的规定就应当得到严格落实。及时向竞争执法机构乃至全社会披露政策审查结果应当成为一项法定要求。

有效的自下而上执行机制需要提供法律追索权和渠道，以便社会对审查提出质疑并通过法院和司法系统提出索赔。在欧盟和全球其他地方，对政策和法规的竞争评估都有合理的申诉机制。在中国，最轻松的做法就是通过法院提供这种机制，因为法院已经在竞争问题上建立了专业知识。还有一种方法是像英国那样设立专业法庭，这种做法的主要优势是可以逐渐积累这一领域的专业知识。[①] 这两种方法都可以对实施公平竞争审查制度的独立机构进行合理的管控并进行更好的追责，也可以有效地实现连贯性和透明度。可以根据那些需要修改或直接被废除的限制竞争政策构建判例法，这种做法能够为以后的案件提供参考和指导，具有强大的示范效应，同时也让政策制定机构更容易识别和废除限制竞争的措施。

5.5　法律基础与法律确定性

宣布建立公平竞争审查制度的国发〔2016〕34 号文件是一项行政规则，或者说是一部“软”法。作为一项未经测试的全新制度，以“软”法的形式建立公平竞争审查制度是明智的做法，因为这使得公平竞争审查制度可以更好地随着实施过渡期间积累的经验进一步发展完善。不过，从中长期来看，赋予其更坚实的法律地位和更高的法律准确性至关重要。

使公平竞争审查制度成为一项“硬”法。国际经验表明，竞争政策及其关

---

① 英国的专业法庭只处理竞争法禁止的企业违规案件。因此，如果中国设立专业法庭处理违反公平竞争审查制度相关标准的案件，那么该法庭必须具备处理限制竞争性政策和法规的授权与权限。

键组成部分，如专门用于废除或减少竞争中政策性壁垒的制度，只有基于国家立法机构颁布的法律才能发挥出最大的效力。除了标准竞争法之外，欧盟的单一市场规则和国家援助控制制度均被写入了法律。在英国，竞争限制性法规审查工具也明确体现在竞争法之中。

我们建议让公平竞争审查制度成为一项“硬”法——或是成为单独的“硬”法，或是纳入修订后的《反垄断法》。之所以提出这样的建议，原因有很多。第一，这将明确表示，全国人大颁布的公平竞争审查制度将成为中国竞争政策体系一个永久的重要构件。公平竞争审查制度将具有《反垄断法》那样的法律基础，能够凌驾于其上的只有宪法。这将清楚地表明，国家机构限制竞争的措施就像卡特尔、垄断、利用支配地位或限制竞争的并购一样，具有破坏性。

第二，其将提供必要的法律依据，澄清公平竞争审查制度与其他法律和政策的关系以及优先权。这样就可以定义（并在适当情况下重新划定）竞争法及公平竞争审查制度与其他法律和政策之间的边界，如产业和技术政策、国有企业的运营以及自身存在特定管制框架的产业。目前，此类法律和政策含有很多不利于公平竞争的措施。举例来说，能源、电力、电信、运输和房地产管理等领域的管制框架完全没有提及竞争。要想让公平竞争审查制度成功消除或减少此类法律和政策对竞争的限制，那其就必须是法律地位很高的“硬”法，同时竞争法、公平竞争审查制度和其他法律、政策之间可能存在的不一致和冲突也必须得到解决。

第三，这将为公平竞争审查制度的执行工作提供更强大的法律基础。公平竞争审查制度中的一些规定类似于《反垄断法》第三十二条至第三十七条明令禁止的措施。公平竞争审查制度中这些规定的执行可以依赖《反垄断法》提供的强有力的法律基础。但是，公平竞争审查制度中还有其他很多条款不属于《反垄断法》，而国发〔2016〕34 号文件是一份“意见”和行政规则，在国务院规范性文件等级中法律地位相对较低，其能否为法院强制执行公平竞争审查制度（以及受到质疑的违法行为）提供充分的法律基础尚且存疑。此外，公平竞争审查制度部际联席会议的合法性和权限可能会出现含糊不清之处，因为联席会议相当于竞争政策执行机构，但《反垄断法》并没有明确提到其存在（有别于反垄断委员会以及在其授权下运作的三个反垄断执法机构）。

第四，由于法律举证责任在竞争和放松管制类案件中必不可少，因此必须以“硬”法的形式为公平竞争审查制度建立有力而明确的法律基础。只有这样的法律基础才能为适用标准、证据使用、诉讼和上诉程序以及优惠政策的“非法性”提供确定性。所有这些问题都与法治相关，但目前以下这几个方面仍然缺乏明确性：强制要求遵守公平竞争审查制度时有哪些确切的法律基础和追索权；哪家政府机构有权调查合规性；市场参与者是否拥有合法权利对自我审查结果或公平竞争审查制度禁止的限制竞争措施提出质疑。

第五，竞争执法机构和市场参与者有权依据公平竞争审查制度挑战限制竞争的行为并通过法院寻求追索和补偿，这种权利应该像《反垄断法》那样具有强大的法律基础。要想使自下而上的私人执行机制成为有效的合规工具，就得让第三方拥有明确的法律和诉讼权利对公平竞争审查制度的审查提出质疑。在中国，企业和公众起诉政府机构通常都是有风险的，即使一家公司胜诉了，但其与相关机构的关系恶化仍有可能带来业务损失。十八届四中全会做出了推进依法治国的决定，反映中国开始重视以“硬”法为基础的经济治理，这一点应该能够减轻上述风险。这表明，公平竞争审查制度是一项旨在禁止限制竞争的政策以实现全国统一市场（中国竞争政策的核心目标之一）的制度，也是一项从根本上改变政府与市场关系的工具，因此从法律基础的角度说，其应该成为中国立法机关颁布的法律。正如国发〔2016〕34 号文件所述：“建立公平竞争审查制度是全面推进依法治国的有力保障。”

中国的地方法院通常都会受到地方政府的控制或极大影响，因此市场参与者想在地方法院对地方政府采取法律行动通常困难重重。这个问题可以通过在其他司法辖区或巡回法院解决。此外，法律制度既允许市场参与者对负责竞争限制型政策的政府机构做出的决策提出上诉，也要允许市场参与者对负责公平竞争审查全面工作的一家或多家机构做出的决定提出上诉（类似于起诉欧盟委员会和其竞争执法机构）。

将公平竞争审查制度与《反垄断法》相结合。如果将公平竞争审查制度纳入修订后的《反垄断法》，也许可以让公平竞争审查制度具有更强大的法律基础。公平竞争审查制度和《反垄断法》的目标是互补的：两者都旨在促成并维护充分而公平的市场竞争；其所需要的法律和经济专业技能是相似的，而且公平竞争审查制度和《反垄断法》都会被并入一部旨在让中国经济全面放开竞争的单一立法，它们的权限也会因此扩大。这也可以成为一个契机，帮助解决公平竞争审查制度和《反垄断法》中针对行政垄断的内容之间潜在的重合或矛盾之处。另一个有利之处在于，在这个过程中，可以解决《反垄断法》中一些明显的缺陷和含糊之处，尤其是国企大范围垄断经营（第七条）和竞争执法机构缺少执行权限的情况（第五十一条）。

将公平竞争审查制度与《反垄断法》合而为一，可能会产生很多需要解决的问题。首先，《反垄断法》的相关规定为企业提供了重要的行为指南，如果企业无视这些规定则要自己承担风险，但是这部法律主要提供的是事后的调查和救济，唯一的例外就是企业并购需要提前申报并接受审查。公平竞争审查制度与之有两方面的不同：①对新起草的法规或其他限制的审查是事先进行的；②对现行法规的审查虽然是事后进行的，但在一定程度上针对的是先前明确允许或默许的法规。就第一点差别而言，竞争执法机构完全可以参照并购与卡特尔及垄断案件中的方式，同时采取事前和事后措施，在英国、中国和其他地方都一样。就第二点差别而言，公平竞争审查制度针对的限制措施通常是由强大的国家机构引进并保留的行政措施，这一事实表明，要想逐步消除这些行政机制，就必须拥有"硬"法的全部效力。

第二个问题是，公平竞争审查制度的 18 项限制竞争标准是否应被定义为"规则"，而不是（像目前这样）被定义为"标准"。[①] 西方国家正在进行越来越多的学术探讨，讨论法律命令到底应该是"规则"的形式还是原则性声明（"标准"）的形式，前者界定明确，基本不给事后澄清留有什么余地，后者则允许法官和管制机构进行事后裁量来判定是否违法。标准或原则在普通法系尤为常见，而规则通常用于民法系。

与上述问题相关联的第三个问题涉及法律条款的明确性。这其中显然涉及艰难的权衡。一方面，高度的明确性带来了法律上的确定性，有助于采取"本身违法"规则解决问题，即调查当局要解决的其实就是"是否属实"问题（一项明确的禁令是否被违背），同时这种明确性也可以推动法院在有效上诉程序中的作用。另一方面，这种方法不太可能会奏效。正如本报告前文所述，中央和地方国企可以通过很多不透明的方法获得优待或保护，想要提前一一列出所有这些潜在方法是不切实际的。但是，如果非法限制性措施的定义一直过于宽泛并且依靠管理当局的自由裁量权判定哪些措施符合这一定义，那么这部法律在适用过程中的难度会更大，耗费的资源会更多，同时其威慑力也会打折扣。

其他地方使用过并已在国发〔2016〕34 号文件中反映出来但同样适用于立

① A. Heimler（2017）为本次研究准备的报告中提到了这个问题并对之进行了更全面的论述。

法的最佳折中方案是：①明确规定所有限制竞争的措施都属于该项立法的管辖范围；②制定一套涵盖面广泛的标准，说明什么样的行为构成限制竞争的行为；③在立法中明确说明迄今已确定的所有主要类别的限制，同时指出该清单并未做到详尽无遗；④单独提供详细的正规指南，说明如何评估限制竞争影响，并从日益积累的实际案例中挑选一些实例供当局日后借鉴参考。公平竞争审查制度详尽的实施细则（发改价监〔2017〕1849 号文件）在这方面已经起步，后续工作应该基于这一细则。正式准则将具有法律地位，因为可以通过主张该文件在某一情况下未被遵守而提出上诉。这样的架构既提供了处理不同案件时所需的灵活性，又提供了同样程度的法律确定性。

第四个问题是，在将公平竞争审查制度纳入修订版《反垄断法》时，是修改《反垄断法》中涉及行政权力滥用的各个部分，还是让这项制度单独成为一个全新的章节。从公平竞争审查制度的角度看，后一种做法似乎更为直接明了，但在实际操作中有可能会引起混乱，而且公平竞争审查制度与《反垄断法》中针对行政垄断的现行规定之间有可能出现矛盾之处。如果要将公平竞争审查制度纳入《反垄断法》现行规定，则有五个主要问题需要解决。[①]

（1）必须在《反垄断法》第一章中介绍公平竞争审查制度的总则。这样的话，有些具体之处需要重新起草，但由于《反垄断法》和公平竞争审查制度的目标和原则是相同的，因此这项工作相对简单，不过也要取决于政治领导层在权衡相互冲突的目标时做何决定。[②]

（2）如果进行整合，则需要协调统一公平竞争审查制度中限制竞争的条款和《反垄断法》第五章描述的违法行为。这两套规定之间已经有很多重合之处，不过这种协调统一将会扩大现行《反垄断法》的法律权限，并让公平竞争审查制度而不是《反垄断法》第五章现行规定成为政府废除限制竞争政策的法律依据。这种协调统一必须反映上文所说的明确性与灵活性相结合的原则。

（3）公平竞争审查制度的具体应用和实施程序必须写入修订版《反垄断法》。目前，虽然《反垄断法》涵盖了行政权力滥用行为，但是涉及具体程序的第六章仅涵盖了与垄断调查相关的程序。如果将公平竞争审查制度纳入《反垄断

---

① 这些问题是根据黄勇、江山和周海涛（2017）以及宁宣凤、宫婷和杜楠（2017）为本次研究所做的详尽分析整理而成的。

② 黄勇、江山和周海涛（2017）根据其他多项提案以及之前的经验，为《反垄断法》第一章中某些条款现有措辞的更新和改进提出了建议稿。

法》，就得对第六章的内容进行扩充，使其涵盖公平竞争审查制度案例要遵循的程序（下文将会探讨具体内容）。

（4）将公平竞争审查制度纳入《反垄断法》还有一个重要的益处，那就是，公平竞争审查制度对于行政权力滥用行为的规定要强硬得多，可以取代《反垄断法》中现有的薄弱条款。后者仅要求将违法行为提交至行政机构的上级机构，由其决定是否采取行动。除了受到豁免的政策外，公平竞争审查制度不允许推行未经自我审查的限制性措施，并明令禁止那些经过自我审查但未能通过 18 项标准检测的限制性措施，除非它们在修改之后符合了这些标准。重新起草的内容还必须说明，如果有人不认同公平竞争审查制度下发布的决定，那么他们有权在哪个阶段提出上诉；也就是说，是在法律裁定之前提出复议申请还是在法律裁定之后向法院提起诉讼。

（5）是否决定让公平竞争审查制度成为"硬"法——不管是作为单独的法律还是纳入修订后的《反垄断法》——这也取决于是否以及在何种程度上进一步完善公平竞争审查制度，补充更详细的规定或子框架，明令禁止限制竞争影响最大的国家援助（和相关的优惠政策）并对国有企业和国家扶持采取竞争中性原则。

总而言之，将公平竞争审查制度纳入修订版《反垄断法》似乎可以带来多重效益。虽然这个过程需要精心起草法律文件，但目前看来似乎并没有什么重大障碍。从很多方面来说，这可以看作中国竞争法在发展过程中的自然延伸。但是，《反垄断法》的修订和全国人大的审批将是极为漫长的过程。在这个过程中，最好采取临时办法来加强公平竞争审查制度的法律基础，比如采取党中央和国务院联合指令的形式。不管公平竞争审查制度如何成为"硬"法，其目标都是为受到（违反公平竞争审查制度原则和标准的）限制竞争的措施负面影响的市场参与者和个人提供必要且充分的法律依据和确定性，让他们在法院寻求救济或正义，如果法院做不到，则可以诉诸更高层面的机构。这一点可以通过将公平竞争审查制度纳入修订版《反垄断法》得到实现。

不管是将公平竞争审查制度单独转变成"硬"法，还是将之纳入修订后的《反垄断法》，在此前的过渡阶段，当局都应当发布更新、更全面的公平竞争审查制度文件。自国发〔2016〕34 号文件颁布以来，发改委已经发布若干文件，就这项制度的原则、目标和实施程序公布了更多细节。这样的最新文件有助于政策制定机构、市场参与者、公众和司法机构更好地了解并尊重公平竞争审查制度的目标、范围和权力。

执行权。公平竞争审查制度面临着巨大的政策挑战，因此它必须拥有严格的执法权。正如上文所述，《反垄断法》目前与行政权力滥用相关的执法权比较薄弱。公平竞争审查制度的执法权在实践中如何运作仍有待观察。在应对这个问题时，应从以下几个方面进行观念上的考量：能够纠正现状的救济措施；在合理情况下针对违反公平竞争审查制度的行为的处罚措施；面向因公平竞争审查制度禁止的非法措施受到不利影响的人员的赔偿措施。

在公平竞争审查制度设立之前，以“行政行为”的形式呈现的政策只会受到两种方式的挑战。第一种是诉讼。不过，当法院对某一行为做出裁定时，可以宣布该行为无效并提议其做出修正，但法院不能对其进行改动或施加其他制裁。第二种就是《反垄断法》中的行政权力滥用条款，但相关条款既没有权力使行政行为失效或对之做出修改，也没有权力施加其他制裁。公平竞争审查制度的设立是一个很好的机会，可以由此对限制竞争的措施做出更为有效的回应。根据公平竞争审查制度的规定，有可能妨碍竞争的行政行为可分为两类：抽象的（或一般性的）行政行为，包括规则、法规和其他普遍适用的限制性措施，不涉及任何特定的企业或法人；涉及特定企业或法人的具体行政行为。① 处理这两种形式的限制竞争政策时可能需要不同的手段，而中国政府最有资格决定具体采取什么样的手段。

5.6　机构设置

目前，国家发改委、商务部、国家工商总局的三个反垄断执法部门和国发〔2016〕34 号文件的发布单位国务院法制办公室共同负责公平竞争审查制度的实施。目前看来，国家发改委已被指定为牵头机构，因为现在主要由其负责起草公平竞争审查制度的各种实施细则，由国家发改委主任担任公平竞争审查制度部际联席会议的负责人，联席会议的主办公室也设在发改委。但是，鉴于本报告前文讨论过的原因，公平竞争审查制度部际联席会议（拥有来自中央政府重点部门和机构的 28 名成员），是否可以成为一个服务于或者在他人眼里服务于这一目标的独立公正机构，仍然值得怀疑。下文会提议成立一家全国统一的竞争主管机构，

① 宁宣凤、宫婷和杜楠（2017）的报告对两者的不同之处及相应影响进行了更详细的分析。

最好的选择是让这家机构的主席成为公平竞争审查制度部际联席会议的主要成员。

公平竞争审查制度近来刚刚开始实施，目前的机构设置也许适用于这一过渡阶段，但从长远来看这样的安排可能无法满足需求。公平竞争审查制度要审查的政策数量巨大，其中重要的政策还需要外部审查。要想完成这种极具挑战性的重要任务，公平竞争审查制度必须成为中国最强大的政策工具之一。要想做到这一点，相应的机构设置必须能够有效地实施和执行审查程序，并且能够向中央和各地地方政府的决策机构强制推行其决定。

在为公平竞争审查制度实施工作建立长期有效的机构设置时，应当先加强中国整体竞争政策，尤其是《反垄断法》的现有机构设置。中国竞争政策与其他主要经济体同类政策的最大不同就在于中国有三家不同的机构执行竞争规则。其他国家采取的都是统一架构，美国是唯一的例外，由美国联邦贸易委员会和司法部共同承担这一责任，不过这在很大程度上要归因于美国不同经济部门之间（由于历史原因）的责任分工。除中国外，全球其他主要经济体中没有哪个是按照限制竞争行为的类别（价格滥用、并购和卡特尔、非价格滥用）划分责任的。这在很大程度上有其历史缘由，因为国家发改委、商务部和国家工商总局一直被分别赋予管理价格控制、贸易和商业不公平竞争的权力。

这种机构设置虽然有一些问题，但并没有妨碍竞争政策的执行。不过，基金会之前的一份报告（威廉·科瓦西奇、林至人、德里克·莫里斯，2017）指出，如果中国将这三家机构的相关部门合并到一起，那么中国竞争政策的政治和政策地位以及效力将会出现实质性提升。国际经验提供的有力证据表明了创建一家强大、独立的专家机构来促进和捍卫竞争并监督和实施竞争政策的重要性和迫切性。

当前的竞争政策机构设置应当得到加强，原因有以下几点。首先，国家发改委、商务部和国家工商总局的反垄断执法机构从地位上来说要低于它们要监督的大多数强大的国家机构。除国家发改委外，它们的上级机构充其量只是与这些机构处于同一行政级别。如果不将公平竞争审查制度的执行工作交给一家在中国行政和政治等级中占据很高地位的机构负责，那么这项制度很难在强大的中央和地方政府政策制定机构中得到有效落实。

其次，国家发改委、商务部和国家工商总局在实施各种产业、贸易和商业政策方面负有广泛的责任。这与国际惯例截然不同；其可能造成不可调和的政策冲突；削弱竞争政策机构严格执行相应政策的能力。传统竞争政策的目标是民营企业或国有企业，在这种情况下这已经成为一个问题。当公平竞争审查制度的目标是其他国家机构时，问题会更加严重。

单一且相对独立的高级别竞争执法机构。这些问题表明，中国需要成立一家单一且相对独立的高级别权力机构负责竞争政策。① 这一权力机构应该享有（而且是公开享有）中国最高领导层明确而强有力的政治支持，就像全球所有具有高度竞争性经济体所做的那样。因此，它需要成为中国治理体系中的高级别权力机构（如国家委员会层面），这样才能够对强大的政策制定机构实施公平竞争审查制度，并向所有政府部门、市场参与者和公众以及国际商业界和外国政府表明中国对竞争的高度重视以及领导层对竞争的支持。这一机构还得相对独立，因为其不应受到其他政策制定机构、企业或既得利益集团的影响或制压。虽然中国当前的竞争政策机构设置可能要因此经历重大转变，但这只不过是让中国加入国际最佳实践的行列而已。不过，要想建立这样的权力机构，必须解决三个重要问题。

第一个问题是该机构应该对谁负责？合理的问责制需要做到：①可以在法院对独立机构做出的具体决策提出质疑，从而确保相关决策完全符合政府和法律规定的标准；②竞争政策的成效要符合政府的既定目标。要想做到第二点，至少需要每年向上级机构汇报一次。如果负责执行《反垄断法》（和公平竞争审查制度）的新机构像我们建议的那样具有较高的地位，那么其应该是向国务院汇报并最终向全国人大汇报情况。理想状况下，新机构的负责人应该在政府最高层担任某一职位。这样的机构设置将提升竞争政策在中国法律和政策层级中的地位，使其发挥关键作用，帮助中国实现战略发展目标。

第二个问题是谁来任职于这样的权力机构？该机构显然需要最高水平的经济、法律和商业领域的专业技能。有鉴于此，建立这一权力机构时，最有效的方式就是将三家执行机构中的反垄断部门分离出来，将它们合并为一个新成立的独立而统一的竞争执法机构。不过，下文将会说到，该机构需要的资源将会大幅增加。

第三个问题涉及竞争政策的集中和分散执行之间的平衡。中国是全球第二大

① 《以竞争促增长：国际视角》详细讨论了在中国建立单一且相对独立的高级别竞争管理机构的理由和优势。当前的反垄断委员会基本上是一个协调机构，缺少内部竞争专家和政策独立性，因为它是由多家重要政府机构的代表组成的。

经济体，很快将成为全球第一大经济体。与其他国家相比，它拥有更多的人口和更多的企业，也在更大程度上通过国家行动来指导资源配置。因此，《反垄断法》和公平竞争审查制度旨在解决的竞争问题规模极大、范围极广，存在于整个经济之中。这就向我们提出了这样一个问题：中央集权式竞争执法机构在实际操作中是否能够有效运作？

原则上说，要想解决这个问题，可以像现在这样，为中央竞争执法机构设立一系列地区办事处，由每个办事处负责本地区的竞争政策。不过，这个办法可能会因为一个重大障碍而无法完全发挥效力。中国的行政结构基本上采取“矩阵”形式。地方部门和官员通常既要服务于所属的地方政府，又要服务于其职能所属的中央部门。尤其需要指出的是，目前这些地方部门官员的任职、福利（住房、用车等）和职业前景主要掌握在当地政府手中。

中国竞争政策的一个主要目标是在全国统一市场内实现公平竞争，因此地方竞争管理局与地方政府之间的这种关系可能会严重削弱竞争管理局实施竞争政策时的严格性和有效性。原则上说，可以将所有高层职务的任命工作及附带利益转交给中央管理当局，从而解决这个问题。但是，除非地方政府官员受到中央政府的严格监督，否则竞争管理官员在遭到地方政府施压时仍难以开展工作。对于这个问题，坚持法治是一个有效的解决办法，尤其是在市场参与者和公众自下而上执行机制的法律基础和渠道得到有效落实的情况下。至关重要的一点是要让人们可以通过法院提起诉讼。

如果成立我们提议的国家竞争执法机构，那么第四个问题就涉及公平竞争审查制度的实施安排。在欧盟，竞争执法机构（竞争总司）设有专门的职能机构，负责执行反垄断法和国家援助控制制度。在成功落实经合组织工具箱的国家，其实施工作要么被分配给竞争执法机构内的一个部门，要么被分配给负责竞争评估的独立机构（如独立于国家竞争执法机构的澳大利亚国家竞争委员会），或是隶属于总理办公室的工作组（如韩国）。

中国可以选择在新成立的竞争执法机构内设立一个单独的专业部门负责公平竞争审查制度的实施工作。与此同时，这个新的竞争执法机构也负责《反垄断法》的实施工作。如果在修订后的反垄断框架内落实公平竞争审查制度，那么在公平竞争审查制度被合并到修订版《反垄断法》中并成为“硬”法时，一切就会顺理成章。不过，负责公平竞争审查制度的部门应该独立于反垄断执法机构，两者需要的专业知识也是不同的，因为《反垄断法》和公平竞争审查制度的目标并不完全相同。《反垄断法》的目标是阻止和纠正企业的限制竞争行为，而公平竞争审查制度的目的是审查限制竞争的政策和法规。与《反垄断法》不同，公平竞争审查制度需要在政策限制的经济成本与政策干预的社会效益之间取得更好的平衡。负责竞争法（如《反垄断法》）的机构往往会低估政策干预的社会效益，而负责减少限制竞争政策的机构（如公平竞争审查制度）往往会低估其经济成本。国家竞争执法机构中的公平竞争审查制度专家部门可以充当上文提议的外部政策审查机构。

充足的资源。竞争执法机构必须拥有充足的资源，这一点至关重要，因为就竞争执法机构的效力和成绩而言，没有哪项因素比优质的人力资本更重要。资源不足会造成竞争政策体系出现各种扭曲（威廉·科瓦西奇、林至人、德里克·莫里斯，2017）。从国际经验来看，竞争带来的经济和社会效益要远远超出对竞争机构和政策领域的大量资源投入成本。举例来说，英国竞争执法机构近来评估其促进竞争政策的可量化收益时，发现收益至少是竞争执法机构运营成本的 10 倍。如果再加上无法量化的收益，总效益应该更大。

无论是从任务规模还是从国际经验来看，三家反垄断执法机构目前在资源配置方面都存在严重不足。这一弱点不仅会威胁到竞争执法机构的未来发展，还会全面影响中国竞争政策的持续改进。公平竞争审查制度的实施工作将给现有资源带来极大压力，如果资源得不到显著增加，那公平竞争审查制度将很难得到有效实施。

不管是否建立新的国家统一竞争主管机构（该机构也负责公平竞争审查制度的实施工作），竞争政策的执行工作都得有必要的财力、人力和其他资源才能有效运作。自由公平的市场竞争能够带来巨大的收益，因此全球主要经济体都投入大量资源来保护竞争也就不足为奇了。中国需要评估一下这项挑战的规模，确保中央和地方层面提供足够的人力和技能。

充足的资源涉及多个方面。第一，必须有一支庞大的内部团队，拥有高度专业且公正的竞争专家，掌握重要市场和行业的专业知识。第二，关于公平竞争审查制度，需要展开审查工作的政策制定机构必须具备竞争领域的最基本能力，尤其是负责核实和提交审查报告的法律事务局。要想推动这一进程，可以设立明确的实施细则并用实例展示某项政策如何影响竞争，同时还可以通过竞争倡导计划提高政策制定机构对竞争问题的认识。第三点非常重要，那就是必须让司法系统和法律行业发展评估公平竞争审查制度政策合规情况的能力和技术，这样的话，法院可以在政策审查受到质疑的时候做出裁决，同时还能建立起一套判例法，指导审查过程和法律执行。

要想建立起必要的资源，还得采取长期措施发展人力资源和竞争政策方面的专业技能，如竞争法和产业组织，再往广了说，还包括大学和研究机构。这些机构的竞争政策专家可以成为中国竞争执法机构、政策制定机构、法院、律师事务所和企业的外部顾问。目前，中国高素质的竞争专家人数相对较少，主要集中在少数几家机构。

中国的竞争执法机构还可以更充分地利用全球资源完善其竞争政策。其应当考虑成为国际竞争倡导组织的成员，这也包括让竞争官员和其他专家在“国际竞争网络”等机构拥有个人成员身份。经合组织在处理竞争和相关问题方面拥有全球最强大的部门之一，中国如果最终能够成为经合组织成员，将会受益良多。这些国际组织在全球竞争问题上拥有庞大的网络和无与伦比的经验及文件（包括个案研究），中国竞争执法机构可以随时参考这一重要资源。虽然中国竞争执法机构与其中一些组织有着非官方和半官方互动，但正式的成员身份和更加系统的参与和合作能够极大地提高竞争执法机构从这些组织获取并使用全球性资源的能力。

补　记

凯恩克劳斯经济研究基金会于2018年3月完成本项研究。此后不久，全国人大宣布对国务院下属的中央政府机构进行重组。这次重组撤销了国家工商总局，并将国家发改委、商务部和国家工商总局的三个反垄断执法局并入新成立的国家市场监督管理总局，该机构还将接管国家知识产权局、质量监督检验检疫总局和国家食品药品监督管理局的职责。反垄断委员会（AMC）将被保留，并在国家市场监督管理总局设立联络处。

将三家反垄断执法局合并为一家机构，这是中国加强竞争政策过程中的一个突破性进展，并在机构设置方面采取了国家竞争执法机构这一国际最佳实践。这一举措能否更加有效地实现竞争政策目标，不仅深受国内市场参与者和公众关注，也为世界各国政府和企业界注目，后者正密切关注中国在推动经济自由公平竞争方面的进展。

但是，参与此次研究的国际和中国竞争政策专家均认为，要想在新的机构设置下确保竞争政策的成效，有四个主要问题需要解决。

第一个问题涉及公平竞争审查制度实施工作和进一步完善工作的责任分配。正如本报告所述，公平竞争审查制度的目的是削减或废除限制竞争的政府政策和法规，而《反垄断法》针对的则是企业的限制竞争行为和结构。与《反垄断法》不同，公平竞争审查制度：①针对的是强大的中央和地方政策制定机构制定的政策；②关注竞争中的宏观经济和行业问题；③需要在政策的限制竞争影响与社会效益之间进行权衡并做出决定。因此，负责公平竞争审查制度的机构应该独立于反垄断执法机构。最好的办法就是让负责公平竞争审查制度的机构仍然留在国家发改委，因为发改委在宏观经济问题上具有政策发言权和完备的能力。它是唯一一家强大到能够对其他政策制定机构执行公平竞争审查制度的机构。如果是这样的话，就得在国家发改委的公平竞争审查制度执行机构和国家市场监督管理总局的限制竞争执法机构之间建立起协调机制并让反垄断委员会在协调中发挥关键作用。

第二个问题涉及反垄断委员会的作用以及它与国家市场监督管理总局反垄断执法机构和国家发改委公平竞争审查制度执行机构之间的关系。根据《反垄断法》，反垄断委员会负责协调国家发改委、商务部和国家工商总局下属三个反垄断执法局的竞争政策执行工作。现在这三个部门已经合并到国家市场监督管理总局，如果让公平竞争审查制度执行机构留在国家发改委，则需要重新定位反垄断委员会的作用。其现在的任务应该是协调反垄断执法机构和公平竞争审查制度执行机构的政策与行动，并在推动竞争政策发展方面发挥更有效的作用。要想做到这一点，则需要大力加强其职能、权力和资源。

第三个问题涉及国家市场监督管理总局的行政级别。从字面上看，该机构的级别要比正部委低一级。根据国际经验，竞争执法机构要想发挥效力，就得在国家行政和治理架构中拥有强大的权力和极高的级别。自十八届三中全会以来，中国共产党和政治领导层开始高度重视竞争问题，要想体现出这种高度重视，应当将国家市场监督管理总局提升至极高的级别——提至部级以上，或许可以与中国人民银行或国家发改委相比拟。这样一个高级别机构的负责人应该有着较高的头衔（至少相当于一名正部级），而且能够直接向最高政治层汇报工作。

第四个问题涉及三家反垄断执法局在国家市场监督管理总局的整合和安排。其他国家的成功和失败案例表明，竞争执法机构的效力取决于它的内部组织和管理方式。竞争政策不同领域的责任以前被划分给了这三家部门，现在必须对这些责任进行真正的整合。此外，国家市场监督管理总局还包含了其他管制机构，因此必须尽量减少机构间的利益冲突。下文会讨论这些问题。

国家市场监督管理总局反垄断执法机构的组织、协调和领导

竞争政策在国家市场监督管理总局整体架构中的地位是个问题。在大多数经济体中，专业管制机构在组织结构上都是与竞争政策机构分开的。如果二者共存于国家市场监督管理总局中，那么我们建议：①竞争政策部门是独立的；②该部门直接向国家市场监督管理总局负责人汇报；③该部门针对单项决策独立展开行动，可以对其行动提出申诉；④该部门有自己的职能、职权、行为准则和面向市场参与者的信息指南。

先前分开的三家反垄断执法局在国家市场监督管理总局的整合也是一个问题。将它们合并到单一机构之下并不能保证就会制定统一的竞争政策。全球有过很多这样的例子，在将原先分开的政府部门整合到一起只是简单地将之前的不足与缺陷转换一下地点而已，尤其是在它们的职能有所重合的情况下（就像国家发改委和国家工商总局在价格与非价格竞争限制领域一样）。基金会上次和这次的研究都指出，需要大量的整合工作，才能确保政策得到有效实施，在国家发改委和国家工商总局的宽免制度和知识产权指南之间取得协调一致，消除国家发改委和国家工商总局运行的庞大区域网络在权限和程序方面的差异。

真正的政策整合不会自发产生，需要有效的机制。新成立的竞争政策部门的主管必须对国家发改委、商务部和国家工商总局的前任下属单位拥有明确的权力。部门主管除了被授予相应职务之外，还应享有真正的管理权，否则这些单位还会继续像之前那样运作。部门主管需要一个合格的支持团队。这个团队应包括：①负责制定总体政策，如起草指南，并制定战略、明确具体优先事项的小组；②帮助部门主管选择竞争项目并确定优先顺序的评估或

筛选小组；③国际关系小组；④法律服务小组。如果没有这些支持，部门主管的职责还会自然而然地继续被上述几家单位分别继承。

部门主管还应当有权限跨越之前的界限调动员工，例如在并购活动激增的时候将员工调往并购部门。国际最佳实践证明，竞争执法机构需要灵活应对新的需求。部门主管应当能够自由地改变先前的职责分配并重新构建组织结构（尤其需要指出的是，绝对不能再像之前那样，将价格竞争限制与非价格竞争限制分而治之）。总之，为了全面发挥三家竞争执法机构整合到一起之后的效益潜能，部门主管应当有权重新设计层级并重新招募员工，设立新的责任和问责模式并舍弃之前的格局。

第 6 章　总结与结论

6.1　加强中国的竞争

加强竞争的必要性。所有发达国家和近来的东亚后起之秀都是存在激烈竞争的经济体。这并非巧合：竞争给企业带来了提高效率和促进创新所需的信息与动力，从而推动经济繁荣发展。缺乏竞争将导致资源配置的极大浪费以及经济机会和收入分配的不平等。更重要的是，从长远来看，缺乏竞争将减缓新产品、新流程和新市场的创建与引进。正因为如此，自 1945 年以来，竞争激烈的市场体系已经成为一小部分国家逃离中等收入陷阱并迈进高收入国家行列的必要条件。

由于在经济领域放松规制，中国在 1978 年后的改革时期取得了前所未有的经济成就。放松规制涉及三个关键要素，这三点联手使经济发展出现倍增效应：①开放国际贸易和投资，实现贸易的静态和动态收益；②取消对民营部门的控制，使其成为经济增长的重要引擎；③逐步将竞争市场力量引入产品市场，迫使企业采用现代化管理方法和现代化生产技术在国际和国内市场进行竞争。如果没有逐步引入竞争，中国就不可能实现非凡的出口导向型经济增长，让数亿人摆脱贫困并成为世界第二大经济体。

中国在改革期间取得的是粗放型增长而非集约型增长，前者主要是靠加大生产要素投入，尤其是资本投入，而后者主要是靠生产率提高。据估算，从 1978 年到 2012 年，全要素生产率每年仅增长 1.1%，1980 年至 2012 年的实际增加值增长中有 64% 要归因于资本投入，仅有 27% 和 9% 分别归因于劳动力投入和全要素生产率。[①] 整体上依赖粗放型增长，尤其是依赖资本积累，这是大多数经济体在早期发展阶段的特点，因此中国在这方面并非个例。但从长远来看，粗放型增

---

① 请参见本报告第 1 章和第 2 章中有关中国经济增长源头及其效率低下的内容。

长并不具有可持续性，近年来中国的经济表现也为此提供了确凿的证据。由于经济体系的效率低下，仅仅是为了防止增长率进一步下滑就得一直维持着高水平投资，甚至是进一步提高投资水平。投资效率的低下导致了极高的公司债务水平和杠杆率水平，这两者正给金融体系和宏观经济带来系统性风险。

经过近 40 年的快速增长，中国经济在日益成熟之后需要的是一个由更高的经济效率、更快的生产率增长和更快的创新步伐推动的集约型增长历程。事实上，中国新的再平衡发展模式需要更高效、更创新的增长历程。只有通过竞争市场对国民经济进行最优资源配置，才能实现新的增长驱动力。因此，十八届三中全会做出重大体制改革决定，宣布要让市场在资源配置中发挥决定性作用，建立公平、公开、有序的竞争性经济，改革政府（国家）与市场之间的关系。十八届四中全会做出全面推进依法治国的决定，这是中国在加强竞争方面的又一重大举措，因为该决定加强了竞争政策的法律基础（并发挥了其他作用）。2017 年 10 月 18 日，习近平主席在十九大开幕式上做“工作报告”，重申了中国最高领导层加强竞争的决心。

中国在加强竞争方面面临的挑战。要想在中国加强竞争，一大挑战就是要加强竞争法。中国的《反垄断法》基于全球最佳实践原则，是一部非常出色的法律。但是，正如基金会上一次的研究报告（威廉·科瓦西奇、林至人、德里克·莫里斯，2017）指出的，一部竞争法在引入近 10 年之后，应该根据 2008 年以来在实施过程中积累的经验以及中国经济和全球经济的发展，从相关规定、执行程序等方面对其予以加强。

应对现行政策性和体制性竞争壁垒则是一个更大的挑战。这其中既有之前计划经济体制留下的遗产，也有 1978 年以来市场改革过程中出现的新壁垒。这些壁垒主要源自中国的干预性纵向产业政策以及置身于全面竞争之外的国企享有的垄断和支配地位。正如威廉·科瓦西奇等人（2017）以及本报告前几章所述，中国的产业政策以及通过垄断国企执行产业政策的做法促成了一种由两个带有不同竞争性的子经济体组成的二元经济体制。

其中一个子经济体受到高度规制且不存在竞争，其包含的产业（主要是指定的战略性产业）和国企由于市场准入壁垒、投资控制、广泛补贴和旨在规避市场竞争的相关措施导致竞争缺失、弱化或扭曲。在国家层面，这种子经济体的表现形式是中央政府机构创建的部门垄断。在各省以及省以下层面，地方政府在中国的分权治理体制下有着相当大的经济决策权来保护其经济不受外部竞争者的影响，此时这种子经济体的表现形式是地方政府创建的行政垄断。在这个由部门（纵向）和行政（横向或地域）垄断组成的受到高度规制的子经济体中，资源是通过行政手段而不是通过竞争市场配置的。

另一个子经济体的产业和市场较少受到竞争限制性法规的约束，在这些产业和市场中，竞争更加自由，通常也比较激烈。在国家经济中，这里是效率最优、生产率最高、创新速度最快的地方。但是，这个子经济体的竞争主要局限于产品市场，财政和土地等资源仍主要是通过行政手段而不是通过竞争性要素市场进行配置的。此外，即使就产品市场而言，这个子经济体仍然存在着对竞争的严重限制，具体表现为国家垄断型市场的准入壁垒以及其他无数对市场参与者选择和行为进行限制的政策和法规。

据估算，政策性和规制性竞争壁垒造成了巨大的损失。正如第2章所示，在2000—2015年，市场分割造成的累计成本可能高达中国GDP的102.8%，也就是说，平均每年损失GDP的6.4%。此外，在2000—2013年，由于国企垄断造成的价格上涨和效率下降导致的损失估计占GDP的17%～21%。歧视性产业政策造成的竞争限制和扭曲导致了效率低下和产能过剩。这种效率损失使得生活水平没有达到原本能够达到的水平，同时，由于它们造成投资效率降低、创新活动减少，因此也会对中国经济增长率产生负面影响。近来为解决产能过剩和“僵尸”国企出台的行政措施中包含企业的强制并购和整合，这会创建更具垄断性和支配权的大型国企集团，从而对竞争和效率产生不利影响（合并效率低下的企业并不能使之成为一个高效率的企业）。

我们很容易就可以得出这样的结论：中国经济还有很大的发展潜力没有得到开发，可以通过加强竞争来实现这一目标。竞争性子经济体取得了快速发展并在某些产业（数字化电子商务、生物技术、人工智能和绿色技术等）具备了国际竞争力，这样的事实有力地表明：如果解除现有的竞争限制，它的发展会更加迅猛。如果在高度规制的非竞争性子经济体中，产业及国企在面对竞争市场力量时能够提高效率、生产率和创新速度，那么这个子经济体的发展潜力还会更大。

6.2 减少竞争中的政策壁垒

国际经验。所有市场经济国家都存在限制竞争的政策和法规，只是涵盖面不像中国那样广泛。一方面，国家最初在政策中允许市场干预的做法也许是情有可原的，比如为了应对自然垄断和网络产业（电力、电信等）的市场失灵，但是随着技术变革和其他发展使得竞争可以有效运作的时候，这些政策就变得不再适用，并对竞争形成了不必要的妨碍。另一方面，有些政策在被引入的时候就是为了促进特定产业的发展，使其免受国内外竞争者的影响，那么这些政策可能从一开始就具有限制竞争的特性。不过，对于那些给经济表现和国际贸易造成不利影响的竞争限制，全球社会已经越来越清楚地认识到解除这些限制的必要性并就此采取了一些措施。

竞争法，如中国的《反垄断法》，针对的是企业限制竞争的不当行为。要想废除或减少政策性和规制性竞争壁垒，需要推行专门为这一目的设计的制度或工具箱。本报告回顾了5项国际同类制度的经验，以研究中国可以从中借鉴哪些经验教训。之所以选择这5项制度是因为：①这些制度与中国2016年6月引入的公平竞争审查制度有着相似的目标，那就是废除或减少此类限制竞争的政策；②已经经过多年的发展，是现行最成熟、最有效的制度；③已被成功应用于多个治理体系和经济发展水平迥异的国家。

第一项制度是经合组织的竞争评估工具箱，它在设计方面最接近中国的公平竞争审查制度。比起公平竞争审查制度的18项标准，工具箱中用于判定竞争限制性措施的核对清单涵盖面更广，内容也更加具体明确。此外，经合组织工具箱的目标是为了帮助官员设计最佳政策，做到既不限制竞争（或影响较小）又能实现既定政策目标，而公平竞争审查制度不具有这样的特点。

第二项是由两个相互关联的组件构成的欧盟制度。一个组件是单一市场规则，该规则保证了商品、服务、资本和人员流动这“四项自由”，从而在整个单一市场内实现经济一体化、自由公平竞争以及经济效率。这些目标与中国的公平竞争审查制度相似——后者主要针对的是全国统一市场的自由竞争和公平竞争。另一个组件是国家援助控制制度，该制度旨在禁止成员国的大范围优惠政策和国家扶持，因为这会破坏单一市场的公平竞争。地方保护在中国造成了国内市场分割，中国为应对这一问题做出的努力与欧盟制度有着显而易见的相似之处。

第三项制度是通过竞争中性原则确保国有企业与非国有企业在公平的环境下竞争。这将是一种行之有效的手段，可以让中国的诸多国企受制于竞争政策，从而实现全国经济的公平竞争。

第四项制度是竞争倡导机制。美国联邦贸易委员会率先在美国以这种有效的非法定方式提高政策制定者对竞争问题的认识并推行竞争政策。这种倡导机制有助于中国的政策制定机构进行公平竞争自我审查。

最后一项是英国的市场调查制度，该制度的部分目标是应对标准竞争法范畴之外的限制竞争行为。这些类型的不当行为在受规制产业（如电力、金融和电信）更为普遍，这些产业通常由少数大型经营者主导，就像中国那样。

中国的公平竞争审查制度。中国的《反垄断法》明令禁止滥用行政权力对竞争产生不利影响，这一点很是不同寻常。不过，《反垄断法》禁止的滥用行为主要局限于那些形成行政性垄断的地方政府政策，而针对这些规定的执法权又存在不足。公平竞争审查制度设立于2016年6月，其目标是比《反垄断法》更明确、更全面地解决限制竞争的政策。其目标是防止政府过度干预市场、妨碍公平竞争、破坏市场在资源配置中的作用。该制度要求政策制定机构分别在事后和事前对所有现行政策和新政策进行自我审查。这项制度的核心是对18项限制竞争的措施予以禁止的负面清单，相关政策要依据这一负面清单进行审查。一项政策中如果有符合这18项标准限制竞争的措施，则应当被废除；已经通过审查程序的政策必须提交竞争执法机构并经其批准方能生效。① 在四类例外情况下，涉及国防、经济安全和社会目标等若干活动的政策免受公平竞争审查制度的审查。

公平竞争审查制度可以说是迄今为止中国为实现十八届三中全会目标出台的最具体、最具决断性的政策举措。其重要性和潜在影响力不容低估；这是中华人民共和国历史上第一次出台一套全面的制度限制政府对市场的“不当”干预。这也是中国历史上产业政策和国有企业第一次受制于（至少是原则上受制于）竞争政策目标。从这些方面来说，公平竞争审查制度代表中国竞争政策得到有力加强，也让中国在这方面做到了与发达市场经济体的最佳实践相一致。

公平竞争审查制度是朝着改革中国政府与市场关系迈出的重要一步。这项倡议目标远大、雄心勃勃，同时也是必要之举，其目标是规范中国的政策制定，使其符合竞争目标。更加公平的竞争和更为有效的资源配置有可能带来非常显著的经济收益，从而让中国更充分地开发其潜力。公平竞争审查制度也可以成为有效解决规制俘获问题的工具，在出现规制俘获的时候，政策制定机构服务于其所规制的产业和企业中的既得利益团体，而不是服务于国家利益。②公平竞争审查制度可以帮助减轻国际社会对中国经济公平性的担忧，包括那些在中国加入世贸组

---

① 规定中并未明确说明谁是“管理机构”，不过可以推断出它们是指反垄断执法机构。

② 在2012年以来的反腐运动中，众多案例表明腐败性规制俘获是中国经济治理中的一个严重问题。

织 15 年后拒绝承认中国“市场经济地位”的国家。公平竞争还会有助于推动社会公平正义，实现中国领导层制定的包容性增长目标。

6.3　强化中国公平竞争政策的可选举措

官方也认识到，作为一项前所未有的全新政策倡议，公平竞争审查制度需要在实施期间进一步发展完善。全球有很多同样旨在解决限制竞争的政府政策的制度，这方面的丰富经验可以为中国减少竞争中的政策壁垒提供宝贵的借鉴。

对限制竞争政策并没有什么通用的解决之道。不过，国际社会已经根据多年的实践经验制定出通用的最佳实践原则和方法，可以为中国提供宝贵的经验教训。本报告并不认为应该或能够在中国全盘复制这些国际制度；鉴于中国特有的社会主义市场经济及治理体系，这种做法既不可取也不现实。相反，本报告所提建议旨在为中国就减少竞争中的政策壁垒采取的措施指明接下来的方向，这些措施或是处于公平竞争审查制度框架之内，或是与之并行运作。本报告所提建议分为六个主要领域。

6.3.1　加强政治支持

竞争政策在发达市场经济体中的成功取决于政府最高层的强有力政治支持。与其他国家一样，在中国，提高竞争执行机构的行政级别就可以展现出竞争政策受到的政治支持。要想在政府各级部门建立并维持对公平竞争的政治支持，这一点同样至关重要，比如，可以在干部培训政策文件中强调公平竞争审查制度的重要性，也可以在中共中央委员会和全国人大会议上对之进行讨论。

6.3.2　完善评估标准

公平竞争审查制度的核心是一份对 18 项限制竞争的政府干预措施予以禁止的负面清单。这份清单做出了明确规定，但在有些领域应当考虑根据国际经验做出改进。

第一，有些标准的表述相当宽泛或是不太精确。在保持适当通用性的同时，更加明确的措辞和定义能够带来更进一步的法律确定性。随着标准的完善，指导细则中可以加上一些非法限制措施的真实案例。公平竞争审查制度指出，这 18 项标准列出的做法应被禁止，除非其在某些情况下被视为合法行为：法律确定性要求澄清公平竞争审查制度 18 项标准中某些限制竞争的措施什么时候以及在何种情况下可被视为合法和可行的行为。

第二，需要进一步明确公平竞争审查制度如何适用于具有自身特定规制框架的产业和市场，如电力、电信、运输、房地产和银行业。在这些产业部门，可以采取英国市场调查制度的做法。还有一点也很重要，那就是应当明确公平竞争审查制度如何适用于外商投资和外资企业。

第三，有一个领域有望改进，那就是对公平竞争审查制度的限制竞争清单进行扩充。目前的清单与经合组织工具箱中相应的核对清单大致重合，但经合组织核对清单明令禁止某些限制消费者选择的措施，这些条款也许值得补充到公平竞争审查制度之中。

第四，公平竞争审查制度可以借鉴经合组织工具箱的更高目标，提供最优政策设计指导，帮助政策制定机构设计新的干预措施或改进现行干预措施，也就是说，想办法既实现主要目标，又不会限制竞争（或是对竞争的影响很小）。可以先在中国某个省份或城市试验性推行最优政策设计和消费者利益标准，看看效果如何。

第五，公平竞争审查制度可以明确授予个人和企业对违反标准的政策和法规提起上诉的权利。这将建立起一个完整有效的制衡机制和一个具有竞争力的自下而上的规制体系，这种机制和体系的建立直接源于竞争者的合法需求。

6.3.3 将国有企业和国家扶持更全面地纳入公平竞争审查制度

在中国，限制竞争的国家干预普遍存在于那些与国有企业、国家援助和其他类国家扶持相关的政策之中。发达市场经济体已经通过确保国企在公平竞争环境中运作以及国家扶持措施受制于竞争政策目标等手段成功实现了公平竞争。中国应当考虑采取类似的手段，其中包括以下两项措施。

第一项措施是将竞争中性原则应用于国有企业。要想做到这一点，一个行之有效的办法就是采取经合组织的竞争中性框架，该框架包含 8 个政策实践板块，这些板块共同确保了国企与其他企业在公平环境下运营，竞争不会被扭曲或限制（极少数情况除外）。其中一个板块已经被中国设为目标，即将国企与政府其他部门分开。其他板块包括：核算国企的非商业公共服务的成本并予以补偿、税收中立、规制中立、债务中立和无差别化公共采购。其他国家运行这一框架时遇到的主要挑战是要确保政治支持并明确执法和实施的责任归属。起步阶段可以先在一两个省份试行经合组织的框架。

第二项措施是消除或减少国家援助和其他国家扶持政策中限制竞争的措施。公平竞争审查制度列出的四类例外规定多与国家扶持政策相关，根据这些例外规定，在干预措施想要达成的目标符合国家利益的情况下，政府可以通过干预限制竞争。但是，例外规定有可能被滥用，而且在公平竞争审查制度的例外规定中，并非所有与国家扶持相关的活动都存在市场失灵，而只有在市场失灵的情况下限制竞争的国家干预才是合理的。就像欧盟的国家援助控制那样，一项有效的豁免制度应当基于对国家援助的全面禁止，并用多条详细而复杂的法规来说明什么样的情况可以适用豁免。

不过，国家援助控制的立足点是对国家援助的全面禁止，而中国并没有全面禁止国家援助。在中国着手建立国家扶持控制的时候，比较容易上手的做法是采取一种较为简单的控制制度，以负面清单的形式明令禁止那些对竞争特别有害的国家援助和其他形式的支持。这一清单应该根据竞争中性原则来筛选并禁止对竞争影响较大的国家扶持政策。在将竞争中性原则应用于国企之后，再将这些原则应用于国家扶持政策，将会起到呼应和强化的作用，因为国家扶持通常都是面向国企的。负面清单可以替换公平竞争审查制度中的例外规定；或者，如果保留例外规定的话，可以用负面清单来筛查例外规定涵盖的政策，使之成为一项额外保护措施，确保国家扶持政策得到合理使用。

位于负面清单之上，或者“法律和行政法规条款规定的其他任何情况”允许的国家扶持政策应该接受外部审查。采取这些政策必须是为了纠正市场失灵或实现明确的国家利益或社会目标；支持措施必须公开透明，是实现相关目标必须采取的措施，不会过度削弱竞争并且没有其他更好的方法来实现相关目标。规制性准入壁垒方面的国家扶持一定要比补贴方面的国家扶持严格：在欧盟，只有在自由流动导致安全保障问题时，壁垒才是合情合理的，而这种情况在一个单一国家内是不可能出现的。扶贫和区域发展补贴应该使用中国全国的标准而不是地方标准来评判是否贫困或是否落后。发放产业结构调整补贴时应当要求明确说明目标、持续时间和可持续性。

6.3.4　政策审查的效力与执行

在过渡期内，自我审查是评估中国大量法规和政策的最可行方案。不过，从国际经验来看，机构在对自己的政策进行审查时，很容易因为缺乏专业知识和固有成见受到影响。可以通过三项措施来加强公平竞争审查制度政策的审查效力。

第一项措施是逐步引入外部和第三方审查。在外部审查过程中，政策制定机构必须告知竞争执法机构或外部审查机构，一项现行政策或新政策不会妨碍竞争。这样做的有利之处在于，证明某项政策不会限制竞争的法律举证责任被交给了政策制定机构。如果某些政策有可能严重限制竞争，而且影响远远超出政策制定机构负责的产业或市场，比如说由于产业关联而具有广泛外部性的政策，则应当强制进行外部审查。有些政策和法规可被用来为公平竞争审查制度的某些例外情况辩护，这些政策和法规也应当是审查的重点；在这方面，最终还应考虑对国务院政策文件和全国人大通过的法律进行审查。

第二项措施是建立一家机构来负责上述政策的外部审查工作。政策制定机构须得提交一份政策清单，由审查机构决定哪些政策应当进行外部审查，哪些政策可以留待自我审查，同时审查机构还要负责对自我审查过程进行监督和核实。除了审查机构本身进行的审查，外部审查还应包含第三方审查。根据公平竞争审查制度的要求，应当征求法规利益相关方以及公众对公平竞争自我审查的意见。允许但不要求政策制定机构让外部专家参与审查。第三方审查应该得到重视。即使外部专家的作用只是向机构提供信息和建议，专家也必须具备专业资格并做到不偏不倚。同样重要的是，外部机构要确保独立专家的建议在审查结论中得到充分的重视。

第三项措施是加强公平竞争审查制度的执行机制。公平竞争审查制度规定了自上而下的行政执行机制的作用，即下级机构依照上级机构的指示，根据内部审查的结果、反垄断机构的建议或公众的投诉来落实政策或法规变更，并对渎职官员进行处罚。但是自我审查的实质内容、质量或实施仍然没有受到什么关注。

根据国际经验，自上而下的行政措施的一大作用就是鼓励并促进自下而上的投诉。公平竞争审查制度要求政策制定机构公开政策审查结果并征求社会意见。其还授予公司和个人对违反公平竞争审查制度标准的政策进行举报的权利。应当促进并监督这类基层监督的落实情况，包括官方对投诉的回应速度。仅靠处罚威胁并不能使公平竞争审查制度得到有效落实。更有效的做法是，通过积极的激励措施、培训和信息，鼓励官员定期考量他们的行为有可能会对竞争产生哪些影响，从而创建一种合规文化。因此，中国应当引入美国联邦贸易委员会及全球大多数竞争执法机构推行的竞争倡导计划。

6.3.5 法律基础与法律确定性

要想使公平竞争审查制度在中期充分发挥作用，必须赋予其更坚实的法律地位和更高的法律准确性。国际经验表明，竞争政策只有基于立法机构颁布的法律才能发挥出最大的效力。

正式以法律形式颁布公平竞争审查制度是一种直截了当的做法（因为它基本

上就是一系列禁止规定和例外规定），可以让这项制度具备与《反垄断法》一样的法律基础。这一举措还将表明公平竞争审查制度要优先于其他法律法规，包括与国企相关的产业政策和法规。更重要的是，如果公平竞争审查制度成为一项“硬”法，则会有更大的空间通过法院来落实这项制度。这一领域的经验（尤其是欧盟单一市场的经验）表明，合法渠道的自下而上执行机制极大地提高了此类制度取得成功的概率。企业和个人掌握的公平竞争审查制度违规信息，尤其是涉及现有法规存量的信息，要远远多于政府机构，它们的行为动机也要强烈得多。随着涉嫌违规的诉讼案件日益增多，相关标准的细节内容将会得到明确，有时还能从中看出对某些标准进行修改的必要性。

要想让公平竞争审查制度行之有效，它与《反垄断法》（这部法律已经成功实施，是中国竞争政策的另一大支柱）的关系也需要得到明确。要想明确两者的关系，一种办法就是将它们合成一部法律，不过这并不是唯一的选项，尤其从短期来看。在英国，对于竞争的规制性限制被涵盖在竞争法之内。与之不同，欧盟的单一市场规则和国家援助控制制度的执行工作并不是由反垄断执法机构负责，而是由欧盟委员会的其他部门负责；两者遵循的是不同的程序。因此，中国也可以有两部法律，不过这样就需要对涵盖了行政垄断内容的《反垄断法》进行修订，这项工作涉及的工作量不会少于将两者合并为一部法律的工作量。公平竞争审查制度和《反垄断法》的目标有重合之处，两者有着同样的公平竞争标准，需要类似的专业知识；如果合并到一部单一立法中，两者都会拥有更大的权限促进中国经济的竞争性。不过，将二者合而为一需要时间，因此还需要通过一些临时性的办法来明确两者之间的关系。

6.3.6　机构设置

所有国际经验都指出了设立一个单一、强大、独立而专业的竞争机构的必要性。中国《反垄断法》自 2008 年以来得到了成功实施，但是其执行工作仍由三家机构（各自属于一家兼具其他诸多职能的大型机构）分担，每家机构负责不同类型的垄断行为。此外，虽然国家发改委身为公平竞争审查制度部际联席会议秘书处，发挥牵头作用，但公平竞争审查制度的执行工作主要仍由这三家机构分担。

因此，中国可以考虑设立一个单一且相对独立的高级别机构负责《反垄断法》和公平竞争审查制度工作，比如成立一个国家竞争委员会全权负责调查、决策、合规以及政策制定。其就具体问题做出的决定可以在法院上接受质疑，但在总体战略和绩效方面，它只对国务院负责并最终对全国人大负责。该机构的领导人应该在政府中担任高级职位。（本报告第 5 章结尾处讨论了国家市场监督管理局于 2018 年 3 月成立带来的影响。）

将两者合而为一的一个潜在难题就是，《反垄断法》和公平竞争审查制度的目标并不完全相同。《反垄断法》的目的只是阻止并纠正企业对竞争的限制，而公平竞争审查制度的目的是在这类限制措施的经济成本与政策干预的社会收益之间取得更好的平衡。负责干预措施的机构往往低估它们的经济成本，而竞争机构又有可能低估其社会收益。因此，负责公平竞争审查制度的机构应该独立于反垄断执法机构。

能够对竞争执法机构的具体决定提出上诉，这一点至关重要。根据欧盟和其他国家的经验，法院完全有资格对公平竞争审查制度的非歧视标准做出裁决，但它们不太适合对成本和收益之间的权衡做出裁定，因为这些通常都不是法律问题。因此，其他一些政府机构或专门机构更适合接收此类上诉。

不管是什么样的机构设置，竞争政策的落实都需要充足的财力和人力资源。从国际标准看，上述三家执法机构的资源状况已经不够理想，而公平竞争审查制度的引入还会带来进一步的压力。加大对资源的投入将会带来回报，因为一项有力的竞争政策带来的社会收益要远远超过其实施成本。

6.4 结语

公平竞争审查制度是中国经济体制的一项重大改革。其正处于起步阶段，就像其他改革一样，具体实施需要一个过渡期，在此期间将会出现很多微调和改进。希望本报告回顾的一些国际经验和教训能让中国加快这一进程，不用像欧盟那样耗费 60 年之久来发展完善其制度。

公平竞争审查制度是中国竞争政策体系的重要组成部分，该项制度的建立有望大幅减少竞争中的政策壁垒。作为一项改革政府与市场关系的重要举措，公平竞争审查制度将面临巨大的政治和技术挑战。竞争政策和公平竞争审查制度是应对这些挑战必要但不充分的条件。其应当被纳入中国体制改革顶层设计的总体框架进行制定和实施。在这个总框架内，应该通过相关领域的配套改革对其进行补充，其中最重要的就是国企改革以及协调产业政策与竞争政策的改革。尤其需要指出的是，应当用横向的、非歧视性的、促进竞争的市场友好型产业政策取代中国当下依赖的纵向干预主义和限制竞争的产业政策。本报告就减少竞争中的政策壁垒提出的建议旨在促进和加强这些领域的改革。

竞争政策和公平竞争审查制度应当被视为中国一个动态而持续的体制改革过程。其需要逐步完善并适应中国经济的快速转型。随着时间的推移，竞争政策和公平竞争审查制度的最终目标应当是建立起“竞争文化”，在这样的文化中，中国社会将全面认识到，就像住房、粮食保障、教育、清洁空气和水一样，公平竞争是社会基本需求和福利不可或缺的一种“公共利益”。

项目参与者介绍

中方高级顾问

陈清泰：曾任国家经贸委副主任，国务院发展研究中心党组书记、副主任。

彭森：中国经济体制改革研究会会长。曾任第十二届全国人大常委、财经委副主任委员，国家发改委副主任，国务院经济体制改革办公室副主任。

吴敬琏：国际经济学会（IEA）名誉主席、顾问兼执行委员会委员，国务院发展研究中心高级研究员，中欧国际工商学院、中国社会科学院研究生院、北京师范大学教授，《比较》和《洪范评论》主编，凯恩克劳斯经济研究基金会国际顾问委员会成员。曾任国务院经济体制改革方案办公室副主任，中国人民银行货币政策委员会委员。

其他顾问和研究团队成员

（以及他们各自为本次研究准备的报告）

陈永伟：北京大学市场与网络经济研究中心研究员。

报告：Chen，Y. 和 Y. Ye（2017），《迈向公平竞争：现状、问题和应对》。

肖恩·恩尼斯（Sean Ennis）：经合组织（OECD）竞争部高级经济学家，经合组织竞争评估项目发起人和负责人。曾任毛里求斯竞争委员会执行主任，欧盟委员会竞争总司经济学家，美国司法部反垄断司经济学家。

报告：Ennis，S.（2017），《经合组织竞争评估工具箱和公平竞争审查制度的构建》。

阿尔贝托·海姆勒（Alberto Heimler）：凯恩克劳斯经济研究基金会研究顾问、撰稿人。意大利国家公共管理学院经济学教授，经合组织竞争委员会竞争与规制工作组主席。曾任意大利竞争管理局研究与国际事务主任。

报告：Heimler，A.（2017），《经合组织竞争评估工具箱、欧盟单一市场规则和规制改革：中国面临的挑战》。

黄勇：北京凯恩克劳斯经济研究基金会研究顾问、撰稿人。对外经济贸易大学竞争法研究中心法学教授兼主任，国务院反垄断委员会专家咨询组成员。江山：中国对外经济贸易大学法学副教授。

报告：Huang，Y.，S. Jiang 和 H. Zhou（2017），《中国公平竞争审查制度：国际经验与中国体系》。

威廉·科瓦西奇（William Kovacic）：凯恩克劳斯经济研究基金会研究顾问。美国乔治·华盛顿大学国际竞争法教授，英国竞争和市场管理局董事会成员，伦敦国王学院客座教授。曾任美国联邦贸易委员会主席兼专员。

李青：曾任国家发改委价格监督检查与反垄断局副局长，国家市场监管总局价格监督检查与反不正当竞争局巡视员。

报告：Li，Q.（2017），《公平竞争审查制度的目标、构建和实施》。

林至人（Cyril Lin）：项目主任兼主报告作者。凯恩克劳斯经济研究基金会创始受托人兼执行主任。曾任牛津大学经济学讲师和现代汉语研究中心主任，国际金融与发展机构顾问。

德里克·莫里斯（Derek Morris）：凯恩克劳斯经济研究基金会研究顾问、撰稿人。曾任英国竞争委员会主席，牛津大学奥里尔学院院长、牛津大学产业经济学教授。

报告：Morris，D.（2017），《英国的市场调查》。

宁宣凤：金杜律师事务所（北京）高级合伙人兼反垄断与竞争团队国际贸易事务负责人。**宫婷**：金杜律师事务所（北京）反垄断与竞争团队律师。

报告：Ning，S.，T. Gong 和 N. Du（2017），《关于中国实施公平竞争审查制度问题的思考》。

伊丽莎贝塔·里吉尼（Elisabetta Righini）：美国瑞生律师事务所（布鲁塞尔）反垄断与竞争事务律师，伦敦国王学院欧洲法律中心客座教授。曾为前任欧盟竞争事务专员乔奎因·阿尔穆尼亚（Joaquin Almunia）团队成员。

报告：Righini，E.（2017），《控制国家干预经济的原因和方法：欧盟60年国家援助控制的经验》。

阿德里安·伍德（Adrian Wood）：凯恩克劳斯经济研究基金会研究顾问。牛津大学名誉教授，英国国际发展部（DFID）顾问，国务院发展研究中心、中国国际发展知识中心科学咨询委员会成员。曾任牛津大学国际发展教授，英国国际发展部首席经济学家，萨塞克斯大学发展研究所研究员，世界银行高级经济学家，剑桥大学国王学院研究员、经济学院讲师。

另外，感谢陆殷莉、刁琳琳和江山对英文部分的翻译和校对。

附　录

附录1　公平竞争审查制度实施细则（暂行）

第十四条　市场准入和退出标准。

（一）不得设置不合理和歧视性的准入和退出条件，包括但不限于：

1. 设置明显不必要或者超出实际需要的准入和退出条件，排斥或者限制经营者参与市场竞争；

2. 没有法律法规依据或者国务院规定，对不同所有制、地区、组织形式的经营者实施差别化待遇，设置不平等的市场准入和退出条件；

3. 没有法律法规依据或者国务院规定，以备案、登记、注册、名录、年检、监制、认定、认证、审定、指定、配号、换证、要求设立分支机构等形式，设定或者变相设定市场准入障碍；

4. 没有法律法规依据或者国务院规定，设置消除或者减少经营者之间竞争的市场准入或者退出条件。

（二）未经公平竞争不得授予经营者特许经营权，包括但不限于：

1. 在一般竞争性领域实施特许经营或者以特许经营为名增设行政许可；

2. 未明确特许经营权期限或者未经法定程序延长特许经营权期限；

3. 未采取招标投标、竞争性谈判等竞争方式，直接将特许经营权授予特定经营者；

4. 设置歧视性条件，使经营者无法公平参与特许经营权竞争。

（三）不得限定经营、购买、使用特定经营者提供的商品和服务，包括但不限于：

1. 以明确要求、暗示、拒绝或者拖延行政审批、重复检查、不予接入平台或者网络等方式，限定或者变相限定经营、购买、使用特定经营者提供的商品和服务；

2. 在招标投标中限定投标人所在地、所有制、组织形式，排斥或者限制潜在投标人参与招标投标活动；

3. 没有法律法规依据，通过设置项目库、名录库等方式，排斥或者限制潜在经营者提供商品和服务。

（四）不得设置没有法律法规依据的审批或者具有行政审批性质的事前备案程序，包括但不限于：

1. 没有法律法规依据增设行政审批事项，增加行政审批环节、条件和程序；

2. 没有法律法规依据设置具有行政审批性质的前置性备案程序。

（五）不得对市场准入负面清单以外的行业、领域、业务等设置审批程序，主要指没有法律法规依据或者国务院决定，采取禁止进入、限制市场主体资质、限制股权比例、限制经营范围和商业模式等方式，直接或者变相限制市场准入。

第十五条　商品和要素自由流动标准。

（一）不得对外地和进口商品、服务实行歧视性价格和歧视性补贴政策，包括但不限于：

1. 制定政府定价或者政府指导价时，对外地和进口同类商品、服务制定歧视性价格；

2. 对相关商品、服务进行补贴时，对外地同类商品、服务和进口同类商品不予补贴或者给予较低补贴。

（二）不得限制外地和进口商品、服务进入本地市场或者阻碍本地商品运出、服务输出，包括但不限于：

1. 对外地商品、服务规定与本地同类商品、服务不同的技术要求、检验标准，或者采取重复检验、重复认证等歧视性技术措施；

2. 对进口商品规定与本地同类商品不同的技术要求、检验标准，或者采取重复检验、重复认证等歧视性技术措施；

3. 没有法律法规依据或者国务院规定，对进口服务规定与本地同类服务不同的技术要求、检验标准，或者采取重复检验、重复认证等歧视性技术措施；

4. 没有法律法规依据，设置专门针对外地和进口商品、服务的专营、专卖、审批、许可；

5. 没有法律法规依据，在道路、车站、港口、航空港或者本行政区域边界设置关卡，阻碍外地和进口商品、服务进入本地市场或者本地商品运出和服务输出；

6. 没有法律法规依据，通过软件或者互联网设置屏蔽以及采取其他手段，阻碍外地和进口商品、服务进入本地市场或者本地商品运出和服务输出。

（三）不得排斥或者限制外地经营者参加本地招标投标活动，包括但不限于：

1. 不依法及时有效地发布招标信息；

2. 直接明确外地经营者不能参与本地特定的招标投标活动；

3. 对外地经营者设定明显高于本地经营者的资质要求或者评审标准；

4. 通过设定与招标项目的具体特点和实际需要不相适应或者与合同履行无关的资格、技术和商务条件，变相限制外地经营者参加本地招标投标活动。

（四）不得排斥、限制或者强制外地经营者在本地投资或者设立分支机构，包括但不限于：

1. 直接拒绝外地经营者在本地投资或者设立分支机构；

2. 没有法律法规依据或者国务院规定，对外地经营者在本地投资的规模、方式以及设立分支机构的地址、模式等进行限制；

3. 没有法律法规依据，直接强制外地经营者在本地投资或者设立分支机构；

4. 没有法律法规依据，将在本地投资或者设立分支机构作为参与本地招标投标、享受补贴和优惠政策等的必要条件，变相强制外地经营者在本地投资或者设立分支机构。

（五）不得对外地经营者在本地的投资或者设立的分支机构实行歧视性待遇，包括但不限于：

1. 对外地经营者在本地的投资不给予与本地经营者同等的政策待遇；

2. 对外地经营者在本地设立的分支机构在经营规模、经营方式、税费缴纳等方面规定与本地经营者不同的要求；

3. 在节能环保、安全生产、健康卫生、工程质量、市场监管等方面，对外地经营者在本地设立的分支机构规定歧视性监管标准和要求。

第十六条　影响生产经营成本标准。

（一）不得违法给予特定经营者优惠政策，包括但不限于：

1. 没有法律法规依据或者国务院规定，给予特定经营者财政奖励和补贴；

2. 没有法律法规依据或者未经国务院批准，减免特定经营者应当缴纳的税款；

3. 没有法律法规依据或者国务院规定，以优惠价格或者零地价向特定经营者出让土地，或者以划拨、作价出资方式向特定经营者供应土地；

4. 没有法律法规依据或者国务院规定，在环保标准、排污权限等方面给予特定经营者特殊待遇；

5. 没有法律法规依据或者国务院规定，对特定经营者减免、缓征或停征行政事业性收费、政府性基金、住房公积金等。

（二）安排财政支出一般不得与企业缴纳的税收或非税收入挂钩，主要指根据企业缴纳的税收或者非税收入情况，采取列收列支 或者违法违规采取先征后返、即征即退等形式，对企业进行返还，或者给予企业财政奖励或补贴、减免土地出让收入等优惠政策。

（三）不得违法违规减免或者缓征特定经营者应当缴纳的社会保险费用，主要指没有法律法规依据或者国务院规定，根据经营者 规模、所有制形式、组织形式、地区等因素，减免或者缓征特定经 营者需要缴纳的基本养老保险费、基本医疗保险费、失业保险费、工伤保险费、生育保险费等。

（四）不得在法律规定之外要求经营者提供或扣留经营者各类保证金，包括但不限于：

1. 没有法律法规或者国务院规定，要求经营者交纳各类保证金；

2. 在经营者履行相关程序或者完成相关事项后，不及时退还经营者交纳的保证金。

第十七条　影响生产经营行为标准。

（一）不得强制经营者从事《中华人民共和国反垄断法》规定的垄断行为，主要指以行政命令、行政授权、行政指导或者通过行 业协会等方式，强制、组织或者引导经营者达成、实施垄断协议或者实施滥用市场支配地位行为。

（二）不得违法披露或者违法要求经营者披露生产经营敏感信息，为经营者实施垄断行为提供便利条件。生产经营敏感信息是指 除依据法律法规或者国务院规定需要公开之外，生产经营者未主动公开，通过公开渠道无法采集的生产经营数据。主要包括：拟定价格、成本、生产数量、销售数量、生产销售计划、经销商信息、终端客户信息等。

（三）不得超越定价权限进行政府定价，包括但不限于：

1. 对实行政府指导价的商品、服务进行政府定价；

2. 对不属于本级政府定价目录范围内的商品、服务制定政府定价或者政府指导价；

3. 违反《中华人民共和国价格法》等法律法规采取价格干预措施。

（四）不得违法干预实行市场调节价的商品和服务的价格水平，包括但不限于：

1. 制定公布商品和服务的统一执行价、参考价；

2. 规定商品和服务的最高或者最低限价；

3. 干预影响商品和服务价格水平的手续费、折扣或者其他费用。

注：具体分类及详细标准中有若干措辞不同于国发〔2016〕34 号文件。

资料来源：发改价监〔2017〕1849 号文件。

附录 2　公平竞争审查制度审查流程图

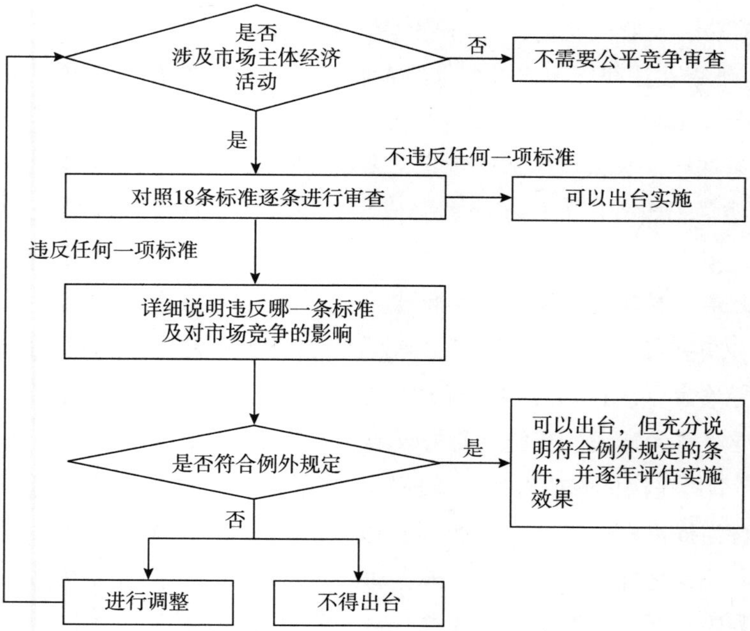

资料来源：发改价监〔2017〕1849 号文件。

附录 3　韩国在推行经合组织工具箱方面的经验

韩国公平贸易委员会是部级机构，一直通过法定事先咨询和政府部门间法定流程来阻止限制竞争的法规的引入或强化。在法定咨询过程中，公平贸易委员会接收拟议法规，审查其是否具有限制创业等限制竞争的特性，并向相关部委提出纠正意见。因此，公平贸易委员会通过事前审查程序，在防止限制竞争的法规方面取得了重大成效。

经合组织于2007年发布了竞争评估工具箱，当时公平贸易委员会正在着手研究如何构建一套符合韩国国情的竞争评估制度。工具箱发布之后，韩国的上述审查程序得到了加强。2008年底，竞争评估形成了一项制度并成为总理办公室立法流程中的必要环节，《规制影响评估准则》（以下简称《准则》）也相应出台。《准则》要求各部委将新起草的法规呈交总理办公室进行审查。《准则》并非议会立法，而是在总理办公室的授权下编写发布的。修订后的《准则》引入竞争评估制度并使之成为规制改革委员会规制审查流程之一。如要颁布法律，必须先经过规制审查这个强制流程。法律授权公平贸易委员会对新起草的法律进行竞争评估。

到2009年，政府机构新起草或修订的大多数法规都得接受公平贸易委员会的竞争评估。2010年，公平贸易委员会创建了竞争评估模型，并根据经合组织竞争评估工具箱为工作层面的官员制定了竞争评估手册。该手册已经分发给各部委。手册（经合组织，2010）提供了竞争影响判定技术指南，帮助没有竞争或规制专业知识的官员轻松完成竞争评估。公平贸易委员会还为政府机构官员召开信息会议，帮助减少竞争评估实施初期有可能出现的混乱局面。2010年，为了与规制改革委员会保持密切合作，公平贸易委员会派出两名工作人员前往规制改革局，后者负责总理办公室规制改革委员会的运作。

经过上述努力，在2009年，即首次引入竞争评估的那一年，公平贸易委员会共审查333项法规，对其中35项提出竞争关切，比如有可能妨碍竞争、影响消费者福利，并提出替代方案。公平贸易委员会的意见在规制改革委员会流程中得以体现，这35项法规中有23项法规被修改或撤销。这项制度运行的第二年也产生了同样的效果。由于竞争评估是规制改革委员会审查的必要流程之一，因此其他政府机构会重视竞争、重视公平贸易委员会的意见，从而确保竞争评估成为新法制定过程中的一个重要步骤。

在这一程序的实施初期，韩国行政机构和立法机构有权提出立法建议。政府部委拟定的所有立法都由规制改革委员会和法制处负责审查。规制改革委员会共有25名成员，其中包括总理、平民（教授、律师、民间团体等）和政府成员

（包括公平贸易委员会主席在内共有6人）。该委员会在总统的直接管控下负责探讨或调整政府规制政策并审查或修改法规。每个部委都需要向规制改革委员会提交法规草案以及对“规制影响”进行成本和收益分析，由其进行审查。规制改革委员会将这些文件发送给公平贸易委员会，公平贸易委员会根据文件进行竞争评估并将结果通知规制改革委员会。规制改革委员会在审查相关法规并做出决定时，例如建议修改或放弃某一方案，会将公平贸易委员会的竞争评估纳入考量。因此，竞争评估是法规制定过程中的一个强制性必经流程。

公平贸易委员会的竞争评估分为两步，分别是初步评估和深入评估。经合组织的竞争核对清单列出了有可能限制竞争的法规，而初步评估就是使用这份清单进行筛查。对于那些可能限制竞争的法规，公平贸易委员会将进行深入评估。深入评估会形成一份综合分析报告，列出有可能妨碍竞争的法规并探索既能实现预期政策目标又能尽量减少竞争影响的替代方案。负责评估的工作人员有时会视察相关机构并与政府、民营部门或其他专业领域的相关官员进行面谈。

资料来源：S. Ennis（2017）。

附录4　公平竞争审查制度18项标准与经合组织竞争核对清单的对比

公平竞争审查制度	公平竞争审查制度相关标准具体内容	经合组织竞争核对清单	经合组织竞争核对清单具体内容
1	**市场准入和退出标准**	**A**	**限制供应商的数量或经营范围**
1.1	不得设置不合理和歧视性的准入和退出条件	A4	大幅提高市场的进入或退出成本
1.2	未经公平竞争不得授予经营者特许经营权	A1	授予某供应商提供商品或服务的特许经营权
1.3	不得限定经营、购买、使用特定经营者提供的商品和服务	A3	对某些类型的供应商提供商品或服务的能力进行限制

（续表）

公平竞争审查制度	公平竞争审查制度相关标准具体内容	经合组织竞争核对清单	经合组织竞争核对清单具体内容
1.4	不得设置没有法律法规依据的审批或者具有行政审批性质的事前备案程序	A2	确立颁发营业执照或经营许可证制度
1.5	不得对市场准入负面清单以外的行业、领域、业务等设置审批程序	A2	确立颁发营业执照或经营许可证制度
2	**商品和要素自由流动标准**	**A5**	**对公司提供产品或服务、资本投资和劳务供应能力设置地域壁垒**
2.1	不得对外地和进口商品、服务实行歧视性价格和歧视性补贴政策	A5	对公司提供产品或服务、资本投资和劳务供应能力设置地域壁垒
2.2	不得限制外地和进口商品、服务进入本地市场或者阻碍本地商品运出、服务输出	A5	对公司提供产品或服务、资本投资和劳务供应能力设置地域壁垒
2.3	不得排斥或者限制外地经营者参加本地招标投标活动	A5	对公司提供产品或服务、资本投资和劳务供应能力设置地域壁垒
2.4	不得排斥、限制或者强制外地经营者在本地投资或者设立分支机构	A5	对公司提供产品或服务、资本投资和劳务供应能力设置地域壁垒
2.5	不得对外地经营者在本地的投资或者设立的分支机构实行歧视性待遇	A5	对公司提供产品或服务、资本投资和劳务供应能力设置地域壁垒
3	**影响生产经营成本标准**	**B**	**限制供应商的竞争能力**

（续表）

公平竞争审查制度	公平竞争审查制度相关标准具体内容	经合组织竞争核对清单	经合组织竞争核对清单具体内容
3.1	不得违法给予特定经营者优惠政策	B4	大幅提高某些供应商的生产成本（尤其是对市场新进入者和现有企业进行区别对待）
3.2	安排财政支出一般不得与企业缴纳的税收或非税收入挂钩	无	——
3.3	不得违法免除特定经营者需要缴纳的社会保险费用	B4	大幅提高某些供应商的生产成本（尤其是对市场新进入者和现有企业进行区别对待）
3.4	不得在法律规定之外要求经营者提供或者扣留经营者各类保证金	A4	大幅提高市场的进入或退出成本
4	**影响生产经营行为标准**	**B，C**	**限制供应商的竞争能力、打击供应商参与竞争的积极性**
4.1	不得强制经营者从事《中华人民共和国反垄断法》规定的垄断行为	C3	对特定行业或特定供应商给予一般竞争法的豁免
4.2	不得违法披露或者要求经营者披露生产经营敏感信息，为经营者实施垄断行为提供便利条件	C2	要求或鼓励供应商披露产量、价格、销售额或成本的信息
4.3	不得超越定价权限进行政府定价	B1	限制销售商制定商品和服务价格的能力
4.4	不得违法干预实行市场调节价的商品和服务的价格水平	C3	对特定行业或特定供应商给予一般竞争法的豁免

参考文献

Almunia, J. (2013). "Doing More with Less — State Aid Reform in Times of Austerity: Supporting Growth amid Fiscal Constraints". European Commission Press Release Database, http://europa.eu/rapid/press-release_SPEECH-13-14_en.htm (cited in E. Righini 2017).

Catalogue of Industries for Guiding Foreign Investment (*Revision* 2017) (2017), Decree No. 4, issued by the NDRC and the Ministry of Commerce (China). 28 June 2017. http://www.fdi.gov.cn/1800000121_39_4851_0_7.html.

Chen, Y. and Y. Ye (2017). "Barriers to Free Competition". report prepared for the Cairncross Foundation.

Commission on Growth and Development (2008). *The Growth Report: Strategies for Sustained Growth and Inclusive Development.* The World Bank. Washington DC. https://openknowledge.worldbank.org/bitstream/handle/10986/6507/449860PUB0Box3101OFFICIAL0USE0ONLY1.pdf? sequence = 1&isAllowed = y.

Cooper, J., P. A. Poulter, and T. J. Zwicky (2005). "Theory and Practice of Competition Advocacy at the FTC". *Antitrust Law Journal*, Vol. 72, No. 3, 1091 – 1112.

Daskin, A. J. (1991). "Deadweight Loss in Oligopoly: A New Approach". *Southern Economic Journal*, Vol. 58, No. 1, 171 – 185.

Dixit, A. and N. Stern (1982). "Oligopoly and Welfare: A Unified Approach with Applications to Trade and Development". *European Economic Review*, Vol. 19, No. 1, 123 – 143.

Ennis, S. (2017). "The OECD's Competition Assessment Toolkit and the Construction of a Fair Competition Review System". report prepared for the Cairncross Foundation.

Fox, E. M. and D. Healey (2013). "When the State Harms Competition — The Role for Competition Law". *New York University Law and Economics Working Papers. Paper No.* 336. http://lsr.nellco.org/cgi/viewcontent.cgi? article = 1340&context = nyu_lewp

Heimler, A. (2017). "The OECD Competition Assessment Toolkit and Regulatory Reform: A Challenge for China". report prepared for the Cairncross Foundation.

Huang, W., B. Yin, and W. Zhou (2016), *The Competition and Regulation Issues of the Sharing Economy —An Analysis Based on China's Ride-Hailing Service Regulations.* Competition Policy International. https://www.competitionpolicyinternational.com/wp-content/uploads/2017/04/Asia-Column-April-Full-1.pdf.

Y. Huang, S. Jiang and H. Zhou (2017). "China's Fair Competition Review System: International Experience and the Chinese System". report prepared for the Cairncross Foundation.

International Competition Network (ICN) (2004). *Competition Advocacy in Regulated Sectors: Examples of Success.* http://www.internationalcompetitionnetwork.org/uploads/library/doc370.pdf.

International Competition Network (ICN) (2011). *Advocacy Toolkit: Part II: Effective Communication of a*

Competition Advocacy Message. http：//www. internationalcompetitionnetwork. org/uploads/library/doc1095. pdf.

Jiang F. and H. Yu（2007）．“Woguo xingshengxing longduan de weihai：Shichang shili xiaoying he shouru fenpei xiaoying de shizheng yanjiu（The Harm of Administrative Monopolies in China：An Empirical Study of the Effects of Market Power and Income Distribution”．*Zhongguo gongye jingji*（China Industrial Economy），No. 10，71 –78.

Kovacic，W.，C. Lin，and D. Morris（2016）．“Accelerating China's Growth by Strengthening Competition：Some International Perspectives”．report prepared for the Cairncross Foundation. 中文版载于威廉·科瓦西奇，林至人，德里克·莫里斯编（2017）．以竞争促增长：国际视角［M］，北京：中信出版社。

Li.，H. and L. A. Zhou（2005）．“Political Turnover and Economic Performance：The Incentive Role of Personnel Control in China”．*Journal of Public Economics*，Vol. 89，No. 9 –10，1743 –1762.

Li，Q.（2017）．“The Objective，Design and Implementation of the Fair Competition Review System”．report prepared for the Cairncross Foundation.

Li，S. K. and Y. C. Ng（1995）．“Measuring the Productive Efficiency of a Group of Firms”．*International Advances in Economic Research*'，Vol. 1，No. 4，377 –390.

Liu，P.（2005）．“Difang baohu he shichang fenge de sunshi（Loss of Local Protectionism and Market Barriers）”．*Zhongguo gongye jingji*，No. 4，69 –76.

Liu，X.（2016）．“Monopolies with Chinese Characteristics：Industries，Localities，and SOEs”．report prepared for the Cairncross Foundation. 中文版载于威廉·科瓦西奇，林至人，德里克·莫里斯编（2017）．以竞争促增长：国际视角［M］，北京：中信出版社。

Morris，D.（2017），‘Market Investigations in the UK’，report prepared for the Cairncross Foundation.

Muris，T. J.（2005），‘Principles for a Successful Competition Agency’，*University of Chicago Law Review*，Vol. 72，No. 1，165 –187（cited in E. Fox and D. Healey 2013）.

National Development and Reform Commission（NDRC）（2017），‘Notice of the National Development and Reform Commission，the Ministry of Finance，the Ministry of Commerce，and Other Departments on Issuing the Detailed Rules for the Implementation of the Fair Competition Review System’，No. 1849（2017），effective 23 October 2017. http：//en. pkulaw. cn/display. aspx？cgid = 303779&lib = law.

National Development and Reform Commission（NDRC）（2017），’Guanyu yinfa“2017 –2018 nian qingli xian hang paichu xianzhi jingzheng zhengce suoshi de gongzuo fang’an”de tongzhi’（Notice of the NDRC and the Ministry of Finance on the 2017 –2018 Work Plan to Overhaul Existing Policies and Measures in Force that Exclude and/or Restrict Competition），No. 2091（2017），issued 5 December 2017. http：//www. ndrc. gov. cn/gzdt/201712/t20171212_ 870244. html.

Ning，S.，T. Gong，and N. Du（2017），‘Thoughts on Certain Issues in the Implementation of China's Fair Competition Review System’，report prepared for the Cairncross Foundation.

OECD（2001），*Competition Policy in State Aid Subsidies*，Policy Roundtables. Paris. https：//www. oecd. org/competition/abuse/2731940. pdf.

OECD（2010），*Competition，State Aids and Subsidies*，Policy Roundtables. Paris. http：//www. oecd. org/competition/sectors/48070736. pdf.

OECD（2012a），*Competitive Neutrality：Maintaining a Level Playing Field Between Public and Private Business*. Paris. http：//www. oecd. org/corporate/ 50302961. pdf.

OECD（2012b），*Competitive Neutrality，National Practices*. Paris. https：//www. oecd. org/daf/ca/50250966. pdf.

OECD (2013), *OECD Economic Outlook*, Vol. 2013, No. 1. Paris. http://image.guardian.co.uk/sys-files/Business/pdf/2013/05/29/OECD.pdf.

OECD (2014), *Experiences with Competition Assessment: Report on the Implementation of the* 2009 *Recommendations*. Paris. http://www.oecd.org/daf/competition/Comp-Assessment-ImplementationReport2014.pdf.

OECD (2017), *OECD Economic Surveys: China*. Paris. https://read.oecd-ilibrary.org/economics/oecd-economic-surveys-china-2017_eco_surveys-chn-2017-en#page1.

Office of the President (2007), *Anti-Monopoly Law of the People's Republic of China*. Order No. 68, adopted at the 29th Meeting of the Standing Committee of the 10th NPC of the PRC. http://www.fdi.gov.cn/1800000121_39_1899_0_7.html.

Ohlhausen, M. (2017), 'A Thumb on the Scale for Consumer Welfare: Lessons from the Federal Trade Commission's Competition Advocacy Program', presentation at the Cairncross Foundation Project Workshop, 21–22 April.

Pasley, D. C. and S. J. Wei (2001), 'Limiting Currency Volatility to Stimulate Goods Market Integration: A Price Based Approach', *National Bureau of Economic Research Working Paper*, No. 8468. http://www.nber.org/papers/w8468.pdf.

Righini, E. (2017), 'Why and How to Control Public Interventions in the Economy: The Example of EU State Aid Law and Policy', report prepared for the Cairncross Foundation.

State Council Document No. 26 (2015), 'Opinions on the Priorities for Deepening Economic System Reform'.

State Council Document No. 32 (2015), 'Opinions on Vigorously Promoting Policy Measures for Mass Entrepreneurship and Innovation'.

State Council Document No. 34 (2016), 'Opinions on the Establishment of the Fair Competition Review System on the Development of a Market-Oriented System'.

State Council Document No. 109 (2016), 'Letter of the General Office of the State Council on the Agreement to Establish a Joint Committee System for Coordination of Work in the Implementation of the Fair Competition System'.

Wang, F. (2017), 'Local Governments Found Fiddling Fiscal Data, Hiding Debt', *Caixin*, 11 December. https://www.caixinglobal.com/2017-12-11/local-governments-found-fiddling-fiscal-data-hiding-debt-101183712.html.

Wu, H. X. (2014), 'China's Growth and Productivity Performance Debate Revisited', *Economics Program Working Paper Series*, *EPWP* #14–01, The Conference Board. New York. https://www.conference-board.org/pdf_free/workingpapers/EPWP1401.pdf.

Wu, H. X. (2016), 'Sustainability of China's Growth Model: A Productivity Perspective', *China & World Economy*, Vol. 24, No. 5, 42–70.

Zhang, B. and Q. Wei (2015), 'Zhongguo gongye longduan hangye fuli sunshi de guji ji qi yingxiang yinsu' (Estimation of Welfare Losses Caused by Industrial Monopolies in China and Their Impacting Factors), *Jingji yu guanli yanjiu* (Research on Economics and Management), No. 5, 99–106.

Zhang, H. (2017), 'Objective, Design and Implementation of Fair Competition Review Mechanism', presentation at the Cairncross Foundation Workshop, 21–22 April.

Zheng, Y. and C. Li (2003), 'Zhongguo difang fenge de xiaolü sunshi' (Efficiency Loss Caused by Regional Separation), *Zhongguo shehui kexue* (Social Sciences in China), No. 1, 64–72.

Zhong Fa Document No. 8 (2015), 'Some Opinions on Deepening Structural and Mechanism Reform and Accelerating the Implementation of the Innovation-Driven Development Strategy', issued by the Party Central Committee and the State Council. https://chinacopyrightandmedia.wordpress.com/2015/03/13/some-opinions-concerning-deepening-structural-and-mechanism-reform-and-accelerating-the-implementation-of-the-innovation-driving-development-strategy/.

Zhong Fa Document No. 28 (2015), 'Several Opinions of the Central Committee and the State Council on Promoting the Reform of Price Mechanism', issued by the Central Committee and the State Council. http://www.xinhuanet.com/info/2015-10/16/c_134718781.htm#rd.

第二篇

背景论文

背景论文一

迈向公平竞争

现状、问题和应对

陈永伟　叶逸群[*]

自改革开放以来，中国开始了从计划经济向市场经济转型的历程，而营造竞争环境、培育竞争主体，就是这一伟大转型的最重要任务。经过数十年的努力，社会主义市场经济体制在我国已经得到确立，竞争主体随之得以培育，竞争环境也得以发展。但与此同时也必须看到，目前我国的经济运作中还存在不少体制性和机制性扭曲，地方保护、区域封锁、行业垄断、违法给予优惠政策或减损市场主体利益等有违公平竞争的现象仍十分严重，反竞争的传统思维定式在部分官员中存在深远的影响，由此造成的资源错配现象不容忽视。我们距离理想的公平竞争环境仍有不小的距离。

这些扭曲为什么会存在？它们的表现形式如何？又会造成怎样的损害？对这些问题进行深入的研究具有理论和政策意义。在本文中，我们将针对三类重要的扭曲——市场分割、行业垄断以及产业政策——来探讨上述几个问题。

1. 市场分割

1.1　市场分割产生的原因及表现

自然原因和人为原因都可能造成区域之间的市场分割。但是，随着交通技术

＊　陈永伟，北京大学市场与网络经济研究中心研究员；叶逸群，北京大学法学院博士研究生。本文根据提交给凯恩克劳斯基金会的“加强中国公平竞争审查制度：国际经验”研讨会的报告修改而成，作者感谢吴敬琏、陈清泰、林至人、黄勇、宁宣凤、Maureen Ohlhausen、Derek Morris、William Kavocic、Alberto Heimler 等参会专家对本文给出的建议。

的逐渐发达，自然原因的影响已经越来越弱，[①] 因此现今导致我国区域市场分割的主要原因，是地方政府出于自身利益而推行的地方保护和区域封锁行为。

地方保护以及由此衍生的市场分割，既有历史原因，也有现实的利益原因。首先，M 型组织的政府结构，是市场分割形成的前提条件（Qian and Xu，1993）。由于历史原因，我国的政府结构类似于“M 型组织”，每个省，甚至每个市、县都是一个独立的经济体，这些地区在市场中都是各自决策且自治的。[②] 这种架构形式使得每一个地区的经济都有很强的独立性，这就为地方保护和市场封锁提供了现实的可能性。其次，对本地利益的维护是造成市场分割的现实原因（Montinola、Qian and Roland，1995；Xu，2011），出于保护本地利益尤其是财政收益的需要，地方政府会倾向于保护本地企业，而对外地企业进行排挤、封锁。再次，政府官员的个人动机也会导致地区分割（周黎安，2007）。在晋升激励的驱动下，地方官员就有动力采用非正当的手段，利用地方保护提高自身政绩，这客观上也会造成市场分割。

地方政府用来实施地方保护和区域封锁的手段很多，以下几种是比较常见的：

一是通过设置壁垒，排除或限制非本地产品进入本地市场。地方政府设置的壁垒千奇百怪，可能是提高外地产品进入的门槛，例如提出更高的技术或安全要求；可能是出台专门针对外地产品或服务的专营、专卖、许可等；甚至可能是直接在行政区域边界设置关卡，强行对外地产品进行查扣。

二是对本地和外地产品实施差别性待遇。一方面，地方政府会利用优惠政策促销本地产品；另一方面地方政府会通过指定经营和使用、设置关卡、实行歧视性收费标准、对外地商品或服务的进入规定歧视性价格、另立标准、擅自设立前置许可、限制招投标、投资歧视等行为，以差别待遇的方式削弱外地商品在本地的竞争力。

三是限定本地需求的市场范围。地方政府可能限定或变相限定本地企业、单位或个人只能经营、购买、使用本地产品。例如以行政命令或下发文件的形式扶持本地企业和产品，这种现象在烟、酒、药品、水泥、煤炭、汽车等商品中尤其突出。

---

① 一些研究已经表明，交通因素对市场分割所起的影响正在变得越来越弱。见 Chen et al.（2016）、陈永伟（2016）。

② 当时，设立 M 型政府构架主要是为了备战考虑。主要目的是当受到他国侵略时，全国不至于同时陷入瘫痪。而当时的苏联等社会主义国家则设立了 U 型政府结构。

四是通过行政手段直接干预行政执法和司法工作。一些地方政府为保护本地经济利益对行政执法机关和司法机关的正常执法行为进行人为干预，通过阻挠、干涉行政执法机关对经济违法行为的查处工作和司法机关对经济违法案件的审理工作，迁就姑息本地企业的经济违法行为。

以上这些行为都不同程度地导致了市场的分割，妨碍了市场机制进行有效的资源配置，从而造成了效率的损失。

1.2　市场分割的测度

现有的研究文献提供了很多测度市场分割的方法，例如，杨（2000）、白重恩等（2004）利用各地产业结构的相似性来刻画市场分割程度。

在本文中，我们主要用帕斯里和魏尚进（Parsley and Wei，2001）的相对价格指数波动法对市场分割程度进行测度。这一方法的基本思想是：如果在一定时期和区间范围内，商品的相对价格波动幅度较小，就说明市场分割程度较弱；而如果在一定时期和区间范围内，商品的相对价格波动幅度较大，就说明市场分割程度较强。因此，我们通过刻画相对价格的波动状况，就可以测算市场的分割程度。根据这一思想，我们采用历年《中国统计年鉴》上八大类商品的价格数据构造了“相对价格波动指数”，并用其来刻画市场分割状况（见图1）。

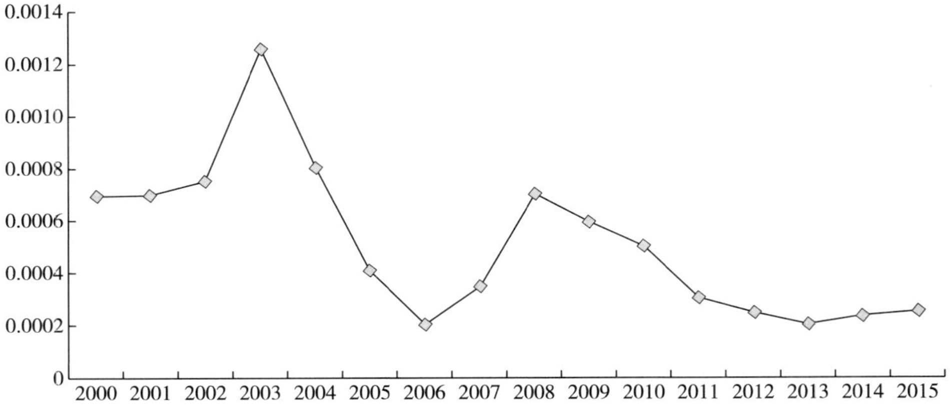

图1　相对价格波动指数

可以看到，在我们考察的时间段内，相对价格波动指数呈现一定的波动性。从2000年起，这一指数是不断上升的，到2003年达到顶点后就出现了下降。但2006年后，这一指数又重新上升，并在2008年达到一个局部高点后重新下降。在2013年后，这一指数又重新开始缓慢回升。这一指数的变动表明，我国的市场整合程度并不是一直加强的，在面对各种冲击时，它可能随时发生变化。

影响市场整合的因素很多，我们在此强调两点：一是经济规划周期的影响。我们注意到，2001 年和 2006 年都是新的五年规划的起始年，而在这两年，指数都开始了比较明显的上升。这或许说明，在每个五年规划的开始，各地政府可能都会更加重视保护本地经济利益，从而人为加大市场分割。二是外贸的影响。对于地方政府而言，外贸收益和内贸收益存在着一定的替代性，因此可能在外贸需求减弱时加强内贸，这客观上会减少市场分割。例如，在 2008 年之后，我们看到指数出现了较为明显的下降，这在相当程度上是外贸放缓的结果。

1.3 对市场分割造成的效率损失的估算

市场分割会严重阻碍资源在地区之间的有效配置，从而带来效率损失。在本节中，我们将对由市场分割带来的效率损失进行估算。

我们采用的估算方法来自郑毓盛和李崇高（Li and Ng，1995）的研究。这一方法将效率损失分为三个部分：技术效率损失（ATE）、产出配置效率损失（AAE）以及要素配置效率损失（RE），其中市场分割和地方保护会导致后两种效率的损失。总效率的损失 H 被定义为以上三项的乘积。[①] 通过数据包络方法，可以将这三种效率进行分解。

在本文中，我们主要关注制造业的产出状况。从历年《中国工业统计年鉴》上，我们获取了各省两位数制造业行业的产值，以及各省制造业的就业人数、固定资本存量、总存货、其他流动资产的信息。仿照郑毓盛和李崇高（2003）、刘培林（2005）的做法，我们将每一个两位数行业的产值作为一个产出，将就业人数、固定资本存量、总存货和其他流动资产作为四种投入。利用郑毓盛和李崇高的方法，我们对 2000—2015 年的效率损失进行了分解。

由图 2 可见，从 2000 年到 2006 年，技术效率损失、产出配置效率损失以及要素配置效率损失都在下降。这表明在这个时段，无论是技术效率、产出配置效率还是要素配置效率都在得到改善。尤其是技术效率下降得非常显著，这说明生产状况在各省区之间的配置在不断改善，使得整个经济的产出效率有了很大改进。但是，在 2006 年之后，技术效率损失、产出配置效率损失以及要素配置效

---

① 这里，效率损失被定义为潜在产出和实际产出的比值，所以数值越大，代表实际产出偏离潜在产出越大，效率越低。例如，ATE = 1.3，就代表当技术达到最有效率时，其实际产出能比当前技术水平增加 30%。

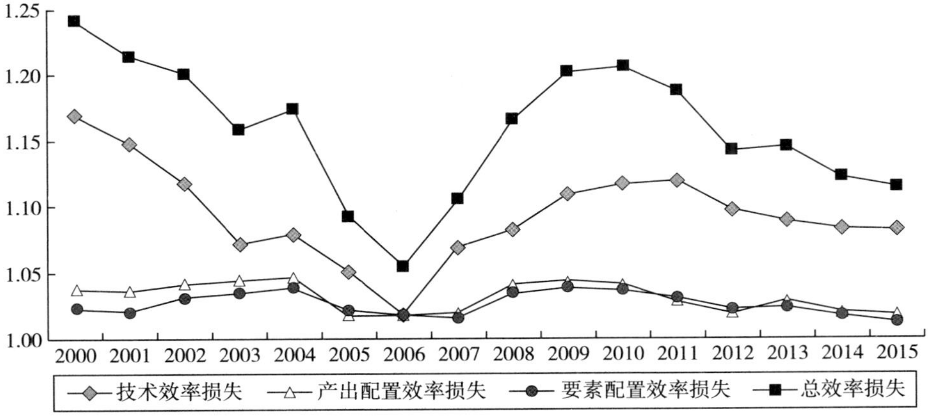

图 2　效率损失的分解

率损失又重新开始上升，这表明在这段时期内，技术效率、产出配置效率和要素配置效率同时出现了下降。暂不考虑技术效率，只看两类配置效率。我们可以清晰地看到，产出配置效率损失和要素配置效率损失的拐点都出现在 2006 年，这和图 1 中显示的相对价格波动指数的拐点完全重合。上述发现有力地说明了正是市场整合性的下降导致了配置效率的损失。需要说明的是，尽管与技术效率低下造成的损失相比，配置效率低下造成的损失相对较小，但其在绝对数量上已是不容忽视。将产出缺口乘以历年规模以上工业企业的产出，就可以估计出市场分割造成的规模以上工业企业的产出损失。①

由表 1 可以看到，市场分割造成的效率损失非常巨大。以 2009 年为例，它造成的产出缺口约为 45 881. 05 亿元，大约相当于所有规模以上工业企业主营业务收入的 8. 37%，约相当于 GDP 总量的 13. 14%。

需要说明的是，以上估算只考虑了市场分割对规模以上工业企业产值的影响，并没有考虑市场分割对其他产业、规模的影响。此外，以上估算假定了市场分割并不影响每个省内部的生产效率，这无疑会低估损失，因为市场分割也会影响创新，从而阻碍微观层面生产率的提升（徐宝昌和谢建国，2016）。因此综合来看，由市场分割带来的经济损失总量可能比目前估算的更大。

综上所述，地方政府出于本地利益而实施地方保护和区域封锁，但这会对全

① 目前，统计数据已经不再汇报工业企业的产值，只汇报主营业务收入。根据以前的数据，两者的值十分接近，因此在产值缺乏的年份中，我们用主营业务收入对其进行替代。

国的经济效率造成巨大损害，最终也不利于本地的发展。这种为维护本地利益而损害全国利益的行为，其实是“囚徒困境”的一种体现，为了经济的发展，必须破解这一困境，打破地方保护，整合全国市场。

表 1　由市场分割造成的效率损失

年份	损失值（亿元）	占规模以上工业企业主营业务收入比重（%）	占 GDP 比重（%）
2000	1 571. 28	6. 19	1. 57
2001	1 635. 74	5. 77	1. 48
2002	2 451. 58	7. 43	2. 01
2003	3 425. 35	8. 16	2. 49
2004	4 813. 70	8. 78	2. 97
2005	9 908. 27	3. 94	5. 29
2006	11 499. 78	3. 63	5. 24
2007	13 891. 50	3. 43	5. 14
2008	39 294. 26	7. 74	12. 30
2009	45 881. 05	8. 37	13. 14
2010	55 549. 82	7. 95	13. 45
2011	51 415. 13	6. 09	10. 51
2012	38 489. 40	4. 14	7. 12
2013	53 149. 41	5. 16	8. 93
2014	40 210. 74	3. 63	6. 24
2015	33 535. 32	3. 02	4. 87

2. 行业垄断

2. 1　行业垄断形成的原因及其特征

本文提到的行业垄断，指的是“政府及其职能部门运用权力排斥、阻碍或阻止潜在竞争者进入特定市场或产业而形成的行政性障碍”，也就是纵向的行政性垄断（岳振宇和杨树龙，2005；王晓晔，1996；于华阳和于良春，2008）。

行业垄断的形成存在深刻的历史和现实原因。首先，计划经济的强大惯性是行业垄断形成的历史原因。改革开放前，我国长期实行高度集权的计划经济体制，虽然在改革开放之后，状况已发生了相当大程度的改变，但计划经济的传统却为行业垄断的存续提供了现实基础。其次，国家战略的实施为行业垄断提供了理由。一种十分流行的观点认为，国有经济应该是国家战略的实施主体，例如提供公共服务、发展战略性产业、保护生态环境、支持科技进步、保障国家安全等任务，只有依靠国有经济才能圆满完成。因此，对于相关行业，政府就需要采取措施让国有经济保持对这些行业的垄断。再次，政府的经济管制理由也造成了某些行业的垄断。出于效率、外部性等因素的考虑，政府需要对一些行业进行管制。例如，自然资源采掘业等具有自然垄断性质的行业，以及医疗、金融等具有严重信息不对称的行业，都被认为是政府需要重点管制的行业。在现实中，政府往往借助管制理由，加强进入壁垒，从而造成了这些行业的垄断。

中国的行业垄断有着鲜明的特征，具体来说有如下表现（刘小玄，2017）：

一是通过政府设立的行业审批核准制造进入壁垒。直接通过法律授权进行垄断专营是实现行业垄断的最重要途径。目前，很多行业中都有对行业准入的严格限制。企业在进入某个行业之前，必须首先进行投资批准，然后在国土资源、环境保护、城乡规划、行业管理部门、金融机构进行各类审批和核准。整个过程手续繁杂、过程冗长，这事实上造成了很高的进入门槛。

二是中国的行业垄断事实上是国有企业垄断。通过一系列的行业准入壁垒，以及政府对国有控股企业各种优惠政策的强力支持，结果就是国有企业在相关行业形成垄断。最终，国有企业得以控制行业的上游资源（例如石油、煤炭、化工等），产业链的终端（例如供电或汽车整车制造），高利税的行业（例如烟酒和盐业），以及那些为垄断专营部门提供装备的资本密集型重工业（具有稳定的产品销售优势和资本优势）。

三是在组织特征上，中国的行业垄断主要由国企代表国家行使垄断权，具有政府授权和竞争豁免权。在垄断行业中通常存在几家大型国企，划分各自的势力范围，对该行业进行控制，从而完成对行业的垄断。

四是行业垄断往往和政府的产业政策彼此交织。行业垄断不仅与较宏观层面的产业政策相关，也与某些具体的产业政策细则密切相关，后者表现为各种优惠补贴政策，例如对高新技术企业投资或产品的直接财政补贴，对亏损国企的免息贷款补贴，对招商引资的土地优惠补贴，对宏观经济刺激的投资补贴，诸如此类扭曲要素市场价格的产业政策，是导致不公平竞争或行业垄断的重要原因。在这个意义上，行业垄断往往是政府推行其产业政策的产物。

2.2 对于行业垄断程度的测量

关于行业垄断程度的测算，目前学界并没有统一的看法。根据刘小玄（2016）的研究，政府对某些行业设置壁垒阻碍企业自由进入的一个必然后果是这些行业出现国有企业垄断。根据这一思路，某行业的行业壁垒高低应该是和该行业的国有企业占比成正比的，因此我们就可以用行业中国企比例的高低来测度行业垄断程度。需要指出的是，刻画国有企业比重可以有多个不同维度，企业数量比重（x_1）、资本比重（x_2）、销售额比重（x_3）、销售成本比重（x_4）等指标都可以在某个侧面反映国有企业在某产业中所占的比重。这四个指标之间有一定的相关性，但也有一些出入。为了综合刻画国有企业的比重，我们采用了主成分分析法（Principal Component Analysis）构建了一个综合指标 $F = 0.463x_1 + 0.506x_2 + 0.514x_3 + 0.514x_4$。采用这一指标，我们计算了从 2000 年到 2015 年所有制造业两位数子行业的垄断程度。为了直观了解整个制造业垄断状况的总体变化，我们按照各行业的产值进行加权，计算了工业垄断指数，并在图 3 中给出了相应的结果。可以看到，从整体上看工业的垄断程度是在下降的。但是，从 2008 年开始，这种趋势放缓，在某些年份甚至出现了反复。

我们可以进一步对比各个行业的垄断程度变化状况。由图 4 和图 5 可以看

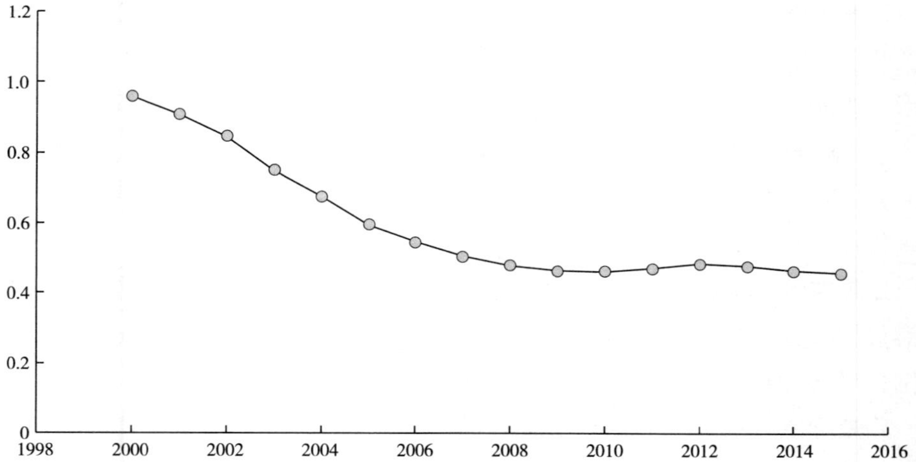

图 3　制造业垄断状况的总体变化（2000—2015 年）

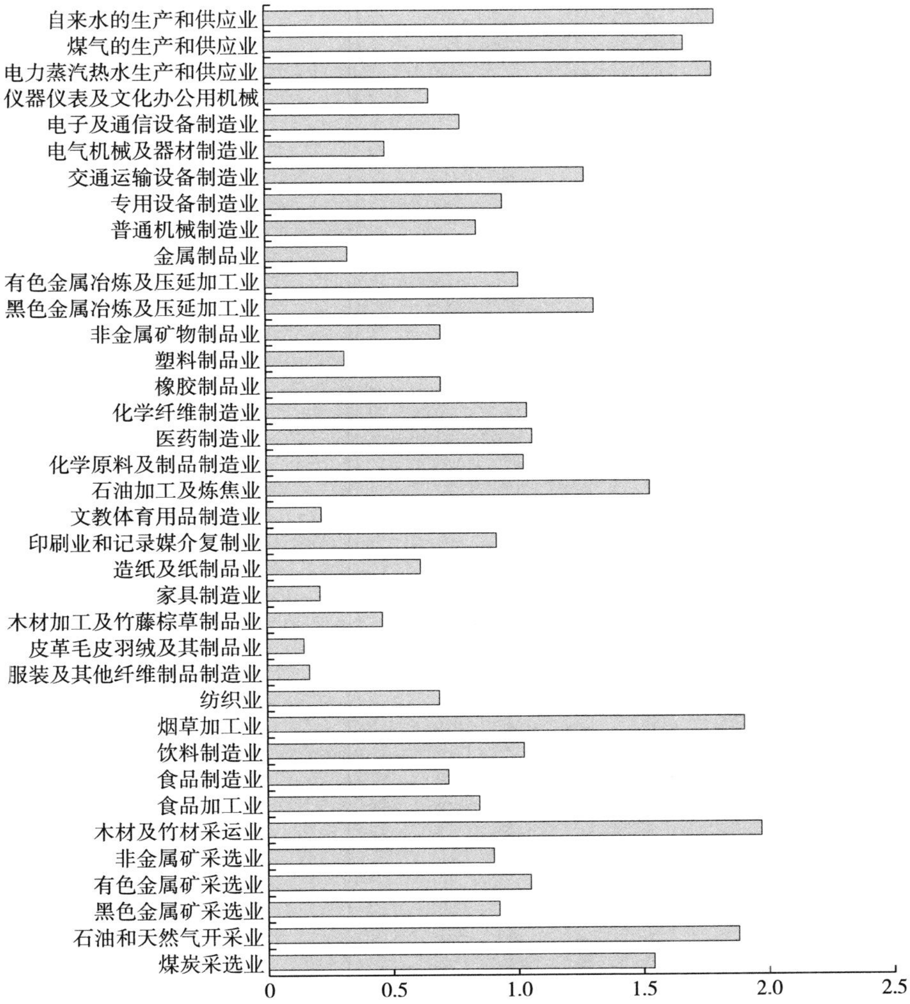

图 4　2000 年各行业垄断指数

到，尽管从绝对程度上看，所有行业的垄断程度都出现了下降；但是从相对程度上看，各行业垄断程度的对比变化不大。在 2000 年位列垄断程度最高的十个行业，除了“木材及竹材采运业”“黑色金属冶炼及压延加工业”以及“交通运输设备制造业”外，其余七个行业在 2015 年仍然是垄断程度最高的。[①] 这些高垄

① 其中，“交通运输设备制造业”被拆分成了“铁路、船舶、航空航天和其他运输设备制造业”和“汽车制造业”来进行统计。

断的行业，主要集中在公共服务行业（如电力蒸汽热水生产和供应业、自来水的生产和供应业）、战略行业（如航空航天和其他运输设备制造业），以及资源行业（如煤炭采选业）。除此之外，在一些利润较高、产值较大的行业（如烟草行业）中，也具有明显的行业垄断性质。

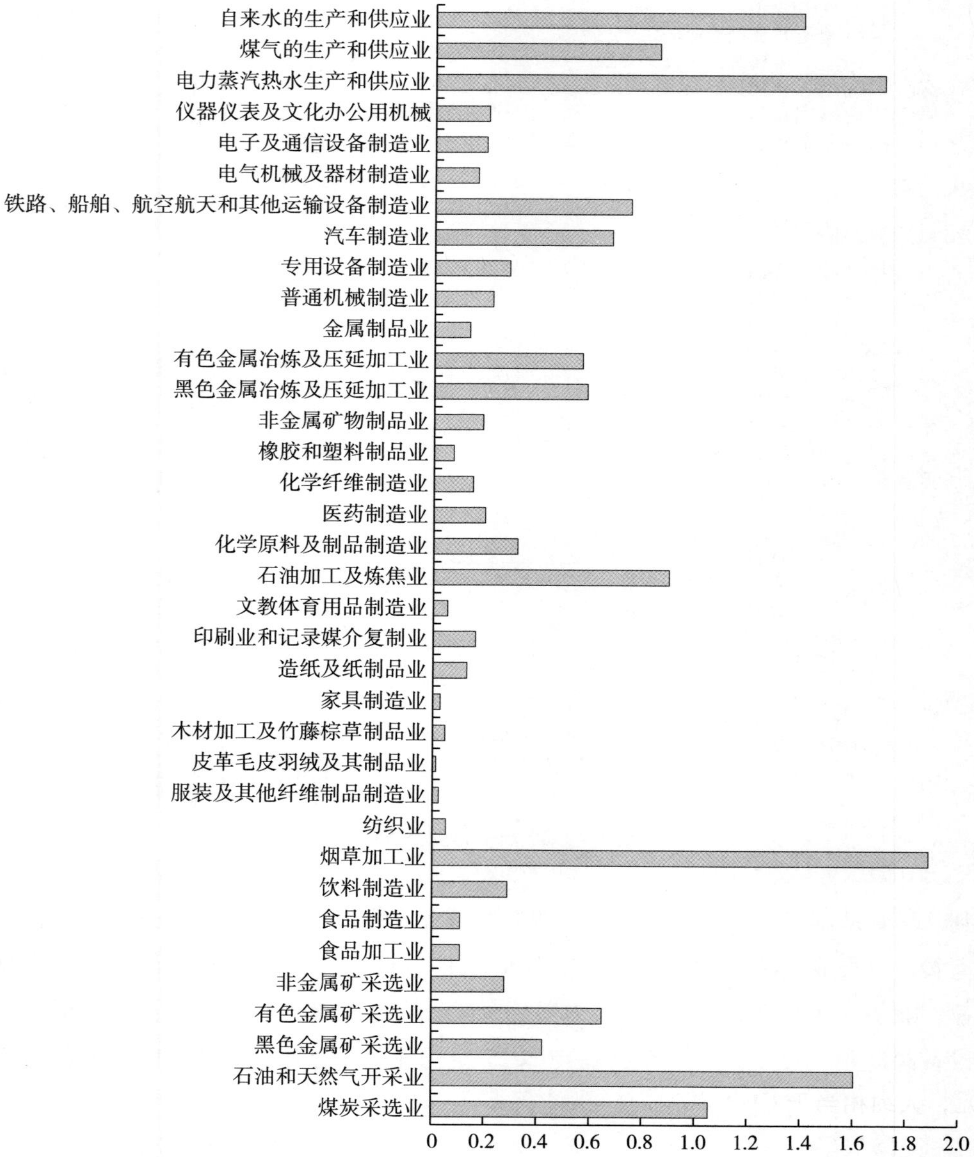

图 5　2015 年各行业垄断指数

2.3 对行业垄断造成的福利损失的估计

当企业在市场上处于垄断地位时，可以选择低于社会最优水平的产量，并制定高于边际成本的价格。通过这一过程，企业可以把部分消费者剩余转变为自身利润，与此同时还会产生一部分净福利损失。如图 6 所示，三角形 ABD 就可以用来刻画这一损失。哈伯格（Harberger，1954）最早采用这种方法测算了垄断的损失值，因此在文献中这种测算方法被称为“哈伯格三角法”。后来，迪克西特（Dixit，1982）、达斯金（Daskin，1991）等人指出，哈伯格三角法低估了垄断的损失。事实上，当一个产业存在进入壁垒，新的企业不能自由进入，竞争就不充分，这时一些低效率、高成本的企业就可能在市场上存活。因此，在他们看来，垄断造成的福利损失应该包括由企业成本不同带来的损失，体现在图形上，完整的损失就应该是多边形 AFD。①

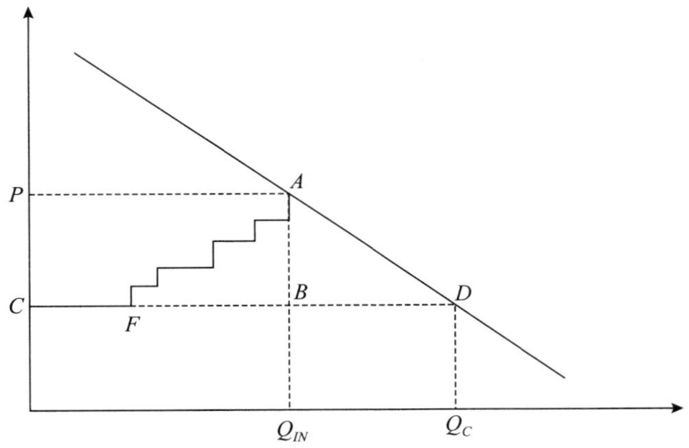

图 6　迪克西特—达斯金方法图示

采用如上思路，我们计算了由行业垄断所导致的规模以上工业企业的产值损失。由于这一方法需要用企业微观数据进行辅助计算，而我们的微观数据截至 2012 年，因此在图 7 中，我们只给出了 2000—2012 年的计算结果。不难看到，在 2007 年前，损失占 GDP 中的比重是逐年增加的，此后则呈现下降趋势。总体来说，在我们考察的时间段内，垄断损失在 GDP 中所占的比例是相当可观的，年均达到了 18.1%。以 2012 年为例，当年由垄断造成的损失高达 97 266.06 亿元，大约相当于 GDP 的 18%，其规模可见一斑。

① 具体的计算方法，参考 Dixit（1982）、Daskin（1991）的原文。在附录 3 中，我们也给出了说明。

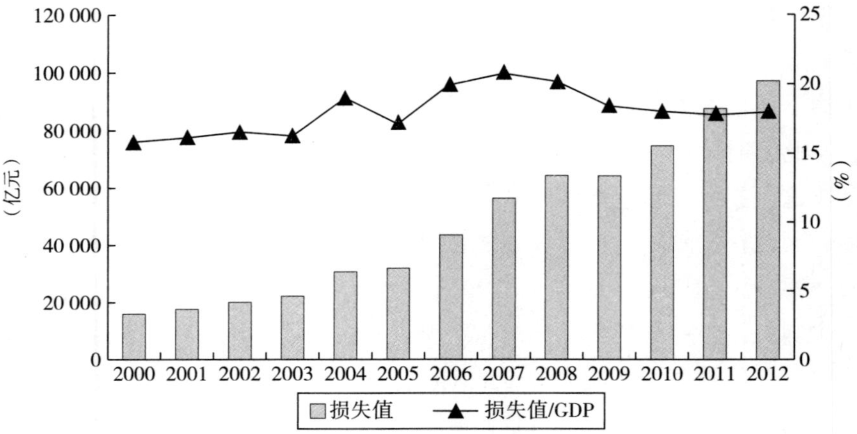

图 7　行业垄断估算（包括所有制造业行业）

需要说明的是，上面我们计算的实际上是由市场势力造成的损失。但并不是所有的市场势力都是由于行业垄断带来的，因此上述估计可能高估了行业垄断造成的危害。考虑到这些，我们剔除了竞争较为充分的行业，只保留了公共服务行业、矿产开采和加工业、石化行业、自然垄断行业，以及烟草加工等明显具有行政垄断特性的行业来计算这些行业的损失值。在图 8 中我们给出了相关结论。结果发现，即使只考虑以上行业，行业垄断造成的损失依然十分巨大，从 2000 年到 2012 年，损失在 GDP 中所占的比例平均仍高达 12.26%。

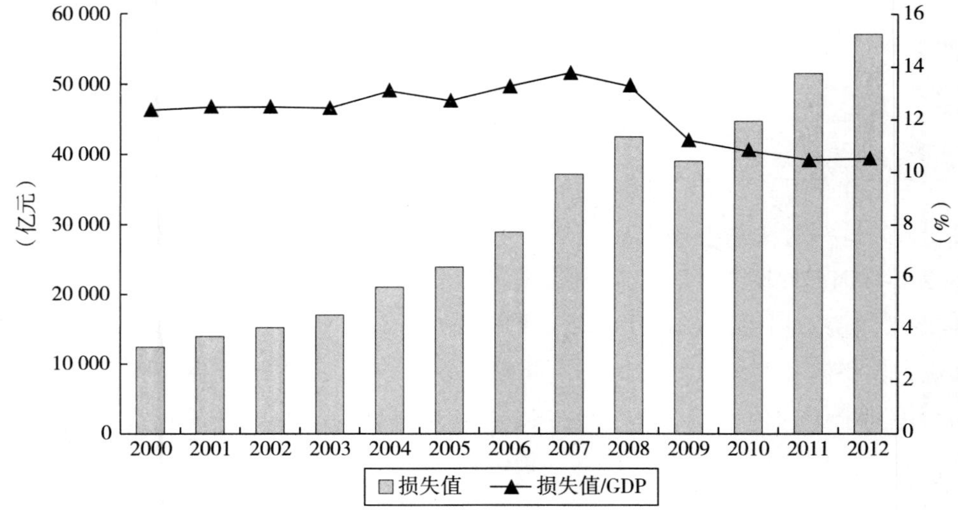

图 8　行业垄断估算（只包括部分行业）

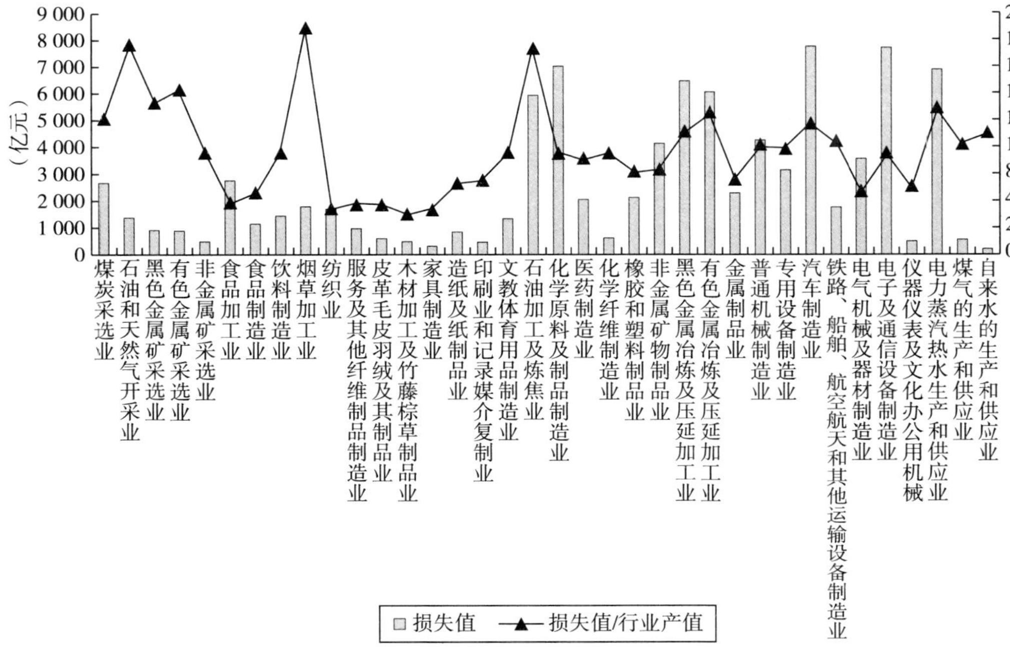

图 9　2012 年各行业的行业垄断损失

我们还可以对由行业垄断造成的损失进行更为微观的分析。在图 9 中，我们给出了 2012 年制造业各两位数行业的损失值，以及它们在本行业的产值中所占的比例。可以看到，从损失值在产值中所占的比例看，排名前三的行业分别是烟草加工业、石油和天然气开采业、石油加工及炼焦业，这也恰恰是我们计算出的垄断指数最高的行业。

另外值得一提的是，这里我们计算的只是行业垄断造成的直接损失。事实上，行业垄断造成的问题还有很多。例如，它可能会造成寻租（巫永平和吴德荣，2010），会带来垄断行业的收入过高，从而影响社会平等（叶林祥等，2011；岳希明等，2010），还会阻碍创新。对于这些成本，我们不再进行专门考察，感兴趣的读者可以参考相关文献。

3. 产业政策

3.1　产业政策的定义和分类

在探讨公平竞争问题时，一个难以回避的话题就是产业政策。事实上，我们前面讨论的行业垄断问题和市场分割问题，在很多时候都是由不合理的产业政策引发的。

关于什么是产业政策，学术界一直缺乏统一、规范的定义。但大体来说，可以从广义和狭义两个层面对这一概念进行理解。广义上，产业政策可以包括影响一国产业发展或竞争力的任何政策（Beath，2002；Robinson，2009）；而狭义上，产业政策则专指“政府为了实现某种经济和社会目标而制定的有特定指向的政策的总和”（江小涓，1995）。

根据性质的不同，我们可以把产业政策分为两类：纵向产业政策（也称为选择性产业政策）和横向产业政策（也称为功能性产业政策）（Warwick，2013；吴敬琏，2016）。

纵向产业政策主要是由政府挑选产业进行直接干预。根据作用对象，又可以进一步分为战略性政策和防御性政策。所谓战略性政策，通常也被称为“挑选赢家”的政策，是指政府主动挑选某些产业（新兴产业或优势产业），并利用各种政策手段对其进行扶持。而所谓防御性政策，则是指政府针对处于长期停滞或衰退中的产业，帮助它们有序地推出市场，以减少社会震荡。

与纵向产业政策不同，横向产业政策的目标主要是为产业发展提供宽松的制度环境，或“框架性条件”。例如，维护稳定的宏观经济环境，保持生产要素的高度流动性和要素市场的良性运作等。横向的产业政策并不意味着它没有一定的产业指向。事实上，它也可能针对特定产业来实施，例如制定特定产业的投资政策、特定生产技能政策以及为特定部门提供咨询等。

3.2　中国产业政策的特征

中国的产业政策是在20世纪80年代中后期引进，90年代初开始推行的。当时，中国主要借鉴了日本五六十年代的经验，采取了“纵向产业政策”。[①] 不得不说，在当时的条件下，采取这样的产业政策具有一定现实性。当时，中国经济的计划色彩还很浓厚，绝大部分企业是国有企业，民营力量还很薄弱，相关的财

① 需要说明的是，日本在不同时期采取的产业政策有很大不同。在20世纪五六十年代，日本推行的主要是“纵向产业政策”。这一时期，日本提出了“产业立国”的政策目标。为了达成这一目标，日本政府对钢铁、化工等数个产业进行了重点扶持，并大力推动这些产业的兼并重组。而在70年代之后，日本逐渐放弃了“纵向产业政策”，转而采取“横向产业政策”，政府的角色从挑选并扶持主导产业转向了对技术知识的补贴和对衰退产业的调整援助。关于日本产业政策的更多介绍，可以参考小宫隆太郎等（1988）。

政、税收、金融等领域的市场化改革都还没有启动。在这种背景下，产业政策能保证政府在对资源配置持有主导权的前提下逐步推进市场化进程，是当时最为现实的一种选择。此外，从80年代中期开始，中国进入了经济赶超期，而产业政策的推行也契合了赶超的目标。

时至今日，尽管我国的市场化水平已经有了很大提高，非公有经济已经成为整个国民经济的重要组成部分，但由于路径依赖，早期产业政策的很多特征仍然被保留了下来。具体来说，这些特征主要体现在如下方面：

第一，政府采用行政手段直接干预市场的现象十分常见。虽然中国的产业政策也强调对市场机制的利用，但由于计划经济的强大惯性、国家干预主义的影响，以及部门利益和寻租动机等原因，它更多地表现为政府利用行政手段对市场的直接干预。目前，产业政策几乎覆盖国民经济的所有大类行业，针对单个行业的产业政策数量还在不断增加，政策内容仍在细化，政策措施亦不断具体化。

第二，产业政策的选择性非常明显。中国产业政策的选择性表现在两个层面上：第一个层面是对特定行业的扶持或限制。这主要是由政府通过判断，选择某些行业作为重点行业进行扶持，选择某些落后行业进行限制、淘汰。第二个层面是对于产业内特定产品、技术和工艺的选择。政府对于各个行业的准入文件，不仅规定了能耗、资源综合利用和排放的准则，还对工艺、技术以及规模有严格的限制。这些异常具体的标准，在很大程度上已经使得政府超越了其应有的指导性角色，成为代替企业选择的决策者。

第三，保护和扶持在位的大型企业（尤其是中央企业），限制中小企业对在位大企业市场地位的挑战和竞争。在不少决策者看来，规模经济具有很强的效率优势，因此做大做强企业、让企业充分发挥规模优势，具有先天的合理性。为了达到这一目标，他们十分乐于通过产业政策打造一批巨型企业、龙头企业，例如制定有利于在位大型企业的行业发展规划、实施有利于大型企业发展和限制中小企业发展的项目审批或核准条件等。应当看到，虽然这种对于大型企业的偏向性扶持可以发挥企业的规模优势，但同时也人为造成了行业垄断，抑制了竞争，反而会带来经济效率的损失。①

---

① 在思想史上，马歇尔早就提出过规模和竞争两种效应的冲突，因此思想史上将这种冲突称为“马歇尔两难”。

第四，产业政策还成为地方政府实现地方保护的工具。由于我国特殊的政府架构形式，地区之间的经济竞争十分激烈。为了赢得竞争，产业政策就成为地方政府手中的武器。地方政府的产业政策可以有很多形式：其一，地方政府可以通过减免税收、廉价土地供应等优惠措施，支持特定产业的发展。例如前几年，不少地方纷纷以很大的政策扶持力度，支持光伏产业，这很快就造成了产能过剩。其二，地方政府可以通过制造市场壁垒来扶持本地企业。例如，一些地方根据本地企业产品，量身定制本地的新能源汽车目录，将本地不能生产的车型拒之门外。其三，一些地方还实施以投资换市场的政策，逼迫企业重复投资。例如一些城市要求进入本地的出租车、电动大巴、地铁车辆，需要在本地建厂。事实上，我们前面说到的市场分割问题，在很大程度上就是由于地方政府滥用产业政策造成的。

3.3　对中国产业政策效果的评价

我们认为，对于产业政策的评价应该从两个层面进行：**一是产业政策是否达到了其本身的政策目标；二是政策是否产生了其他意料之外的成本，需要从总体上评估成本收益。**

先看第一个层面。从各类公开的官方文件看，产业政策总被描述为达到了其目标。但是通过梳理已有研究、分析相关案例以及实地调研，我们发现，目前的产业政策经常达不到自身预设的政策目标。

其一，政府对于某些行业的倾斜性扶持，事实上并没有真正起到促进产业增长的作用。国家对某个产业的倾斜性扶持，可以表现为对这个产业予以更多的固定资产投资和更多的研发资金投入。根据这一思路，我们可以用两种要素投入的倾向性来衡量产业政策的偏向，并利用这一指标来考察产业政策的作用。

在图 10 中，我们给出了 2000 年到 2015 年间各制造业两位数行业的政府固定资产投资和政府科研投入的倾斜性指数，以及各产业总产值的年均增长率。从直观上看，政府扶持的行业具有一定的选择性，都是规模较大、产值较高的行业。

在图 11 和图 12 中，我们还画出了两类倾斜性与产业总产值的年均增长率之间的关系。可以十分直观地看到，两种倾斜性指标都和增长率明显负相关。这说明，政府对于这些产业的重点扶持，不仅没能起到加快这个产业增长的目的，反而在一定程度上限制了这些产业的发展。

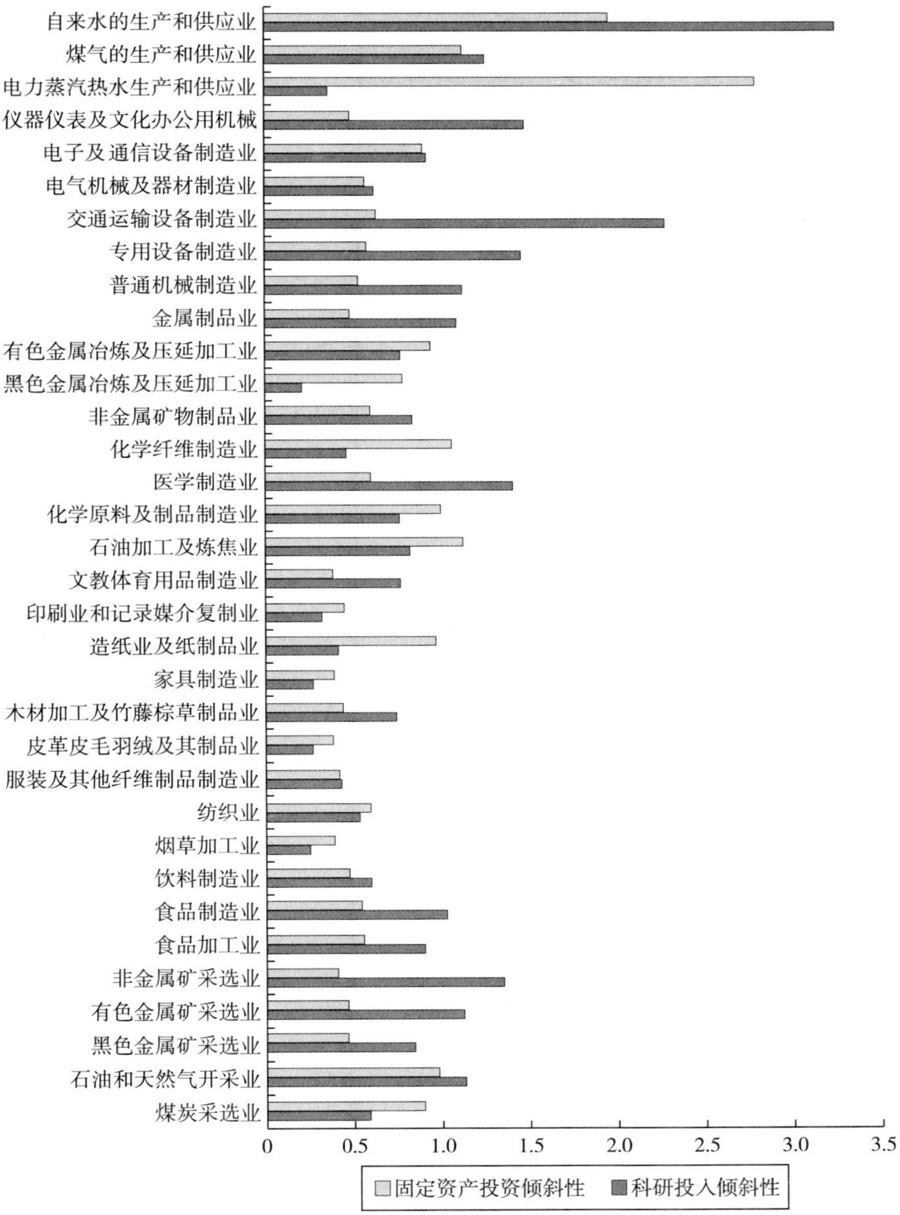

图 10　各制造业两位数行业的投入倾斜性

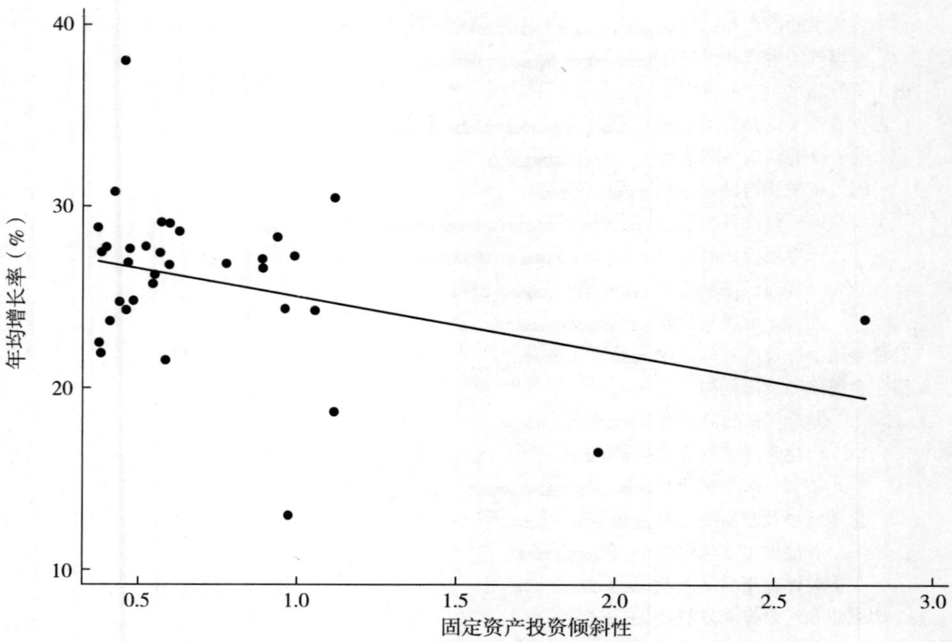

图 11　政府固定资产投资倾斜率和产业年均增长率之间的关系

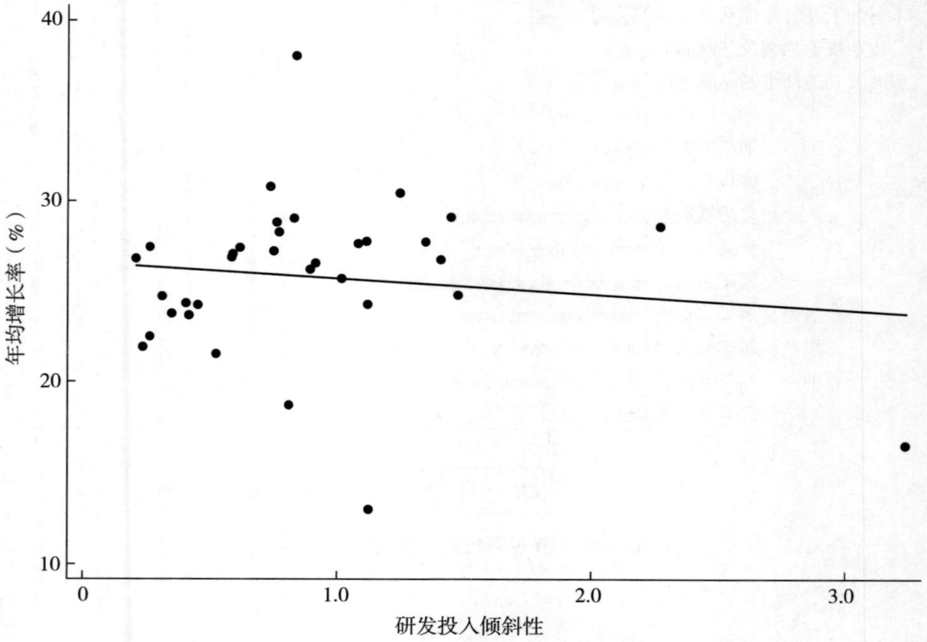

图 12　政府研发投入倾斜性和产业年均增长率之间的关系

其二，政府在汽车、钢铁、石化等重要行业实施严格的投资审批、核准政策及市场准入政策，具有限制竞争、扶大限小的特征，对行业效率的提升产生了显著的负面影响。采用工业企业微观数据的实证研究表明，这些政策使得汽车、石化、钢铁、船舶等行业中优胜劣汰机制严重受阻，不利于行业效率的改进，这表现在以下三个方面：

（1）在位大企业由于受政策扶持且缺乏竞争压力，生产效率偏低且改进缓慢，但市场份额不断扩大（焦国华等，2007）。

（2）一些具有较高生产效率且效率改进速度较快的中小企业或新进入企业，受政策限制却难以进一步成长和扩大市场份额。

（3）由于市场竞争受限，一些低效率的企业长期存活在市场中，不能被淘汰出市场，从而阻碍了产业的配置效率（李平等，2012）。此外，不必要的投资审批和核准（除生态环境保护之外）还阻碍了企业对市场需求增长和结构变动做出迅速反应，给企业经营以及产品结构调整带来困难，也带来设租、寻租等一系列问题，进一步降低行业整体效率。

其三，目录指导成为政策部门以自身的判断和选择来代替市场机制的工具，导致不良政策效果。政府的目录指导，实质上是政策部门从各个行业中挑选出需要重点发展的先进技术、工艺和产品进行扶植，并挑选出落后的技术、工艺和产品进行限制和淘汰。这需要政策部门对上百个细分行业中众多技术、工艺和产品的前景、经济性与市场进行准确的判断和预测，而这是一项政策部门根本不可能完成的工作。

其四，片面强调市场集中度、企业规模，导致大量低效率重组行为。中国在钢铁、汽车、有色金属、装备制造等重要行业实施的产业组织政策及促进兼并重组政策，均将提高市场集中度和打造大规模企业作为最重要的政策目标，从政策诸多方面扶持大企业并限制小企业。这种政策模式将市场结构与市场绩效简单对应，忽略了市场竞争过程作为一个筛选机制和发现过程的作用，从而大大降低了配置效率。

其五，政府对于技术创新进行了大力扶持，但是收效并不明显。在每个五年规划中，政府都会划定一些重点扶持产业，为帮助这些产业进行创新，政府会通过补贴、税收减免以及其他优惠方式进行支持。但是，不少研究结果显示，这种扶持事实上很难真正激发企业的创新行为（孟庆玺等人，2016）。相反，过多的补贴只会导致弄虚作假，鼓励企业骗取补贴的行为发生（周亚虹等，2015；黎文靖和郑曼妮，2016）。

再看第二个层面。产业政策除了未必能达到自身的政策目标之外，还可能产生一些其他的成本。具体来说，这些成本包括如下几个方面：

第一，采取广泛干预微观经济的产业政策，带来较为严重的寻租和腐败行为，加剧收入分配的不平衡，并降低整体经济体系的活力。对微观经济的广泛干预，极大地扩大了行政力量配置资源的能力和手段，强化了中国寻租活动的制度基础，寻租规模亦不断扩大，腐败现象更加严重。

规模巨大的租金总量显著加剧了中国社会的贫富差距，大量租金的存在还扭曲了企业的行为，诱导企业经营者将更多的精力配置于寻租活动，相应地减少了适应市场、降低成本、提高产品质量、开发新产品等方面的努力，进而降低了整体经济体系的微观活力。

第二，以干预微观经济的方式治理产能过剩存在根本缺陷，并会带来不良政策效应。长期以来，我国政策部门采用干预微观经济的方式治理产能过剩，但这种政策模式的成功需要政策部门对未来市场做出准确的预测和判断，而这一点恰恰是最让人质疑的。以钢铁业为例，从20世纪90年代至今，许多政策文件对钢铁工业产品市场的预测均与实际情况存在巨大差异，如果这些政策中的控制目标真的实现，无疑将会出现严重的供不应求。而钢铁供给的大规模起伏，导致了价格的巨大波动，从而对市场造成巨大干扰。

第三，战略性新兴产业的产业政策在实施中过于注重补贴生产企业，导致部分新兴产业过度投资，并频繁遭遇国外反补贴调查和制裁。近年来，战略性新兴产业是政策扶持的重点，对于新兴产业企业的财政支持和税收优惠则是重中之重，地方政府更是采取低价供地、直接提供财政补贴等方式大力推动战略性新兴产业发展。

然而，这种过于注重补贴生产企业的措施，直接导致一些新兴行业（如风电设备、多晶硅等）出现比较严重的产能过剩，并导致太阳能电池板、风电设备等产品相继在欧美市场遭遇“双反”调查。更为重要的是，对生产企业和生产环节提供大量补贴还会诱发企业的寻租行为，而不是把更多的投入放在研究开发和技术工艺的改造升级上。此外，这也会使新兴行业企业在国际竞争中更依赖以政府补贴和低污染排放标准带来的所谓低成本竞争力。

当然，这里我们提到的产业政策主要是以政府行政力量主导的、带有强烈选择性的、纵向的产业政策。而对于横向产业政策，其正面作用是不可忽视的。事实上，已经有很多研究说明了这类产业政策带来的正面效应。例如，阿吉翁等人（Aghion et al.，2012）的一项研究发现：当政府利用产业政策将资源吸引到竞争性更强的部门时，可以让经济中的配置效率和生产率得到显著提升，经济的产出也会相应提高。这说明，如果政策的指向是鼓励而非抑制竞争，那么产业政策依然是可以奏效的。从这个角度看，问题的关键并不是讨论是否需要产业政策，而是讨论应该采取怎样的产业政策。

4. 小结

本文分析了造成市场扭曲的三类问题——市场分割、行业垄断和产业政策，并测算了它们的影响。我们看到，尽管我国的市场体制已有了较大发展，但是这三个问题的影响依然严重。平均来看，市场分割造成的损失占到了每年 GDP 的 6.42%，行业垄断造成的损失则占到了每年 GDP 的 18%，这两个数字是十分可观的。无论是市场分割还是行业垄断，背后都受到了产业政策的影响，事实上，形成市场分割的一个重要原因是地方政府利用产业政策来保护本地利益，而行业垄断的形成很大程度上也是政府为了推行国家战略，或者为了达成管制目的而实施产业政策的结果。但遗憾的是，这些以牺牲竞争为代价的产业政策往往并不能达到自身的目的——它们并没有成功扶持目标性行业，而且还会造成很多意外的成本。因此，为了真正建立公平竞争的市场环境，就必须纠正以上这些扭曲。

当然，纠正以上扭曲并不是一蹴而就的，它不仅需要改变大量现行的政策，还要对一些体制进行根本性的变革。从改革的可行性考虑，我们认为应该先从解决增量问题出发，然后逐步解决存量问题。

从解决增量问题看，最重要的是要妥善落实《公平竞争审查制度》，确保新政策的公平性。2016 年 6 月 14 日，国务院发布《关于在市场体系建设中建立公平竞争审查制度的意见》，要求建立公平竞争审查制度，以规范政府有关行为，防止出台排除、限制竞争的政策措施，逐步清理废除妨碍全国统一市场和公平竞争的规定和做法。这无疑是推进公平竞争的市场建设过程中的重要一步。如果可以用好这一制度，就可以保证新出台的政策总体上是促进竞争的。随着政策增量部分的比例逐渐扩大，根除存量反竞争政策的难度也会逐步降低。目前，全国各地正在逐步出台落实《公平竞争审查制度》的细则，完全落实这一制度还有待时间。从政府的角度看，应该加强监督，督促这一制度的落实。

要解决存量问题，除了要利用《公平竞争审查制度》对已有的政策进行审查外，还需要对利益格局进行调整，对一些理念进行突破。

第一，从造成市场分割的根本原因入手。如前所述，目前我国的市场分割主要是由地区的财政利益和官员的晋升供给引起的。针对这一问题，我们首先要改革财政体制，利用税收和转移支付让各地的收支更为平衡。其次，应当对我国的官员考核体制进行变革，在评价官员政绩时，不再是“唯 GDP 论”，并且要将区域间合作、区域间贸易作为考核的一个标准。如果能做到这几点，就可以比较好地根除地方保护和区域封锁。

第二，可以从产能过剩行业入手，逐步开放竞争、打破垄断。要打破行业垄断并非易事。这不仅涉及对法律的修改，还会牵扯很多利益，其阻力可想而知，比较可行的一个方法是先在一些产能过剩的行业实现突破。目前，很多行业垄断较为严重的行业存在产能过剩问题，出现倒逼改革的契机。可以考虑利用“去产能”的机会，处理一些低绩效的国有垄断企业，同时放开市场，让绩效更好的民营企业进入。如果能够实现比较好的成效，就可以对其他行业形成良好的示范带头效应。

第三，应当推进国有企业的改革进程，让国有企业和非国有企业成为平等竞争的主体。保护国有企业的利益，是造成市场分割和行业垄断的重要原因。因此要彻底治理市场分割和行业垄断问题，就必须对国有企业实施根本性的变革。一方面，应当积极推进对国有企业的混合所有制改革，在国有控股和参股的公司中建立起有效的公司治理结构；另一方面，国家应当停止一贯的直接管企业、管资产的国有企业管理模式，改为以资本监管为主、不再过多干预国有企业经营的管理模式。只有如此，国有企业才有可能真正转变为一个纯粹的市场参与者，公平地参与市场竞争。

第四，应当对产业政策进行全面反思，逐渐从纵向产业政策转向横向产业政策。实践已经证明，纵向产业政策的绩效乏善可陈，它往往并不能达成原有的目标，反而会阻碍竞争，造成严重的资源错配。对此我们应当改变观念，将干预市场、驾驭市场的理念转变为支持市场、扩展市场的理念，并将现有的以纵向为主的产业政策体系转变为以横向为主的产业政策体系。如果能做到这一点，那么就能在相当程度上减少市场分割和行业垄断现象，从而较大地改进我国的资源配置效率，让我国的经济效率得到较大提升。

总之，建设公平竞争的市场是一项艰难的任务，既需要平衡各方面利益（部门利益和地方利益），更需要改变政府官员的反竞争思维。

参考文献

Aghion, P. , Dewatripont, M. , Du, L. , Harrison, A. , Legros, P. , Industrial Policy and Competition, *American Economic Journal: Macroeconomics*, 7 (4): 1 –32.

Beath, J. , 2002, UK Industrial Policy: Old Tunes on New Instruments, *Oxford Review of Economic Policy*, 18 (2): 221 –239.

Chen, Y. , Hu, M. , Szulga, R. , 2014, The Tyranny of Numbers Revisited and the Case of China's Manufacturing Growth: Factor Allocation, Structural Adjustment and Productivity Dynamics. *Issues & Studies*, 50, 77 – 109.

Chen Y. , Hu W. , Szulga R. , Xue, Bo. , 2016, Cultural Differences and Interprovincial Trade in China: Effect of Surname Distance and Its Mechanisms. *Pacific Economic Review*, Forthcoming.

Chang, H. , 1994, *The Political Economy of Industrial Policy*, St. Martin's Press.

Cowling, K. , and Mueller, D. , 1978, The Social Cost of Monopoly Power, *Economic Journal*, 88 (352), 727 –748.

Daskin, A. , 1991, Deadweight Loss in Oligopoly: A New Approach, *Southern Economic Journal*, 58 (1), 171 –185.

Dixit, A. , and Stern, N. , 1982, Oligopoly and Welfare, A Unified Presentation with Applications to Trade and Development, *European Economic Review*, 19 (1), 123 –143.

Foreman-Peck, J. , and Frederico, G. , 1999, *European Industrial Policy: The Twentieth-Century Experience*, Oxford University Press.

Graham, H. , 1986, *European Industrial Policy*, Croom Helm.

Geroski, P. , 1989, European Industrial Policy and Industrial Policy in Europe, *Oxford Review of Economic Policy*, 5 (2), 20 –36.

Harbergar, A. , 1954, Monopoly and Resource Allocation, *American Economic Review*, 44 (2), 77 –87.

Johnson, C. , 1984, *The Industrial Policy Debate*, Institute for Contemporary Studies.

Krugman, P. , and Obstfeld, M. , 2005, *International Economics: Theory and Policy*, Addison-Wesley.

Montinola G. , Qian Y. , Weingast B. , 1995, Federalism, Chinese Style: The Political Basis for Economic Success in China. *World Politics*, 48 (1), 50 –81.

OECD, 1975, *Objectives and Instruments of Industrial Policy: A Comparative Study*, Pairs.

Pasley, D. , and Wei, S. , 2001, Limiting Currency Volatility to Stimulate Goods Market Integration: A Price Based Approach, *NBER Working Paper*, No. 8468.

Price, C. , 1981, *Industrial Policies in the European Community*, London: Macmillan.

Robinson, J. , 2009, Industrial Policy and Development: A Political Economy Perspective, paper prepared for the 2009 World Bank ABCED conference in Seoul June 22 –24.

Rodrik, D. , 2004, Industrial Policy for the Twenty-First Century, *KSG Working Paper*, No. RWP04-047, Harvard University.

Qian, Y. , and Xu, C. , 1993, Why China's Economic Reforms Differ: the M-form Hierarchy and Entry/Expansion of the Non-state Sector, *Economics of Transition*, 1 (2), 135 – 170.

Sharp, M., 1998, What is Industrial Policy and Why is It Necessary? Paper Prepared for TSER Project on Science, Technology and Broad Industrial Policy.

Tyson, T., and Zysman, J., 1984, American Industry in International Competition: Government Policies and Corporate Strategies, *California Management Review*, 25 (3), 27 – 52.

Warwick, K., 2013, Beyond Industrial Policy: Emerging Issues and New Trends, *OECD Science, Technology, and Industry Policy Papers*, No. 2.

Wachter, W., and Wachter, S., 1981, *Toward a New U. S. Industrial Policy*? Philadelphia: University of Pennsylvanian Press.

Xu, C., 2011, The Fundamental Institutions of China' s Reform and Development, *Journal of Economic Literature*, 49 (4), 1076 – 1151.

陈清泰，2016，《对我国产业政策的反思与改革》，《比较》第6辑。

陈永伟，2016，《文化差异对省际贸易的影响及其作用机制研究——基于姓氏距离的考察》，《经济学报》第3期。

江飞涛、李晓萍，2010，《直接干预市场与限制竞争：中国产业政策的取向与根本缺陷》，《中国工业经济》第9期。

江飞涛、李晓萍，2015，《当前中国产业政策转型的基本逻辑》，《南京大学学报（哲学人文社会科学版）》第3期。

江小涓，1995，《经济转轨时期的产业政策：对中国经验的实证分析与前景展望》，上海三联出版社。

焦国华、江飞涛、陈舸，2007，《中国钢铁企业的相对效率与规模效率》，《中国工业经济》第10期。

黎文靖、郑曼妮，2016，《实质性创新还是策略性创新——宏观产业政策对微观企业创新的影响》，《经济研究》第4期。

刘鹤、杨伟民，1999，《中国的产业政策：理论与实践》，北京：中国经济出版社。

刘培林，2005，《地方保护和市场分割的损失》，《中国工业经济》第4期。

刘小玄，2017，《中国式的垄断：条条块块与国有企业》，载于威廉·科瓦西奇、林至人、德里克·莫里斯编《以竞争促增长：国际视角》，北京：中信出版社。

李平、简泽、江飞涛，2012，《进入退出、竞争与中国工业部门的生产率——开放竞争作为一个效率增进过程》，《数量经济技术经济研究》第9期。

陆铭、陈钊、严冀，2004，《收益递增、发展战略与区域经济的分割》，《经济研究》第1期。

陆铭、陈钊，2009，《分割市场的经济增长——为什么经济开放可能加剧地方保护?》，《经济研究》第3期。

孟庆玺、尹兴强、白俊，2016，《产业政策扶持激励了企业创新吗？——基于“五年规划”变更的自然实验》，《南方经济》第12期。

王晓晔，1996，《社会主义市场经济条件下的反垄断法》，《中国社会科学》第1期。

吴敬琏，2016，《反思产业政策》，《比较》第6辑。

巫永平、吴德荣，2010，《寻租与中国产业发展》，北京：商务印书馆。

小宫龙太郎、奥野正宽、铃木兴太郎 编，1988，《日本的产业政策》，北京：国际文化出版公司。

叶林祥、李实、罗楚亮，2011，《行业垄断，所有制与企业工资收入差距》，《管理世界》第4期。

岳希明、李实、史泰丽，2010，《垄断行业高收入问题探讨》，《中国社会科学》第3期。

岳振宇、杨树龙，2005，《论行政性进入壁垒的法律规制——以规制我国的审批许可制度为中心》，

《行政论坛》第 2 期。

于华阳、于良春，2008，《行政垄断形成根源与运行机制的理论假说——基于制度需求供给视角》，《财经问题研究》第 1 期。

郑毓盛、李崇高，2003，《中国地方分隔的效率损失》，《中国社会科学》第 1 期。

周黎安，2007，《中国地方官员的晋升锦标赛模式研究》，《经济研究》第 7 期。

周亚虹、蒲余路、陈诗一、方芳，2015，《政府扶持与新产业发展—以新能源为例》，《经济研究》，第 6 期。

经合组织竞争评估工具箱和公平竞争审查制度的构建

肖恩·恩尼斯*

1. 引言

中国国务院2016年第34号文件《关于在市场体系建设中建立公平竞争审查制度的意见》（以下简称国发〔2016〕34号）提出的公平竞争审查制度以及相应的《公平竞争审查制度实施细则（暂行）》[①] 是中国确保管制不对市场活动形成过度限制，进而强化市场机制的重要步伐。与所有新的政策举措一样，公平竞争审查制度仍有改进和重塑的空间。本文旨在评估这项政策的优点与缺点，并重点探讨该项政策可以吸取哪些国际经验。从经合组织的统计数据看，中国产品市场的管制程度要远远超出经合组织国家的平均水平，因此需要找到一个有效办法来改进管制对竞争的影响。

本文的分析视角是经合组织的竞争评估工具箱（以下简称“工具箱”，2007年首次出台），尤其是工具箱中的一页竞争核对清单。正如经合组织竞争评估经验对外报告（2014）所示，竞争评估已被广泛用于审查法规对竞争的影响，而工具箱就是其中一例。[②] 工具箱已经作为世界各国政府进行竞争评估的工具而使

---

* 本文仅为作者个人观点，不代表经合组织或其成员的观点。本项工作立足并受益于经合组织多位同事和政府官员的工作，尤其参考了经合组织关于希腊（2017）和罗马尼亚（2016）的国别项目说明，本文部分内容就是摘自其中，为此我要特别感谢 Michael Saller 和 Federica Maiorano。此外，我还要感谢林至人、德里克·莫里斯和威廉·科瓦西奇提出的宝贵意见。

① 2017年10月23日发布的发改价监〔2017〕1849号文件。

② http：//www. oecd. org/daf/competition/Comp-Assessment-ImplementationReport2014. pdf.

用，并根据各国的需要予以调整。工具箱既可用于新法规推行之前的事前审查，也可用于现行法规的事后审查。使用这一视角并非因为笔者认为中国应当遵循工具箱的方式，而只是以之为基础进行国际比较，与此同时笔者也充分认识到中国将研究出适合自身国情的方案。

工具箱（2016 年版）现含三卷，分别是原则、指南和操作手册。目前工具箱已经应用于多个国家（参见经验报告），其中典型的案例包括经合组织在希腊、墨西哥（2018 年 1 月发布）、葡萄牙（2018 年上半年发布）和罗马尼亚对现行部门法规进行的详尽评估。[①] 也就是说，经合组织受邀在一些国家展开了立法评估。经合组织理事会关于竞争评估的建议书（2009）进一步强调了竞争评估的价值所在，并邀请各国采纳这一建议。

这种评估方法的核心是一页的竞争核对清单，具体内容请参见“专栏 1”。清单汇总了存在竞争问题的立法实例，并确立了一些用于识别潜在限制竞争的原则。清单重点关注以下规则：

（1）限制市场参与者的数量；

（2）限制市场参与者允许或禁止从事的活动类型；

（3）可能会削弱竞争积极性；

（4）确保消费者可以获得足够的信息。

这几个大类下面有很多子问题对其予以补充，而这些子问题有助于解释每一大类下的管制类型。

本文所提建议主要围绕公平竞争审查制度有望改善之处，但笔者不敢妄称自己充分了解中国的相关经验；在这方面，只有中国政府以及深度参与了讨论制定特定法规的人士才能做出正确的评判。本文本着建设性的批判精神，旨在促进制度的自我完善。竞争评估工具箱本身就是不断演变发展的，通过使用新的信息进行完善、修订和更新。

---

① 相关材料包括：经合组织竞争评估工具箱（http://www.oecd.org/daf/competition/assessment-toolkit.htm）；经合组织竞争评估审查：希腊（2013）http://www.oecd-ilibrary.org/finance-and-investment/oecd-competition-assessment-reviews-greece_9789264206090-en；经合组织竞争评估审查：罗马尼亚（2015）http://www.keepeek.com/Digital-Asset-Management/oecd/finance-and-investment/oecd-competition-assessment-reviews-romania_9789264257450-en#.WX8HnU0UmUk；经合组织竞争评估审查：希腊（2017）http://www.oecd.org/daf/competition/OECD-Competition-Assessment-Review-Greece-Preliminary-version-2016.pdf；以及即将在墨西哥和葡萄牙开展的国别项目。

专栏1

经合组织竞争核对清单

如果拟执行的政策有以下任一影响，则应该实行竞争效应评估：

（一）限制供应商的数量或经营范围

如果拟执行的政策：

1. 授予某供应商提供商品或服务的特许经营权；
2. 确立颁发营业执照或经营许可证制度；
3. 对某些类型的供应商提供商品或服务的能力进行限制；
4. 大幅提高市场的进入或退出成本；
5. 对公司提供产品或服务、资本投资和劳务供应能力设置地域壁垒。

（二）限制供应商的竞争能力

如果拟执行的政策：

1. 限制销售商制定商品和服务价格的能力；
2. 限制供应商进行广告宣传或市场营销的自由；
3. 设置有利于某些供应商的产品质量标准，或者设置过度超前的产品质量标准；
4. 大幅提高某些供应商的生产成本（尤其是对市场新进入者和现有企业进行区别对待）。

（三）打击供应商参与竞争的积极性

如果拟执行的政策：

1. 创建自我管理或联合管理的制度（也就是说，在这样的制度下，私人参与者全部或部分承担设立相关法规的责任）；
2. 要求或鼓励供应商披露产量、价格、销售额或成本的信息；
3. 给予特定行业或特定供应商一般竞争法的豁免。

（四）对消费者可获信息及其选择的限制

如果拟执行的政策：

1. 限制消费者的选择能力；
2. 通过直接或间接增加更换供应商的成本来限制消费者选择供应商的自由；
3. 从根本上改变消费者进行高效购买所需的信息。

竞争带来的积极效果主要包括更低的消费价格、更多的消费选择、更好的产品和服务质量、更高的就业率、更大的研发投入以及更快的创新采用率。如果消费者能够在不同的商品和服务供应商之间进行选择，那么不仅消费者能从中受益，整体经济也会从中受益。当客户能够对商品和服务货比三家时，公司就有动力展开竞争、加快创新并提高生产率。在竞争更加激烈的行业，生产力提高得也更快。正如经合组织“关于竞争政策如何影响宏观经济成果的情况简报”总结的那样，大量研究都证实了这些结论。竞争之所以能够提高生产率，主要原因就在于其使得更高效的公司进入市场并占据一席之地。

除了有证据证明竞争能够促进增长之外，很多研究也显示出更加灵活的产品市场管制带来的积极影响——产品市场管制是与本研究项目密切相关的领域。这些研究分析了对生产率、就业、研发和投资等因素的影响。管制的差异性也很重要，其有可能造成贸易和外国直接投资大幅减少。

有充分的证据表明，更灵活的产品市场管制能够提高生产率。正如额格尔特和盖尔（Égert and Gal，2016）总结的那样：“严格的产品市场管制会阻碍资本和劳动力在企业和行业内部以及企业和行业之间的有效配置，从而阻碍（生产率提高）。”此外，限制竞争的法规对生产率的影响还超出了其所对应的部门。具体而言，大多数是通过研发投入这一渠道对生产率造成影响的。

额格尔特和盖尔（2016）认为，根据他们构建的模型，在五年的时间框架内，产品市场管制可能是产生最大影响的单项政策参数，同时他们也发现，所有劳工政策加在一起的集合效应可能更大。作者在模型中检验的变量包括产品市场管制、开放度、公司税、研发以及劳动法规、税收和失业政策、失业救济金、最低工资、产假和法定退休年龄等劳工政策。

产品市场管制也影响了知识资本的创新和投资，如计算机化信息和知识产权。促进竞争的改革会带来专利数量的增加。此外，削减壁垒能够使创新型企业更高效地将营销新想法和新产品所需的资源结合在一起。总的来说，产品市场管制越严格，投资越少（资本规模越低），同时越会放大劳动力短缺带来的负面影响。

更大的灵活性可以带来更高的就业率。举例来说，在法国放松对公路运输部门的管制之后，就业水平的增长速度较管制放松之前更快。经合组织最近的一项研究发现，创建不满五年的小企业平均创造了42%的就业机会。正如经合组织（2015）指出的那样：“新公司在创造就业机会方面发挥了超乎想象的巨大作用，这表明削减创业壁垒可以通过就业效应来推动收入平等的进程。”

撤销限制竞争的法规主要会对收入不平等产生两个影响：一方面，更大的灵活性将带来更高的就业率；另一方面，放松管制也会造成更大的薪资差距。最近的研究通过评估市场力量的再分配效应来分析竞争与不平等之间的关系。结果显示，市场力量使最富裕的家庭从中受益，前10%的家庭从市场力量中获得的财富份额为10%~24%。

放松限制竞争的管制也使新企业能够以创新的理念进入市场，并与老牌企业展开竞争。

2. 工具箱标准与公平竞争审查制度18项标准

公平竞争审查制度18项标准见于国务院第34号文件《关于在市场体系建设中建立公平竞争审查制度的意见》，《公平竞争审查制度实施细则（暂行）》（发改价监〔2017〕1849号文件）对之做出进一步说明，并用实例逐条解释了这18项标准。

公平竞争审查制度18项标准和经合组织竞争核对清单有很多相同的考量因素，但两者远远没有达到完全匹配的程度；另外，虽然两份清单的要点有重合之处，但差异仍然存在。下表列出了公平竞争审查制度18项标准与经合组织竞争核对清单中最为匹配的条目。

专栏2

公平竞争审查制度18项标准与经合组织竞争核对清单的对比

公平竞争审查制度	公平竞争审查制度相关标准具体内容	经合组织竞争核对清单	经合组织竞争核对清单具体内容
1	市场准入和退出标准	A	限制供应商的数量或经营范围
1.1	不得设置不合理和歧视性的准入和退出条件	A4	大幅提高市场的进入或退出成本
1.2	未经公平竞争不得授予经营者特许经营权	A1	授予某供应商提供商品或服务的特许经营权

（续表）

公平竞争审查制度	公平竞争审查制度相关标准具体内容	经合组织竞争核对清单	经合组织竞争核对清单具体内容
1.3	不得限定经营、购买、使用特定经营者提供的商品和服务	A3	对某些类型的供应商提供商品或服务的能力进行限制
1.4	不得设置没有法律法规依据的审批或者具有行政审批性质的事前备案程序	A2	确立颁发营业执照或经营许可证制度
1.5	不得对市场准入负面清单以外的行业、领域、业务等设置审批程序	A2	确立颁发营业执照或经营许可证制度
2	商品和要素自由流动标准	A5	对公司提供产品或服务、资本投资和劳务供应能力设置地域壁垒
2.1	不得对外地和进口商品、服务实行歧视性价格和歧视性补贴政策	A5	对公司提供产品或服务、资本投资和劳务供应能力设置地域壁垒
2.2	不得限制外地和进口商品、服务进入本地市场或者阻碍本地商品运出、服务输出	A5	对公司提供产品或服务、资本投资和劳务供应能力设置地域壁垒
2.3	不得排斥或者限制外地经营者参加本地招标投标活动	A5	对公司提供产品或服务、资本投资和劳务供应能力设置地域壁垒
2.4	不得排斥、限制或者强制外地经营者在本地投资或者设立分支机构	A5	对公司提供产品或服务、资本投资和劳务供应能力设置地域壁垒
2.5	不得对外地经营者在本地的投资或者设立的分支机构实行歧视性待遇，侵害其合法权益	A5	对公司提供产品或服务、资本投资和劳务供应能力设置地域壁垒

（续表）

公平竞争审查制度	公平竞争审查制度相关标准具体内容	经合组织竞争核对清单	经合组织竞争核对清单具体内容
3	影响生产经营成本标准	B	限制供应商的竞争能力
3.1	不得违法给予特定经营者优惠政策	B4	大幅提高某些供应商的生产成本（尤其是对市场新进入者和现有企业进行区别对待）
3.2	安排财政支出一般不得与企业缴纳的税收或非税收入挂钩	无	——
3.3	不得违法免除特定经营者需要缴纳的社会保险费用	B4	大幅提高某些供应商的生产成本（尤其是对市场新进入者和现有企业进行区别对待）
3.4	不得在法律规定之外要求经营者提供或者扣留经营者各类保证金	A4	大幅提高市场的进入或退出成本
4	影响生产经营行为标准	B，C	限制供应商的竞争能力、打击供应商参与竞争的积极性
4.1	不得强制经营者从事《中华人民共和国反垄断法》规定的垄断行为	C3	对特定行业或特定供应商给予一般竞争法的豁免
4.2	不得违法披露或者要求经营者披露生产经营敏感信息，为经营者实施垄断行为提供便利条件	C2	要求或鼓励供应商披露产量、价格、销售额或成本的信息
4.3	不得超越定价权限进行政府定价	B1	限制销售商制定商品和服务价格的能力
4.4	不得违法干预实行市场调节价的商品和服务的价格水平	C3	对特定行业或特定供应商给予一般竞争法的豁免

竞争核对清单一半以上的条目均以某种方式在公平竞争审查制度18项标准中得到了体现。公平竞争审查制度18项标准的措辞有时相对不那么精准，可能无法提供明确的指引来判断一项法规是否违反了公平竞争原则，而《公平竞争审查制度实施细则（暂行）》（以下简称《细则》）对这18项标准做出了更加明晰的解释。因此，法规制定机构现在可以更好地提前了解其法规是否违反了这18项标准。关于《细则》是否适用于现行法规的追溯审查，目前尚未明确，尽管国发〔2016〕34号文件明确表明其具有追溯审查的潜在可能性。

竞争核对清单的部分内容似乎没有在公平竞争审查制度18项标准中得到体现。可以分析一下这些条目是否间接包含在了现有的18项标准之中；如果答案是否定的，那么就应该再考虑一下是否应当在政府日后发布的指导文件中把这些要点包括进去。

专栏3

经合组织竞争评估清单没有在公平竞争审查制度18项标准中得到体现的内容

如果拟执行的政策有以下任一影响，则应该实行竞争效应评估：

（二）限制供应商的竞争能力

如果拟执行的政策：

2. 限制供应商进行广告宣传或市场营销的自由；

3. 设置有利于某些供应商的产品质量标准，或者设置过度超前的产品质量标准。

（三）打击供应商参与竞争的积极性

如果拟执行的政策：

1. 创建自我管理或联合管理的制度（也就是说，在这样的制度下，私人参与者全部或部分承担设立相关法规的责任）；

（四）对消费者可获信息及其选择的限制

如果拟执行的政策：

1. 限制消费者的选择能力；

2. 通过直接或间接增加更换供应商的成本来限制消费者选择供应商的自由；

3. 从根本上改变消费者进行高效购买所需的信息。

基于公平竞争审查制度 18 项标准和竞争核对清单在意图和内容方面的整体相似性，可以再进一步做一些综合性的建议。建议的目的在于将公平竞争审查制度与经合组织竞争评估工具箱的方法进行比较分析。

公平竞争审查制度包含详细的市场准入和退出标准、货物和要素自由流动标准、影响生产经营成本标准以及影响运营生产行为标准，涵盖了经合组织竞争核对清单中一半以上的要素，这些要点完整、具体而明确，因此不同背景的政府官员可以据此容易地展开评估。为了涵盖所有需要评估的管制限制，还需要确立一些概括性原则，如避免为某些生产者创造超过其他生产者的成本优势。

本文接下来将讨论以下两点建议：

1. 必须注重对消费者选择的保护，包括中间消费者（如从其他公司购买产品的公司）；

2. 可以考虑设立这样一个标准：除非确属必要，竞争限制是不可接受的。

接下来本文就这两条建议展开进一步的详细解释。

2.1　注重对消费者选择的保护

竞争核对清单有一部分内容没有在公平竞争审查制度中得到体现，即政府规则是否限制了消费者的选择和可获信息。市场体系最终取决于消费者的选择，有鉴于此，消费者应当能够获取充分信息用以识别同类产品在品质上的差别，从而选定最适合个人需求和偏好的产品。竞争核对清单专门问及了这样一个问题：规则或法规是否限制了消费者可获信息及选择？

清单随后指出，如果一项规定出现以下情况就可能存在限制：

1. 限制消费者的选择能力；

2. 通过直接或间接增加更换供应商的成本来限制消费者选择商品或服务供应商的自由；

3. 限制消费者获得有用和相关的信息。

2007 年第一版竞争评估工具箱并未包含上述内容，但后来的英文版本中加上了这一内容。

政府也许应该思考一下公平竞争审查制度是否应该按照这一规则来保护消费者的选择过程，如果对需求情况有充分的了解，将有助于确保消费者选择更符合他们偏好的产品和服务，从而更加有效地分配消费者的选择。一旦种类繁多的产品和服务混淆了部分消费者，导致他们因没有完全了解所需要的商品信息而购买了更昂贵的商品，那么公司设定优惠价格的动力就会大大减少。

2.2 设立“竞争限制不可接受”这一默认标准

从20世纪90年代开始，澳大利亚促进竞争的希尔默改革非常成功，其中的一项措施就是建立默认原则，即任何竞争限制皆不可接受。这一默认标准要求任何限制措施都需给出明确而有力的理由，从而提高了政府官员提出竞争限制的门槛。

下面是建立此类标准的一种可行办法：

◎任何豁免决定都必须得到部长等高层官员的批准并被视为必要措施；

◎在限制措施实施后的一年内对预期影响进行审查。

这类标准可以确保无法轻易对默认原则做出例外规定。中国目前设有一个默认标准，即没有通过竞争标准的限制措施会被视为无效。设立默认标准要远远胜过批准所有法规（除非其非法）的替代方案。值得一提的是，中国已经明确选择了一项强有力的默认原则，即一项限制措施必须通过18项标准的审查，否则无效。不可否认，这种评估是在自我审查的基础上进行的，因此存在各种明显的问题。但是选择这种强有力的路线还是值得肯定的。如果存在新法规审查架构和专门的审查机构，那默认标准系统将更趋于合理。

确保公平竞争审查制度得到政府官员和各部委充分尊重的执行机制和程序尚未完全确立。在进一步实施该制度之前应当先建立起这一架构。如果没有这样的执行机制，公平竞争审查制度产生的影响会非常微弱和有限。

公平竞争审查制度程序和执行机制的构建极为复杂。根据经合组织理事会关于竞争评估的建议书，竞争评估既需要竞争方面的专业知识，也需要受管制领域的专业知识。同一政府机构内同时拥有这两套知识结构的情况并非不可能，但是很少见。

在法律需要修订的时候，进行审查的专家在立法起草方面应当具有丰富的经验，最好在相关领域也有丰富的经验，而那些提出改革具体建议的人可能不需要这样的经验。

可以设立一个机构，该机构能够：

◎对存在问题的管制提出法律挑战（西班牙竞争执法机构在2014年之前一直拥有此类权力）；

◎提出的意见必须在内阁审查过程中得到处理（韩国竞争执法机构拥有此类权力）；

◎发表公开意见并征求公众回应（尽管回应并不必须遵循意见）（英国竞争执法机构执行这一程序已有一段时日，尤其是在市场研究体系中）；

◎发表非正式意见，并给予足够的时间来审查法规（在英国可以先发表非正式意见，随后再发表正式意见）。

至于说什么样的方案最合适，则要取决于限制措施的严重程度（以及消除限制带来的收益）、各部委和各省市愿意限制权力的程度、现有的法律和程序结构、惩罚不当行为并奖励良好行为的能力以及非正式意见得到尊重的程度。

3. 竞争评估的资源、程序和方法

竞争评估的方法，如竞争评估工具箱中的方法，既可以用于在新法规最终定稿之前进行（事前）评估，也可以用于对现行法规进行（事后）评估。两者都很重要。这两种类型的评估都会带来显著的经济效益。国发〔2016〕34 号文件表明要优先审查影响最大的领域。鉴于现行法规的庞大数量，这样的原则有其道理所在。不过一般情况下，只有先判定并分析竞争限制，才能明确具体的影响情况。因此，要想确定哪些法规需要优先审查还有待商榷。

3.1　事后和事前审查

事后审查不应仅限于那些影响最大的限制措施，因为这样做可能阻碍大范围审查，从而导致很多明显存在问题的限制措施由于个体影响较小（尽管总体影响可能较大）而得到保留。

国发〔2016〕34 号文件提出的公平竞争审查制度侧重于进行效益最大化的审查。这样做的优势在于可以确保公平竞争审查制度以最快的速度展现明显的成效。但是，审查重点不应将影响较小的限制措施排除在外，因为很多小规模影响累积起来可能造成相当大的影响，同时，在中国这样的大型经济体中，对诸多影响较小的限制措施进行审查后有望带来的收益通常会远远超出实施审查的成本。澳大利亚希尔默审查和罗马尼亚及其他部门竞争评估的原则之一就是识别、判定那些个体影响适中但总体影响显著的限制措施。澳大利亚在 5 年内用这种方法审查了约 1 800 项法规，最终有数百项法规得到修订。这意味着能源和运输等关键基础设施领域之外的法规同样值得重点关注，同时也帮助了市场力量特别补助制度的改革——很多人以为这种改革要先于希尔默改革。

将小规模改革涵盖在内可能带来极大的累加值。举例来说，如果福利约占某一部门收入价值的 2.5%，那么 10 个占 GDP 1% 的部门的累加值等同于审查一个占 GDP 10% 的部门。经合组织的研究表明，当存在限制措施时，竞争限制的价格影响约为收入的 20%，因此从经验上来看，消除限制（包括似乎具有低附加值的省级和市级限制）带来的价值仍是相当显著的。不过从现实角度来看，设立法规审查的优先顺序可能是必要的，而确定优先顺序的考虑因素之一通常就是修订法规之后的潜在影响。一些国家已经通过各种方式确定了此类优先顺序，这些方式一般都涉及促进竞争的法规修订产生的潜在收益规模。部门划分由多种因素决定，如：

◎该部门对贸易和就业的重要性；

◎能够感知到的竞争不足问题；

◎该部门或产品对贫困人口的重要性。

这种优先排序有助于明确修订竞争限制性法规产生的最大效益。

《细则》没有明确要求对法规进行事后审查，但也没有排除此类审查。根据《细则》第 12 条，政策制定机构可以自行决定进行此类审查，但建议进一步明确相关的具体规定。

就事前审查而言，激励各省市政府做出改进的措施尚不明确。应该考虑提供一些小规模但实实在在的财政激励措施或其他激励机制，鼓励各省市切实推行公平竞争审查制度。

竞争评估领域的一个常见现象就是，负责限制性法规的政府官员通常会竭力维持这些法规并宣称不会造成重大影响。这就提出了这样一个问题：如何在各省市政府内部赢得对改革的支持？澳大利亚采取过一种办法，这种办法之后虽然没有再被推行过，但带来了非常有力的激励效果。具体办法就是在澳大利亚中央政府划拨给各州的预算上再加一笔没有划拨的额外经费，条件是各州承诺每年落实一项具体改革。中央政府机构国家竞争委员会负责评估落实情况，因此各州财政部门在地方层面成为竞争改革的推动者。澳大利亚中央政府部门并没有受到这样的预算激励。

一些参与改革进程的澳大利亚人士在非正式谈话中表示，州财政部门受到的激励对其行为产生了重大影响。

澳大利亚中央政府财政部提供的资金是合理的短期支付，这抵消了部分变革阻力，降低了限制竞争的程度并获得投资回报，最终推动了 GDP 增长并随后推动了税收收入增长，增长值超过了短期支付成本。

还可以考虑设立其他激励机制，如要求对工作人员的个人绩效计划进行此类改革，向提议和执行公平竞争审查制度、消除对竞争的过度限制的政府官员发放奖金，或创建一个或多个以此类审查为主要特定目标的部门。

就制度颁布前的法规而言，应该允许以某种有限而合理的方式来审查那些过滥的豁免规定。如果无法解决先前赋予的例外，就有可能意味着公平竞争审查制度的实际影响要大幅延后。

目前的架构给予了限制措施大范围的豁免。应当仔细考量这些豁免的范围。一方面，需要确保投资优惠措施不出现反复（包括来自辖区内外的投资，也包括来自国内外的投资）。另一方面，可能已经对国内企业采取诸多限制措施而没有考虑到长期后果。如果一家企业相比其他企业长期占据优势地位，而其他企业本来会是更有效率的生产者，那么就应当提出这样一个问题：这种长期优势是否应该受到时间限制？在这种情况下，一种做法就是给企业享有的过度援助设定一个时间期限。

欧盟制定了国家援助控制制度，确保各国不得提供无限制的援助和福利并过度扭曲竞争。值得注意的是，根据国家援助规则，既可以审查新援助，也可以审查之前授予的援助。

可以想象，《细则》中的豁免条款将豁免很多严重限制竞争的措施。虽然每类豁免都有其合理性，不过如果能够明确允许或禁止适用豁免的法规类型，会大有裨益。建立措施必要性的标准，避免造成严格限制，设立确切的执行期限，这些都有助于确保豁免条款不会成为竞争限制性法规的默认理由。

3.2　方法

很多经济体采用的方法都间接反映或者直接采用了经合组织的竞争评估工具箱。该工具箱在制定的时候就是为了让其他国家可以根据自己的国情进行调整运用。工具箱的用户包括欧盟委员会、韩国、墨西哥、罗马尼亚和英国。经合组织这一方法的优势在于，虽然竞争政策方面的经验有利于实质性的深入审查，但是这种方法在使用时并不要求所有官员都具备丰富的竞争评估经验。

4. 谁来实施竞争评估

公平竞争审查制度中竞争评估的效果和成功最终取决于由谁来审查法规，以及促使审查人和修订人以连贯、完整和系统的方式行事的激励措施。

4.1　法规审查的责任需要在将来得到澄清

从竞争评估经验中得出的一个普遍教训就是，如果由法规起草机构之外的机构来执行或进行实质评估，能够更好地识别潜在的竞争限制。近来，在为启动一项经合组织竞争评估项目而召开的公开会议上，职能部委的部长们发言表示竞争评估通常都很有价值，但都声称自家部委的规章不会存在这方面的问题。外部审查的经验表明，这些部委其实有很多规章都可能限制竞争。这表明很多部委都带有固有的偏见。因此事后审查的主要责任应当落在部委之外，同时关于关键因素的事前审查，其全部责任也应落在部委之外。《细则》第 7 条规定要征求利益相关方意见，这一要求也许可以通过提供第三方意见而在一定程度上缓解自我评估的问题，但是并不能改变自我评估可能不如第三方评估那么有效的事实。表 1 列出了不同经济体的经验。

表 1　外部审查执行机构

经济体	审查机构	注
澳大利亚	国家竞争委员会（20 世纪 90 年代）	经过国家竞争委员会的核实，各州可以得到适度的款项（约占联邦预算的 0.3%），用于审查和实施改革
希腊	经合组织* 和竞争执法机构	经济或协调部牵头实施工作，总理办公室承诺支持相关项目，按照“规定”给予财政激励
罗马尼亚	经合组织* 和竞争执法机构负责事后审查	总理办公室在项目过程中予以支持
	竞争执法机构负责事前审查	
墨西哥	经合组织* 和经济部竞争政策部门牵头负责事后审查；竞争执法机构也可以进行事后审查	经济部牵头负责实施工作
	规制影响评估机构“联邦规制委员会”根据经合组织工具箱的指导，牵头展开事前审查工作	
韩国	竞争管理当局根据经合组织工具箱的指导，牵头对立法进行事前审查	部际机构对竞争执法机构提出的建议进行审议

* 其中一些项目涉及经合组织牵头与国内机构合作展开的竞争评估，经合组织的工作人员和顾问（多达 15 人）审查了相关法规并提出建议（通常为一年左右）。此类工作的经费来自经合组织收到的自愿捐款。

从上述经验可以看出，如果各部委或各州得到直接的财政激励，那么这些地方的落实工作就会快得多（如希尔默改革时期的澳大利亚和债务救助计划时期的希腊）。财政支持机制的优势之一就是州或国家财政部门以及总理对改革的支持有可能赢得州或国家职能部委的支持。在澳大利亚，政府的初始额外支出有着正当理由，因为改革将带来额外的经济活动和税收收入，而这些可以弥补联邦预算在这项工作上的支出。在希腊，公共机构认识到产品市场改革的特殊性和重要性，最终将实质的竞争评估（虽然未必全面）列为希腊政府继续获得支持的先决条件。

如果缺少财政支持，那么政治支持和指导就变得更加重要。这种政治支持必须来自最高层，虽然一般不会涉及最高层政治人物，但是会涉及有时间关注法规审查等项目实施细节的高层官员。

5. 机构设置

机构设置会对公平竞争审查制度的最终成效产生重大影响。经合组织参与的实际项目面临的诸多挑战包括：

◎政治层面的落实决心；

◎特殊利益集团的反对/政治风险；

◎时机；

◎人员；

◎部委/机构间缺乏合作；

◎实际工作范围在初始阶段存在不确定性。

机构设置是应对这些挑战的关键所在。

成功因素

在评估过程中先是取得相关政策制定机构之间的合作，然后再获得支持，这是成功的关键。总的来说，这种情况会发生在审查过程受到高层政治支持的时候。这种高层支持确保了政府职能部门的官员在审查过程中的合作。要想成功完成审查并对限制竞争的法规做出适当修改，这些部门的知识、专业和数据至关重要。尤其是希腊和罗马尼亚两国的项目经验表明，最高层对审查进程的政治支持可以确保各部委迅速与法规审查工作涉及的机构展开合作。

成功因素包括：

◎设立以下操作原则：如果存在限制竞争程度较小的解决方案，而政策目标仍然具有价值，那么就应当废除对竞争的不当限制（该原则由澳大利亚政府制定，是对希尔默审查的回应之一）。

◎设立明确的指南，说明如何处理合理的竞争限制。技巧之一就是让主管官员向总理证实某项限制的必要性，并要求对此类证实进行补充论证（这项原则是由澳大利亚财政部在2007—2008年的竞争审查中确立的，不过具体运作时间并不明确）。

◎设立明确而简单的指南，说明什么时候可以存在竞争限制。指南越是模棱两可或明确单一，相关部委就越容易声称不存在相应的限制。因此，经合组织的竞争核对清单在首要原则（即一般原则）之后列出了一些重要实例（涵盖了大多数已知的竞争限制）。

◎政府高层应当给予支持，并有责任在必要时进行干预，以确保竞争限制性法规受到充分审查。如果缺少高层支持，那么在一方声称法规限制了竞争而部委持不同意见时，争端很难解决。

◎联邦资金给予各州的财政激励措施可以帮助各州赢得来自州财政部门的内部支持（在澳大利亚，对各州的财政支持使财政部门等主要政策制定机构成为改革的支持者）。

◎为制定政策的部委/州/其他相关机构的官员提供有关竞争影响的实操培训。经合组织与墨西哥经济部于2013年9月面向政府各个部门展开关于竞争评估的培训项目，在那之后，管制审查机构（联邦规制委员会）向竞争执法机构提交的可能限制竞争的法规在数量上出现了增长，如表2所示。

表2　与联邦规制委员会审查相关的意见数量（2010—2016年）

年份	2010	2011	2012	2013	2014	2015	2016
意见数量	5	10	9	26	47	80	50

◎对竞争影响进行量化评估。希腊于2013—2014年开展了第一次竞争评估项目，在那之后，该国经济部长表示在提议任何有争议的改革时，他最看重的就是对这一改革潜在效益的量化评估。虽然人们认识到，对竞争影响的专业经济研究具有极大价值，但我们往往缺乏研究所需的数据和资源。经合组织研究出了一种可在缺少高度专业化经济研究的情况下评估竞争影响的方法，这个方法的立足点就是其他地方类似改革带来的影响以及财政收入方面的数据

（S. Ennis，2017）。

6. 成效：现有部门法规的竞争评估经验

本文介绍了国际社会在应用经合组织竞争评估工具箱方面的经验，该工具箱是法规竞争审查的主要国际标准。工具箱是由经合组织制定的，并随着多个国家的法规审查而积攒着国际经验，其中以澳大利亚为典型。澳大利亚采取了国家竞争政策，用 5 年时间系统地审查了 1 800 多项法规。经合组织工具箱第一版发布于 2007 年，在此之后，工具箱根据各代表团的经验和意见进行过多次更新。经合组织理事会于 2009 年批准了经合组织关于竞争评估的建议书。

很多国家都有应用这一竞争评估方法的经验，经合组织有时也参与其中。[①] 工具箱的设计就是为了让各国政府自行应用。有时政府邀请经合组织参与法规竞争评估，尤其是在审查数量巨大或者从政治角度来说一个部门很难对另一部门提出建议的时候。

经合组织的统计数据表明（见图 1 和图 2），中国的产品市场规制形成的限制要远远高于经合组织成员的平均水平，这意味着他国经验具有可借鉴性。据经合组织估算，中国的产品市场改革有望将 GDP 增长率提高约 30%。

下文会对若干已经实施竞争评估工具箱方法的国家展开详细的研究。这些研究的目的并不是建议中国做出哪些法律变更，而是旨在阐明实施过程和可能获得的结果类型，尤其是竞争评估涵盖广泛领域的时候。韩国是在法规事前审查中运用该方法最为突出的国家之一。希腊和罗马尼亚的突出之处则在于两国与经合组织合作实施了涵盖所有部门的竞争评估，同时政府或外部资助者给经合组织提供了评估项目的专项基金。罗马尼亚的情况尤为特别，因为其代表了向市场体制转型的经济体。

6.1 韩国

韩国公平贸易委员会（KFTC）认为，竞争限制性法规的改革是竞争专家的基本职责所在。公平贸易委员会是一个部级机构，一直通过事前法定咨询和政府

① 参见经合组织竞争评估经验报告（2012）。

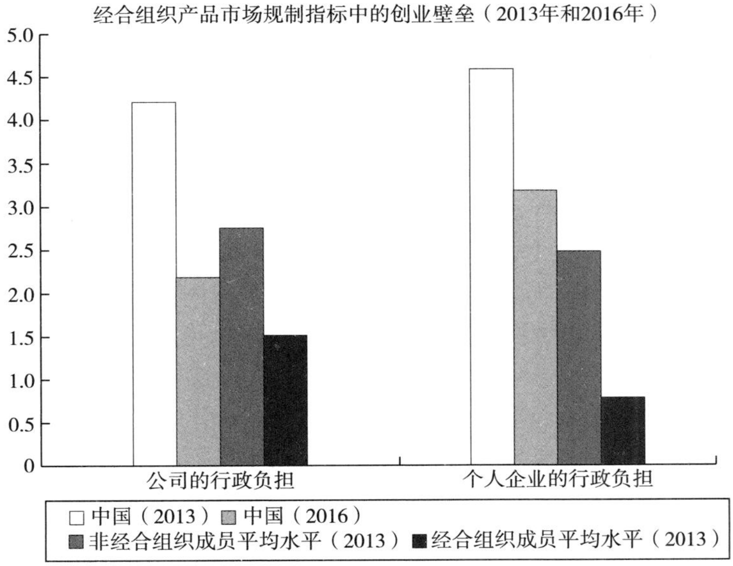

图1　中国的行政负担

注：指标值范围为0～6，其中6表示最严重。

资料来源：经合组织（2017），《经合组织中国经济调查》，经合组织出版，巴黎。

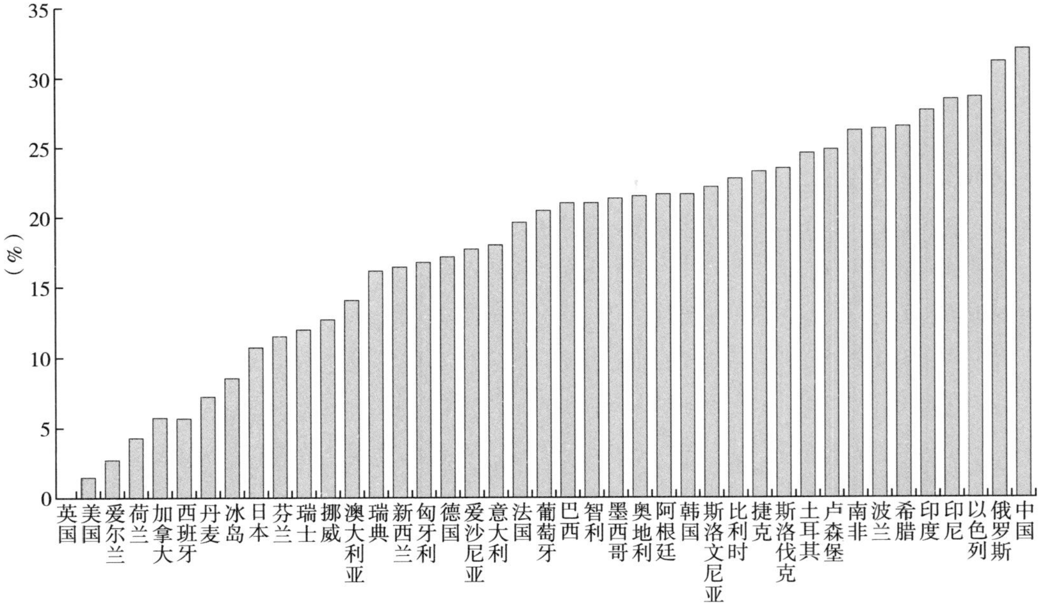

图2　产品市场改革在2060年前可能带来的GDP增长

资料来源：经合组织（2013），《经合组织经济展望》，Vol. 2013/1，经合组织出版。http：//dx. doi. org/10. 1787/eco_outlook-v2013-1-en；10. 1787/eco_outlook-v2013-1-graph161-en。

部门间法定程序来阻止限制竞争的法规的引入或强化。在法定咨询过程中，公平贸易委员会接收拟议法规，审查其是否具有限制创业等限制竞争的特性，并向相关部委提出纠正意见。因此，公平贸易委员会通过事前审查程序，在防止限制竞争的法规方面取得了重大成效。

经合组织于2007年发布了竞争评估工具箱，当时公平贸易委员会正在着手研究如何构建一套符合韩国国情的竞争评估制度。工具箱发布之后，韩国的上述审查程序得到了加强。2008年底，竞争评估形成了一项制度并成为总理办公室立法程序中的必要环节，《规制影响评估指南》（以下简称《指南》）也相应出台。《指南》要求各部委将新起草的法规呈交总理办公室进行审查。《指南》并非议会立法，而是在总理办公室的授权下编写发布的。修订后的《指南》引入竞争评估制度并使之成为规制改革委员会规制审查程序之一。如要颁布法律，必须先经过规制审查这个强制程序。法律授权公平贸易委员会对新法进行竞争评估。

到2009年，政府机构新起草或修订的大多数法规都必须接受公平贸易委员会的竞争评估。2010年，公平贸易委员会创建了竞争评估模型，并根据经合组织竞争评估工具箱为执法的官员制定了竞争评估手册。该手册已经分发给各部委。手册（经合组织，2010）提供了竞争影响判定技术指南，帮助不具备竞争法或市场规制方面专业知识的官员轻松完成竞争评估。公平贸易委员会还为政府机构官员召开信息会议，帮助解决竞争评估实施初期有可能出现的矛盾问题。2010年，为了与规制改革委员会保持密切合作，公平贸易委员会派出两名工作人员前往总理办公室下设的规制改革局，负责规制改革委员会的运作。

经过上述努力，在2009年，即首次引入竞争评估的那一年，公平贸易委员会共审查333项法规，对其中35项提出评估意见，比如限制竞争、影响消费者福利的潜在可能，并提出替代方案。公平贸易委员会的意见在规制改革委员会的程序中得以体现，这35项法规中有23项法规被修订或撤销。这项制度运行的第二年也产生了同样的效果。由于竞争评估是规制改革委员会审查的必要程序之一，因此其他政府机构会重视竞争、重视公平贸易委员会的意见，从而确保竞争评估成为新法制定过程中的一个重要步骤。

在这一程序的实施初期，韩国行政机构和立法机构有权提出立法建议。政府部委拟定的所有立法都由规制改革委员会和法制处（MOLEG）负责审查。规制改革委员会共有25名成员，其中包括总理、平民（教授、律师、民间团体等）和政府成员（包括公平贸易委员会主席在内共有6人）。该委员会在总统的直接管理下负责探讨或调整政府规制政策并审查或修订法规。每个部委都需要向规制改革委员会提交法规草案以及对“规制影响”进行成本和收益分析，由其进行审查。规制改革委员会将这些文件移送给公平贸易委员会，公平贸易委员会根据文件进行竞争评估并将结果通知规制改革委员会。规制改革委员会在审查相关法规并做出决定时，例如建议修订或撤销该法规，会将公平贸易委员会的竞争评估纳入考量。因此，竞争评估是法规制定过程中的一个强制性必要程序。

公平贸易委员会的竞争评估分为两步，分别是初步评估和深入评估。经合组织的竞争核对清单列出了有可能限制竞争的法规，而初步评估就是使用这份清单进行筛查。对于那些可能限制竞争的法规，公平贸易委员会将进行深入评估。深入评估会形成一份综合分析报告，列出有可能限制竞争的法规并探索既能实现预期政策目标又能尽量减少竞争影响的替代方案。负责评估的工作人员有时会视察相关机构并与相关政府官员、民营企业或该领域的专家进行面谈。

6.2 希腊[①]

法律法规是实现消费者保护、公共卫生和环境保护等公共政策目标的关键手段。不过，如果法律法规过于严苛，那么全面审查将有助于判定问题领域并制定出既不限制竞争又能实现政府目标的替代政策。

希腊对法律法规的竞争评估项目旨在判定管制性壁垒，包括限制市场准入、（通过调节价格或限制广告等手段）限制公司竞争能力、区别对待竞争者（如支持现有供应商）、促成竞争者进行共谋或限制消费者更换供应商能力等壁垒。该项目已经判定并评估了电子商务、建筑、媒体、批发以及某些制造业子行业（如化学原料及化学制品制造业和医药制造业）的市场法规。评估项目遵循的就是竞争评估工具箱的方法。

评估项目涉及与希腊竞争管理局和经济部的密切合作。项目每个阶段都会举行一次高级委员会会议，确保每个受影响部委的高层政治领导人能够定期听取审查员的直接通报，而无须通过公务人员来传递信息。一位总理代表在项目起步阶段表态称其无条件支持这个项目。实施工作由政府内部一个专门的协调机构牵头展开，具体实施提议来自政府各部委，向希腊提供财政支持的机构负责对实施工作进行审查。

---

① 本节内容直接摘自经合组织关于希腊的竞争评估报告（2017），是 Federica Maiorano 所率项目小组多名成员的工作成果。

希腊项目的主要建议

该项目的主要目的是促进希腊5个经济部门的竞争：电子商务、建筑、媒体、批发和选定的制造业子行业。这些部门各占总附加值的11%和就业的16%。因此，即使很多单项建议只能产生些许效果，但削减这些部门的竞争壁垒仍有可能对希腊经济产生重大影响。

这些建议是在对该国立法及其对竞争的限制影响进行综合分析后制定的。总体而言，在对1 288份接受评估的法律文本进行审查后，共确认了577份存在潜在的管制性壁垒。该项目总共提出了356项具体建议。

表2 按行业部门进行分析的法律条款概况

	电子商务	建筑	媒体	制药	其他制造业	批发	总计
法律文本	71	251	251	155	268	292	1 288
潜在限制	15	61	68	88	80	265	577
所提建议	10	42	68	54	48	134	356

竞争评估项目侧重的是与这些部门相关的法律法规。项目的重点是立法，而不是执法。这一点很重要，因为法规只有在得到执行的时候，其变化才会产生影响。商业环境也很重要，而通常不被纳入审查范畴的补贴和税收结构同样如此。要想对此项分析进行补充，可以借助一些工具对行政负担和营商便利程度进行衡量，如经合组织的产品市场管制指数和世界银行的营商便利指数。

电子商务

电子商务被视为希腊经合组织竞争评估项目的首要部门。因此，对相关立法的审查和对潜在竞争壁垒的分析以及相应的建议都要早于其他部门。当局已经落实了其中一些建议。主要建议如下：

◎经合组织建议在消费者保护法中采取统一的消费者定义。在项目刚刚开始的时候，该项立法将多种不同定义杂糅到一起。这使得电子商务供应商无法应用自动化流程、起草使用条款和条件、提供标准化合同等，因为除了其他因素之外，权利和义务还会因消费者是个人还是企业而出现变化。

◎希腊当局还应当明确法律担保和商业担保的定义和区别，废除本地供应商在商业担保方面的额外义务，并考虑对二手商品采取较短的法律担保期限。

◎与消费者的定义类似，消费者保护法对供应商的定义也是五花八门。此外，希腊的立法产生了一个意想不到的后果，那就是比起国外竞争者，本地（电子商务）卖家承担了额外的义务以及相应的成本。

◎总的说来，精简并整理第2251/1994号法律将在很大程度上解决因立法分散而造成的矛盾和不一致。鉴于消费者保护法的横向性及其在电子商务之外领域的应用，在进行精简之前，应当事先听取更多市场经营者的意见。

实施这些建议有助于确立法律确定性并提高透明度，同时降低希腊企业的合规成本。

建筑

涉及该部门的大量建议均旨在提高公共工程和设计的投标参与度。

◎要想参与工程和设计的公开招标，个人和公司必须接受注册管理机构的管理，并根据工程性质按类别进行注册，如道路工程或水利工程。此外，希腊还会依据它们的经验、人员配置和财务状况进行分类。经合组织的建议是只要投标人符合各项标准，那么无论它们属于何种登记类别，都能够参与投标。

◎应赋予个人和公司在公共工程和设计市场中运营的更大灵活性。经合组织报告的建议是，允许个人和公司同时注册成为设计者和承包商。但是，他们不得参与竞标自己设计的项目，除非招标书中做出了明确规定。在公共设计领域，目前个人在28个类别中最多只能注册2个类别，应当允许他们注册更多与其大学学位相匹配的类别，即特定工程学科，如民用或机械工程。

这些建议将削减人为的壁垒，使个人和公司能够在更多的竞标项目中竞争。预计能够取得的成效包括更加充分的招标竞争以及更加协调的施工与设计环节。

◎公开发布公共工程和设计的价格表，并约束全国所有缔约机关。根据标准招标模式，投标者需要提供与公开价格表相关的折扣。不过价目表近来一直没有更新。根据经合组织关于打击政府采购中操纵投标行为的指南：“只有在进行全面的市场调查并经官员确认具备竞争力的情况下，缔约机关才可以采用最高限价。”因此，应对目前执行的价格表进行更新，从而反映市场现状。

◎一些法律条款允许缔约机关拥有广泛的自由裁量权。举例来说，对于在时间和性质上与主要项目（即初步工程）有所不同的工程，应当发布指南来明确这些工程的定义，从而确保缔约机关采取前后一致的做法。

◎缔约机关应当在公共工程和设计方面实施电子采购并引入电子监督，从而加强政府采购的良好治理和信誉。这些措施应当涵盖所有阶段——从工程或设计采购的必要性评估到合同管理和最终结算。良好的管理、对不当行为的预防以及对公共工程和设计合同的密切监督可以促进潜在供应商的公平公正待遇，改善公共工程的招标程序、监督管理以及进一步规划。

项目还没结束的时候，希腊当局就已经将经合组织对法律草案的若干意见纳入了涉及政府采购的第4412/2016号法律。例如，该法律草案的某些条款限制了投标人的商业决策。经合组织同时着重提出了限制使用直接补贴以及确保透明度的意见。

媒体①

◎相关法律设定了报纸和杂志发布国家公告的适格标准以及对应的享受邮政资费下调的待遇标准。应当对上述两种标准进行审查，确保新进入者和在位厂商能够受益于公平的竞争环境。

◎无线电台的许可和规制框架零乱而分散，以至于在实践中无法适用。希腊当局应确保经营者在明确的规制框架基础上享有法律确定性并且能够做出合理的商业决策。

◎经合组织建议根据相关的欧盟指令对独立媒体制作人的定义进行审查。此外，应废除强制要求制作人和制作公司在同业公会登记处进行登记的规定。削减这些限制措施将放宽市场准入并促进竞争。这些建议还有望推动知识产权持有人就其作品的视听制作缔结相关协议。

◎应更新付费电视/广播的许可和规制框架，从而反映最新的技术发展。此外，还需放松对付费电视/广播内容的各种规制。此外，应对付费电视/广播节目供应商受到的限制措施展开审查。经合组织的这些建议旨在促进更多技术领域的投资，从而增加消费者的选择。此外，降低付费电视台/广播台和节目供应商的经营成本，也有利于降低价格。

化学品制造和批发

◎当局应当允许在批发层面交易散装洗涤剂，这样公司就能够节省包装费用，进而降低消费价格。此外，洗涤剂停止供应的决定应当公示，从而确保消费者保护、透明度和竞争。

◎异丙醇在希腊需要缴纳消费税，而这只会限制税收收入。此外，在工业用途得到豁免的情况下，希腊的生产商不得不进行复杂且昂贵的变性工序，法律应

---

① 由于相关行政和法律程序正在执行之中，本文目前没有评估与数字免费电视许可证相关的第4339/2015号法律和第7577/2016号部长联合决定。

当预见这会增加生产成本。如果最终的工业产品无须承担消费税或变性工序的成本，那么市场就能享受更低的价格。

◎关于植物保护产品和肥料的立法分散在不同的法律文本之中，而且在过去几年中出现过多次修订。这使经营者面临着额外的复杂性和不确定性，对新进入者和小型企业来说更是如此。经合组织的报告建议取消限制性储存要求，因为这可能增加成本并成为准入壁垒，同时撤销必须在专业人员监督下进行销售的要求。这些建议将在保证实现“可持续性安全使用”这一政策目标的同时，降低经营者的成本。

◎化妆品创新导致了“跨界”产品的出现，这些产品集美容和生物消毒功能于一身，因此不易分类。国家药物组织（EOF）应遵守欧盟关于跨界产品的软法，区分其主要和次要功能，将其要么主要归类为化妆品，要么主要归类为生物消毒剂。这项建议将消除供应商目前面临的不确定性，降低潜在的准入壁垒，同时有助于增加消费者可选的产品种类。

◎国家药物组织对归其管辖的生物消毒剂产品的许可发放使用的是药品类规定。尤其需要指出的是，这些产品不得使用主品牌。其结果就是，经营者无法以相同的品牌名称来销售活性成分不同、性质组成不同的生物消毒剂产品。使用主品牌是一种规模经济，因为节省了创建新品牌的成本。其可以降低费用，比如广告费、贸易优惠和价格促销，同时还降低了企业推出新产品的风险，也增加了消费者可以选择的产品种类。经合组织建议，这些针对药品的限制措施不应适用于生物消毒剂。

药品生产和批发

◎制药法规定了仿制药在重新定价程序中的最大价格降幅。如果修改后的价格优于参考产品的价格，将会调整后者的价格，从而做到两者相同。这剥夺了仿制药相对于原研药的价格优势，使其没有任何竞争空间或是进一步的市场推广。经合组织建议修订最高价格降幅规定，始终允许仿制药和原研药之间存在一定的价格差异，通过加强竞争来促进仿制药的市场推广。

◎应当对非处方（OTC）药品广告的法律框架进行更新，使其与近期关于放松常用药（GEDIFA）分销渠道规制的修订案保持一致，常用药物是一种特殊类别的非处方药。此外，应当给予非处方药促销更大的灵活性，比如有利于公众的折扣广告。自 2017 年 1 月起，非处方药的价格不再受到规制，因此，在所有销售点通过广告来投放这一消息将会促进竞争并最终造成价格下降，从而使患者受益。药剂师在柜和销售点的数量限制将充分保障公共卫生目标的实现。

◎当局应当审查促销领域的规制框架，如国家药物组织对科学活动和会议的事前批准。事实上，国家药物组织只需要进行事前备案和事后控制机制，就可以做到在不影响公司营销策略的情况下，实现政策制定者的道德、公共卫生和财政目标。

◎应当取消对仓库运营的限制，使企业实现规模经济。仓库运营方面的法律框架应当提高灵活性，允许在同一个地方行政区域内建立一个经济单位以上的仓库，并在该区域外建立备用储存区。由此产生的规模经济以及药品批发商之间更加充分的竞争将有助于资源得到更有效的利用，也有助于市场得到更全面的覆盖，最终使药品价格下降。

批发

◎经合组织建议当局简化燃料批发的许可框架，使之更加灵活，以便新批发商更容易进入市场。举例来说，对储存空间的最小容量或是液化气瓶的最低数量所做的强制要求有可能成为市场准入壁垒。

◎此外，批发商和零售商所签排他性协议的期限受到了法律规制。应明确立法，确保排他性协议的期限不能延长至法定期限以外，从而鼓励在协议到期时批发商之间的竞争。

◎在中央（批发）市场领域，法律框架只允许在雅典和塞萨洛尼基各开设一个批发市场。这样的法律框架已经过时，跟不上市场发展的步伐。应当放宽限制，使批发商能够和其他市场参与者一起建立竞争市场。

◎经合组织建议，对自用运输的法律框架进行审查，让批发商能够更方便地获取运输工具。此外，应当逐步取消旧的法律框架下运输企业享有的（祖父制）权利。最后，公路运输经营许可的申领条件不得优先具有特定法律形式的企业，如股份有限公司，而歧视小经营者经常选择的企业法律形式。削减这些限制措施和不对称要求将会规范竞争环境并加强市场参与者之间的竞争，使经营者能够制定自己的经营策略并更加有效地运营。

平行发现

◎被新近立法取代的条款经常未被明确地从法律体系中删除。经合组织在对希腊的综合评估中指出，“废除过时旧法并不普遍”（经合组织，2015a）。在该项目所提出的356项建议中，近90项涉及过时的条款。

◎过时、无效或多余的立法可能成为规制性壁垒，因其会造成法律上的不确定性，并有可能增加供应商和市场参与者的管理与合规成本，尤其是法律成本。

◎经合组织建议明确废除已被新法取代的旧法。从法律体系和主管当局的在线法律图书馆中删除过时的立法后，市场参与者和潜在的进入者将会面对不那么复杂而且更加透明、更加明确的商业环境，这既促进了商业经营，也放宽了市场准入。在对行业立法进行汇编时展开立法精简工作的效果更好。

◎本项目所审查的法规通常散见在多部不同的立法之中。企业和消费者要想全面了解适用于某一特定经济活动的立法，就得在多份不同的法律文本中寻找相关条款并弄清楚这些条款之间如何相互作用。此外，对核心立法的后续修订也导致法律条款进一步零散化并缺乏清晰明确的规则。

◎法律的精简和汇编特别有利于不太熟悉相关法律的新进入者和较小的竞争者，比起大公司，合规成本对这些小规模竞争者来说更加重要。经合组织此前展开过一个项目，单纯研究法规的行政负担（这是合规成本的一个子类），据该项目估算，法规的行政负担共造成希腊 13 个地区的企业损失约 32.8 亿欧元。

◎全面实施本报告所提建议的话，有望对就业、生产率和经济增长产生积极的长期影响。削减希腊经济限制带来的长期累积效应不容低估。在本文撰写之际，希腊正在推进这些行业部门的立法合理化，而这将对企业的竞争能力产生长远的积极影响，前提是这些建议得到充分落实。

6.3 罗马尼亚①

经合组织受罗马尼亚政府之邀，在该国展开独立政策评估，以判定以下三个行业部门的哪些规则和法规可能妨碍市场的竞争性和高效运行：建筑业（包括政府采购和建筑材料）、运输业和食品加工业。

该项目分四个阶段展开。第一阶段确定了三个行业部门的确切范围。政府专家帮忙列出了与这三个行业部门相关的所有立法清单。该清单共包含 895 项立法，如法律、（紧急）政府法令、政府决定和部长命令。第二阶段使用经合组织竞争评估工具箱对这些立法进行筛选并判定潜在的竞争壁垒。审查对象既包括国家规定，也包括由欧盟指令转化的立法，因为这三个行业部门都在很大程度上受到欧盟指令和法规的规制。经合组织的报告判定了 227 项潜在的竞争限制（建筑业 95 项、运输业 85 项、食品加工业 47 项）。第三阶段，经合组织团队研究了政策制定者在制定每项规定时想要达成的目标。他们进行了深入的定性分析，并在

① 本节内容直接摘自经合组织关于罗马尼亚的竞争评估报告（2016），是 Federica Maiorano 所率项目小组多名成员的工作成果。

数据充足的情况下加上定量分析。团队与部委专家举行过数次会议，以便更好地了解立法者的动机以及想要达成的目标。第四阶段，经合组织就那些被认定限制竞争的规定提出了相应建议，同时也兼顾了欧盟立法和类似国家（尤其是欧盟成员国）的相关规定。此外，在整个项目实施期间，经合组织团队与行业利益相关者进行了面谈，以便更好地了解市场和现有立法情况。最后，经合组织与部委专家及罗马尼亚竞争委员会（RCC）成员举办了数次研讨会，以帮助罗马尼亚政府建立竞争评估能力。

竞争执法机构和总理办公室是该项目的联合牵头机构，也是政府官员组成的高级小组的联合主席，这些官员在项目每一阶段定期召开会议，听取有关项目成果的简报。政府部委官员的频繁变动是项目面临的挑战之一，不过，由于定期的简报会、总理办公室的支持以及与职能部委官员的不断接触而建立起来的稳定结构使得经合组织提出的相应建议得到了各部委较好的响应。

罗马尼亚项目的主要建议

经合组织的报告就具体的法律规定提出了 152 项建议。下表概括了通过工具箱判定并根据行业部门分类的法律规定以及建议。

表 3　按行业部门进行分析的法律条款概况

	建筑业	运输业	食品加工业
审查立法	162	566	167
初步认定存在限制	95	85	47
提出建议	72	46	34

报告指出，落实这些建议将使罗马尼亚消费者和罗马尼亚经济从中受益。在项目实施期间，经合组织尝试确定这些收益的来源，并在情况允许的时候进行了定量估算。更具体地说，根据经合组织的计算结果，如果建议得以实施，将会对罗马尼亚经济产生约 3 400 万欧元的正面影响。这一估算值仅源自经合组织团队能够量化的一小部分问题，因此如果建议得到全面落实的话，最终收益可能还会更大。

此外，如果这些建议得到全面落实，那么相应行业部门立法体系的合理化也将对企业的长期竞争力产生积极影响。因此，如果罗马尼亚削减所有被认定具有负面影响的限制措施，包括那些本质上更带有技术性的限制措施，那么这将对罗马尼亚经济产生显著的长期累积效应。经合组织在报告中并没有尝试去评估这一效应的规模。不过，澳大利亚在20世纪90年代展开了一个涵盖行业更广的项目来削减规制性竞争壁垒并取得了显著的效益。2005年，澳大利亚生产力委员会选择部分促进竞争的改革并对其效果进行评估，据其计算，因特定行业部门的生产力提高，澳大利亚GDP在原本会有的水平上提高了2.5%。

下面按行业部门来总结一下相应的重点建议。

建筑业

◎目前采购法中的法律规定由缔约机关酌情适用，建议起草法律适用指南并减少公开招标的参与者数量。

◎对为35岁以下的年轻人群建造住房的开发商采取区域特许权招标程序，从而减少相互竞争的开发商受到差别对待的风险。

◎废除沙、石的最高限价。

◎对所有直接固定在地面上、没有地基或平台、只需要电力供应的摊位，免除其申请建筑许可证的义务。

◎取消5月15日至9月15日不得在黑海沿岸地区、海滨度假胜地和旅游海滩区域实施建筑或维修工程的国家禁令。

◎如果行业协会参与决策程序，实施行为指南来化解利益冲突并限制政府的行为。

◎废除限制职业学校或医疗中心所在区域的不合时宜措施。

◎以地方当局的正面评估来取代附近住户的同意这一取得建筑许可证的强制要求。

运输业

◎废除不必要的授权要求，如修理、调整、重装和拆除车辆的授权以及“异常装载运输”（用超出适用尺寸或重量限制的车辆进行货物运输）司机的专业能力证书。

◎废除必须在车辆上装有显示车辆尺寸以及最大可装载量信息的号牌要求。

◎修订申领运输许可证副本的相关要求。副本的签发应与运输许可证的有效期相同，即10年，而且不需要专门提供车辆登记号的副本。这一修订预计每年能给经营者带来约710万欧元的效益。

◎修订有关铁路基础设施准入和基础设施管理人员独立性的不明确规定，防止罗马尼亚国家铁路股份公司歧视私人经营者。

◎港口管理局设定的所有关税都必须经过独立监管机构的监督和事前批准。

◎引航和拖航等港口安全服务不应直接授权港口管理局提供，而应以公开透明的程序进行招标。

食品加工业

◎取消店内面包销售区至少达到10平方米的要求，在面包出售条件方面给予经营者更大的灵活性，前提是经营者能够确保食品安全。

◎员工培训规则的适用应该更具有针对性，目前这些规则适用于所有参与食品加工的员工，而事实上其仅适用于那些因与食品直接接触而确实有可能对食品安全构成风险的员工。这一条款造成了行政负担，尤其影响了较小规模的经营者。

◎审查许可证制度，从而确定当局批准许可证的最后期限，并确保许可证的审批过程中不会出现潜在的利益冲突。

◎审查管控制度，从而杜绝不同机关的多重管控，并确保对进口产品的管控不会给进口商造成不必要的成本，如需要等待食品分析结果而不得不将货物保存在（更昂贵的）冷藏车中的进口商。

◎禁止基于国籍的歧视。

◎明确原本模棱两可的立法规定，为市场经营者消除不确定性，减少专断和腐败的可能性。

◎废除过时的立法，尤其是那些在罗马尼亚加入欧盟后与欧盟法有相同规制内容的国内法。

7. 结论

本文研究了中国新近设立的公平竞争审查制度，并确定了一些从长远角度来看值得思考的潜在增长点。此外，本文还回顾了竞争评估方面的国际经验。新法规推行之前需要接受竞争评估，现行法规也需要接受竞争评估。要想进行仔细而全面的审查，审查人员应当来自立法部门之外的机构，不过立法部门在竞争评估方面的专业知识也会发挥极大作用。要想让竞争评估程序得到广泛的应用，至关重要的一点就是要将这些程序嵌入结构紧凑、内容简明的可行法律框架；同时，要想竞争评估得到成功实施，明确法律评估的必要性以及高层对审查工作的政治或财政支持同样至关重要。

关于竞争评估的替代方法，还有更多值得详述之处，不过特定国家的相关经验可以展现出有益而实用的竞争评估技术。不管是以竞争评估的形式，还是以针对国家补贴和国企待遇的经济评估项目的形式（国家补贴和国企待遇的经济评估其实涵盖在竞争评估的范围之内，但经合组织工具箱核对清单的一般性要点中并未直接提及），市场审查标准在应用过程中必须根据应用国的经济、政治和社会需求进行调整。过往经验表明，随着时间的推移，市场审查标准会从现行规则中获得经验，继而出现动态发展。例如，英国的规则已经修订过三次，第一次是在2002 年，第二次是在 2007 年，最近一次是在 2015 年。鉴于这样的发展过程，应当确保政府内外都有制度改进的长期支持者。

参考文献

Égert, Balázs and Gal, Peter (2016), "The Quantification of Structural Reforms in OECD Countries: A New Framework", Economics Department Working Papers No. 1354, OECD. https://www.oecd.org/eco/The-quantification-of-structural-reforms-in-OECD-countries-a-new-framework.pdf.

Ennis, Sean (2017), "Quantifying Consumer Benefits of Pro-market Regulatory Reform", mimeo.

KFTC (2010), "Competition Assessment Toolkit", http://www.oecd.org/daf/competition/reducingregulatoryrestrictionsoncompetition/46192134.pdf.

OECD (2009), Council Recommendation on Competition Assessment, http://www.oecd.org/daf/competition/oecdrecommendationoncompetitionassessment.htm.

OECD (2010), Korean Competition Assessment Toolkit DAF/COMP/WP2 (2010) 11.

OECD (2013), OECD Economic Outlook, Vol. 2013/1, OECD Publishing.
http://dx.doi.org/10.1787/eco_ outlook-v2013-1-en.

OECD (2014), Competition Assessment Reports: Greece, http://dx.doi.org/10.1787/9789264206090-en.

OECD (2014b), Report on Experiences with Competition Assessment, http://www.oecd.org/daf/competition/Comp-Assessment-ImplementationReport2014.pdf.

OECD (2016), Competition Assessment Toolkit: Principles (Volume 1), http://www.oecd.org/daf/competition/46193173.pdf.

OECD (2016), Competition Assessment Toolkit: Guidance (Volume 2), http://www.oecd.org/daf/competition/45544507.pdf.

OECD (2016), Competition Assessment Toolkit: Operational Manual (Volume 3), http://www.oecd.org/daf/competition/COMP_ Toolkit_ Vol. 3_ ENG_ 2015.pdf.

OECD (2016), Competition Assessment Reports: Romania, http://dx.doi.org/10.1787/9789264257450-en.

OECD (2017), Competition Assessment Reports: Greece, http://www.oecd.org/daf/competition/OECD-Competition-Assessment-Review-Greece-Preliminary-version-2016.pdf.

OECD (forthcoming 2018), Competition Assessment Reports: Mexico.

经合组织竞争评估工具箱、欧盟单一市场规则和规制改革

中国面临的挑战

阿尔伯托·赫姆勒

1. 引言

竞争性的环境能够对市场参与者提供激励，使其能够更好地对市场信号做出反应（比如说，扩大/缩小生产规模，提高/降低价格，创造新产品，引入新流程，进入/退出市场等），并在此过程中对市场力量的创设和增强予以规范。获得强有力的市场地位是企业家开展活动的最佳动力，而买卖双方根据市场传递的信号做出反应，不断更新现有的利润率。

与经济学教科书上的情况不同，现实中竞争很少发生在销售完全相同的产品（比如汽油）的企业之间，企业主要是通过销售差异化的产品来进行运作。正如史蒂夫·乔布斯曾经说过的那样，“在竞争面前，你不能发誓说要做到更好，而应当是发誓要做到与众不同”。[①] 这是一条普遍真理，其不仅仅适用于高科技领域。事实上，即使是销售比萨，世界上也不会有两家店出售完全相同的比萨。企业会尝试通过差异化供应来赢得客户的忠诚，并在此过程中创造投资和就业机会。正因为如此，我们不应当对比萨市场设置准入壁垒、进行不必要的限制或使其受制于某些标准化要求。那么除比萨市场以外其他市场同样应当如此。这就产生一个问题，为什么在现有的经济环境中那些旨在限制竞争、设置进入壁垒或限制现有企业扩张的规制随处可见呢？

---

① 请参见 http：//www. goodreads. com/quotes/4101971 – you – can – t – look – at – the – competition – and – say – you – re – going.

大多数时候，限制竞争的规制有其普遍利益方面的合理理由，本文第 2 节在介绍并探讨经合组织竞争评估工具箱时会涉及以上部分。然而在某些情况下，一些理由可能过于勉强，其对现有企业的保护超出了必要的程度。另外还存在一种情况，就是涉及的规制在当时（刚刚被引入的时候）是合理的，但是由于时代发展或技术进步而变得不再合乎时宜。

不论是在私人还是公共经济部门，都存在着相当强大的利益群体在努力促成并保留不正当的限制性法规，其主要目的就是不给新进入者留有任何机会，使在位企业可以轻松地维持强大的市场力量。而保护国有企业并给予其广泛特权的动机显然更加强烈。有时甚至大企业的员工也会开展游说申请保护，以维持自己的高额薪资。

事实上，保护性规制形成的市场力量并不仅仅体现为高额利润。有时候，雇员和供应商会分享这种市场力量，前者体现为高额薪资，后者体现为生产投入品的高价格。换句话说，保护主义经常（甚至总是）引起效率低下。这对竞争非常不利，因为其扩大了受保护的群体。受保护的群体可以联合起来维护相关法规，站在有利于自己的角度上进行游说和论辩。只有消费者或者纳税人可能反对这个群体，因为消费者支付了更高的价格或者承受了更低的质量，纳税人则需要缴纳额外的税款来弥补不合理的国企损失。然而问题在于，消费者或纳税人并不了解情况，而且提出的意见也常常不被重视，因为解除保护性制度只会给消费者或者纳税人个人带来极少的收益，但保护性制度的受益者则会遭受巨大的损失。

国际贸易中的保护主义也是如此，国内生产商能够从中获得极大利益，而国内消费者的个人损失则微不足道。国际贸易中的保护主义问题很难解决，因为受到保护的生产商会积极捍卫自己的特权，而且总是过度适用普遍利益这一理由来维护现有保护措施的正当性，不过相比之下，限制性规制的问题更难解决。

国际贸易中的限制措施旨在保护国内生产商和工人，并不需要实现（其他的）普遍利益目标，因此开放国际贸易市场主要是一种政治决定。而规制——包括限制竞争的规制——应对的则是合理的普遍利益问题，而规制在何种情况下会限制竞争事实上很难界定。规制的关键问题在于其程度。即使在完全自由化的市场中，通常也会需要某种规制。因此，为了确保规制不限制竞争，很多司法辖区已经制定了一套控制体系，废除那些不正当的限制性规制，以免阻碍有益的发展。

经合组织竞争评估工具箱提供了一个框架来促进竞争友好型规制。本文将在第 3 节介绍多个国家在竞争评估方面取得的主要成果，在第 4 节讨论一个经常被忽视的问题，那就是如何起草规制规则。

欧盟相当有效地解决了其中一些问题并推动了单一市场，在单一市场中，商品、服务、资本和人员的自由流动得到了保障，因此，所有国内规制都不得阻碍市场准入，比禁止歧视原则的要求程度更高。欧盟建立单一市场的同时也设立了反垄断规则，来规制那些旨在人为阻碍有利于消费者的市场发展的私人做法，确保竞争不会因此受到扭曲，还设立了国家援助规则来限制竞争限制性补贴。本文在此并不分析反垄断执法或国家援助控制制度，不过这两者都被视为欧盟体系的重要组成部分。

欧盟模式对中国来说是一个非常值得借鉴的实例。中国《反垄断法》中的实质性条款是借鉴《欧盟运行条约》第 101 条和第 102 条起草的。在经济规制领域，中国各个省份的情况与欧盟成员国类似。欧盟和中国都有不同等级的规则共存的情况，需要合理的机构设置才能实现预期效果。如果中国在建立全国统一市场的进程中，借鉴欧盟在单一市场方面的经验，将有助于削减不合理的壁垒和优惠待遇。本报告将在第 5 节介绍欧盟单一市场的主要成就，在第 6 节专门讨论服务业指令和目前改革的方向，比如，欧盟可能将目前成员国自愿选择适用竞争评估工具设为法定义务。报告将在第 7 节简要介绍中国建立真正的统一市场所需采取的措施，并将这些措施与经合组织竞争评估工具箱和欧盟单一市场规则加以对比。报告第 8 节为简要的结束语。

2. 竞争评估工具箱[①]

经合组织竞争评估工具箱旨在识别限制性法规并对其进行修订，从而促进市场创新和发展。经合组织历时多年制作了工具箱并于 2009 年发布第一版，在那之后该工具箱经过了多次修订。

经合组织要限制规制造成的影响的原因在于，其注意到：要想达到某些预期的公共利益目标，规制可能是必要的，但有时规制可能会出现过度或不成比例的情况，结果带来不必要的竞争限制。因此，评估过程的第一步是判定有可能具有潜在限制性的规定。正如前文所述，工具箱可以识别三大类值得审查的限制，包

① 本节内容主要摘自经合组织竞争评估工具箱第 3 卷：操作手册 http：//www. oecd. org/daf/competition/COMP_Toolkit_Vol. 3_ENG_2015. pdf.

括对经营者的数量、活动类型和竞争激励的限制。此外，该工具箱还包括以下几类可能存在竞争限制的情况：消费者在更换供应商时所承担的成本包含不合理的因素，或者在没有适当分析潜在投标人竞争激励的情况下就启动招标程序，尤其是那些与特定市场专营服务相关的招标程序。在这些情况下，首先必须识别可能限制竞争的规制，然后再决定是否要对其做出修订以及做出怎样的修订。

2.1 限制供应商的数量或范围的规制

限制供应商数量会带来价格升高、抑制创新的风险，同时增强市场力量，或者将市场力量资本化而提高租金。其结果要么阻碍了潜在供应商的市场进入，要么抑制了现有供应商的创新。这会导致竞争被削弱，进而影响供应商满足消费者需求和提高经济效率的动力。

2.1.1 授予特许经营权

授予某供应商提供商品或服务的特许经营权代表着私人垄断的建立。从历史上看，特许经营权的授予出现在“自然垄断”的背景之下。之所以要保护市场中自然出现的垄断，原因在于维持价格体系的必要性，其中某些消费者的价格低于成本，而其他消费者的价格则高于成本，比如说，在电信服务自由化之前，本地通话费低于成本而长途通话费高于成本在很多国家都是常态。在这种情况下，特许经营权的授予保护了价格体系，消除了市场盈利部分（长途通话）的准入风险，这种风险将导致服务于整个市场的企业遭受整体损失。但是，特许经营权可能会带来价格垄断和其他竞争问题。以上后果可能无法通过规制完全避免，因为立法者在防止市场力量滥用和保护消费者方面往往成功率较低（市场力量有时会与雇员共享，导致较高的薪资，或是与供应商共享，导致较高的购买价格，而这些行为无法通过规制得到控制）。因此，设立这类权利时应当极度谨慎，而且在此之前要仔细考量是否有可替代方案能够实现同样的目标。

如果设立了这类权利，可以对其有效期进行限制，并定期对其进行重新评估。此外，政府可以考虑通过招标方式分散此类特许经营权，从而确保其有效分配。不过后文将会说到，在安排招标程序时，不应限制供应商进行创新和用以造福消费者的投资的积极性。

2.1.2 确立许可证或执照制度作为运营条件

经营业务所需的许可证或执照会限制准入。有些资格要求是为了保护消费者接受服务的质量，采取的是最低正式教育和经验标准，有时可能会包括品行良好等要求。如果消费者在结束购买（信任品）之前或之后都不能了解所接受的服务质量，这种限制就是必要的。不过，即使在这些情况下，所需的资格类型也可能会随时间而变化。举例来说，对护士资格要求的改进往往伴随护士权限的扩大，与此相对就缩小了医生的权限，同时促进竞争并降低卫生服务的价格。有时可能需要进行“公共利益”测试，要求潜在进入者证明市场存在提供额外服务的“需求”，有时甚至需要要求其证明自己进入市场不会对现有市场主体的业务产生负面影响。以荷兰的公证服务为例，新进入者在申请新的授权时必须证明某一特定区域对额外服务有所需求。[①] 这种需求测试在准备和评估两个阶段都存在较大困难，而且有可能严重扭曲决策过程。在某些情况下，如出租车服务行业，执照持有人的数量可能是固定的，这会导致更严重的扭曲，并让消费者承受质量的下降和价格的上涨。

虽然许可制度在大多数时候设立的初衷是消费者保护，但在实际执行过程中，其对现有生产商免受竞争的保护程度要胜过对消费者的保护。尤其需要指出的是，虽然执照或许可证的资格要求在发布时是合理的，但随着时间的推移，资格要求会逐渐趋于严格，以至于超出消费者保护所需的水平，不必要地减少消费者的选择，人为地减少供给并提高价格。比如，在智能移动电话还没普及时，起草了出租车服务行业的执照限制规定，当时为了解决出租车服务方面的信息不对称，只能通过公开验证出租车司机的资质并设置人数上限来实现服务质量。因此在某些国家，执照被资本化，设置了相应的租金，使得本应免费发放的出租车牌照被市场定价，进而导致了出租车司机的数量不足。

2.1.3 限制某些类型的供应商提供商品或服务的能力

有些法规限制了某些类型的供应商参与商业活动的能力。有时，这些限制的目的是保护消费者，但立法者没有意识到也许能够以限制性较低的方式来实现想要达成的目标。比如，在 1997 年之前，意大利的零售贸易执照非常详尽，而且同一经营者不能同时拥有多个执照，在食品服务业和非食品服务业之间更是如此。由于这一规定，书店不能出售咖啡。这样的禁令是出于健康方面的考虑，但实际上要想实现这一目标，要求书籍和食物之间有充分的物理隔离就足够了。另外，引入这种限制还可能是为了明确偏向某一个类别，尤其是在公共采购领域。比如，在一些公开招标过程中偏向中小企业或地方企业的做法过度限制了经营者

① 请参见经合组织（2007）法律职业界的竞争限制，竞争圆桌会议，“背景文件”，第 44 页。http：//www. oecd. org/daf/competition/sectors/40080343. pdf.

的数量，减少了供应商之间的竞争并导致政府采购的价格过高或合同条件不理想的情况。根据欧盟内部市场规则，这种做法是被禁止的。实际上，在追求地区或小企业政策目标的情况下，可以设计分批次招标等程序作为替代方案，用以允许和促进中小企业参与。

2.1.4 大幅提高市场的进入或退出成本

提高市场进入或退出成本的规制往往会阻碍一些潜在的进入者，从而逐渐减少市场参与者的数量。这类规制包括严格的产品检测要求和过高的教育或技术资格要求。就退出成本而言，有些时候是为了让客户难以转换供应商，比如在长期合同中止时收取高额费用，这在银行业和市场化的公用事业服务中是一种常见的做法。只要这种高额的中止费用与成本无关，或合同签署时没有写明终止日期，那么这种做法就是不合理的。

2.1.5 限制商品、服务、资本和劳动力的流动

规制有时会限制商品、服务、资本和劳动力的跨境流动，这通常是一种区域政策工具。此类措施人为地限制了商品或服务之间竞争的区域。这种做法可能会减少供应商的数量，并有可能导致供应商运用市场力量以提高价格。由此产生的贸易保护也可能会剥夺消费者的产品选择权并妨碍生产率的提高。

举例来说，在墨西哥的恰帕斯州，当局在州府图斯特拉颁发玉米饼销售执照。执照将该市划分为四个区域并禁止销售商在指定区域之外出售商品，从而造成四个地区垄断。在公共采购领域，专业服务的招标文件有时会包含居住地条款，而这是欧盟内部市场规则禁止的做法。

2.2 限制供应商的竞争能力

规制可以通过限制供应商在相互竞争时能够采取的行动来影响供应商的竞争能力。这里所说的限制包括广告和营销限制、产品或服务质量标准的设定以及对商品或服务销售价格的控制。这些限制可能会降低竞争的强度和范围，给消费者带来价格的提升和产品种类的减少。

2.2.1 控制商品或服务的销售价格

政府通常会规制传统垄断行业的价格，如公用事业。这类价格控制可能对消费者有所帮助，并且可以平衡竞争性替代品的缺乏带来的不利影响。不过，在某种情况下，当消费者有诸多潜在的供应商可以选择时，价格控制也适用。一旦设定了最低价格，低成本供应商就无法通过为消费者提供低价产品赢得市场份额。同样，一旦设定了最高价格，供应商提供新的或高质量产品的动力就有可能大大

减少，而且供应商可以通过协商将其价格定在最高价格附近。

举例来说，20 世纪 70 年代，在意大利有一种特定面包（重半公斤，具有特定规格）的价格是受到管制的。而面包店里永远也见不到这种面包，这就使得价格控制变得既不现实又毫无用处。废除这一限制措施展现出政府更加审慎的规制立场。

2.2.2 限制广告和营销

广告宣传的目的是为了让消费者掌握信息，规制的引入是为了限制虚假或误导性广告。有时某些商品和服务是禁止发布广告的，如香烟或酒类产品，这些产品被认为具有社会负面价值或是容易过度消费。还有一些法规可能会限制向某些“弱势”群体（如儿童）做广告。这种性质的限制只要能保证不过于宽泛，就可以产生显著的社会效益。

行业协会经常会要求对专业性服务进行广告限制。支持这种限制措施的一种主张，是可以防止广告方面的开支浪费，从而将成本（和价格）保持在较低水平。另一种主张是，广告会导致较低价格和较低服务质量的恶性循环。还有一种主张是，广告会影响一个行业的职业尊严。然而，一项关于美国配镜师广告限制的研究，通过对设置配镜师广告限制的城市与没有设置限制的城市进行对比，结果发现，广告导致平均消费价格大幅下降，但平均质量并没有下滑。该项研究表明，在限制最严的城市，视力检查和配镜的平均价格要比限制程度最低的城市高出 34%，而这两种城市的平均质量并不存在统计上显著的差异。有一种观点认为，广告限制的主要效果是遏制竞争并维持该行业的更高收入，上述研究的结果与这种观点是一致的。①

广告和营销限制对潜在进入者，尤其是对新兴的具有专业技能的经营者来说格外苛刻，因为其限制了新进入者被潜在消费者知晓的机会，新进入者无法向消费者介绍其所能提供的商品和服务的性能与质量。确立仅仅限制虚假和误导性广告的规制，通常就是一个可行的替代方案。

2.2.3 制定为某些供应商提供不正当优势，或者超出多数知情消费者选择水平的产品质量标准

标准制定类规制通常可以确保来自不同供应商的新产品符合标准，从而为消

① 请参见 http：//www. oecd. org/daf/competition/sectors/35910986. pdf for a summary of the U. S. FTC's, Bond, Ronald S. , Kwoka, John E Jr, Phelan, John J. , and Whitten, Ira Taylor (1980) "Staff Report on Effects of Restrictions on advertising and commercial practice in the professions: the case of optometry. " Washington, DC. : Federal Trade Commission, Bureau of Economics.

费者带来福利，并帮助推广新型产品。但标准制定也会给某些供应商带来不正当优势。限制有毒物质最大排放量的环境法规就是一个常见的例子。虽然限制排放通常是有利于公众健康的，但是法规在设计方面可以让一小部分供应商享有不公平优势，比如要求适用特定技术或制定过度严格的标准，这样的标准对本身资本不雄厚的生产商来说很难达到或是根本不可能达到。标准制定有可能显著限制竞争的另一个实例是禁止某些产品进入市场，如那些被认定能耗过大的耐用消费品。引入该标准是为了保护环境，其所假设的前提是消费者的消费模式非常相似。但这并非事实。有时候，消费者会为每年只居住一段时间的第二套房屋购买产品。在这种情况下，运转成本不是消费者的主要考量因素，因此消费者可能会选择购买更便宜的高耗能产品。

此外，在很多受到政府规制的行业，其所有执业人员都必须满足认证标准。受到影响的行业包括律师、医师、药剂师、会计师、美甲师、丧葬承办人以及其他很多职业。据报道，多达 30% 的从业人员需要行业执照。有时会有一些过高的认证要求。比如，在明尼苏达州，取得美甲师资格所需花费的培训时间是取得护理人员资格所花时间的两倍，这显然是一个过重的负担。①

相较更为严格的产品标准法规，应当选择限制性更小的替代方案。比如，如果出于保护消费者的原因而设立了最低标准，不如改为要求披露某些产品特性。如果政府考虑对排放标准做出重大修订，那么可以通过批准排放权交易来尽量减少竞争限制性影响。如果为了解决使用耐用消费品带来的高耗能问题，可以要求提高使用成本的透明度。

2.2.4 提高某些供应商相对于其他供应商的成本

有时，规制会产生意想不到的影响——提高某些供应商相对于其他供应商的成本。提高某些供应商相对于其他供应商成本的方式有很多。其中，造成成本不对称的原因之一是非必须地要求使用一种生产技术而不是另一种生产技术。不同形式的补贴可以给某些竞争者带来胜过其他竞争者的成本优势。相较于私营企业，与国企相关的规制可以为国企带来各种直接和间接的成本优势。具有这些影响的规制可能会导致采用效率低下的生产方式并阻碍更新更好的技术投入使用。

如果一家陷入财务困境的企业获得大量政府补贴进行重组，而盈利的竞争对

① 请参见 Kleiner, Morris (2014) “Why license a florist?” 28 May, New York Times. Available at http://www.nytimes.com/2014/05/29/opinion/why-license-a-florist.html? emc=eta1.

手却没有获得补贴，那么该盈利企业就可能质疑这种补贴限制了竞争，并使其处于成本劣势地位。在欧盟的国家援助规则框架内，欧盟委员会在困难企业获得救助和重组援助方面设立了非常严格的条件，原因就在于这类援助很有可能会扭曲竞争，损害市场结构调整并最终影响经济增长，因为结构调整的关键驱动因素就是要让效率低下的企业被淘汰、被更替。尤其需要指出的是，欧盟委员会仅在以下情况下批准重组援助：重组计划在没有进一步公共支持的情况下具有长期可行性；企业将承担足够比例的重组成本；重组计划制定了合理的措施，如出售资产或减少产能，以尽量减少援助造成的扭曲。①

允许现有供应商免受规制但要求新进入者接受规制的“祖父条款”是造成成本不对称的另一个原因。这种安排很有可能会使某些供应商的成本高于其他供应商，从而扭曲行业内的竞争。而这可能会阻碍市场进入、减少创新并降低市场竞争力。不过，虽然造成的成本差异会带来负面影响，但这也不意味着相关规制必须使得供应商成本完全一致。

2.3　打击供应商参与竞争的激励

规制既可以限制供应商的竞争能力，也可以打击供应商参与竞争的激励，从而影响供应商的行为方式。供应商缺乏竞争激励的两个主要原因是：首先，某些规制可能会促成供应商之间进行共谋；其次，某些规制可能会降低消费者在不同供应商之间进行转换的意愿、能力或积极性。同时还存在其他一些原因，如利润或市场份额的法定上限限制了竞争带来的潜在回报。自我规制或联合规制制度、要求供应商披露产量和价格信息，或是将某一行业或部门排除在竞争法的规制范围之外，都会便利卡特尔的形成。卡特尔的危害在于其限制产量并提高价格，从而让消费者遭受损失。

2.3.1　创建自我规制和联合规制

如果将规制工作交由产业或行业协会负责，那么所适用的规则就有可能会限制商品或服务供应商之间展开竞争的激励或机会，如广告限制和防止贴现规则，有时甚至还会有参考价格要求。此外，过度严格的行业资格要求可能会减少新进入者。政府有时会保留法规草案的立法决定权，但大多数情况下，对法规草案的影响的规制略显不足。因此，应当确保相关政府部门对法规草案的必要性和适当性进行真正的评估，比如将独立人士或消费者代表纳入其决策机构。

---

① 请参见 http：//ec. europa. eu/competition/publications/cpb/2014/009_ en. pdf.

2.3.2 要求供应商披露价格、产量或销售信息

要求供应商公布价格或产量信息的规制会在极大程度上促进卡特尔的形成，而且通常都是隐性卡特尔，即供应商采取一些共同策略，在价格制定过程中遵循相同的关键指标（比如，总是参照一家龙头企业的价格）。要求公布价格和产量信息的规制主要是服务于政府的政策制定，在这种情况下也许根本无须对外公布。如果其目的是帮助消费者或支持数据综合统计，那么相较统计的功能，这种数据的汇总更有利于形成卡特尔。

2.3.3 对特定行业或特定供应商给予一般竞争法的适用除外

很多国家都有特定的供应商或经济部门享有一般竞争法的适用除外。在某些情况下，这些行业受制于自身的行业竞争法。在另外一些情况下，这些行业的竞争限制性行为不受任何限制。有时候，竞争法的缺位可能是由于规制的存在。如果竞争法的普遍适用出现大范围例外，那这无疑会带来卡特尔、支配地位滥用和竞争限制性并购等风险。举例来说，意大利曾暂停并购的规制，以便允许国内航空运输建立垄断，从而确保国内领军企业意大利航空能够继续运营。最终意大利的航空运输服务出现了价格上涨，但在10年后的今天，意大利航空仍然面临企业运营困境。

2.4 限制消费者的选择和可获信息

竞争机制的运作在于消费者能够便利地从一个供应商转换到另一个供应商，从而规范可能的行使市场力量的行为，并促进创新和产品差异化。市场竞争的一个特点是，要想规范供应商的行为，并非所有消费者都需要更换供应商。要想让供应商某一限制竞争的计划落空，只需要少数消费者更换供应商就能达成目的。正因为如此，在需求端保持竞争的开放性是至关重要的。对消费者自由的限制可能是策略性的，也可能是规制性的。第一种可能会受到反垄断执法机构的审查，而规制性限制则需要通过改革来消除其产生的限制性影响。

2.4.1 限制消费者选择供应商的能力

有时，规制可能会限制消费者选择最佳供应商的能力。这种限制所带来的一个后果就是消费者无法获得理想的价格或质量，因为规制迫使其选择更高成本的供应商或是次优产品。比如，在2006年之前，意大利的非处方药仅限药店销售。等到非处方药的分销自由化之后，非处方药（在超市和专卖店）的可获取性大大提升，药价则大幅下跌20%左右。

2.4.2 通过增加更换供应商的成本来降低消费者的流动性

规制可以通过影响“转换成本”来调整消费者更换供应商的意愿，“转换成本”是指消费者从一个供应商转换到另一个供应商所要承担的显性和隐性成本。转换成本可能会由于各种原因而出现，如过长的合同期限或因资产与供应商绑定，比如将电话号码与特定的服务供应商绑定。当消费者面临高昂的转换成本时，此时很难确保供应商不会借机收取更高的价格或是提供低于预期的服务质量。因此，供应商通常会寻求设立或维持较高的转换成本，如推动那些可以确保高转换成本的政策。比如，意大利在2006年之前一直存在这样一项立法，规定消费者只能在合同到期前六个月更换汽车保险企业，其结果就是消费者极少更换供应商。这一规则一经废除，更换率出现了大幅提升。

削减或消除转换成本有望在极大程度上促进竞争，因此政策制定者应设法避免那些提高消费者转换成本的政策。如果转换成本的风险不可避免，则建议在规制结构中加入相关条款来限制转换成本的适用。可解除电话号码与特定供应商的绑定就是通过立法来防止施加不必要转换成本的一个实例。这使得消费者能够在供应商之间进行转换而无须承担额外的成本，同时不会有错过来电的不便，也无须向他人通知号码变更一事。

2.4.3 从根本上改变消费者进行有效购买所需的信息

有时，规制会限制消费者能够获取的信息，或者虽然要求商家提供信息，但提供信息的方式极不合理以致消费者做出糟糕的决策。例如，食品信息标签的引入是规制的结果，其通常能够允许消费者更好地在不同产品之间进行对比并做出决策。确保此类法规为消费者提供其重点关注的信息，而不是让消费者做出糟糕决策并扭曲竞争，这一点尤为重要。

虽然竞争核对清单能够识别可能限制或扭曲竞争的规制，但其未必能够反映出这些限制的严重性，也未达到指向最佳政策所需的分析水平。要想对竞争效果进行更详尽的评估，需要识别规制旨在解决的市场失灵问题，并对法规起草恰当过程有全面理解，以使其在技术进步和经济环境变化的背景下保持长期有效性。

3. 机构设置和竞争评估

竞争评估不应被视为规则制定过程中的又一套带有官僚主义色彩的程序。总理、地区政府或地方政府领导人等政府机构负责人对从外部引入或自主制定的规则或条例负有全面的政治责任，竞争评估为其提供了一项工具，用来规范其管辖范围内的规则制定机构，确保其提出的规则或条例不会过度限制竞争。这一做法在中国同样可取。举例来说，公平竞争审查制度立足于一项自我审查机制，该制度既不是由外部机构负责评估工作，也尚未适用完善的竞争评估工具。不过，根据其实施细则，[①] 如果一项准入壁垒是“不合理的”，则不得引入，这是正确的做法。但是，在中国，规则的合理性交由提案机构进行自我审查，评估的有效性却无须接受独立评估。在中国引入竞争评估工具可以为提案机构识别“不合理的”规则提供依据，还可以在引入独立审查机构的情况下，协助审查机构判定所涉及的分析是否正确。

竞争评估服务于更加远大的目标，其意义不只局限于为法规草案提供核对清单，最终目的建立起规则制定方面的理论。在实际操作中，这个终极目标很难实现，而且竞争评估极有可能被简化为在报核对清单上打钩。本文这一节探讨了如何最大限度地将竞争评估设定为规制改革的组织框架。

事实上，竞争评估可以为新政策的规划设计做出积极贡献。因此，评估工作应在政策制定的早期阶段进行，而不是等到特定政策出现问题的时候。如果拟定的政策有可能限制竞争，那么就应当在政策制定过程的早期阶段咨询政府竞争问题专家，确定是否存在既能实现规制目标又能减少竞争负面影响的替代方案。这意味着，必须明确要实现的普遍利益目标（如零售贸易、城市规划、设施或交通方面的考量），以便于起草必要的法规。与之相反，如果法规草案制定的初期就设立多个保护性限制措施，之后再试图通过竞争评估来消除这些限制，那么效果会差得多，而且往往无法实现。事实上，在管制改革过程中，各利益相关方经常会参与磋商。如果一项提案在对外征询意见的时候已经包含一些规制措施，如阻止更高效的竞争者进入市场以保护现有企业，那么即使通过竞争评估等技术分析工具也无法消除影响。

正如经合组织在其竞争评估工具箱中建议的那样，“为了确保竞争影响得到适当考量，制定新法规的政府机构应当进行竞争评估”。这样的话，就会有明确的政策制定者适时提出中肯的问题，从而迅速有效地制定出适当考量了竞争影响的政策。但是，“一线”政策制定者可能不会认真对待竞争评估过程，除非有外

① 请参见国家发展改革委、财政部、商务部发布的五部门关于印发《公平竞争审查制度实施细则（暂行）》的通知，发改价监〔2017〕1849 号，2007 年 10 月 23 日。

部第三方对其工作进行审查。可以将上述审查权授予规制审查机构、具有竞争专业知识的官员（如竞争执法机构的官员）或两者联合审查。

墨西哥于2013年成立了一个独立委员会，即联邦规制委员会，负责审查规制以促进市场的竞争。联邦规制委员会对所有新出台的联邦法规进行审查，如果新法规具有竞争影响，则会咨询墨西哥竞争执法机构。根据经合组织的建议，政府机构在向联邦规制委员会提交法规之前必须填写竞争影响核对清单，因此竞争执法机构能够提供独立评估。墨西哥的制度在结构设计上要优于其他国家，比如在意大利的制度中，竞争分析的质量审查工作归属于总理办公室的法律部门，而该部门没有竞争专家，因此审查工作针对的只是竞争评估是否已经执行，而不是执行情况如何，因此意大利的法规审查更多是形式而非实质上的。

韩国于1998年建立了一个目前来说实施效果最好的架构。

成立规制改革委员会是为了推动规制变革。委员会主席由总理和另外一名民选主席担任，包含20名成员，其中7人是内阁部长。委员会的目标是促成消极体系（未经许可的一律禁止）向积极体系（未被禁止的一律许可）的转变。这种消极体系在很多国家都普遍存在。实现这一宏大目标的主要手段是审查该国所有现行法规，并强制要求进行规制影响分析，包括2008年新纳入的竞争评估。韩国公平贸易委员会受命成为规制改革委员会的顾问，就影响竞争的事项提供建议。就程序而言，韩国体系与墨西哥体系的类似之处在于影响分析最初由负责起草法规的政府机构来执行。规制改革委员会随后决定是否修订或撤销该项限制竞争的法规。在规制改革委员会做出决定之后，政府机构将修订后的法规草案提交给国民议会。

同时也不可一味向好地评价韩国的这一体系，因为虽然规制改革委员会在削减韩国法规数量和规制程度方面非常有效，但是这一改革的重点显然只涉及全国性规制。其结果就是，地方政府及其规制没有受到影响，因而损害了公民和企业的直接利益。此外，这种审查并不具有系统性，逐个审查法规，却没有考虑到不同法规之间的联系，也在很大程度上忽视了将在第4节中谈到的法规起草问题，因此一定程度上降低了审查的效率。然而，由于规制改革委员会在政府层级中的重要地位、其成员构成以及其与韩国公平贸易委员会等其他规制审查机构的关联而形成的良好制度结构，上述问题在未来都可以得到妥善的解决。

其他很多国家在通过新法规之前会进行横向协商。如果竞争审查机构发挥突出作用，并且能够尽早进入相关程序并就规制内容和方式提出建议，这样的协商将会更加行之有效。审查机构的独立程度也很重要。与韩国一样，澳大利亚在1995年成立了一个新机构——国家竞争委员会，负责国家、州或地区法律法规的国家竞争政策审查。此机构与审查新法规的法规审查办公室和竞争执法机构相互独立。

在规制改革过程中，反垄断执法机构的作用不仅限于就具体议案提供意见建议。事实上，反垄断执法机构可以主动出击，识别哪些市场或部门将受益于规制变革。当然，竞争倡导报告的目的无疑就是推进在执法机构看来必要的以及诸如在反垄断执法过程中获知需要做出的促进竞争的立法修订。

还有一些特定的调查工具可供反垄断机构使用，便利竞争倡导报告的形成。市场调查就属其中之一，大多数竞争执法机构都使用这种工具来识别市场进程中的短板。竞争执法机构先是识别一个缺乏有效竞争的市场，然后考查竞争受限的原因是市场的某些规则还是经营者采取的某些限制竞争的行为。市场调查最终可能会引起依照职权而采取的反垄断执法行动，或是对规制改革的建议。

比如，欧盟关于银行业的市场调查[①]引起了很多涉及支付卡交换费限制行为的反垄断案件，也促成了相应的国内规制改革程序（新法规解决了消费者更换银行所要承担的高额直接和间接成本，这是一个此前一直被忽略但在欧盟此次市场调查中得到强调的问题）。同样，欧盟的能源市场调查也引起了与之直接相关的反垄断案件并最终促成很多成员国的天然气管道或电网的垂直分离，还促成了一套全新的旨在推动创建欧盟电气和天然气行业单一市场的统一指令。

英国是第一个确立市场调查制度的法域。竞争和市场管理局（CMA）负责确保次级规章或企业行为不会对竞争产生不利影响，并且能够在必要的时候采取救济措施。竞争和市场管理局针对问题市场展开的竞争影响评估与对传统的竞争法违法行为（垄断协议和滥用支配地位）[②] 的评估不同，前者在适用时需要对目标市场及其运作进行非常详细的分析，针对的通常是市场范围的行为而非个别企业的行为。因此，正如竞争和市场管理局主张的："在市场调查中判定竞争限制性特征或采取救济措施并不意味着市场参与者违反了法律。此过程是调查性和询

① 近来的现代化改革使得欧盟委员会的市场实况调查成为可能，该项改革促成了第1/2003号条例的通过，此条例涉及的是《欧盟运行条约》第81条和第82条（现为第101条和第102条）所定竞争规则的落实执行。

② 请参见 Competition Commission (2013), "Guidelines for market investigations: Their role, procedures, assessment and remedies", available at: https://www.gov.uk/government/uploads/system/uploads/attachment_data/file/284390/cc3_revised.pdf.

问式的，而不是指控性的。要求在市场调查中提供证据或在调查后采取救济措施，并不意味着市场参与者被指控有不法行为。”①

4. 监管的起草和执法者的作用

关于法律到底应当采用“规则”（Rules）的形式还是“标准”（Standards）的形式，逐渐成为目前学者研讨的热点——前者界定明确，没有事后解释的空间，后者则允许法官和执法者根据事先确定的立法原则进行事后裁量。“标准”在普通法系尤为常见。比如说，伊斯特布鲁克（Easterbrook，1996）反对制定网络特别财产规则，就像不需要专门制定关于“马的法律”（Law of the horse）一样，与马相关的案件完全可以通过合同、侵权和财产规则的常规适用来解决。②另一方面，为大量产业设立专门的监管法规和机构是 20 世纪的主要法律趋势之一，这一趋势反对“普通法规则的广泛适用足以解决食品和药品安全、证券欺诈等行业特殊问题”的观点。因此，现实生活中虽然没有“马的法律”，但确实有证券法、通信法、食品和药品法等，所有这些法律通常都由专门的规制机构或公共行政部门负责执行。

所有这些法律都追求着公共利益目标，就像本文最后一节中简要讨论的法规也都以公共利益作为目标（至少在颁布时是这样），在起草时都尽量避免执法过程中可能出现的缺陷。针对企业的行为，原则上只应禁止那些不符合公共利益目标的行为。这意味着规则在起草时应最大限度地减少错判（false positive）与漏判（false negative）——前者指不应禁止但禁止的行为，后者指应禁止但未禁止的行为。比如，执行每小时 50 公里的限速就有可能会导致前者，即限制了不那么危险的驾驶行为（比如，光线良好的清晨，在没有什么车辆的四车道公路上以 70 公里的时速行驶），还有可能会导致后者，即没有禁止那些应当受到限制的驾驶行为（比如，有雾或下雨的时候以 50 公里的时速行驶）。如果适用“标准”而不是“规则”来规范驾驶速度，其表述会是“禁止危险驾驶”。这样的“标准”原则上可以将差错降到最低但同时也会存在效率低下的问题。以驾驶速度为

① 请参见 the Guidelines, page 9, paragraph 21.

② 请参见 Frank H. Easterbrook (1996), “Cyberspace and the Law of the Horse”, University of Chicago Legal Forum 207.

例，“标准”会使驾驶员无法确定什么被准许、什么被禁止，因为“什么是危险行为”也涉及驾驶员的认知能力。然而，如果将这一“标准”的执行工作交由专门的规制机构，比如警察部门，那么规制机构就会认为有必要向公众告知何种行为在其看来是危险行为。该部门随后会发布指南，告知公众每条道路和世界各个国家自己的规则，对“标准”进行微调并尽量减少可能出现的差错。此外，该部门的执法记录将会对外公布，因此也可以为驾驶员提供参考。最后，如果适用的是“标准”，那么在引入无人驾驶汽车等技术发展的情况下，法律规定无须做出改动，而只需要变化法律规定的执行实施，这会极大地提高制度的灵活性和适应性。

在驾驶规则的例子中，与杜绝驾驶不慎引发事故带来的收益相比，适用不太完美但明确清晰的禁止性规则造成的效率损失相对较低。此外，在制定规则时，相较对非危险速度的禁止，更应关注对危险速度的禁止，原因是允许危险速度可能会带来相当高的社会成本（增加事故发生率），而限制非危险速度只是增加驾驶员驾驶的时长而已。在这种情况下，“规则”可能要优于“标准”。

正如上述例子所示，如何起草一部法律是一个值得探讨的问题。事实上，边沁（Bentham，1776）早就提出过双层体系这一概念，即公众了解掌握一般标准，而法官通过在个案中确立规则来实施这些标准。[①]

正如冯和帕里希（Fon and Parisi，2004）所述，“从边沁开始，当代法理学者开始探索可被用来确定法律最佳的特定性程度的原则。在对这些原则进行考量时，法律和经济学者使用了最优决策理论、公共选择理论和宪政政治经济学中的工具。”[②] 论及规则和标准的法律文献中提到，当法律由法官予以执行（和解释）的情况下，需要考虑如何在法律的灵活性和执法的有效性之间进行权衡。如果一项标准过于灵活，导致人们根本无法判断其到底禁止何种行为，那么这样的标准就是完全没有效率的。换句话说，在标准和规则之间做出选择时，必须在灵活性和法律确定性之间进行协调，同时要考虑执行错误造成的成本。无论如何，规则为受规制的主体提供了更好的指引，而标准可以更好地适应不同的案例情况和不断变化的环境。不过，就标准而言，还需要进一步的细化，来让公众了解何种行为是被禁止的。

---

① 请参见 Jeremy Bentham（1776），“A Fragment on Government”，In J. H. Burns and H. L. A. Hart（eds.），*A Comment on the Commentaries and a Fragment on Government*，London：University of London Althone Press.

② 请参见 Vincy Fon and Stefano Parisi（2004）“On the Optimal Specificity of Legal Rules”，mimeo，available at http：//ssrn. com/abstract = 569401.

反垄断法本身就是体现标准适应性的一个很好的例子。《谢尔曼法》第 2 条禁止“任何企图垄断商业和贸易”的行为。该法案于 1890 年在美国生效，在此之后从未改动，不过其设立的标准已经逐渐发展出一项不断发展的原则，用来决定何种行为应当被禁止，同时延伸出各种方法，用来判断何种行为应当被视为损害竞争的行为。可能谢尔曼参议员本人在看到如今美国反托拉斯法规制的案件类型后，也无法预想到其推行的法案会发展到如今的程度。同样，欧盟如今对 1957 年反垄断法的解释也与执法初期的解释大不相同，这表明上述规则在起草时非常具有前瞻性，能够适应竞争评估原则和执法实践的意外变革。

法官的权限是受到制约的。法官只能裁判法律是否被遵从，不能发布指南，不能处理假设的或抽象的法律问题，也不能核实行为性承诺是否得到兑现。此外，只能由当事方提起诉讼，法官不能主动审理当事方的法律争议。此外，要想启动一个案件，当事方之间必须存在争议，而且发生了实际损失（而不能是假想损失）。[①] 最后，就政府行为而言，法官只有在某些规则被违反时才能介入，而不得根据某些规则来评估行政决定的效力。

并非所有争议都可以通过法院来解决。法律诉讼的高成本和结果不确定日益造成一种倾向：即只有少数能够在案件胜诉时显著获益的特殊利益群体才积极提起诉讼。如果判决结果对第三方也至关重要，由于在解决其参与诉讼程序的诉讼成本问题上的困难，也将大大减少法院接收相关案件的数量和范围。

此外，司法活动的效果也非常有限。初审法院大多根据当事方提供的证据做出裁决，很少能进行广泛的自主调查和分析。法官需要处理多种问题，尽管在很多方面都很优秀，但并不是某一领域的专家，无法与各部委或规制机构聘请的相关领域的专家相比。

就规制机构而言，尽管其所做的决定一般会受到法官的制约，但毕竟要灵活得多。规制机构在自己所从事的领域更加专业，可以主动启动程序，通过发布指南对规则进行解释，通过设定优先级来促成高效决策，还可以将现有发展纳入基于法律制定的标准，以应对技术进步和创新。

法律赋予规制机构的自由裁量权给予其采取措施的正当性。不论是在电信、

① 美国最高法院的多份判决都明确指出了这一点。请参见马里兰州天然气公司企业诉太平洋煤炭和石油企业一案，312 US 270，273，（1941）：“所述事实必须证明，法律利益出现冲突的当事方之间有着真实而直接的实质性争议。”

反托拉斯执法还是本地运输领域，只有在待解决问题极度复杂，无法通过设立精确、具体的规则予以解决，且需要保护的普遍利益得到明确界定的情况下，成立一个行业规制机构所伴随的高额行政费用才能让人接受。事实上，在公用事业等领域建立规制机构已经成为多数法域的普遍实践，尤其是在反托拉斯、隐私保护甚至专业技能服务或出租车服务领域。

如果由规制机构负责执法，那么标准就比规则有效得多，跟法官裁判相比更是如此。在规制机构执法的情况下，相关主体会知道标准的内容，因为规制机构的任务就是明确相关标准。除此之外，让标准进一步适应不断变化的环境同样是规制机构的任务，而不需要交由议会去讨论。经济类规制的最佳方法是确定其所追求的公共利益目标，然后由规制机构/公共行政部门就实际情况的变化不断调整标准的具体适用方法。

比如，如果租车服务行业的规制目标是确保司机没有犯罪记录，确保其驾驶的汽车购买必要的保险，确保其熟悉自己所工作的城市并且掌握大多数消费者所说的语言，那么其所需遵守的具体规则可以交由地方一级的规制机构来确定，并适用于法院的审查。如果法律具有足够的普遍性，那么规制机构就可以根据技术进步来调整其对法律的解释。很显然，在智能手机的应用程序普及的今天，必须通过固定电话预订出租车服务的规定已经完全过时了。如果存在上述法律，相比由规制机构来执法，修订上述法律显然更难。此外，相较指南，法律赋予个人的权利更加稳定长久。规制领域的政治经济学表明，针对同一问题如果同时存在议会批准的规制规则和规制机构做出的规制决定，对前者的修订难度更大。

特殊利益都是相对集中的，任何竞争限制都能使某个群体从中获益。而这些限制的受害者则分散在整个社会之中，每个人的损失极小。这也是为什么受害者很难组织起自己的压力集团来消除限制。此外，特殊利益集团非常善于就有利于自身的保护性规制进行游说，因为这些规制往往符合一个或几个广为认可的公共利益目标，因而获得合理性，如就业、社会凝聚力、质量、公共服务、市场稳定、安全等。而竞争往往被描述为有碍上述目标的达成。自由化倡导者所面对的难题是，其必须证明竞争并不影响上述目标的达成，或者是证明可以用干预程度较低的方案来解决市场失灵问题。这是一项非常艰巨的任务。

相对来说，如果是反对一项新的提案，那么竞争会是一个合理又快捷的理由，但是如果是要废除现有保护措施则要困难得多。这被视为天然的事实（也就是说，无法改变的事实）。正因为如此，标准才更容易适应不断变化的环境。除非法律确定性能够带来压倒性的利益，否则在促进社会福利和消除不当寻租方面，标准会比规则有效得多。

5. 欧洲单一市场

欧盟是迄今为止全球最为成功的区域同盟。其在成立时有着宏大的目标，那就是确保商品、服务、资本和人员在欧盟内部的自由流动。这意味着其不仅废除了直接阻碍自由流动的所有贸易壁垒，还废除了所有可能与直接壁垒具有相同效果的间接规制和行为。这绝非机缘巧合。欧盟创始人的明确意图就是建立一个高效而且能够经受时间考验的体制结构。欧盟之所以能够在成立 60 年后继续有效运作，欧盟制度的方方面面都功不可没。近年来创建的所有仿效欧盟模式的区域性协议①通常都无法发挥出同样的效果，因为其错误地忽略了那些看起来边缘化的、不重要的方面。②

欧盟条约中最重要的一个方面其实是设立时确定的理想目标：通过经济一体化来解决停战和战后恢复的问题。然而并不是欧盟条约第一次提出这个愿景，早年当法国外长（兼总理）罗伯特·舒曼于 1950 年 5 月 9 日提议成立欧洲煤钢共同体来阻止法国和德国之间的进一步战争时，这种愿景就已经闪现。从当时的舒曼宣言来看，欧洲煤钢共同体的目标是“直接遏制再次发动法德之间的战争的想法，同时使这种想法实质上不可实行”。③

欧洲共同体的明确目标影响了欧盟条约相关条款的订立——创建一个商品、服务、资本和人员自由流动的区域和新设的权利、义务类型。欧盟条约在国际条约中可以说是独一无二的，其规定不只局限于约束成员国，还为个人和企业提供了可以通过诉讼救济的权利。因此，不仅欧盟委员会和成员国政府能够依据《欧盟运行条约》（以下简称《条约》）自上而下地采取单方面的行动，如实现欧盟公用事业市场的自由化，同时，欧洲公民和企业在其他私人或政府拒绝充分承认

---

① 发展中国家建立了很多此类协议，如南方共同市场（Mercosur）、安第斯共同体、东南非共同市场（COMESA）、加勒比共同体（CARICOM）、西非经济和货币联盟（WAEMU）、西非国家经济共同体（ECOWAS）和南部非洲发展共同体（SADC），而这些仅是其中几例。

② 请参见 Heimler, A. and Jenny, F. (2013) “Competition law and policy in developing countries: national and regional enforcement”, in Lewis, D. (Ed) *Building New Competition Law Regimes*, Edward Elgar.

③ 舒曼宣言的内容可参见以下网址：http://europa.eu/about-eu/basic-information/symbols/europe-day/schuman-declaration/index_en.htm.

其依照《条约》享有的权利时，自下而上地寻求司法救济。这意味着，如果公民和企业认为某项立法或行政决定侵犯了其依照《条约》所享有的权利——这其中当然包括自由流动的权利——就可以将该成员国诉至法院，而相关规定或行为有可能会被判定违法并被废除。

欧盟取得的成果超出了《条约》的规定和欧盟机构的行动范畴，因为每个成员国都可以对之进行补充。对于每一项欧盟政策倡议，成员国都发挥着积极作用，而不是简单地将欧盟规则转换成国内立法。很多时候，成员国必须建立新的机构（如独立的管制机构）来落实欧盟的规则。有时，为了发挥欧盟规则的最佳效果，在成员国的倡导下，某个产业可能进行横向或纵向重组。比如，为创造竞争性的电力市场，成员采取的措施甚至超出了欧盟的规定，选择将现有电力垄断企业拆分成独立的发电厂和电网。还有一些时候，欧盟规则的作用仅限于复杂程序的某些方面。比如，就公共采购而言，成员国则全面负责执行和批准，而欧盟主要负责对某个环节做出裁定，如要求某成员国向其他成员国的供应商开放国内采购市场。

这意味着欧盟规则的效力在很大程度上取决于成员国在国家层面采取的行动。很多规制，尤其是服务业规制，仍然是国内性的，因此成员国的作用远远不是对欧盟政策进行补充那么简单。

5.1 自由流动和相互承认原则

欧盟条约的目的是建立一个经济一体化的联盟，其目标之一就是竞争不被人为扭曲。目前欧盟已经引入多种工具来解决不同类型的限制竞争行为。《条约》的核心体现在各类推动商品、服务、资本和人员自由流动的规则，这些规则确保成员国不会对来自其他成员国的商品、服务、资本和人员设置人为壁垒，从而不会以不正当的方式限制竞争。此外，国家援助规定至少在原则上明确了成员国只能在市场失灵的情况下对企业提供补贴。最后，欧盟竞争法对企业的市场力量形成约束，并确保这种力量不会被人为维持或加强。对于国家援助控制制度或竞争执法，本文在此就不展开讨论了。

就单一市场规则而言，《条约》不仅禁止引入对欧洲内部贸易产生负面影响的贸易政策工具，同时禁止所有阻碍商品、服务、资本和人员自由流动的公共规制，除非是为了实现经过严格认定的其他公共利益目标。在这种环境下，反垄断规则的设立最初是为了确保企业不会私下重新实施欧盟条约已经废除的贸易限制。国家援助控制制度的设立是为了确保成员国不会通过不合理的补贴来支持本国的企业。由于欧盟条约引入了一系列的政策工具，欧盟范围内的直接和间接保护主义均被禁止。比如说，不论追求何种政策目标，成员国的公共采购都不得只向本地企业开放，而限制其他成员国的供应商。再比如说，如果可能将符合资格的非本地企业排除在外，那么仅向本地企业提供合法援助的规则也是被禁止的。

伪装得再巧妙的保护措施也基本变得无处遁形。欧盟委员会作为《条约》的捍卫者，协同欧洲法院尽可能广泛地推动《条约》的适用——同时兼顾适用过程中的连贯性和策略性，以约束各级政府所有直接或间接影响欧盟内部贸易的国家措施。这意味着国内立法和规制不得具有针对其他成员国的企业设立市场准入壁垒的明确意图。这一规定充分发挥了效果。尤其重要的是，如果某一商品在其他成员国能够自由供应，那么本国不得通过限制措施将其拒之门外；只有在符合经过严格认定的公共利益目标时（如安全、国防、卫生与保障），才能保留这样的限制措施。因此，欧盟法院通过判例法所确立起来的“歧视”概念不仅仅包含每个人不得因为国籍被区别对待，同时也涵盖了如果某一产品/服务能在一个成员国销售，则能在所有成员国销售，除非有某些经过严格认定的公共利益受到负面影响。

欧洲法院于1979年根据第戎黑醋栗酒案（Cassis de Dijon）判决结果而确立的相互承认原则[①]表明，自由流动不应仅仅被解释为不得采取基于国籍的直接和间接歧视措施。“相互承认”的定义要比这广泛得多，同时更重要的是其促进了不同成员国国内法规之间的竞争。这条原则表明，如果某一商品获准在一个成员国出售，则不应被其他某些成员国的限制性法规拒之门外，除非能够证明这种限制是为了实现经过严格认定的其他公共利益目标。尽管相互承认原则最初是为了促进商品自由流动设立的，但这一原则现在也广泛适用于服务的自由流动，同时欧盟内部也依据这一原则相互承认大学学位，以促进具有专业知识的人员的自由流动。换句话说，不仅其他成员国的产品或服务不得被直接或间接歧视，而且企业有权在欧盟范围内选择在何地创业，而各国不得以歧视性规则或行为阻止该企业进入本国市场。

“自由流动”是一项非常强大的原则。举例来说，在1998年欧盟委员会起诉希腊一案中，一部已经在希腊实施数十年的法律规定，眼镜店的店主必须为一名合格的配镜师，而且只能经营一家商店，欧盟委员会指控这部法律不利于自由职业者的自由流动。该案的争议焦点在于，这部希腊法律并不具有歧视性，因为国内和国外

---

① 欧洲法院判决书，1979年2月20日，案件编号120/78，Rewe - Zentral AG and Bundesmonopolverwaltung，请参见 http：//eur - lex. europa. eu/legal - content/EN/TXT/PDF/？ uri = CELEX：61978CJ0120&from = en.

的配镜师享受的是同等待遇。但欧盟法院认为，如果希腊无法从某些安全或卫生角度说明其合理性，那么该项法律就违反了自由流动原则。希腊政府辩称，这一规定从公共卫生角度来说是必要的。不过，欧盟法院认为，“可以通过明确经营眼镜店过程中的哪些行为，必须由合格的受薪配镜师亲自完成或者监督完成，来确保公共卫生”，此外，也没有必要要求眼镜店的店主必须是配镜师。①

在没有涉及任何政治决定或协商的情况下，一部国内法因为法律程序问题而被认定违反了《条约》。同样被认定违反《条约》的现行法律法规有数千条之多，最终使得所有成员国的规制结构都与《条约》保持一致。此外，每个成员国的所有新法规都必须符合要求，否则将被废除。

从这60年的经验来看，一个典型的内部市场案例通常具备以下特点：(1) 成员国对特定市场的规制程度有所不同；(2) 这种差异被法院认为是不合理的——通常是欧洲法院；(3) 符合自由流动原则的解决方案显而易见且不需要进行事后控制。

换言之，从欧盟的经验中可以清楚地看出，法院没有足够的能力进行事后控制（确保判决得到正确的解释）或是对已经实施的判决进行调整（使之适应变化的环境）。下面会举例说明欧盟内部市场司法手段的局限性。

意大利的公共道路交通法规定，只有汽车才能作为牵引拖车使用，而摩托车不行，但在其他大多数欧盟成员国摩托车可以作为牵引拖车。这条禁令被视为非法的进口数量限制（但实际上意大利国内的牵引拖车生产商也受到这一禁令的影响②），并被诉至法院。

意大利的这一规定显然并不具有歧视性，因为其对所有在意大利出售摩托车的生产商（包括意大利生产商和外国生产商）以及所有在意大利驾驶摩托车的消费者产生了同样的影响。然而，法院认为，“在各国没有统一立法的情况下，如果实施的规则对在其他成员国合法制造和销售的商品形成自由流动壁垒，那么即使这些规则适用于所有同类产品，也与数量限制措施有着同等影响”。意大利

① 欧盟委员会诉希腊，法院判决书，2005年4月21日，案件编号C－140/03，请参见http：//curia.europa.eu/juris/showPdf.jsf？text=&docid=58138&pageIndex=0&doclang=EN&mode=lst&dir=&occ=first&part=1&cid=8972.

② 一般来说，进口数量限制的意图是保护国内生产商。在此案中，国内生产商也同样受到影响，事实上其受到的影响甚至有可能超过外国生产商（外国生产商至少还有本地市场可以出售其拖车，而且其想要进入此市场可能会比必须在国外出售所有产品的生产商要容易）。

当局在说明禁令合理性时辩称，考虑到该国的特殊地形，为了保障道路安全才出台了这一禁令。法院同意道路安全确实可以是“一个涉及公共利益的重要原因，能够成为限制商品自由流动的理由”。

但是，法院必须继续确认该措施与其想要实现的目标是相称的。法院认为，在各国没有统一交通规则的情况下，“虽然除了禁令之外，必然存在其他措施同样可以保证一定程度的道路安全……但是如果存在易于被司机理解和适用，也易于被主管当局管理和监督规则实施，则不能剥夺成员国通过确立这种统一、简单的规则来实现道路安全等目标的权力”。[①]

换句话说，法院在这一判决中并没有取代交通管制机构的角色。这样做是正确的。法院只是表明，意大利禁止摩托车作为牵引拖车这一禁令可能是没有必要的，但这种禁令易于理解和实施。如果一项规定仅仅是“可能没必要”，而不是明确的“有必要”或“没必要”时，法院往往不会改变相关规则。

在有些行业，通过立法的全面协调是不适当的，而司法审查确实更能有效地确保各国管制架构在某种程度上的趋同。然而，在立法和执法过程中，成员国对国内法规是否违反《条约》的关注仍然至关重要。只有当不同成员国的法规存在差异时，法官才能适用内部市场规则。如果一项不合理的规制措施存在于所有成员国，法官则无法运用内部市场规则来将之废除。

比如，如果所有成员国都对拖车的使用予以禁止，那就不存在歧视和违反内部市场规则，即便这样的规则可能具有不合理性。

5.2 自由流动目标和国内政策

欧盟委员会很快意识到，《条约》的条款本身并不能实现规制在欧盟层面的全面协调，因为在某些领域，规制的技术细节非常复杂，此外需要协调趋同的国内法律数不胜数，而且不是简单的“是”或“否”那么简单，比如意大利摩托车拖车的案件。

以公共采购条款为例，这是欧盟委员会最先采取行动的几个领域之一，目的是实现成员国评标程序的趋同。此领域的问题是如何向国外经营者开放国内公共采购市场。公共行政部门可以采取多种手段提高国外经营者进入市场的壁垒：

---

① 法院判决书，2009 年 2 月 10 日，案件编号 C－110/05，请参见 http：//curia. europa. eu/juris/document/document. jsf？text＝&docid＝72844&pageIndex＝0&doclang＝EN&mode＝lst&dir＝&occ＝first&part＝1&cid＝11543.

(1) 取消面向国外经营者的招标公告;(2) 限制评标标准的披露;(3) 限缩产品定义;(4) 存在大量的二次评标,仅将评标机会留给国内经营者,也就是说,当国外经营者中标则采取更加严格的措施。在所有这些问题上,如果没有行业最佳实践作为共同参考标准,司法审查将无法发挥作用。在这种情况下,只有明确的协调才能实现各国规则的趋同。这也是欧盟委员会在 20 世纪 70 年代先后发布协调指令进行干预的原因(1971 年发布了针对公共工程采购的第一份指令,1976 年发布了针对供应品采购的指令)。

如今,公共采购指令针对超过给定门槛的合同,在宣传、组织和实施招标程序方面为成员国设立了一个共同框架。然而,指令仅仅关注(超过给定门槛的)招标和评标过程,而将执行、批准和事后控制都留给成员国进行规制(包括低于门槛的合同),除非评标后出现成本激增等情况。尽管不可预见的情况的出现可能会证明二次评标的合理性,但仍然不能解释二次评标将国外经营者排挤在外的事实(因为只有国内供应商知道可以在之后继续加价,因此可以做出强势的报价)。

欧盟与各国政府想要达成的目标之间是存在差异的。国内公共采购立法的目标是追求物有所值,换句话说,就是公共行政部门在采购活动中有效地做到以最低成本实现合意质量,但新的欧盟公共采购指令则表明其想要实现的目标是开放国内采购市场:"成员国当局签署或以其名义签署的公共合同必须遵守《欧盟运行条约》的原则,尤其是商品流动自由、开业自由和提供服务的自由以及由此产生的原则,如平等待遇原则、非歧视原则、相互承认原则、相称原则和透明原则。"[①]

虽然实现物有所值和开放采购市场是两个毫不冲突的目标,但仅靠向外国经营者开放采购市场并不足以实现物有所值的目标。要想达成这一目的,还需使用其他工具。比如,为了确保整个合同期内的服务采购质量,需要与该目标相适应的激励制度。评标过程中的竞争并不能实现这一目标。正如阿尔巴诺、赫姆勒和庞蒂(2014)[②] 所论述的,可以引入质量激励条款,比如通过延长服务期来激励提高服务质量。当然只有在采购合同中存在相关激励条款,才能在此过程中采取激励措施,也就是说,这种激励必须事先公告,且对工作表现的理解和奖励方式

---

① Directive 2014/24/EU Of the European Parliament and of the Council of 26 February 2014 on public procurement. Available at: http://eur-lex.europa.eu/legalcontent/EN/TXT/PDF/?uri=CELEX:32014L0024&from=EN.

② Albano, GL, Heimler, A. and Ponti, M. (2014), "Concorrenza, regolazione e gare nei serivizi pubblici locali: il caso del trasporto pubblico locale", *Mercato, concorrenza e regole*.

不存在不确定性。

公共采购是在合理的行业规制过程中，展现不同工具相互作用的一个很好的例子。要想解决所有相关问题，欧盟和国内立法都必不可少。在公共采购中实现物有所值目标的一种方法就是给欧盟采购规则加上效果评估目标。①

公共采购领域并非特例。将欧盟立法与国内规则以及强调结果导向型的执法相结合的必要性，适用于所有实施协调规则的领域。

例如，在公用事业部门，近几十年来欧盟为创造竞争环境付出了巨大努力，但仅依靠欧盟指令显然不足以促进消费者福利。必须同时建立国内机构，比如独立的规制机构，此外还应当推进国内立法，比如推动纵向垄断和横向垄断的规制，从而快速创造竞争环境。

欧盟倡议对于改革来说是必要的，但这些倡议往往不够完善，必须伴之以合理的国内规则和适当的执法。如果没有欧盟所做的努力，很多成员国的大多数公用事业服务可能仍会呈现垄断性的市场结构。不过，由于国内规制的实施方式存在制度上的差异，成员国在公用事业的实际规制方式、产生的市场结果（即消费者承受的价格）以及服务质量方面存在差异。

例如，在电信服务领域，欧盟委员会于 1988 年发布的第一份自由化指令开放了电信终端设备市场。② 在欧盟委员会发布该指令之后，五个成员国——分别是比利时、法国、德国、希腊和意大利，其中有四个是欧盟创始成员国——立即将该指令诉至法院。尽管最终以败诉告终，但此举表明，成员国之间很难达成启动电信服务自由化进程的共识，即使只是简单地开放电话设备市场也是如此。当时，电话设备是由众多纵向一体化的电信服务供应商垄断供应。10 年后，也就是 1998 年，欧盟的电信服务市场才最终实现全面自由化，而此时美国的电信服务市场已经开放竞争 15 年。这一过程之所以如此漫长，就是因为成员国之间很难达成共识。而难于达成共识并不是因为各国对竞争是否有利于消费者存在争议，而是因为如果开放市场，那么现有的电信服务垄断者——通常是国营垄断者——将会丧失垄断利润，这是包括中国在内的很多法域的共同特点。

---

① 请参见 Heimler，A. （2015），“Appalti pubblici，vincoli comunitari e prassi applicative：quale spazio per gli aspetti sostanziali?”，*Mercato*，*concorrenza e regole*.

② Commission Directive 80/301/EEC of 16 May 1988 on competition in the markets in telecommunications terminal equipment. Available at：http：//eur - lex. europa. eu/legal - content/EN/TXT/HTML/? uri = URISERV：l24119a&from = EN.

然而，虽然欧盟指令在1998年完全放开了电信服务，但竞争环境并未立即形成，还必须以成员国内制度结构的建立相配合。首先，电信网络带有自然垄断特性，只有电信网络上下游的某些环节存在实现竞争性准入的机会。因此，潜在的电信服务供应商必须接入现有垄断者拥有的网络基础设施才能参与竞争。虽然欧盟委员会的总体指南涵盖了相关内容，但各国需要进一步设置具体的接入条件并为此创建独立的规制机构。这一规制机构必须明确这种接入权限的边界以及对应的费用。当然，独立规制机构的执法力度将决定每个成员国电信服务市场的实际竞争程度。

能源自由化进程则要缓慢得多。有一个问题一直没有得到解决，那就是到底应当给予成员国多大的自由裁量权。在1990年12月到1996年6月期间，欧盟委员会的最初立场是允许生产商和消费者进行尽可能多的直接交易，但这一立场遭到成员国的反对，这些成员国认为更可取的方案是让行业采取纵向一体化结构，而不是让消费者选择与不同的供应商进行直接交易。1996年6月，经过长时间的争论，委员会达成了关于该行业共同规则的指令。[1] 1996年的这一指令启动了引入竞争的进程，同时又为各成员国的自由裁量权留下了重要的选择空间。从实质上来说，想要实现何种程度的竞争是由成员国自己决定的，而且也没有关于行业结构重组的明确规定。因此，该指令几乎没有产生任何影响。欧盟委员会在2003年采取的第一项措施就是放开了消费者选择电力供应商的可能性，并要求在2004年7月1日之前扩展适用于所有非家庭用户，在2007年7月1日之前扩展适用于所有家庭用户。[2]

然而，在电力等部门，进入市场需要大规模投资并涉及冗长的授权程序，仅仅开放市场并不会带来激烈的竞争。业务剥离等结构性措施可能是必要举措。然而指令并未正面回应此问题，这反映成员国对促进竞争能够带来的收益存在不同看法。一些成员国主动对之前的合法垄断企业进行了产能剥离（capacity divestitures），有时还附加市场份额上限等临时措施来促进竞争。[3]

---

① Directive 96/92/EC of 19 December 1996 concerning common rules for the internal market in electricity, Official Journal L 027, 30 January 1997. , pp. 20 – 29.

② Directive 2003/54/EC of 26 June 2003 concerning common rules for the internal market in electricity and repealing Directive 96/92/EC – Statements made with regard to decommissioning and waste management activities, Official Journal L 176, 15 July 2003, pp. 37 – 56; Regulation (EC) No 1228/2003 of 26 June 2003 on conditions for access to the network for cross – border exchanges in electricity, Official Journal L 176, 15 July 2003, pp. 1 – 10.

③ 在英国和意大利，现有的国有垄断企业被分解成企业竞争对手以创造竞争性市场，此举大大削弱了现有经营者的市场力量。

不论在何种情况下，所有成员国的电力自由化进程都伴随着规制改革和独立规制机构的设立。在最新指令出台的背景下，为新的发电市场制定规则、设定电网基础设施的接入成本，并确保电力供求一直处于平衡状态，从而避免停电，都是十分必要的。事实上，2003/54/EC 指令要求成员国引入受规制的第三方准入制度（a regulated third party access），这取代了 1996 年指令允许的协商式第三方准入制度（a negotiated third party access）。

虽然欧盟做出了上述努力，但大多数成员国的电力市场仍然呈现集中性和本地化的特点。因此，欧盟委员会（在 2005 年）对欧盟电力市场的运作展开了一项部门调查，该项调查于 2007 年 1 月结束，[①] 得出的主要调查结论是，几乎在所有成员国中，在位经营者都保持发电（和配电）的纵向一体化，跨境竞争的程度较弱，其中部分原因在于缺乏互连容量（inter-connection capacities）。基于这一调查，2009 年通过的第三套自由化指令明确规定必须将输电线路分开并加强互联点的容量，从而推动跨境电力贸易。

在该进程启动 10 年后，成员国终于在如何规制和重组电力市场方面取得了明确的进展，但成员国要实现自由化还有很长的路要走。我们可以从欧盟电力改革进程中吸取这样的教训：要想让改革取得成功，就得明确设定改革想要达成的最终目标。否则，国内利益——往往与在位国有垄断企业的利益相一致——就有可能会占据上风。

在铁路服务方面，虽然欧盟委员会为促进自由化采取的措施与电力行业非常相似，但却收效甚微，因为在铁路运输部门引入竞争面临的挑战要远远超过其他公共服务部门。基础设施的垂直剥离也许能够发挥一定作用，但还远远不足以达成铁路运输自由化的目标。在铁路部门，尤其是客运服务方面，竞争者要想盈利，就需要达到足够大的有效规模，同时相关的物流问题（列车移动困难且成本高昂）也会加剧进入市场的风险。1991 年关于欧共体铁路发展的第 440 号指令和 1995 年通过的两项补充指令（95/18 和 95/19）[②] 的目标是在整个欧盟内部建

---

① 欧盟委员会（2007），竞争总司关于能源部门调查的报告［SEC（2006）1724，2007 年 1 月 10 日］。网址为 http：//ec. europa. eu/competition/sectors/energy/2005_inquiry/index_en. html。

② Directive 91/440/EEC of 29 July 1991 on the development of the Community's railways, Official Journal L 237, 24 August 1991, pp. 25 – 28 and Directive 95/18/EC of 19 June 1995 on the licensing of railway undertakings, Official Journal L 143 , 27 June 1995, pp. 70 – 74; Directive 95/19/EC of 19 June 1995 on the allocation of railway infrastructure capacity and the charging of infrastructure fees Official Journal L 143 , 27 June 1995, pp. 75 – 78

立统一的铁路服务市场。该等指令提出：将规制体系建基于共同的会计准则，最重要的是要以同样的方法分离铁路基础设施和铁路运输服务，并为国际铁路服务创设基础设施接入权。上述指令并没有带来太大变化。1998 年，欧盟委员会提出了进一步的立法建议并最终形成第一套铁路指令（2001/12、2001/13 和 2001/14 号指令）。[①] 这套指令规定，非歧视性的铁路网络接入作为独立于铁路运输服务的提供的基本职能。第三套铁路指令于 2007 年获得通过，这套指令要求在 2010 年之前向国际客运服务开放市场。[②]

由于这些指令，货运服务也开始出现一些竞争，竞争性经营者在很多国内市场赢得了高达 15%~20% 的市场份额。在客运服务方面，英国和瑞典等一些成员国安排了单一路线的竞争性投标，努力对铁路运输服务进行私有化，除此之外，由于物流方面的困难，以及进入市场时必须拥有整套协调路线网络，以确保运能的高利用率，使得新供应商的进入被推迟。

据我所知，全球范围内的唯一例外就是意大利，一个新的竞争企业进入了该国的高铁客运服务市场。2012 年 4 月，NTV 企业（Nuovo Trasporto Viaggiatori）开始大规模运营，其拥有 25 列火车、49 个班次和 12 个目的地。NTV 进入市场时，正值意大利高铁服务需求的强劲增长时期，因此挤走了费用高昂的国内航空运输。短短几年的运营后，NTV 在 2016 年占据了 21% 的高铁市场，另意大利运输规制机构声称，NTV 促成了价格的下调（ -9% ）和整体服务质量的大幅提升。[③]

不过，除去这几个例外，欧盟铁路部门的竞争结构仍然不够活跃。因此，欧盟委员会在 2013 年 1 月宣布了更加宏大的计划，希望进一步拆分存在纵向一体化的铁路企业，同时努力推进欧盟铁路市场的一体化程度。2016 年 4 月至 12 月通过的 6 项立法措施共同组成了第四套铁路部门指令，其目的是建成铁路服务业

---

① Directive 2001/12/EC of 26 February 2001 amending Council Directive 91/440/EEC on the development of the Community's railways, Official Journal L 75 , 15 March 2001, pp. 1 –25; Directive 2001/13/EC of 26 February 2001 amending Council Directive 95/18/EC on the licensing of railway undertakings, Official Journal L 75 , 15 March 2001, pp. 26 –28; Directive 2001/14/EC of 26 February 2001 on the allocation of capacity and the levying of charges for the use of railway infrastructure and safety certification, Official Journal L 75 , 15 March 2001, pp. 29 –46.

② 重点请参见 Directive 2007/58/EC of the European Parliament and of the Council of 23 October 2007 amending Council Directive 91/440/EEC on the development of the Community's railways and Directive 2001/14/EC on the allocation of railway infrastructure capacity and the levying of charges for the use of railway infrastructure（OJ L 315/44, 3. 12. 2007）.

③ 请参见 Italian Transport Regulatory Authority（2017）, *Fourth Annual Report to Parliament*, available at: http: //www. autorita – trasporti. it/wp – content/uploads/2017/07/RapportoAnnuale_ 2017. pdf.

的单一市场（“Single European Railway Area”，欧盟单一铁路区）。除了加快自由化进程之外，这些指令还包含了应对技术标准化、提高安全性、改善劳动力问题以及基础设施治理重组的相关措施。①

欧盟委员会关于实现铁路服务技术标准化的建议已被所有相关方接受，但那些旨在进一步推动自由化的建议尽管在很大程度上得到了公共交通部门的支持②，却遭到大型铁路企业③、铁路工人工会等的反对，最重要的是遭到了欧洲议会的反对，正因为如此，第四套指令历经三年的争论才被最终通过。

铁路服务领域的改革始于欧盟层面，但是要想改革取得成功，除了欧盟的推动之外，还必须在国家层面同时出台规制机构和产业运行模式方面的相关决策。很显然，如果没有欧盟自由化的驱动，意大利的 NTV 就不可能进入市场，但更重要的是，如果意大利的机构没有主动采取措施来满足新进入者的需求，新进入者同样无法进入国内市场。

6. 欧盟服务业指令的改革：将经合组织工具箱转换成法律规则

《服务业指令》④ 于 2006 年通过并于 2009 年生效，这项指令旨在削减服务业的法律和行政贸易壁垒，促进服务在欧盟内部的自由流动。此外，提高透明度，并

---

① Regulation（EU）2016/796 on the European Union Agency for Railways and repealing Regulation（EC）n° 881/2004；Directive（EU）2016/797 on the interoperability of the rail system within the European Union（Recast of Directive 2008/57/EC）；Directive（EU）2016/798 on railway safety（Recast of Directive 2004/49/EC）；Regulation（EU）2016/2338 amending Regulation（EU）1370/2007, which deals with the award of public service contracts for domestic passenger transport services by rail（‘PSO Regulation’）；Directive 2016/2370/EU amending Directive 2012/34/EU, which deals with the opening of the market of domestic passenger transport services by rail and the governance of the railway infrastructure（‘Governance Directive’）；Regulation（EU）2016/2337 repealing Regulation（EEC）1192/69 on the normalisation of the accounts of railway undertakings. See also Oxera *Agenda*：“The Fourth European Railway Package：does one size fit all?”, November 2013, available at：http：//www. oxera. com/Latest – Thinking/Agenda/2013/The – Fourth – European – Railway – Package – does – one – size. aspx, for an overview of the proposed changes.

② 请参见 Practical Law, “Council announces political agreement on ‘technical pillar’ of Fourth Railway Package,” published 5 June 2014, available online at http：//uk. practicallaw. com/0 – 570 – 3839

③ 请参见 CER Press Release, “European Parliament paves the way for the future of a healthy European railway sector,” published Brussels, 26 February 2014, available at http：//www. cer. be/press/press – releases/press – releases/european – parliament – paves – the – way – for – the – future – of – a – healthy – european – railway – sector/.

④ Directive 2006/123/EC of 12 December 2006 on services in the internal market. Available at：http：//eur – lex. europa. eu/legal – content/EN/TXT/PDF/? uri = CELEX：32006L0123&from = EN.

降低企业和消费者在单一市场提供或使用服务难度的新措施也促成了效率的大幅提升。不过，如果希望这项指令实现更好的效果，可能还需要做出一些改进。

该项指令推动了欧盟公平、透明、非歧视的服务授权程序。成员国应当确保所有程序和手续都可以一站式完成，从而让经营者可以轻松进入任何市场。此外，该一站式机构还必须提供一份清单，列明新进入者在获得授权之前需要完成的全部程序。清单还应写明处理申请所需的最长时长，而且使用便于外国申请人理解的语言。一站式管理涉及的各项措施应当普遍简化审批程序，而不是仅仅针对国外经营者。

该项指令并未止步于此，而是进一步说明了如何做出授权决定。该指令禁止下列国内规制法规：根据需求状况评估确定是否授权市场准入；允许现有供应商参与新供应商的授权过程，即使现有供应商仅限于提供建议；要求新进入者已在其原所在地从事相关活动达到特定时长。换句话说，该指令尊重成员国关于哪些活动应走授权程序的决定。其仅是干预授权的适用标准，禁止那些并不具备任何福利提升效果的措施。

指令甚至更进一步，列明了一些阻止竞争者进入市场的情形。比如，根据服务提供商之间的特定物理距离或所服务的人数决定是否授权，引入行政性价格限制（最高限价或最低限价，后者影响更大），或是要求供应商必须以某种特定的法律组织形式进入市场。如果发生上述情形，指令要求成员国说明规制的理由，并且在理由不成立的情况下禁止规制措施的实施。

这项指令正在修订之中。目前无法从公开文件中看出欧盟委员会有意朝着哪个方向做出修订。该指令有两个需要改进之处。其中一处涉及行业适用除外清单。众所周知，该指令不适用于由其他法律进行规制的行业，指令第 2 条列举了这些行业。① 一种改进方案就是对行业适用除外进行更加精确的划定，划分出该

① （a）涉及公共利益的非经济服务；（b）金融服务，如银行、信贷、保险和再保险、职业或个人养老金、证券、投资基金、支付和投资建议，包括 2006/48/EC 号指令附件 I 中列出的各项服务；（c）与 2002/19/EC、2002/20/EC、2002/21/EC、2002/22/EC 和 2002/58/EC 号指令涵盖事项相关的电子通信服务和网络以及相关设施和服务；（d）属于《条约》第五类范畴的运输领域的服务，包括港口服务；（e）临时工作机构的服务；（f）医疗服务，不论其是否通过医疗机构提供，不论其在国家层面通过何种方式进行组织和资助，也不论其是公共服务还是私人服务；（g）视听服务，包括电影服务（不论其制作、发行和传播方式如何）和无线电广播；（h）涉及在运气游戏中进行金钱投注的博彩活动，包括彩票、赌场赌博及博彩交易；（i）与《条约》第 45 条所述的行使官方权力相关的活动；（j）由国家、国家授权的提供者或国家承认的慈善机构提供的与永久或暂时需要帮助的家庭和人员的社会住房、儿童保育和资助相关的社会服务；（k）私人保安服务；（l）由政府官方法令任命的公证人和法警提供的服务。

行业内确实需要指令适用除外的特定活动。事实上，某些活动可能确实没有必要受该指令的规制（比如，在医疗服务行业中，医生享受适用除外可能有充分理由），但其他活动可能并不适宜列入适用除外（例如托儿所服务）。

此外，欧盟委员会列出的规制限制清单——成员国实施清单上的规制措施必须向欧盟委员会说明合理理由——有的地方过于精细，有的地方又过于简短。之所以说其过于精细，是因为其划定了影响市场中潜在竞争者数量的具体准入限制（物理距离和企业形式）以及影响市场经营者竞争激励的具体企业策略限制（价格上限）。与此同时，清单又过于简短，因为可能还有其他很多规制会产生相同的效果。

《条约》中规定的自由流动原则非常笼统，而这项指令的缺点在于在解释这些原则时过于注重细节，但同时又缺乏完整性。成员国实行的规制限制要远远超出指令中划定的几种限制。应当在指令中列明更多类别的规制限制，并明确要求成员国只能从公共利益方面来说明合理性。通过这种广泛的审查，欧盟委员会的整个规制限制体系将会变得更加透明并以结果为导向。

另一个指令修订的方向就是要求成员国向欧盟委员会说明规制限制的合理性时，具体说明是否限制了供应商数量和质量，是否限制了供应商的竞争能力，是否限制了供应商的竞争激励等。经合组织建议通过对上述问题的评估，来判定哪些法规需要接受更严格的竞争影响审查。[①]

这些问题非常全面，其完全符合《条约》的规定，并把所有可能存在的法律性竞争限制都补充在内，当然这其中并不包括已经由《条约》具体规定的国家补贴。规制可能会限制供应商的数量，限制供应商活动的范围，或者限制供应商的竞争激励。很多时候，实施这些限制措施的理由是追求公共利益。有些时候，现行规制措施在过去可能是合理的，但是由于技术进步或生活方式、消费者需求的改变而变得不再合理。还有一些时候，这些规制从一开始实施时就不合理。

如果像本文所建议的那样，对需要说明理由的规制类型设立非常宽泛的标准，就可以把竞争影响评估的范围延伸至所有法规，而不仅仅是新出台的法规。此外，成员国需要说明理由的范围不仅限于为何在其他成员国得到授权的服务在

---

① 请参见经合组织（2011）竞争评估工具箱。网址为 http：//www. oecd. org/daf/competition/46193173. pdf。本文第 2 部分对其进行了介绍。

本国受到限制，更具有策略性的是，需要说明现行规制是否会人为地阻碍企业和消费者本可以获得的一系列机会。

如果成员国必须通过全面彻底的竞争评估来向欧盟委员会证明规制的合理性，那么很多国内法规对创新的削弱作用将大大减小。事实上，如果新的潜在创新者由于国内限制性规制而不能进入市场，那么其无须被迫前去游说国内议会进行规制改革，因为这样的活动只有老牌的大企业才能负担得起，相反，其可以向欧盟委员会和法院起诉不合理的国内规制。

下文将以意大利租车服务的规定为例，分析一下如果对该规定进行竞争评估的话将会取得哪些成果。现在的服务业指令并没有涵盖运输服务，不过情况在以后可能会发生变化，更重要的是，本文在此只是举例论证而已。笔者所做的粗略分析可以说是欧盟大多数国家和很多经济部门的缩影。

根据 1992 年的一部法律，意大利的租车服务必须由需要在特定时段进行特定旅程的用户提前预订。为了避免与出租车混淆，租用车辆不得停驻在公共区域，而且在提供服务之后必须返回停车场所。租车服务供应商不得在未授予经营权的城市接待客户，其数量也受到了限制。

我们要问的第一个问题是，为什么对租用汽车的数量进行限制？现行法律没有说明引入数量限制的理由，而根据经济理论，限制供应通常会导致效率低下。即使租用汽车的数量上涨有可能带来负外部性（但实际是否会发生这种负外部性是存疑的），比如，过多的租车数量会加重城市的交通或污染问题，那么更有效的做法不是限制租用汽车的数量，而是征收可以内化这种负面效应的税款。

针对租车服务的其他限制措施则以保护公共利益理由。出租车必须做到始终以固定的最高价格提供服务。如果租用汽车司机能够在运输服务需求较高的时候进入市场，那么出租车司机的收入就会减少，其在任何时候都必须以固定价格提供服务的普遍义务将使其面临入不敷出的风险，因此开放租车服务将影响出租车提供这一面向公众的重要服务。因此，这两项服务必须分开。

租车服务的这一规定出台的时候，移动电话，尤其是智能手机，都还没有出现。通过固定电话预定租车服务的法规在设立之初并不会削弱租车服务供应商之间的竞争，但是在今天，同样的要求则具有高度的限制性。竞争影响评估分析将会告诉我们，哪些限制可以保留或是应当对其做出何种改动。

如果服务业指令强制要求每条规则都必须按照竞争评估工具箱划定的四个方面（参与者的数量是否受到限制？其竞争能力是否受到限制？其竞争激励是否受

到限制？规制是否限制了消费者的选择和可获信息？）就其竞争影响给出正当理由，那么欧盟成员国的规制就能时刻保持更新，因此有效地在欧盟建立起创新友好型规制架构。

7. 中国竞争评估核对清单及未来发展的建议

在很多公共政策领域（如财政和货币政策），最佳实践在各国之间是可以互相借鉴的，而并非限定在某个法域；与此不同，经济规制通常都与一国国情密切相关，就连学术研究都很少采取综合研究的方法。经合组织工具箱克服了上述缺陷，提供了设计最佳规制的整体框架。工具箱设定了如下的基本前提：只有在确属必要时，尤其是必须进行干预以确保实现公共利益目标时，才能够限制竞争和干预自由市场机制。工具箱并没有直接论及这些公共利益，而是先列举了规制可能带来的限制竞争影响，并要求现行法规的主管部门或新法规的起草部门对强制实施的限制做出解释，证明其确属必要而且可以实现其他手段无法达成的公共利益目标。该工具箱提供了一份用来识别潜在限制性法规的竞争核对清单，不过又要求相关政府在适用清单时要选取最合适的制度结构，进行详细分析并确定限制程度最小的解决方案。

2016 年 6 月 1 日发布的《国务院关于在市场体系建设中建立公平竞争审查制度的意见》（国发〔2016〕34 号）中包含的核对清单则有着不同的目标。其旨在处理在市场准入和退出过程中导致特定企业享有特权、影响商品自由流动或影响企业成本和行为的歧视性规制法规。经合组织工具箱的核对清单针对的是规制结果，与之不同，国务院的核对清单针对的是受规制影响的竞争过程。国务院核对清单的核心是 18 项禁止性规定，这些规定在某些情况下可以取消其适用。国务院《意见》说明了根据何种标准可以取消这些禁止性规定的适用，这样的做法是正确的，但仍然存在问题，比如例外规定的范围过于宽泛，包含安全、国防、文化、能源和资源保护、生态和环境保护等等[①]或法律、行政法规规定的其他情形。

从经合组织的框架以及引入竞争评估制度的法域的经验来看，竞争评估清单是为了配合规制改革进程。清单可以帮助识别限制性法规，随后会分析这些法

① “等等”为国务院《意见》原文表述。

规，识别其限制措施是否有着公共利益方面的正当理由而且具有绝对的必要性。如果不符合上述要求，则会起草一份提案并提交至相关立法机构。立法机构有权自由裁量是否接受该提案。

与之不同，中国这份核对清单的主要目标是建立公平的竞争环境，相较经合组织的规制目标范围更小。中国的核对清单列出了 18 项禁止性规定（涉及歧视性补贴、歧视性公共采购规则和行为、歧视性特许权授予、歧视性定价、投资限制和税收特权等），旨在确保地方政府和行政部门不再向本地企业提供不正当优势。这项政策广受欢迎，与本文第 5 节介绍的欧盟自由流动原则非常相似。然而，中国制定的自我审查程序相较于欧盟的措施是较为弱化的。

正如本文第 5 节和第 6 节所述，欧盟条约全面禁止这些歧视性行为。如果政府不遵守规定，个人和企业可以起诉至法院（自下而上的方法）。这与自上而下的中国体系已然有着极大差别。此外，相比公平竞争审查制度，《条约》中禁止性规定的解释也更加广泛。正如第 5 节中希腊配镜师的实例所示，该规则并不具有歧视性，因为其适用于所有人而不论其国籍如何，但还是被欧盟法院禁止，因为这项规则导致外国经营者进入希腊市场的难度远远大于本国经营者。这样的规则在中国不会被禁止，因为其不具有歧视性。换言之，不同于欧盟的规定，国务院的 18 条禁止性规定并不能实现实质性开放本地市场这一重要目标。

在中国，《反垄断法》只禁止了国务院 18 条禁止性规定中的部分内容而非全部内容。中国《反垄断法》第三十二至三十七条旨在阻止“行政机关和法律、法规授权的具有管理公共事务职能的组织”滥用行政权力排除或限制竞争的行为。这里的问题是：权力滥用行为被处理后，滥用权力的行政部门是否会真正落实反垄断执法机构的处理决定？反垄断执法机构做出处理决定后，司法部门是否会否决行政部门的决定？由于行政部门的决定而处于不利地位的当事人是否可以依据反垄断执法机构的处理决定，向法院起诉行政部门以获得赔偿？要想启动司法程序，是不是必须在获得反垄断机构的处理决定之后？如果所有这些问题的答案都是肯定的，这将是中国巨大的进步。

不管怎么说，国务院《意见》（国发〔2016〕34 号）中列出的 18 条禁止性规定超过了《反垄断法》第五章的规定范围。《意见》的目的在于识别地方政府和部门发布的所有歧视性法规。这份核对清单的设立不是为了确定“最佳”规制，而是为了避免出现差别化待遇，如国企享有的特权。欧盟《条约》则更进一步，不仅禁止成员国制定歧视性规则，还设法消除那些实质上歧视非本地商品、服务和企业的规则，从而促进市场准入。此外，当禁止性规定无法涵盖某些领域时，《条约》通过“指令”和“条例”在这些领域设定了所有成员国都需遵守的具体规制规定。正如本文第5节和第6节所述，欧盟指令和条例根据单一市场规则，强制要求成员国推动公用事业和私人服务业的自由化，这是国务院《意见》（国发〔2016〕34号）无法做到的。

像欧盟一样，这18项禁止性规定必须严格执行，除非其对经过严格认定的公共利益目标（国防、健康、安全）产生影响。欧盟《条约》设立了禁止性规定以及例外标准。这些标准被列举在一份封闭式清单中（《欧盟运行条约》第36条）：公共道德、公共政策或公共安全；保护人类、动物或植物的健康和生命；保护具有艺术、历史或考古价值的国宝；保护工业及商业用财产。欧盟《条约》中没有“等等”一词，因此何种行为被禁止是很明确的。

欧盟体系之所以发挥效力，就在于这些规定强制适用于各成员国，更重要的是，利益相关方可以运用这些规定来打开受到规制限制的国内市场的大门。因此，在欧盟，尽管各成员国具有保护本地企业的自由裁量权，但实施起来具有很大难度。在一定程度上，国务院《意见》也是如此：所有单位和个人都有权对涉嫌违反公平竞争审查制度的政策措施提出异议，有关部门应当及时处理这类异议。但是，与欧盟《条约》不同，遭受损失的个人无法通过在独立法院起诉获得赔偿。

如果欧盟单一市场规则像中国的自我审查一样，取决于成员国的自行遵守，那么欧盟单一市场就不可能创建起来。个中原因就在于，所有旨在保护国内企业的措施都有着强烈的动机，而在自我审查机制下，这些措施总是有可能自证合理性，又或者只有新出台的规则才会受制于这些禁止性规定。如果例外规定清单是开放式的，则更会如此。维持本地企业受特权保护环境的原因，既可能出于保护主义，也可能出于错误的理念。由于这些强有力的诱因，相关方往往会不惜一切代价去维持歧视性行为或规则，尤其是在成本由其他人（消费者、纳税人）承担的情况下。这类行为的损害面相当之广。相关方其实并没有实际帮助被保护企业，而是让其相信，要想在市场上取得成功，只需要获得一些额外的保护，并逃避开放的竞争性市场中的挑战。但实际上这是对被保护者的一种伤害。

正如18项禁止性规定表明的那样，中国经济改革的第一步是创建一个所有企业都能平等竞争的环境，任何人都不享有任何的不正当优势。因此所有企业，尤其是国有企业，都将面临竞争，因此不得不进行创新、降低价格并提高质量，从而使广大消费者受益，更重要的是，促进中国经济的长期可持续性。但自我审查是不是实现这些目标的最佳途径？

本文第2部分深入阐述过，经合组织工具箱追求的目标是引入最佳规制，该工具箱非常适合用于自我审查，但自我审查只是一个起点而已。通常情况下，规制都是为了追求特定的公共利益。以城市规划为例，在规制法规起草过程中，主管部门并没有特别的动机来排除或限制竞争，比如为了城市景观，通过立法来非法地减少商场数量，这严格限制了零售业的竞争。主管部门愿意采纳任何规则，只要能够达到要实现的目标。主管部门并不反对竞争本身，只有当竞争与其所追求的目标存在冲突的情况下才会限制竞争。如果能够向主管部门证明竞争不会妨碍目标的实现，那就不会反对引入或促进竞争。

然而，特殊利益集团非常善于维护和扩大自己的特权，而受到影响的消费者则又常常保持沉默，因为其实际上并不清楚限制性规制的维持或实施造成的损失，或者其个人遭受的损失相对较小。因此，特殊利益集团会非常强势甚至令人信服地开展游说活动，声称竞争阻碍了城市规划目标的达成，限制商场数量的措施是十分必要的。正因为如此，在规制改革中，至少在规制与特殊利益集团的特权之间存在紧密联系的情况下，自我审查最终会以失败告终。因此，在竞争评估方面最为成功的法域设立了高级别的委员会来确保自我审查足够严格并得到贯彻执行。

正如18项禁止性规定倡导的原则一样，各国已经通过立法引入了竞争中性原则，这其中既有美国、加拿大、澳大利亚等联邦国家，也有像欧盟这样的区域性组织。这种禁止性规定赋予企业和个人将歧视性规则诉至法院的权利。通过多种政策工具组合的实施来对抗维持市场分割的强大力量，才最终建立起单一的欧盟内部市场（以及美国、加拿大或澳大利亚的内部市场）。自我审查可能只是内部市场条款执行过程中的第一步。

中国目前最为有效的做法是借鉴欧盟原则，将18项禁止性规定提升为具有约束力的立法，并规定只有涉及公共利益时（具体内容由封闭式名单一一列明，其涵盖面应当窄于欧盟《条约》的名单，因为后者毕竟是独立国家之间的条约）才能享有例外，同时指定某一行政机构或司法部门负责对相互冲突的目标进行评估。

如果根据经合组织的建议采用竞争评估工具箱的话，将会为促进中国最佳规制的确立增加一组额外的工具。

8. 结论

最佳规制的问题不仅在于如何确立，还在于如何维持，因为市场总是在不断发展。因此，规制规则必须具有前瞻性，因为（意料之外的）创新有可能会从根本上改变实现特定公共利益的方式。为了促进创新，法规应当简要地阐明所要实现的公共利益目标，然后交由行政部门——具体包括独立的规制机构、各部委、地方政府或机构——具体适用到个案中（各个产业或行业）；同时整个过程都要接受司法审查。因此，如果一个具有创新力的经营者的市场进入因为规则的原因被阻止，那么其可以向规则制定机构申请复议。如果新经营者的市场进入有利于整体国民经济和消费者福利，且不妨碍实现作为现行规制法规基石的公共利益目标，那么该经营者的市场进入就应当被获准。此外，如果新进入者没有获得市场准入，则应允许其向法院提起诉讼。

为确保规制的起草过程和实质内容都符合竞争原则，有效的做法是设立一个最高层级的专门机构。墨西哥和韩国都成立了独立的规制改革委员会；该委员会在实行最佳规制方面有着相当大的影响力。在这一过程中，反垄断执法机构理当是天然的盟友。反垄断执法机构拥有必要的经验，可以确保政府法规草案不会以不合理的方式限制竞争。反垄断执法机构同样可以主动发挥作用，其法定职权包括调查研究可能存在问题的市场的运行，并提出必要的改革建议。市场调查是欧盟最新引入的政策工具，能够有效识别市场结构中的缺陷，也能够有效确定必要的解决方案，促进竞争倡导和执法行动的开展。不过，反垄断执法机构并不擅长做出某一公共利益目标是否正当，以及被识别的限制措施与其想要达到的目标是否相称的专业判断。

如果辅之以内部市场协调规则，那么竞争评估会更为有效。欧盟制定了“相互承认”等一般原则，来解决成员国变相的保护主义问题以及市场准入方面出现的不合理限制。如果一项产品或服务在某一成员国获准运营，那么其就可以进入所有成员国市场，除非自由流动会导致某一经过严格认定的公共利益目标无法实现。

就欧盟而言，单一市场规则消除了直接和间接歧视，但无法自行创建最佳的规制架构。如果所有成员国的法规都禁止某一行为，那么单一市场规则本身并不能强制要求成员国取消该禁令。正因为如此，欧盟在某些领域制定了次级立法来确立最佳的规制架构，进而严格判定必要的规制限制。

欧盟服务业指令尝试进行服务业的规制改革，并建立起所有成员国都需遵循的一般规制原则，同时引入了同行审查制度，即成员国分享各自的规制措施并就彼此的解决方案提出意见建议。然而，服务业指令确立的限制类别原本应当指导各成员国的规制效果评估，但由于规定得过于细节，且类别受限，仅要求就以下两种限制措施说明实施的合理性：基于经营者的物理距离或服务人数确定的准入限制和价格限制。此外，服务业指令的例外清单过于冗长、笼统，完全赋予了医疗、运输等行业适用除外。

该指令在接下来的修订过程中主要可以改善两个问题。首先，例外清单可以将列举行业改为列举具体行为。这将扩大该指令的涵盖范围并使欧盟经济从中受益。至于何种规制需要成员国说明合理性，可以参考经合组织制定的竞争评估工具箱，该工具箱提供了一个非常全面的核对清单来识别竞争限制性规则（经营者的数量是否受到限制？其竞争能力是否受到限制？其竞争激励是否受到限制？规制是否限制了消费者的选择和可获信息?）。经合组织在工具箱的适用方面有着明确的经验，此外很多法域已经成功在规制改革过程中适用工具箱。

服务业指令如果配合竞争评估核对清单共同适用，列明需要说明合理性的国内法规，则能够成为促进规制改革、创新性市场准入、经济增长和提高竞争力的重要工具。中国也可以参考上述做法来推动竞争性准入、创新发展和经济增长的进程。

中国国务院 2016 年《意见》中所列的 18 项禁止性规定与欧盟《条约》所设立的商品、服务和资本的自由流动原则非常相似。这些规定对中国创建统一市场、扩大地方市场的机会、正确推动创新发展和经济增长等目标至关重要。但是，这些规定仅仅解决了非歧视问题，而不适用于市场准入问题，比如，无法用于审查实质性限制措施是否是不相称的或过度保护的，尽管这些措施有可能是非歧视性的。此外，这些禁止性规定的地位需要得到明确，尤其需要明确的是，在自我审查达不到预期效果的情况下，接下来应当怎么做。从这方面来说，国务院《意见》所列的例外情况实在太过宽泛，会导致相当多的限制措施得以继续实施。此外，在这一制度下，举报者并不享有任何权利，只能寄希望于相关机构的自我审查。而如果这 18 项禁止性规定上升为法律的话，其就有可能获得法院的独立裁判。

从本文所述的国际经验来看，我们想对中国提出的第一项建议就是将 18 项禁止性规定纳入立法，从而使自下而上的方法与自上而下的审查相结合，来填补限制性措施规制的真空。第二项建议是根据经合组织竞争评估工具箱来制定指南，从而识别“不合理的”市场准入限制。第三项建议是扩大对国务院《意见》所列禁止性规定的解释，以包括禁止不合理地限制外地企业准入的非歧视性准入限制。最后一条建议是，参考墨西哥和韩国的做法，允许外部机构对规制限制的自我审查进行评估。

背景论文四

中国公平竞争审查制度

国际经验与中国体系

黄　勇　江　山　周海涛[*]

导言：公平竞争审查制度的价值与定位

在转型期的中国，公平竞争审查制度具有重大的现实价值。结合当前的历史条件，明确公平竞争审查制度的定位，方可展望其未来的挑战及其应对。

第一，公平竞争审查制度的现实价值。从经验研究的数据来看，无论是“条条”的行业垄断，还是“块块”的地区封锁，都对社会造成了极大的福利损失。就“条条”的垄断造成的福利损失而言，在已有研究中，刘志彪等（2003）分别基于哈伯格、科林和缪勒的研究方法，对中国行政性垄断产业造成的社会福利损失进行估算，研究结果显示，在1997—2000年由垄断所致的社会福利损失占GDP的比重，最低为1.15%，最高为2.75%；[①] 姜付秀等（2007）在刘志彪的研究基础上，测算出中国六个代表性行政垄断行业在1997—2005年的社会福利损失占GNP的最低比重为0.612%，最高比重为3.279%。[②] 晚近，张柏杨、魏强根据赫芬达尔—赫夫曼指数（HHI）选择出40个工业垄断行业指出：中国40个工业垄断行业在2003—2009年的福利损失占当年GDP的比值年均为1.89%，最低为2003年的1.63%，最高为2007年的2.09%，且这一比值在2003—2009年

---

* 黄勇，对外经济贸易大学教授，竞争法中心主任；江山，对外经济贸易大学副教授，竞争法中心研究员；周海涛，对外经济贸易大学竞争法中心研究员。

① 刘志彪、姜付秀，《我国产业行政垄断的制度成本估计》，载《江海学刊》，2003年第1期。

② 姜付秀、余晖，《我国行政垄断的危害—市场势力效应和收入分配效应的实证研究》，载《中国工业经济》，2007年第10期。

呈现先上升后下降的倒 U 型特征。[①] 陈永伟计算得出，2000—2012 年行业垄断造成的福利损失在 GDP 中所占的比例年均达到了 18.1%。即使只保留了公共服务行业、矿产开采和加工业、石化行业、自然垄断行业，以及烟草加工等明显具有行政垄断特性的行业来计算这些行业的损失值，行业垄断造成的损失依然十分巨大，从 2000 年到 2012 年，损失在 GDP 中所占的比例平均仍高达 12.26%。[②]

就“块块”的垄断造成的福利损失而言，郑毓盛和李崇高（2003）通过数据包络方法，将技术效率（ATE）、产出配置效率（AAE）和要素配置效率（RE）进行分解，分析中国在 1978—2000 年间市场分割带来的效率损失。得出的结论是，市场分割造成的效率损失大约占到了 GDP 的 20%，也就是说仅仅只用打破市场分割的现状，中国的 GDP 就能上升 20%。[③] 不过，刘培林（2005）认为，上述研究在计算中对产出的划分过于粗糙，使得效率损失被高估。他将每一个两位数行业的产值都作为一种产出发现，在 2001 年，市场分割对制造业造成的效率损失大约在 5% 左右，亦即即使不增加任何投入，仅推进市场整合就能让制造业产值上升 5%。[④] 进一步地，陈永伟则计算指出，2007—2015 年间，市场分割造成的损失占 GDP 的比重，分别是 5.14%、12.30%、13.14%、13.45%、10.51%、7.12%、8.93%、6.24%、4.87%。以 2009 年为例，其造成的产出缺口约为 45 881.05 亿元，大约相当于所有规模以上工业企业主营业务收入的 8.37%，约相当于 GDP 总量的 13.14%。可见，市场分割造成的经济损失非常大。[⑤]

上述数据表明，“条条的”“块块的”垄断对中国经济造成巨大的福利损失。何况，以上分析还不包括产业政策对中国经济造成的福利损失。对于产业政策造成的福利损失，经济学界未做出系统研究。但实际上，产业政策通常也构成了行业垄断和地区封锁的重要政策工具，其造成的福利损失在一定程度上在前述二者的分析中得到了体现。上述数据已充分凸显问题的严峻性。进一步地，除了这些数据本身说明的问题之外，更重要的是追问其根源。众所周知，该等垄断福利损失与通过政策法律造成的市场扭曲紧密相关。要破解这一困局，急需对相关行

---

① 张柏杨、魏强，《中国工业垄断行业福利损失的估计及其影响因素》，载《经济与管理研究》，2015 年第 5 期。

② 陈永伟、叶逸群，《迈向公平竞争：现状、问题和对策》，见本书 137—161 页。

③ 郑毓盛、李崇高，《中国地方分割的效率损失》，载《中国社会科学》，2003 年第 1 期。

④ 刘培林，《地方保护和市场分割的损失》，载《中国工业经济》，2005 年第 4 期。

⑤ 陈永伟、叶逸群，《迈向公平竞争：现状、问题和对策》，见本书 137—161 页。

业、地区进行公平竞争审查。而有效实施公平竞争审查，则需要更加精确地识别和区分造成该等行业、地区垄断的成因，并制定类型化、制度化的解决方案。

第二，当前公平竞争审查制度的历史定位。为减少该等福利损失及其对经济造成的影响，公平竞争审查制度的推出是必然的选择。国发〔2016〕34 号文件指出，公平竞争审查制度的确立，符合深入推进经济体制改革的客观需要："经济体制改革的核心是使市场在资源配置中起决定性作用和更好发挥政府作用。统一开放、竞争有序的市场体系，是市场在资源配置中起决定性作用的基础。建立公平竞争审查制度，防止政府过度和不当干预市场，有利于保障资源配置依据市场规则、市场价格、市场竞争实现效益最大化和效率最优化。"《反垄断法》明确禁止行政机关滥用行政权力，排除、限制市场竞争。建立公平竞争审查制度，健全行政机关内部决策合法性审查机制，有利于保证政府行为符合相关法律法规要求，确保政府依法行政。

这充分反映了公平竞争审查制度所处的历史当口和旨在承担的使命。在深化改革的宏大背景下，单纯经济改革的单兵突进已经边际效应递减。市场的浪潮在不断推进的过程中，一方面已经冲击到规制体制的堤坝，物理边界之后是规制体制的黑箱；另一方面，在已被确认为市场领域的内部仍然矗立着产业政策的山头，市场经济的内部并不是畅通无阻。不仅如此，产业政策与规制都具有极强的外溢效应，若不加以治理，市场经济的机体将被不断侵蚀。为此，以公平竞争审查为切入点的竞争政策实施，是明确政策工具的选择。在此基础上，推动产业政策与规制体制的法律治理的形成，是市场经济充分有效运转的刚性需求。进一步地，《意见》指出，公平竞争审查制度的确立，是实现创新驱动发展的必然选择，[①] 是释放市场主体活力的有效举措。[②] 据此，公平竞争审查制度的定位，不仅是重在解决前一阶段改革遗留下来的难点问题，也旨在推动下一阶段的创新驱动发展。

当前，《意见》颁布之后，国家发改委等五部委联合颁布了《公平竞争审查制度实施细则（暂行）》，各省市也都陆续发布了公平竞争审查制度的相关意见，

---

① "当前我国经济发展进入新常态，必须靠创新驱动来推进经济持续健康发展。企业是创新的主体，公平竞争是创新的重要动力。建立公平竞争审查制度，大力消除影响公平竞争、妨碍创新的各种制度束缚，有利于为大众创业、万众创新营造公平竞争的市场环境。"（国发〔2016〕34 号）

② "我国经济发展正处于动力转换的关键时期，大力培育新动能，改造提升传统动能，都需要充分激发市场主体活力。建立公平竞争审查制度，降低制度性交易成本，克服市场价格和行为扭曲，有利于调动各类市场主体的积极性和创造性，培育和催生经济发展新动能。"（国发〔2016〕34 号）

但从各地方已颁布文件的情况来看，许多是对《意见》的简单重复。公平竞争审查制度的发展完善，还需要进一步展开比较研究，加强顶层设计的系统性和可操作性。既认识到中国与成熟市场经济体在市场规律和规则上的相同之处，又考虑到中国的经济体制下国家资源的运作特点和发展型国家的发展阶段。既充分借鉴主要法域公平竞争审查的经验，也要全面把握《反垄断法》发展的中国走向。

一、公平竞争审查制度的对象、方式和标准

（一）公平竞争审查制度的对象

根据《意见》，公平竞争审查制度的对象，在类型上包纳了影响或可能影响市场竞争的既存的和新制定的政策法律：行政机关和法律、法规授权的具有管理公共事务职能的组织（以下统称政策制定机构）制定市场准入、产业发展、招商引资、招标投标、政府采购、经营行为规范、资质标准等涉及市场主体经济活动的规章、规范性文件和其他政策措施，应当进行公平竞争审查。行政法规和国务院制定的其他政策措施、地方性法规，起草部门应当在起草过程中进行公平竞争审查。《意见》还指出，“破立结合，在规范增量政策的同时，坚持分类处理、不溯及既往，逐步清理废除妨碍全国统一市场和公平竞争的存量政策。”

（二）公平竞争审查制度的方式与标准

1. 审查方式

《意见》指出，“把自我审查和外部监督结合起来，加强社会监督和执法监督”，“在条件成熟时组织开展第三方评估”，公平竞争审查制度则要求政策法律起草机构自我审查，由执法机构开展执法监督并加强社会监督，同时目前，第三方评估的机制和机构的培育工作也已经开始。[①]

在中国公平竞争审查制度自我审查的安排下：政策制定机构在政策制定过程中，要严格对照审查标准进行自我审查。经审查认为不具有排除、限制竞争效果的，可以实施；具有排除、限制竞争效果的，应当不予出台，或调整至符合相关要求后出台。没有进行公平竞争审查的，不得出台。制定政策措施及开展公平竞争审查应当听取利益相关方的意见，或者向社会公开征求意见。有关政策措施出

① 《国家发展改革委价监局赴上海开展公平竞争审查第三方评估调研》，载《中国价格监管与反垄断》，2018 年第 2 期。

台后，要按照《中华人民共和国政府信息公开条例》要求向社会公开。

2. **审查标准**

公平竞争审查制度规定的审查方式为四大类18项标准，并对例外规定的情形做出列举。经整理，《意见》所列标准归类如下：

表1 中国公平竞争审查制度审查标准①

审查标准类型	通过政策法律施加竞争限制	通过政策法律赋予竞争优势
市场准入和退出标准	1. 不得设置不合理和歧视性的准入和退出条件 3. 不得限定经营、购买、使用特定经营者提供的商品和服务 4. 不得设置没有法律法规依据的审批或者事前备案程序 5. 不得对市场准入负面清单以外的行业、领域、业务等设置审批程序	2. 公布特许经营权目录清单，且未经公平竞争，不得授予经营者特许经营权
商品和要素自由流动标准	1. 不得对外地和进口商品、服务实行歧视性价格和歧视性补贴政策 2. 不得限制外地和进口商品、服务进入本地市场或者阻碍本地商品运出、服务输出 3. 不得排斥或者限制外地经营者参加本地招标投标活动 4. 不得排斥、限制或者强制外地经营者在本地投资或者设立分支机构 5. 不得对外地经营者在本地的投资或者设立的分支机构实行歧视性待遇，侵害其合法权益	N/A
影响生产经营成本标准	2. 安排财政支出一般不得与企业缴纳的税收或非税收入挂钩 4. 不得在法律规定之外要求经营者提供或者扣留经营者各类保证金	1. 不得违法给予特定经营者优惠政策 2. 同左栏 3. 不得违法免除特定经营者需要缴纳的社会保险费用

① 江山，《产业发展的政策选择与法律治理》，北京：法律出版社，2016年，第63—64页。

（续表）

审查标准类型	通过政策法律施加竞争限制	通过政策法律赋予竞争优势
影响生产经营行为标准	1. 不得强制经营者从事《中华人民共和国反垄断法》规定的垄断行为 2. 不得违法披露或者要求经营者披露生产经营敏感信息，为经营者从事垄断行为提供便利条件 3. 不得超越定价权限进行政府定价 4. 不得违法干预实行市场调节价的商品和服务的价格水平	N/A
例外规定	1. 维护国家经济安全、文化安全或者涉及国防建设的 3. 为实现节约能源资源、保护生态环境等社会公共利益的 4. 法律、行政法规规定的其他情形	2. 为实现扶贫开发、救灾救助等社会保障目的的 3. 同左栏

《意见》规定了兜底性的条款：没有法律、法规依据，各地区、各部门不得制定减损市场主体合法权益或者增加其义务的政策措施；不得违反《反垄断法》，制定含有排除、限制竞争内容的政策措施。此外，政策制定机构应当说明相关政策措施对实现政策目的不可或缺，且不会严重排除和限制市场竞争，并明确实施期限。在此基础上，《意见》落实还要进一步细化相关标准，明确审查程序，强化问责制度，落实法律责任，最终要走上法治化道路。①

3. 公平竞争审查标准的效力

虽然《意见》不是法律、行政法规，而是国务院政策性文件，但是公平竞争审查制度中的审查标准在滥用行政权力排除、限制竞争的案件中对行政机关的行为具备约束效力，在此基础上将公平竞争审查制度进一步法制化是发展的方向。

广东省深圳市卫计委公立医院药品集团采购改革中排除、限制竞争案②就是典型。2017 年 4 月 7 日，国家发改委发布公告称深圳市卫计委在推行公立医院药

① 中国改革报：《有力维护公平竞争 充分释放市场活力》，http：//www. crd. net. cn/2016 - 07/06/content_20846216. htm，最后访问时间 2018 年 11 月 6 日。

② 参考链接：http：//jjs. ndrc. gov. cn/fjgld/201704/t20170407_ 843754. html，最后访问时间 2018 年 11 月 6 日。

品集团采购改革试点过程中，存在以下违反《反垄断法》的行为：只允许一家集团采购组织（经遴选为全药网药业）提供药品集团采购服务；限定深圳市公立医院、药品生产企业使用全药网药业提供的服务；限定药品配送企业由全药网药业指定。调查后，深圳市卫计委认识到上述做法排除限制了深圳市公立医院药品集团采购市场的公平竞争，与《反垄断法》相关规定不符，表示将积极进行整改。

深圳市卫计委在提出整改措施的同时，也承诺将在试点期内修改完善相关政策文件，使其符合《意见》的规定，表明行政机关的行为符合公平竞争审查制度的同时，也要符合《反垄断法》的规定，充分具备与《反垄断法》相衔接的基础，下一步的工作是使公平竞争审查制度具备《反垄断法》意义上的法律规范属性。

（三）公平竞争审查制度的再结构化

当前，《意见》的内容已经具备了公平竞争审查的基础构架，并在实践中积累经验，唯其侧重点在于对通过政策法律施加竞争限制的规制，尚存优化空间。

1. 公平竞争审查制度的应然结构

综观成熟法域和国际组织实践，建立有审查实体标准体系的，包括以国家援助控制为中心的欧盟模式，以规制体制评估为中心的 OECD 模式，以竞争倡导为中心的美国模式。其中，欧盟和 OECD 模式各重一端；美国模式则具有独特的分权、制衡背景，其他国家难以移植。结合中国改革与发展实践中存在的产业政策、规制体制与地区封锁中存在的问题，应当构建涵盖国家援助和规制体制评估的二元模式。公平竞争审查制度的主体架构应由两部分构成：预防和制止通过政策法律赋予竞争优势和施加法律限制的行为，维护公平竞争秩序。①

第一，在经济发展的过程中，通过政策法律赋予特定行业、地区和主体以竞争优势（或弥补其竞争劣势），通常是以产业政策来承载的。产业政策的基本功能，包括实现产业的超常规发展、在全球经济中趋利避害、在促进产业结构升级过程中不断提高市场竞争力等。② 该等产业政策，在赶超型国家通常与国家资源的投入和支持联系在一起。具体表现为，以特定部门为对象，以促进特定产业的发展为目标，在实施过程中综合利用经济计划、经济立法、补助金、税收优惠、

---

① 江山，《产业发展的政策选择与法律治理》，北京：法律出版社，2016 年，第 55—60 页。

② 马晓河，《中国产业结构变动与产业政策演变》，北京：中国计划出版社，2009 年，第 87 页。

政策性金融等手段加以扶持。[①]

第二，在经济发展过程中，通过政策法律确立扩张性的规制边界、设定歧视性的条件、限定经营者的竞争能力、削弱经营者的积极性等方式施加竞争限制，是规制体制中的惯常经验。如果发生在“条条”的行业领域，则体现为规制体制的规定；如果发生在“块块”的地方区域，则体现为地区封锁。而在这两种场景下发生的政策法律施加竞争限制的问题，是公平竞争审查制度的另一规制对象。

第三，在此基础上，还需要明确例外情形作为公平竞争审查制度的第三大支柱。因为，并非所有的产业政策或国家援助都是被禁止的，而规制体制的制度安排在通常情况下更是有其存在的必要。国防、文化、救灾救助和能源环境等特殊领域的产业支持与规制约束不仅是必要的，也超出了公平竞争评估的能力范围。此外，对农业、交通基础设施等领域的国家援助也是诸多经济体的惯常实践，唯有该等通过政策法律赋予竞争优势和施加法律限制的行为，存在排除、限制竞争影响，且不为实现相关政策目标所必须时，才构成对其予以预防和制止的基础。

2. 公平竞争审查制度内部结构的逻辑

对公平竞争审查的实体制度安排做上述分类有其内在逻辑和现实意义。

第一，通过政策法律施加竞争限制，通常是通过发挥规制体制的直控功能以限制准入等环境面的政策工具来实现的，其针对的对象是规制体制内在位企业的竞争者或潜在竞争者，选定者的竞争资质和能力受到限制；其发生的场域通常是规制（包括规制与竞争领域之间的中空地带），或者地区封锁；其作用于竞争的方式，是通过设定在位企业的竞争者或潜在竞争者无法参与竞争或有效参与竞争的准入门槛，从而排除、限制竞争，阻断或扭曲通过市场竞争产生优胜者的过程。

第二，通过政策法律赋予竞争优势（或弥补竞争劣势），通常是通过产业政策予以直接的财政补贴或金融支持等供给面的政策工具实现的，其针对的对象是选定的行业、企业或地域等，入选者获得资源的倾斜；其行为发生的场域并不局限于规制或竞争领域，只要政策制定者认定了相关行业或领域需要予以产业政策的支持即可；其作用于竞争的方式，是通过直接支持所认定的行业、企业或地

① 黄群慧、贺俊等，《真实的产业政策：发达国家促进工业发展的历史经验与最新实践》，北京：经济管理出版社，2015 年，第 56—57 页。

域，最终挑选赢家，从而阻断或扭曲通过市场竞争产生优胜者的过程。

可见，通过政策法律施加竞争限制与通过政策法律赋予竞争优势（或弥补竞争劣势）的行为，使用的政策工具、行为发生的场域和对作用于竞争的方式都有所不同。据此，无论是在待审查政策法律的性质上，审查的对象、方法和程序上，还是竞争影响评估的要素上都有不同侧重，需要予以分类规制。

据此，在已有规定的基础上，对公平竞争审查制度进行再结构化，是将该制度的相关规定与现有《反垄断法》规定衔接的基础性工作。下文展开细化分析。

二、公平竞争审查制度的支柱Ⅰ：对通过政策法律施加竞争限制的审查

（一）规制体制与竞争体制

通过政策法律确立扩张性的规制边界、设定歧视性的条件、限定经营者的竞争能力、削弱经营者的积极性等方式施加竞争限制，是规制体制中的惯常经验。一方面，规制机构在配合产业发展的竞争政策和产业结构调整政策时，能发挥其直接控制的功能，使产业政策的诱导性功能得以有效落实，也可以通过放松管制在传统的垄断产业领域引入竞争。另一方面，当政府的产业政策偏向维护不合理的产业垄断时，如果微观监管机构缺乏独立性，它就能改运用其直控功能，通过限制进入企业数量和民间资本进入，使竞争性市场结构长期难以形成。[①]

据此，首先需要界定规制的范围，即明确市场机制对规制体制予以替代或补充的空间。由于行业的不同，典型的规制又与竞争体制之间存在不同程度的替代性，提出了规制法律与竞争法律之间的关系及其边界问题。亦即，规制体制本身是否有存在的必要、存在的边界和运行的规则都需要进行重估，以祛除不合理的、歧视性的竞争限制。最终，规制体制与竞争体制的冲突聚焦于评估并解决通过政策法律施加竞争限制是否合理和非歧视问题。

在此，以 OECD 竞争评估为借鉴，可以考察通过规制体制和地区封锁的政策法律施加竞争限制的行为的公平竞争审查的完善方向。

（二）规制行业的公平竞争审查：OECD 经验

1. 政策评估的范围

解决通过政策法律施加竞争限制是否合理和非歧视性问题，是 OECD 关注的

① 余晖，《管制与自律》，杭州：浙江大学出版社，2008 年，第 50—51 页。

重点。其《对竞争评估的理事会建议案》指出，"竞争不仅提高效率，确保向消费者提供其满意的商品和服务，而且还降低了价格，提高了质量，带来了更多的创新和更高的生产效率；经济增长和就业的增加必须依靠生产效率的提高……而有时候，公共政策不适当地限制了竞争；即使公共政策并无意于对经济进行调节和以任何方式影响竞争，但其对竞争的不必要限制可能会导致一些问题；可以修订对竞争产生不利影响的公共政策，使其促进市场竞争，并且实现公共政策目标；管理和监管行业的改革通常需要对竞争可能产生的影响进行详细评估；只要能达到确定的公共政策目标，对公平竞争损害较少的公共政策应成为政策首选。"① 由此可知，该等竞争评估主要旨在规制管制行业施加的竞争限制的行为。

OECD 竞争评估的范围包括：（1）法律、规章制度和条例。可进行竞争评估的政策包括法律、规章制度和条例。实行竞争评估最成功的管辖区域同时也是将法律作为竞争评估潜在对象的管辖区域。（2）现行政策和新政策。一些政府对现行政策和新政策都进行竞争评估。这是促进市场竞争的最有效方式。但这需要有巨大的政治意愿。（3）全国性政策、地区性政策和本地政策。

2. 政策评估的内容与类型

竞争评估的深入程度应该和对竞争的潜在危害程度成正比。为了简化对有过度危害作用政策的确认过程，通过竞争核对清单可对政策进行较快的初步评估，以确定对竞争有过度限制的政策，在此基础上再进行进一步的评估。评估的主要内容包括：政策限制供应商的数量或经营范围、政策限制供应商的竞争能力、政策打击供应商参与竞争的积极性和政策对消费者可得信息及其选择的限制。②

在此基础上，OECD 提出根据政策类型的不同，估出不同的评估安排。③

第一，新政策。竞争评估有利于新政策的制定。因此，对新政策而言，应在政策制定的初期，在政策制定者决定如何实施政策之前实行竞争评估。当拟实施的政策对竞争有潜在的过度限制作用时，为了发展可达到同样政策目的却带来较小负面作用的其他政策，应和政府竞争专家或监管监督人就这方面进行探讨。

第二，现行政策。大多数现行政策并不是竞争评估的对象。关键的问题是哪些

---

① OECD 编，《竞争评估工具书 1：原则》（版本 2.0），第 53—54 页。

② 《OECD 竞争评估工具书：原则》，第 8—9 页。

③ 《OECD 竞争评估工具书：原则》，第 24—25 页。

政策应首先接受审议，因为现行的政策不可避免地更有可能比其他政策对竞争造成了不必要的负面影响。该等政策应该优先评审，因其修改将牵涉到各个方面。

4. 政策评估者

根据OECD的经验，除非有第三方对其工作进行审核，“一线”政策制定者可能并不会很严肃地看待竞争评估。审核工作可以由监管监督人、竞争评估专家如竞争机构派出的有关人员，或者由以上两种人组成的专家组来承担。[①]

从已有的评估经验来看，（1）在英国，公平交易办公室负责制定竞争评估的指导方针并对新政策竞争效应进行审核。现在，公平交易办公室和监管监督人及监管提高部门（BRE）一起承担此责任。（2）在墨西哥，对竞争有影响的新次级法规要求必须由竞争机构进行审核。在韩国，竞争机构有责任对被挑选出来的新规章制度进行审核。匈牙利要求其竞争机构递交对新规章制度的评价。(3)其他很多国家，在新规章制度实施前都要进行横向咨询。当竞争的审核员能尽早开展评估，并只对他们认为有严重潜在问题的政策实行竞争评估，而不是对所有的政策进行评估时，这样的评审将更加有效。（4）独立机构评估。澳大利亚1995年设立新的独立机构国家竞争委员会，对国家、州或地区法规和规章制度的竞争政策评审进行监督，其成功充分证明了审查机构独立性的重要性。

在竞争评估的过程中，具有竞争政策与法律专业背景的人士的参与是重要的。因为，实行超出竞争核对清单要求的综合竞争评估要求具备竞争分析和市场定义等相关能力。而值得注意的是：让竞争机构或其他政府部门参与竞争评估不应该阻碍政府日后在竞争法下进行的合法行为，竞争评估基于竞争效应的预测之上，而预测在现实生活中往往会低估竞争危害或高估竞争效益。

5. 以评估促进自我监管

OECD认为，和传统的指挥控制监管模式相比，某些行业的监管体系是自我监管（或联合监管）。自我监管具有更加合作的方式，监管制度的制定得到了有声望行业协会的积极参与，因此提高了监管的可信度和有效性，同时又反过来有助于制度的自觉遵守。制定监管制度的过程中广泛利用业内人士特定的专业知识可使监管制度更好地达到其政策目标，并最小化政府监管。自我监管事宜的领域包括：产品质量及其安全性能；设计的兼容性；技术标准的协同；职业道德标准。[②]

---

① 同上，第25—26页。

② 《OECD竞争评估工具书：原则》，第13—14页。

（三）规制行业公平竞争审查的完善：标准、程序与救济

1. 规制行业公平竞争审查的实践

近年来，网约车行业受到的规制，是通过政策法律施加竞争限制的典型例子。网约车经营服务，是指以互联网技术为依托构建服务平台，整合供需信息，使用符合条件的车辆和驾驶员，提供非巡游的预约出租汽车服务的经营活动。2016 年 7 月，交通运输部第 15 次部务会议通过的《网络预约出租汽车经营服务管理暂行办法》（下称《暂行办法》）第十二条对网约车车辆的条件规定为："（1）7 座及以下乘用车；（2）安装具有行驶记录功能的车辆卫星定位装置、应急报警装置；（3）车辆技术性能符合运营安全相关标准要求。车辆的具体标准和营运要求，由相应的出租汽车行政主管部门，按照高品质服务、差异化经营的发展原则，结合本地实际情况确定。"由于对车辆的要求规定都较为原则，地方在颁布当地具体的网约车实施细则时容易发生对该《暂行办法》的限制解释。

研究表明，77 个地级以上城市出台的网约车细则，普遍存在违背"18 不准"的条文：全部规定从事网约车的车辆牌照必须为本地车牌；60 多个城市在准入车龄上做出比交通部《暂行办法》更为严格的规定；6 个城市驾驶员必须为本地户口；9 个城市对驾驶员的文化程度做出了限制；38 个城市在对网约车实行市场调节价的同时，规定政府在必要时可实行政府指导价。[①] 进一步，以网约车运用普遍的北上深为例，北京市交通委员会发布的《北京市网络预约出租汽车经营服务管理实施细则（征求意见稿）》，第八条要求申请《网络预约出租汽车驾驶员证》的驾驶员须为北京市户籍并取得北京市核发的相应准驾车型机动车驾驶证，第九条要求申请办理《网络预约出租汽车运输证》的车辆须为北京市号牌车辆，满足北京市公布实施的最新机动车排放标准，同时要求 5 座三厢小客车排气量不小于 2. 0L 或 1. 8T、车辆轴距不小于 2 700 毫米等。同日，上海、深圳发布的《网络预约出租汽车经营服务管理实施细则（征求意见稿）》都要求驾驶员为本市户籍。可见，各级交通管理部门共同实施了对网约车行业的限制。对比北上深的"网约车新政"和交通部的要求，交通部对网约车的规定主要集中在保险、定位装置等方面，用以保障消费者的合法权益和人身安全，而对网约车驾驶员的户籍、网约车的牌照、车辆已使用年限及车轴距排量等项目并无要求，但北京和上海的"网约车新政"规定驾驶员必须持本地户籍、网约车必须有本地牌照，

① 参考链接 http：//life. szonline. net/contents/20170617/785387. html，最后访问时间 2018 年 11 月 6 日。

同时限制网约车的已使用年限、车轴距和排量。这暴露出公平竞争审查制度依赖于自我审查的问题，也凸显出政策法律的竞争影响因规制、地区封锁相结合而被放大的问题。

2. 规制行业公平竞争审查的完善路径

当前，规制行业存在的公平竞争审查问题，除了应在落实上下功夫之外，制度设计上亦存在可以在标准、程序和救济方面进一步精细化的空间。

第一，标准。当前，《意见》规定的四大标准类型——市场准入和退出标准、商品和要素自由流动标准、影响生产经营成本标准、影响生产经营行为标准，很大程度上借鉴了OECD的标准体系中初步评估的核对清单。在此基础上，若要展开正式评估，下一步的完善方向还应当将标准体系进一步细化、清晰。

第二，程序。当前，中国公平竞争审查制度的程序可以概括为分“三步走”：识别是否涉及市场主体经济活动；对照标准逐条审查并说明相关情况；判断是否适用例外规定。OECD将评估程序细化为两个步骤：第一阶段是初始评估，在合理的时间内完成对潜在竞争问题的估计。如果出现对竞争造成严重危害的可能，则需要进行更详尽的第二阶段评估。若评估表明对竞争影响的范围和规模都很大，可以考虑进行由政府专业机构和国家竞争机构合作进行的外部审核。据此，全面彻底的竞争评估包括：（1）明确的政策目标，（2）说明可实现同样政策目标的候选方案，（3）评估各方案对竞争的影响，（4）对各方案进行比较。这一分阶段评估方案，可以在中国公平竞争审查制度的实施细则中考虑进一步吸收。

第三，救济。OECD竞争评估的救济方案多是建议性的，主要聚焦于可选方案的识别与设置。在很多情况下，可以对规章制度进行调整使竞争危害最小化。虽然对有些类型的限制作用可达成一致，但其他类型的限制作用及其相关的问题非常复杂，不得不进行具体评估、识别之后做出选择。虽然《意见》没有规定对限制竞争的救济措施，但是《意见》规定了对于限制竞争的政策，“制定机构应当说明相关政策措施对实现政策目的不可或缺，且不会严重排除和限制市场竞争，并明确实施期限”，也就是说，《意见》采取的是对文件文本予以事前救济方式，而非在审查后进行修正事后救济方式，其实施机制还有待进一步考察。

在中国，通过政策法律施加限制的情况不仅仅发生在规制体制之内，还存在于地区封锁之中。很多时候，规制与地区封锁之间出现叠加。前述网约车的例子就是典型。这种情况是计划经济以来所谓的“条条的”和“块块的”垄断的延续。目前，《反垄断法》已经对典型的地区封锁行为做出了明确的规定，[①] 该等规定在公平竞争审查制度中得到了进一步扩充，将《反垄断法》中主要聚焦于“块块的”地区封锁，扩展到规制体制内“条条的”垄断问题。后续的工作，是应当将规制行业和地区封锁共同存在的通过政策法律施加竞争限制的问题作为一个整体予以法制化，既保证公平竞争审查的覆盖面又确立其强制力。

三、公平竞争审查制度的支柱Ⅱ：对通过政策法律赋予竞争优势的审查

（一）产业政策与竞争政策

产业政策是后发国家的路径，竞争政策是自由市场国家的传统。产业政策与竞争之间并不是必然存在交集。在美国，产业政策从立国以来就未能成为主流，被限定在有限的范围之内，且需遵循严格的立法程序以法律的形式出台。在欧盟，产业政策的发展历经纵向到横向的演变，在竞争政策的洗礼和竞争法的约束下，已经被框定于国家援助的合法区间。在东亚发展型国家，则急需解决通过政策法律设定治理结构，解决通过政策法律赋予竞争优势（或弥补其竞争劣势）的问题。

欧盟国家援助制度是解决该问题的重要制度构建。根据《欧盟运行条约》第 107 条第 1 款：“除与本条约相反的规定，国家给予或者利用国家财源给予的援助，不论方式如何，凡优待某些企业或者某些生产部门，以致破坏竞争或者对竞争产生威胁，从而对成员国间的贸易有不利影响时，应被视为与内部市场相抵触。”[②] 欧盟国家援助控制制度旨在解决欧盟内部市场的竞争扭曲，从公共政策选择的角度来看，是将产业政策纳入竞争政策评估框架；从法律治理的角度来看，则为成员国的产业政策提供了一个法定规制框架。由此观之，中国的产业政策与欧盟国家援助在形式与内容上都高度重合：中央和地方政府通过直接补贴、

---

① 主要包括：对外地商品设定歧视性收费项目、实行歧视性收费标准，或者规定歧视性价格；规定与本地同类商品不同的技术要求、检验标准，或者对外地商品采取重复检验、重复认证等歧视性技术措施；采取专门针对外地商品的行政许可；设置关卡或者采取其他手段妨碍商品在地区之间自由流通的行为（第三十三条）。以设定歧视性资质要求、评审标准或者不依法发布信息等方式，排斥或者限制外地经营者参加本地的招标投标活动（第三十四条）。采取与本地经营者不平等待遇等方式，排斥或者限制外地经营者在本地投资或者设立分支机构（第三十五条）。

② Article 107（ex Article 87 TEC）. Accessed Nov 6，2018. http：//eur－lex. europa. eu/legal－content/EN/TXT/HTML/？uri＝CELEX：12008E107&from＝EN.

税收减免、资本注入等各种形式，向民族地区、革命老区、边境地区、贫困地区、资源枯竭城市、自然灾害突发区、西部地区、东北地区等老工业基地等提供地区援助，针对农业、光伏产业和传统支柱产业等提供行业援助。[①]

据此，以欧盟国家援助制度作为参考，可以分析中国公平竞争审查制度如何对以产业政策为典型的政策法律赋予竞争优势进行审查，恢复市场竞争秩序。

（二）国家援助的公平竞争审查：欧盟的经验

1. 国家援助相关关键概念的界定

《欧盟运行条约》第107条第1款规定仅针对与欧盟内部市场相抵触的国家援助，即那些会“扭曲竞争或存在扭曲竞争的威胁”从而“影响成员国之间的贸易”的应予禁止的国家援助做出规定。而归纳欧盟相关判例，国家援助可以被定义为：由国家或通过国家财源所进行的由国家承担财政负担的干预，通过减少通常包含在一个企业预算中的费用而使企业处于优势地位。[②] 重点是，援助的结果会使受益者获得财务状况改善，或即使没有实际改善，但是如果没有援助，受益者的财务状况会恶化。国家援助通常大部分是以补贴的形式从公共基金中支付，或是直接给予或是通过减少税务负担等方式。[③]

2. 国家援助的构成要件

在欧委会看来，判断一家企业是否接受了国家援助，要看是否符合下列标准：

（1）国家援助由国家给予或通过国家资源给予

只有由国家给予的或通过国家资源给予的措施才能构成国家援助。首先，这种措施必须是通过国家资源直接或间接给予的；其次，这种优势措施必须来源于国家。[④]“国家”应当从最广义上理解，包括中央政府和各级地方政府。国家资源的内容比较丰富，包括公共部门的所有资源和国有实体的资源，在某些情况下还包括私人机构的资源。国家资源的转移可以包括多种形式，比如直接给予、贷款、担保、直接向企业投资等。资金的实际转移并不是构成国家资源的主要判断标准，而如果政府机构或公共经营者以低于市场的价格提供商品或服务，也属于

① 周海涛，《欧盟国家援助制度的现代化及其借鉴》，载《河北法学》，2016年第8期。

② Conor Quigley, European State Aid Law and Policy, 2rd edition, Hart Publishing, 2009, p. 3.

③ Case 213 – 215/81, Norddeutsches Vieh – und Fleischkontor *v* BALM [1982] ECR 3583, para. 22.

④ Case C – 482/99, French Republic v Commission (Stardust Marine) [2002] ECR I – 4397, [2002] 2 CMLR, Opinion of AG Jacobs, para 54.

放弃国家资源。此外，在没有获得相应报酬（考虑市场情况）的情况下允许进入公共领域或自然资源，或者给予特殊的或专有的权利不符合市场价格适当的报酬也可以构成国家资源的转移。[①] 关于由国家施加控制的公营企业和私营企业采取的措施，由企业做出的符合可归因性的援助决定也将构成国家援助。

可归因性，是指在政府机构给予受益人援助或指定一个私人或公共团体管理援助计划的情况下，国家资源的转移归因于该政府。其判断的主要条件是：[②]（1）该主体在不考虑政府机构要求的情况下不能做出有争议的决定。（2）给予援助的公共经营者与政府之间除了组织因素的联系之外，必须听从政府机构发布的指令。（3）公共经营者整合进政府行政机构的组织结构中。（4）经营者活动的性质及其正常条件下在市场中的表现是同私人运营商竞争。（5）经营者的法律地位。（6）政府机构对该经营者管理的监管程度。（7）考虑援助措施的范围、内容或条件，任何显示政府机构与实施相关措施有牵连或者政府没有牵连是不可信的表征。

（2）国家援助的对象：有选择地使特定经营者或特定地区受益

援助是有选择地给予接受者一种优势，如对特定的企业或行业的某些领域，或对特定地区的企业。

第一，欧盟控制的国家援助的受援对象为经营者，为从事经济活动的实体，而不论其法律地位和出资方式如何。[③] 经营者必须从事经济活动，但不依赖于该实体是否以营利为目的。在行使公权力、基于互助原则的社会保障和卫生保健、由国家资助并监督的国家教育体系内的公共教育、供公众使用但不收取报酬的基础设施等情况下，由于属于非经济活动，则不认定为经营者。

第二，受益是指经营者不能在正常市场（特别是没有国家干预）条件下获得的任何经济利益。需要通过比较经营者在措施实施后的财务状况和没有实施措施情况下的财务状况，来评估是否受益。受益不但包括对经营者的积极的经济利益给予，也包括减轻其经济负担。后者内涵非常宽泛，包括任何经营者财务上的费用减免、从事经济活动固有成本的降低。除了对于普遍经济利益服务的成本之

---

① Communication from the Commission on the application of the European Union State aid rules to compensation granted for the provision of services of general economic interest, OJ C 8, 11. 1. 2012, p. 4.

② Case C－482/99 France v Commission (Stardust) [2002] ECR I－4397, paragraphs 55 and 56. See also the Opinion of Advocate General Jacobs, Case C－482/99 France v Commission (Stardust) [2002] ECR I－4397, paragraphs 65 to 68.

③ Cases C－180/98 to C－184/98 Pavlov and Others [2000] ECR I－6451.

外，即便是国家履行监管职责带来的强制性成本，原则上也被认为是经济活动的固有成本，对这类成本的任何补偿都将认定为使经营者受益。

第三，选择性。根据《欧盟运行条约》第107条第1款，国家的措施必须“使特定的经营者或商品生产受益”，因此不是所有使经营者受益的措施都被认定为国家援助，只有那些以选择性方式使特定经营者、一类经营者或特定经济部门受益的才是国家援助，而由成员国在平等基础上操作且向所有经营者开放的普遍措施，不具有选择性。明确选择性概念有必要区分对象选择性和地域选择性。

（3）市场经营者测试

在欧盟法下，政府或公共经营者的交易如果是在正常的市场条件下进行的，就不构成应禁止的国家援助，因此欧盟法院发展出了“市场经济投资者原则”以确定政府投资是否构成国家援助。法院指出，判断一项政府投资是否构成国家援助，必须考查处于正常市场环境中具有同等规模的私人投资者，在相似情况下是否会进行投资，[①] 即“私人投资者测试”。类似地，欧盟法院又发展出了“私人债权人测试”评估政府作为债权人的行为是否符合市场惯例，[②] 以及“私人供应商测试”，判断公共实体的出售行为中是否包含国家援助。[③] 这些原则或测试实际上都是基于同一基础概念衍生出来的变种，均强调公共机构或经营者的行为应当同正常经济环境中的私人经营者在同等条件下做出的决定基本相同。因此，欧盟委员会采取了统一的“市场经营者测试”来评估公共机构或经营者的行为中是否蕴含给予相关经营者有利条件的情况。

在“市场经营者测试”下，测试的目的是判断政府的经济行为是否构成国家援助，因此与干预本身是否是政府机构追求公共政策考量的正当理由无关。同样，受益者是否盈利本身也不是决定性因素——唯一的决定因素是在同等状况下市场经营者是否会采取与政府机构或经营者相同的行动。若非如此，则受益者获得了它在正常市场情况下无法获得的经济利益，从而有了较竞争对手更加有利的市场地位。[④] 基于市场经营者测试的目的，只有与国家作为经营者相关的利益和义务才会被考虑，排除了其行使公权力的部分。[⑤]

① Case C－142/87, Belgium v Commission (Tubemeuse) [1990] ECR I－959.

② Case C－525/04 P, Spain v. Commission [2007] ECR I－9947.

③ Cases T－268/08 and T－281/08 Land Burgenland and Austria v Commission [2012] ECR II－0000.

④ Case C－124/10 P, Commission v Électricité de France (EDF) and Others, [2012] ECR I－0000.

⑤ 同上。

3. **对贸易和竞争的影响**

根据《欧盟运行条约》，政府对经营者的支持仅在“扭曲竞争或存在扭曲竞争的威胁”并达到“影响成员国之间的贸易”程度的情况下才为条约所禁止。

（1）扭曲竞争。政府实施的措施若能提高授予对象与其他经营者竞争时的竞争地位，就扭曲了竞争或存在扭曲竞争的威胁。[①] 然而在下列情况中，扭曲竞争的可能将被排除：提供服务属于合法垄断且与其他类似自由化服务不存在竞争；同时，由于监管或法律约束，服务提供商不能在其他任何自由化市场（地理或产品）活动。国家援助的定义并不需要扭曲竞争或对贸易的影响是非常严重或实质性的，事实上无论援助数量较少还是受援经营者较小，本身并不排除其存在扭曲竞争或扭曲竞争威胁，只要这种威胁不是假设出来的。即使不会帮助受援的经营者扩大并获取市场份额，足以使受援者拥有比之前更强的竞争地位也会扭曲竞争。

（2）影响贸易。若国家财政援助增强了经营者与其他经营者在共同体内部贸易竞争时的地位，后者必须被视为受援助影响。[②] 即使受援者没有直接参与跨境贸易，政府支持也可以对欧盟贸易产生影响。在中国的语境下，仅讨论国内市场，扭曲竞争与影响贸易的效果是重合的，单独列明该项要件的意义不大。

（三）国家援助/产业政策公平竞争审查的完善

1. 国家援助/产业政策公平竞争审查的中国问题

以我国新能源汽车产业为例，政府补贴凸显出许多问题。2012 年 9 月，财政部、工业和信息化部、科技部下发《关于组织开展新能源汽车产业技术创新工程的通知》，提出积极推动企业联合有关单位加强自主技术创新，扎实推进我国新能源汽车重大关键技术突破与产业化进程；并在《新能源汽车产业技术创新工程财政奖励资金管理暂行办法》中提出，中央财政从节能减排专项资金中安排部分资金，支持新能源汽车产业技术创新，包括新能源汽车整车项目（包括纯电动、插电式混合动力、燃料电池汽车）和动力电池项目两大类。2013 年 9 月，《关于继续开展新能源汽车推广应用工作的通知》（以下简称《通知》）规定：政府补贴包含两部分，分别由中央财政和地方财政提供；纳入中央财政补贴范围的新能源汽车车型应是符合要求的纯电动汽车、插电式混合动力汽车和燃料电池汽车。

---

① Cases T – 298/07, T – 312/97 etc. Alzetta [2000] ECR II – 2325.

② Case T – 288/07, Regione Autonoma Friuli – Venezia Giulia v Commission [2001] ECR II – 1619.

目前，地方政府为落实《通知》精神出台了各自新能源汽车地方补贴政策细则。因缺乏补贴监督机制，新能源汽车领域财政补贴地方保护主义现象仍无法避免。[①] 在新能源汽车的研发、生产和销售环节税收政策优惠力度不够；在新能源汽车的购置、使用环节税收政策导向作用欠缺。[②] 政策过早体现出导向性，或导致无效与抑制厂商创新；大目录外存在小目录，地方保护现象依然严重。[③] 北京市规定，只有纳入《北京市示范应用新能源小客车生产企业和产品目录》的新能源汽车，并进入《节能与新能源汽车示范推广应用工程推荐车型目录》的车型，才能享受北京市的地方补贴。上海市也出台了类似的规定，只有进入上海市经信委发布的《上海私人购买新能源汽车试点车型信息表》的车型才能享受上海市政府提供的补贴。对比北京和上海的这两份汽车目录，可以发现，两地政府主要倾向于补贴本地区新能源汽车生产商，外地新能源汽车所占比例较小。如北京汽车生产的新能源汽车被纳入北京优待推荐目录，上海生产商上海通用和上汽的产品也最先在上海获批。比亚迪新能源汽车由于产地在深圳，因而在北京、上海两地都未能进入地方财政补贴的产品目录。显然，地方政府实施歧视性的财政补贴，妨碍了本地新能源汽车市场的公平竞争，消费者的选择范围大大缩小，导致新能源汽车市场呈现一定程度的碎片化状态，催生出割据性的汽车市场，国产新能源汽车难以扩大规模效应。[④] 不仅如此，实际上政府通过补贴还促成了产业对电动车技术路径的选择，钛酸锂电池技术被抛弃、混合动力节能车的未来走向不明。最显著的问题是，地方政府的补贴政策区别对待不同种类、品牌的新能源汽车。北京市补贴的范围中，属于中央政府补贴范围的插电式混动车型不在其列。

国家鼓励新能源是一种产业发展的政策方向，但是该等政策的推行是靠补贴的方式，还是靠市场的方式则是政策工具选择的问题。即使是在确定通过补贴等产业政策的方式来促进新能源产业的发展，其政策法律依据是什么？是否存在对市场竞争的影响？该等影响是否在可接受的范围内？补贴是否具有非歧视性？是否存在对竞争限制更小的方式可以达到同样的效果？特别是，由于存在地方财

① 郑敬高、冯森、杨振东，《新能源汽车补贴政策的租金效应及其应对》，《科学技术与产业》，2014年第6期。

② 乔亮国、李占元，《促进新能源汽车产业发展的税收政策研究》，《税收与税务》，2015年第7期。

③ 王战，《关于进一步完善新能源汽车政府采购的建议》，《中国科技产业》，2015年第4期

④ 郑敬高、冯森、杨振东，《新能源汽车补贴政策的租金效应及其应对》，《科学技术与产业》，2014年第6期。

政、国有企业，新能源补贴在各个地方实施的过程中是否存在分配的不公平，甚至发布倾向于赤裸裸地排除、限制竞争的政策、部门规章？进一步地，面对地方“小目录”这一突出的问题，有学者指出，北京新能源汽车目录事关新能源车的产业扶持政策和规制政策，应该按照国务院的要求进行公平竞争审查，地方政府不能简单地以“生态、环保”等理由就逃避公平竞争审查程序。竞争政策也需要遵循竞争优先的原则。已有学者指出，为了防止各地在新能源汽车推广过程中出现地区封锁，国务院办公厅出台了相关文件。但由于实行的是中央和地方财政共同补贴的机制，仍然无法阻止地方政府对补贴资金的使用进行干预。[①]

2. 国家援助/产业政策公平竞争审查的完善路径

第一，标准的充实与完备：一是应当对政府补助、税收优惠或通过政策法律赋予竞争优势的方式进行进一步的举明；二是需要对国有企业这类主体的规制及其标准做出进一步的细化；三是需要对扭曲竞争的标准做出规定和充实。

（1）实践中，国家援助/产业政策的方式主要包括：（a）国家补助、利率优惠、税收减免、税收抵扣、国家担保或控股、以优惠条件提供商品或服务、直接补贴、资金转移等。（b）还有一些手段的援助性质不太明显，比如咨询建议、协助企业投资于环保项目、协助公共企业准备私有化、用立法形式保护或担保市场份额、公私合伙和合同不公开招标等。（c）此外，国有电视台的免费广告、惠及特定用户的基础设施项目等在一定情况下也可能被认定为国家援助。有学者将其分为五类[②]：补贴税收优惠、对国有企业的资本参与、低息贷款、提供担保。此外，欧盟委员会还通过一系列软法对一些特定的援助手段进行了具体规定。主要包括国家担保、公共土地出售、出口信用保险、财政援助的直接商业税收。

在此基础上，在公平竞争审查制度中通过政策法律赋予竞争优势的规制部分，需要对规制对象予以进一步明确，经营者、收益和选择性等要件需要纳入并澄清。

（2）进一步地，在此，特别值得一提的是针对国有企业这一特殊主体的规制问题。在中国，政策、补贴偏向于国有企业的情况比较普遍。如何通过公平竞争审查制度的适用，使国有企业成为真正的竞争主体，是制度设计和实施的重要

---

① 万静，《防止“小目录”搞地方保护分割市场，北京新能源车地方目录须过公平竞争审查关》，《法制日报》2017 年 2 月 22 日，http：//epaper. legaldaily. com. cn/fzrb/content/20170222/Articel06001GN. htm.

② 王晓晔，《欧共体竞争法》，北京：中国社会科学出版社，2007 年，第 264 页。

问题。据此，OECD 提出了竞争中性原则，旨在让公共企业和私人企业在公平的竞争环境下竞争。[①] 根据 OECD 的《竞争中性：建议、指南和最佳实践纲要》，该原则的落实聚焦于 8 个优先领域：理顺政府企业的运营形式、识别政府商业活动特定功能的成本、政府商业活动的商业回报率、国有企业的公共服务义务、公共和私人企业的平等税收待遇、针对国有企业的规制中立、防止针对国有企业的融资和直接补贴等优惠安排，以及保证公共采购政策、程序的竞争性和高标准的透明度。但 OECD 并未给出细化的标准，这一点在欧盟国家援助制度的实施中得到了确立。

在欧盟法下，一旦援助措施通过了私人投资者测试，则可被视为政府恰好提供了一个普通市场投资行为。私人投资者测试的关键点是[②]：（1）私人投资者测试的关键是以适当回报率（合理的利润）作为基准来评估援助措施并对其进行分类。由此产生的相关问题是大多数私人投资者要求高于平均水平的回报，采用“市场上的平均收益”来衡量是否适当。（2）确定“理性的个人投资者”主要看投资者是否具有可比。这要求投资者并非是特立独行的个例，而是各种类型的投资者均愿意或不愿意进行相关项目的投资。需要指出的是，这并非要求所有的市场投资者都需要在他们决策时表现得理性。（3）确定“市场”的概念。如果没有一个理想的市场（比如存在垄断），测试的作用就无从体现。此外，合适的市场回报标准也是重要的问题。其他需要明确的因素包括评估的方法、偏好、风险及不确定性、资金回报或无形回报的范围、时间范围等相关问题，以及作为提供财政资金回报所期待的控制程度。这些均与相关投资期待的回报率有关。

（3）最后，还需要对扭曲竞争的要件予以丰富完善。当前，中国公平竞争审查制度中涉及对国家援助/产业政策的标准主要有：一是市场准入和退出标准：公布特许经营权目录清单，且未经公平竞争，不得授予经营者特许经营权；二是影响生产经营成本标准：（a）不得违法给予特定经营者优惠政策；（b）财政支出一般不得与企业缴纳的税收或非税收入挂钩；（c）不得违法免除特定经营者需要缴纳的社会保险费用。该等零星的规定，应当纳入“扭曲竞争”的要件项下予以进一步丰富、充实和条理化，落实效果的预测与评估。就此，若要增加公平

---

① OECD：Competition Neutrality：A Compendium of OECD Recommendations，Guidelines and Best Practices. Accessed Nov 6，2018. http：//www. oecd. org/daf/ca/50250955. pdf，p. 5.

② European Economic & Marketing Consultants，“State Aid & the More Economics Based Approach”，Competition Competence Report 4/ 2005.

竞争审查制度关于对通过政策法律赋予竞争优势的审查权重，形成更加均衡的制度体系安排，确有必要将政策、法律赋予竞争优势的具体手段方式丰富和充实。

第二，程序与救济：强化法律责任。欧盟国家援助控制设置了系统化的程序与救济安排，实施事前申报制度，申报的结果可能是认定不存在国家援助（或者是申报后 15 天没有决定则视为默示授权），或者因所涉国家援助明显合规而确认不反对，或者认定存在竞争关切而需开展正式调查。正式调查的过程中需要征求成员国和第三方意见，最终做出的决定分四类：（1）认定不存在国家援助；（2）不反对该项国家援助；（3）附条件通过该项国家援助；（4）否定该项国家援助并采取恢复措施。当前，根据《意见》，“对未进行公平竞争审查或者违反公平竞争审查标准出台政策措施，以及不及时纠正相关政策措施的地方政府和部门，有关部门依法查实后要做出严肃处理。对失职渎职等需要追究有关人员党纪政纪责任的，要及时将有关情况移送纪检监察机关”。在此，程序与救济是紧密关联的。若以自我审查为主，其责任的设定必然是柔性的；若确立某种形式的事前申报安排，则可以在既定的程序下设置不同的救济措施并强化法律责任。所以，核心的问题是：在中国的公平竞争审查中，是否可能由自我审查过渡到事前申报制度安排。

四、公平竞争审查制度的支柱 III：例外规定

公平竞争审查制度的例外规定边界的勘定，是确立其制度结构的重要维度。无论是在 OECD 竞争评估框架下对规制体制政策法律的评估，还是在欧盟国家援助控制制度下对产业政策/国家援助的评估，都存在边界，涉及竞争政策能够深入的程度，这在一定程度上转化为公平竞争审查制度的适用除外与豁免问题。在发展中国家，由于产业政策、规制体制的边界不明，且处于持续的变动之中，例外规定更是公平竞争审查制度有效实施的关键。

《意见》规定，“属于下列情形的政策措施，如果具有排除和限制竞争的效果，在符合规定的情况下可以实施：1. 维护国家经济安全、文化安全或者涉及国防建设的；2. 为实现扶贫开发、救灾救助等社会保障目的的；3. 为实现节约能源资源、保护生态环境等社会公共利益的；4. 法律、行政法规规定的其他情形。”据此，所规定的例外领域包括：国家安全相关例外、扶贫救助例外、节能环保例外三大类型，包罗了大量的具体行业和部门。《意见》规定，“政策制定

机关应当说明相关政策措施对实现政策目的不可或缺，且不会严重排除和限制市场竞争，并明确实施期限。政策制定机关要逐年评估相关政策措施的实施效果。实施期限到期或未达到预期效果的政策措施，应当及时停止执行或者进行调整。”据此，中国的公平竞争审查制度对属于例外适用范围项下的具体政策安排规定了条件，要求在事前进行竞争影响评估，并在事后进行政策实施效果评估。该等例外本身具有框架性，其边界需要进一步廓清。可以结合欧盟国家援助制度和OECD竞争评估中的例外安排比较分析，考察公平竞争审查制度的范围与边界。

（一）国家安全例外

《意见》规定了“1. 维护国家经济安全、文化安全或者涉及国防建设的”例外。据此，可以细分为国防安全、文化安全和国家经济安全三个方面分析。

1. “军事产品”v. s“国防安全”

《欧盟运行条约》第346条将军事产品排除在条约限制之外，这意味着成员国可以依照自己的意愿补贴军事产品的制造和贸易，享受国家援助控制豁免。根据条约第346条第1款第（2）项规定，军事产品包括武器、军需品和军用物资。但是其中可为民用的服装、鞋帽等军事装备物资不能得到豁免。[①] 需要注意的是，对军事产品的豁免属于条约规定的特别豁免，即适用“除条约另有规定外”。

在该问题上，《意见》规定的“国防建设”需要进一步明确，特别是其与“国防安全”、“国家安全”和“军事产品”之间的关系，以及该概念的包含范围。

2. “文化和文物保护”v. s“文化安全”

《欧盟运行条约》第107条第3款第（4）项规定，“援助用于促进文化和遗产保护，前提是该援助不会对贸易环境及欧盟的竞争产生影响以致某种程度上违背共同利益”，可以不认定为国家援助。之所以为文化领域提供国家援助豁免，是考虑到成员国本身仍然是独立主权国家，具有自己国家、民族的文化传统和历史传承，成员国出于文化保护和继承目的对文化领域进行国家援助，有利于保持欧洲文化多样性，增加成员国对欧盟的认同。只要成员国政府的国家援助措施仅具有文化性质，并不是出于商业目的并损害欧盟共同利益的，就应当得到豁免。

在该问题上，《意见》规定的“文化安全”需进一步明确，尤其是需要划清

---

① Phedon Nicolaides, Mihalis Kekelekis, Maria Kleis, “State Aid Policy in the European Community”, Second Edition, Wotler Kluwer Law & Business, p. 66, 2008.

文化传统和文化遗产的保护，与商业化的文化产业之间的区别亦需进一步厘清。

3. “符合欧洲整体利益的援助” v. s “国家经济安全”

欧盟并未专门规定“国家经济安全”例外，而是通过“对符合欧洲整体利益的援助例外”来顾全欧洲整体利益。其中，“用于促进有关欧洲共同利益的重要项目的实施”的援助可以被允许，一般用于支持符合欧洲共同利益的大型研发和技术发展项目，比如通过创建专有技术和覆盖全欧洲的研究网络来增强欧洲电子产业。① 如果援助是“对成员国被严重扭曲的经济予以救济”，也会被允许，比如希腊政府通过国家经济复苏计划向数量众多的希腊公司和国有银行提供援助获得批准，正是因为其当时严峻的经济形势。② 但是，援助不能是为了局部利益。

就此，《意见》中规定的国家经济安全的例外适用，特别需要注意其适用范围。局部利益、地区利益、短期利益不能被简单地纳入“国家经济安全”的范畴。

（二）救灾、扶贫例外

《意见》规定了“2. 为实现扶贫开发、救灾救助等社会保障目的的”例外。据此，可以分为“救灾”“扶贫”两个方面进行分析。

1. 救灾救助：绝对豁免

一旦“援助是为补偿因自然灾害或特殊事件造成的损害”，就符合绝对豁免。这里所说的自然灾害和特殊事件必须是不寻常的、重大的和不可预知的。

第一，自然灾害。具体而言，自然灾害包括诸如旱情、龙卷风、森林火灾、地震、火山喷发、灾难性动植物疫病等，③ 如果仅仅是诸如降雨量低于正常水平等情况，即使对农业生产造成负面影响，也不能因此获得援助。但欧盟委员会在有关农业的国家援助指南中指出，不利天气诸如霜冻、冰雹、结冰、暴雨或干旱的破坏程度如果达到一定的门槛（正常产量的30%），可以转化为自然灾害。④ 2010年4月，冰岛火山喷发造成航空公司数十亿欧元的损失，欧盟委员会通过评估认为，由于其不可预测性及其经济影响，火山喷发符合《欧盟运行条约》意

① 25th Report on Competition Policy, 1995, p. 238.

② 21st Report on Competition Policy, 1991, p. 251.

③ 8th Report on Competition Policy, 1978, p. 164.

④ Commission Communication on Community guidelines for state aid in the agriculture and forestry sector 2007 – 2013, OJ C319, 27. 12. 2006.

义上的“自然灾害”，航运人遭受的损失可以得到成员国政府的援助。[①]

第二，特殊事件。特殊事件包括战争、内部动乱或罢工（有所保留，具体取决于其程度）、导致广泛损失的重大核事故和火灾。2001年美国“9·11”恐怖袭击事件后，成员国采取措施补偿因2011年美国封锁领空造成的损失，欧盟委员会认为本事件可以适用第107条第2款第（2）项，但同时强调因恐怖袭击造成的间接损失（例如保险费用上升），或者不是因为领空封锁而是成本上升或营运限制均不能获得委员会的援助授权。[②]

第三，相关援助实施要求。第一，受偿损失与灾害之间应当有直接联系。也就是说，只有因自然灾害、特殊事件本身造成的经营者损失可以获得被豁免援助补偿，间接受损不能适应本条款。第二，援助应当具有针对性。援助的目的是弥补受灾损失，因此出于帮助当地经济恢复和发展的援助就超出了范围，不能适用绝对豁免。第三，援助应当遵循相称原则，即援助补偿的额度必须经过精确核算，准确而客观，要与损失相当。第四，援助还必须是非歧视性的。

据此，《意见》中关于救灾例外的规定，尚可在灾害认定、特殊事件界定上进一步细化，亦需明确损失的特定性、援助的针对性、相称性和非歧视性。

2. 扶贫开发：可能豁免的援助

从援助对象范围来看，欧盟将国家援助区分为仅针对某一地理区域的地区援助、面向全部企业的横向援助和主要针对特定产业或部门的行业援助。扶贫开发属于可能豁免的援助，分为对欠发达地区的援助和对特定经济活动和地区的援助。

第一，对欠发达地区的援助。第3款第（1）项规定针对三类地区：生活标准极低，严重失业，《欧盟运行条约》第349条列举的一系列地处偏远的岛国地区，“考虑这些地区的结构、经济和社会情况”实际上均属于欧盟内欠发达地区。其中，对于何为“生活标准极低”需要进一步明确。实践中通常采用人均收入来衡量生活标准，根据地区援助指南的规定，此类地区是指人均GDP低于欧盟平均水平75%的地区。鉴于援助目的是要促进这些欠发达地区的发展，该类豁免通常只能用于多行业的援助计划，即应该惠及该地区相关行业的所有公司。[③]

---

① SA. 32163 Remediation of damage to airlines and airports caused by seismic activity in Iceland and the volcanic ash in April 2010 [2011].

② Magnus Schmauch, EU Law on State Aid to Airlines: Law, Economics and Policy, Lexxion 2012, p. 147.

③ Guidelines on National Regional Aid for 2007 – 2013, OJ C54, 04/04. 2006.

第二，对特定经济活动和地区的援助。《欧盟运行条约》第 107 条第 3 款第（3）项允许成员国采取援助措施“用于使某经济活动或经济地区的发展便利化，前提是该援助不会对贸易环境产生负面影响以致某种程度上违背共同利益”。符合本款项的经济活动，通常是出于横向政策目的进行的，比如就业、培训、环境保护、研发、中小企业投资、拯救并重组困难企业等。这里的经济地区与第（1）项所列的欧盟欠发达地区有所不同，主要指成员国国内低于该国平均水平的地区。

据此，《意见》中关于扶贫开发例外的规定，尚可在贫困、欠发达地区的认定上纳入量化的标准，且要明确扶贫开发援助中的普惠性和非歧视性。

3. 区分救灾、扶贫例外的必要性

在此特别需要注意的是，在欧盟国家援助制度中救灾救助与扶贫开发并不是处于同一位阶的。因为，欧盟将豁免分为绝对豁免和可能豁免的国家援助。其中，自然灾害和特殊事件由于其重大、不可预知和不寻常的特性，非获得及时的援助难以纾解，只需要进行初步的审查即做出是否豁免的决定。而对于扶贫开发而言，其虽具有重大性，但并非不可预知和不寻常的，仍需遵守严格的豁免程序。

实际上，在中国，扶贫和救灾亦为两套独立的体系，解决不同的问题。《意见》中的救灾救助例外在完善和适用的过程中，宜对此二者做进一步的区分。

（三）节能环保例外

《意见》规定了“3. 为实现节约能源资源、保护生态环境等社会公共利益的”例外。对此，可以作为一个整体予以考察并设定例外的范围。

欧盟《普遍集体豁免规定》为有利于环境保护或应对气候变化的援助措施提供了方便，包括在节约能源、可再生能源方面的投资，以及环境税减免形式的援助。据此，允许成员国采用下列援助措施，包括：让经营者高于共同体环境保护标准或在没有共同体标准时提高环境保护水平的投资，获得高于共同体标准或在没有共同体标准时提高环境保护水平的新交通工具，提早采用未来的共同体标准，对节约能源的投资，高效废热发电援助或提升可再生能源，环境研究，环境税的减免等多种形式。[①] 此外，委员会还专门发布了关于环境保护的援助指南，[②]

① Conor Quigley Q. C., European State Aid Law and Policy (second edition), Oxford – Portland Oregon 2009, p. 273.

② Community guidelines on State aid for environmental protection, OJ C 082, 01/04/2008.

除了对上述援助措施的实施进行具体细化外，还补充规定了有关集中供热、废料管理、污染场所补救、经营者重新安置、许可证交易制度等新的援助措施。上述援助满足申请集体豁免相应条件的视为与内部市场相兼容，可以免除其申报义务。但这些援助措施仍然需要符合规定对援助金额、援助强度等的要求。

据此，《意见》规定的“为实现节约能源资源、保护生态环境等社会公共利益的”例外，亦可以考虑随着经验的积累在实施细则或指南中确立成批豁免的安排，以减少审查机构的行政成本，同时保证它们对环境产生积极的影响。

（四）其他例外情况

《意见》规定了“4. 法律、行政法规规定的其他情形”例外，作为兜底条款。唯其问题是，包括该等“其他情形”的法律、行政法规规定本应作为被公平竞争审查制度审查的对象。若以此兜底，则可能产生通过法律、行政法规来规避公平竞争审查的问题。在将公平竞争审查制度上升到法律层面的工作中，则应当避免这种制度设计的可能漏洞。而切实有效的兜底条款的设计，可以考虑将危机应对、普遍经济利益、研发创新和规制豁免等设定在明确列举范围之外的例外安排。

1. 危机应对的临时豁免

《欧盟运行条约》第 107 条第 3 款第（5）项作为兜底条款，赋予理事会根据委员会提议、通过决议确定可能被豁免的国家援助类型。若遭遇突如其来的严重危机，通过授权理事会和委员会根据现实情况及时调整国家援助控制政策，有利于在保持条约稳定性的同时更好地发挥国家援助控制的实际作用，为欧盟经济发展服务。2008 年 9 月后，鉴于金融市场面临的持续压力以及更广泛的负面溢出效应，委员会认为《欧洲运行条约》第 107 条第 3 款第（2）项豁免符合欧洲整体利益的援助的规定适用于金融业。需要满足以下条件：第一，所有危机通讯的适用领域局限于信用机构。第二，危机通讯仅能在危机情况存续期间适用。第三，危机通讯的适用情形仅能是整个金融稳定面临巨大风险，而非单纯的某一家银行面临财务困难。

2. 普遍经济利益服务豁免

在欧盟国家援助项下，也存在基于“公共利益”或“普遍经济利益”的豁免。《欧盟运行条约》第 106 条规定：“被授权从事具有普遍经济利益的服务，或具有创收垄断特点的企业，应服从本条约的规定，特别是其中的竞争规则，只要这些规则的适用在事实与法律上，均不会妨碍其执行委派给它的特殊任务。”

公共服务植根于欧盟的共同价值，如果市场不能有效提供这类服务，则这类服务可能获得公共部门的财政支持。因此，《欧盟运行条约》免除了受托经营普遍经济利益服务的经营者执行任务时遵守竞争法的义务，其中包括了对普遍经济利益服务经营者进行国家援助的豁免。在此，提供公共物品，但若无公共部门介入则无法由市场提供的经济行为（或者在质量、安全、可购性、平等待遇或普及性打折扣的情况下供应）即为普遍经济利益服务。[①]

欧盟法院认为，[②] 普遍经济利益服务必须具有以下特征：第一，必须对消费者的日常生活非常重要；第二，必须对所有消费者开放；第三，必须以统一的条件和预先确定的数量、价格和时间规律提供。在此基础上，符合豁免应当符合以下标准：第一，进行普遍经济利益服务的应当是企业或者具有创收垄断特点的主体。第二，真正的普遍经济利益服务。第三，企业的普遍经济利益服务义务是被明确界定或授权的。第四，竞争规则的适用将阻碍任务的执行。第五，普遍经济利益服务的实施应合乎比例。第六，贸易之发展不应被影响到与共同体利益相抵触的程度。欧盟的规定，实际上是对拟纳入适用除外或豁免的企业从事服务的性质、企业本身的性质、企业行为的性质，及其监管都设定了综合的标准。若不符合相关的标准，就应当对该等适用除外或豁免的存在及其边界进行重估和调整。

3. 研发创新活动的集体豁免

对研究和开发项目、实现技术可行性研究的援助是《普遍集体豁免规定》授权的最重要的援助措施。第一，基础研究。基础研究是指从事的实验或理论工作主要是为了在现象和可观察到的事实基础上获得更深层次的新知识，没有任何直接的实际应用目的。第二，工业研究。工业研究是指计划的研究或关键的调查旨在获得开发新产品、工艺流程或服务新知识和技能，或者对现有开发新产品、工艺流程或服务的巨大改进。第三，实验开发。实验开发是指以新的、改变的、改进的产品、流程或服务的生产计划和安排或设计为目的，获取、整合、塑造和使用现有的科学、技术、商业和其他相关的知识和技能。其中可以包括其他活动，但不能从事商业用途。《欧盟创新倡议》中提出，包括对服务领域中方法和组织创新的援助；对创新集群的援助，只要遵守限定条件，不对竞争产生扭曲。

---

① Communication from the Commission: European Union framework for State aid in the form of public service compensation, OJ C 008, 11/01/2012.

② Case C－393/92, Municipality of Almelo and others v NV Energiebedrijf Ijsslmij [1994] ECR I－1477.

4. 管制体制评估的例外安排

当前《意见》规定的例外情形多属于国家援助项下的安排，对于规制体制评估中例外尚未做出系统的规定。而在实践中，规制体制的政策措施（如典型的价格和准入规制），必然会在某种程度上具有排除和限制竞争的效果，若不予以一定程度的豁免，该等规制体制显然无法存续。OECD 对于竞争评估的一般竞争法豁免，实际上主要就是针对适用除外的特定行业和规制行业的豁免。并在此基础上进一步提出，应当根据限制竞争效应的性质和程度、政策引用和其他候选政策分析不断缩小豁免范围。竞争评估的一般竞争法豁免主要考虑几个问题:① 效益分析、限制竞争效应的性质和程度分析，以及政策应用和其他候选政策分析。OECD 认为，作为一般改革战略，政府应该扩展竞争政策的有效性和适用范围。应该重新审视竞争机构和竞争法的有效性和适用范围，必要时应对此加以强化。如果缺乏公共利益不能得到更好体现的证据，应该完全取消竞争法豁免。当有充分理由表明继续实施竞争法豁免是合理的，则应该考虑尽可能缩小豁免范围。

比较而言，《欧盟运行条约》中规定了国家援助可能被豁免的四种情形。除了前述的军事用品和普遍经济利益服务豁免之外，还有农业、交通运输的豁免。上述两类豁免，是否应当纳入中国公平竞争审查制度的范围，亦可考虑。

第一，农业领域的适用除外。《欧联运行条约》第 42 条规定：“农业产品的生产和贸易适用本章涉及竞争规则的条款，须由欧洲议会和理事会在第 43 条第 2 款框架内按照其程序并考虑第 39 条所列的目的做出决定。”该条款限制了对国家援助在农业领域的适用，以便由理事会实行欧盟的共同农业政策。在此基础上，理事会条例第 26/62 号明确豁免了农业领域基于《欧盟运行条约》第 107 条、第 108 条的事先申报义务。② 欧委会出台了专门指南，③ 对农业和林业领域的国家援助控制做出指引。符合指南要求的援助可以得到直接豁免，不需申报。④

第二，交通运输业的豁免。根据《欧盟运行条约》第 93 条的规定，一项援助如果是出于运输协调需要（为纠正市场缺陷而需要政府干预，如没有竞争，或

---

① 《OECD 竞争评估工具书：原则》，第 47 页。

② Council Regulation (EC) No 26/62 of 4 April 1962, applying certain rules of competition to production of and trade in agricultural products.

③ Community guidelines for State aid in the agriculture and forestry sector 2007 to 2013. (OJ C 319, 27. 12. 2006).

④ Phedon Nicolaides, Mihalis Kekelekis, Maria Kleis, State Aid Policy in the European Community, Second Edition, Wotler Kluwer Law & Business, 2008, p. 66.

因拥堵、环境污染、分摊交通基础设施建设费用不均而引起的外部性），或是出于对履行公共服务中固有义务的补偿（主管当局出于普遍利益而规定的保障公共客运服务的要求），均可以被豁免。为执行本条规定，欧盟分别针对空运、航运和陆路运输三类运输方式进行具体指引。属于本条范围内的国家援助要得到豁免，还必须按照《欧盟运行条约》第108条第3款规定向委员会申报。如果援助不符合本条款及相关法规的情形，则检验其是否符合条约第107条中的豁免情形。

五、公平竞争审查制度的支撑制度

（一）审查程序制度

公平竞争审查制度的程序安排一般有三种方式：一是政策法律制定机构的自我审查；二是政策法律制定机构的事前申报，由执法机构予以审查；三是由独立、专业的第三方开展审查。中国当前采取的是第一种方式。在公平竞争审查制度的完善过程中，面临三种选择：一是在当前自我审查的安排下，如何使审查流程更加优化；二是在未来是否有必要、有可能推行事前申报，以及推进的次序；三是是否在适当的时候引入第三方审查，以及第三方审查的介入程度与效力。

当前，审查程序包含了对增量与存量两种安排。第一，就增量而言，“政策制定机关在政策制定过程中，要严格对照审查标准进行自我审查。经审查认为不具有排除、限制竞争效果的，可以实施；具有排除、限制竞争效果的，应当不予出台，或调整至符合相关要求后出台。没有进行公平竞争审查的，不得出台”。第二，针对存量，“按照‘谁制定、谁清理’的原则，各级人民政府及所属部门要对照公平竞争审查标准，对现行政策措施区分不同情况，稳妥把握节奏，有序清理和废除妨碍全国统一市场和公平竞争的各种规定和做法。对市场主体反应比较强烈、问题暴露比较集中、影响比较突出的规定和做法，要尽快废止；对以合同协议等形式给予企业的优惠政策，以及部分立即终止会带来重大影响的政策措施，要设置过渡期，留出必要的缓冲空间；对已兑现的优惠政策，不溯及既往”。

据此，《意见》给出了分类审查的基本框架，后续应对审查流程进一步完善。比较可见，欧盟国家援助制度亦做出新旧政策的区分，并以此为基点做出了配套的程序设计，对新援助和既存援助分别做出不同的程序和救济安排。

1. **援助的类型**

欧盟将成员国申报的援助划分为4类，分别规定了每一种类型援助的审查。

（1）新援助与既存援助。新援助是指不属于既存援助的所有援助，包括对既存援助的变更。既存援助包括以下5种情况：第一，相关成员国在受欧盟条约约束前已经存在的援助。第二，获得授权的援助，即援助计划或单个援助已由委员会或理事会授权。第三，成员国已申报但超过两个月期限仍未得到委员会决定的援助，视为已获得授权。第四，被认定为违法援助但已过了10年救济时效的援助，同样视为已获得授权。第五，实施时不构成援助，之后因为共同市场发展变化但成员国没有进行相应调整而变成援助的，视为既存援助。①

（2）违法援助、非法援助与滥用援助。违法（unlawful）援助并不是与内部市场相抵触的非法（illegal）援助，二者在法律上具有不同的含义。相抵触的援助按照第107条认定，是实质性违法；而“违法”援助通常按照第108条认定，属于程序性违法，尽管其中也可能存在实质性违法。② 滥用援助指受益者使用援助违反了援助授权决定。简言之，滥用援助可能是援助的使用与授予决定规定的用途不符，或者是受援对象与授予决定指定的不符。③

2. **新援助的审查程序**

第一，初步审查。根据《欧盟运行条约》第108条第3款的申报要求，任何给予新援助的计划均应当由成员国申报，在委员会授权前成员国不得实施援助，即遵循暂停原则。④ 在初步审查中，委员会可以决定：（1）允许措施实施。如果发现申报的措施不构成国家援助；或者虽然构成国家援助，但不与内部市场相抵触；又或者构成国家援助且与内部市场相抵触，但属于条约规定的豁免情形，则可以允许国家援助实施。（2）启动正式审查程序。如果委员会对所申报援助的相容性产生怀疑，或者初步评估期限届满而无法得出结论，就有责任收集全部必要的信息和观点，启动正式审查程序。（3）如果该阶段期满后委员会没有做出决定，则成员国可以向委员会呈送一份执行前通知，告知该项国家援助将被执行。如果委员会在收到该通知15日内未做出决定，则视为同意实施援助。

---

① Case T-195/01 and T-207/01, Government of Gibraltar v Commission [2002] ECR II-2309.

② Ileana Simplicean-Stroia, “Study of the State Aid Policy in the European Community: the 'Illegal' State Aid Problem”, 1997 Journal of International Legal Studies.

③ Case N796/2000, Guarantee guidelines for equity participation, OJ L318, 16. 12. 2000.

④ Case 120/73, Lorenz v. Germany [1973] ECR 1471.

第二，正式审查程序。欧委会若对可能“扭曲竞争或造成扭曲竞争威胁”启动正式审查，可以邀请成员国及第三方主体就相关援助内容进行评论。① 委员会接收来自第三方当事人的看法，并有机会进行答复；同时，给予申报方就上述评论的抗辩权。正式调查程序终止后，委员会可以做出如下决定：（1）正面决定。认为不构成条约中的国家援助而予以批准。（2）附加限制性条件的决定。可以要求成员国进行方案改变，或具体列出对诸如数量、类型等方面的限制，也可以设置便于监管决定执行的某些义务。（3）负面决定。如果委员会发现申报的援助与内部市场相抵触，则可做出负面决定，要求援助不得实施。无论做出何种决定，委员会都必须给出充足的理由，特别是要针对不同意见予以回应。②

3. 既存援助的审查程序

第一，对既存援助的监控。由于既存援助获批的时间久远，经济环境等方面的变化使得既存援助不再与内部市场兼容，原有的委员会授权可能不再适用，③尤其需要监控。委员会应当与成员国合作，对成员国的援助体系进行持续检查，并将对既存监管的初步意见告知相关成员国，允许成员国在一个月的期限内（可适当延长）递交其意见。如果最终发现既存援助与内部市场相抵触，委员会可以根据成员国提供的信息提出合适的措施建议。建议可以是对援助计划的实质性修订，也可以是对程序要求的介绍，或者废除援助计划，只要建议具有合理性。④

第二，既存援助的审查程序。区别于新援助审查程序，在既存援助案件中，成员国需提供支持自己主张的信息，委员会根据这些信息进行充分评估，如果结果是相关措施事实上构成既存援助，则必须适用相应的程序；如果委员会不能达成暂时的结论，或者成员国未提供任何信息，则应当启动新援助审查程序。⑤

第三，违法（未申报）援助与滥用援助的审查程序。未申报造成的违法援助并不意味着其与内部市场相抵触，委员会仍有义务评估其影响。而滥用援助是因为既存援助产生的，委员会应当对其开启正式审查程序，如果发现滥用援助与内部市场相抵触，可以要求相关成员国采取所有必要的手段以恢复滥用的援助。

---

① Case 323/82 Intermills [1984] ECR 3809.

② Case T－371/94 and T－394/94, British Airways and others and British Midland Airways v Commission [1998] ECR II－2405.

③ 20th Report on Competition Policy, 1991, p. 128.

④ Case 173/73, Italy v Commission [1974] ECR 709.

⑤ 同上。

（二）救济制度

1. 当前救济的政策性

《意见》指出要强化责任追究，救济体现出政策性的特征：“对未进行公平竞争审查或者违反公平竞争审查标准出台政策措施，以及不及时纠正相关政策措施的地方政府和部门，有关部门依法查实后要做出严肃处理。对失职渎职等需要追究有关人员党纪政纪责任的，要及时将有关情况移送纪检监察机关。”

2. 刚性救济的可行性

在欧盟，那些违法或者不兼容的国家援助必须连带复利归还。如果成员国没有对违法及不兼容国家援助进行恢复可能导致法院诉讼，最终要受到处罚。

委员会在对违法援助进行审查时可以发出各种指令，要求相关成员国履行相应义务：（1）信息令。如果相关成员国未在规定期限内提供信息或提供信息不完全，委员会可以明确要求提供的信息并确定适当的期限。[①]（2）中止令。委员会可以发出中止令，要求成员国中止一切违法援助，直到委员会就援助与内部市场的兼容性做出决定。（3）恢复令。委员会可以发布恢复令，要求成员国暂时将违法援助恢复原状直至委员会针对援助方案与内部市场的兼容性做出决定。在发出中止令和恢复令之前，委员会还应当给予相关成员国递交意见进行抗辩的机会。

对于既存援助的监控，委员会可以提出建议，如果相关成员国同意上述建议，则应受其约束并坚决执行，[②] 并由委员会以决定的形式结束程序。委员会的建议并不对成员国产生约束效力，因此如果相关成员国不接受建议，而委员会仍然坚持认为相关措施是必要的，可以根据《欧盟运行条约》第 108 条第 2 款做出决定，要求有关成员国在委员会规定的时限内废除或更改与内部市场相抵触的援助。[③]

随着改革步伐的推进，公平竞争审查制度建设的完善和经验积累过程中应当逐步考虑配设刚性的救济制度安排，将救济措施纳入法治化的轨道。当然，其可行性也取决于审查制度的路径选择和配套的前置性制度安排。

---

① Case T－110/01 and T－133/01, Saxonia Edelmetalle GmbH, [2005] ECR II－1579.

② Case T－17/02, Fred Olsen [2005] ECR II－2031.

③ Cases T－132/96 and T－143/96, Freistaat Sachsen and Volkswagen AG v Commission [1999] ECR II－3663.

3. 法律支撑的必要性

归根到底，国家援助控制涉及国民经济发展的重要方面，涵盖诸多重要部门，如果缺乏法律支撑，则难以通过法治落实责任，亦无法经由法治实施监督。

除了前述审查程序、法律责任的法制化具有强烈的现实需要，法治监督也举足轻重。比较在欧盟的法律支撑可见，对于欧委会宣布援助不兼容的决定及恢复援助的命令，均可在欧盟法院提出质疑。相关成员国可以申请暂停委员会决定，但必须说明情况的紧迫性以及用来申请临时措施的事实和法律确立的表面证据。成员国在没有任何中止命令的情况下依然有责任恢复违法援助。

（三）市场调查制度与竞争倡导

1. 市场调查：英国和欧盟的经验

《意见》提出健全竞争政策："国务院反垄断委员会要发挥职能作用，组织、协调、指导反垄断工作，研究拟订有关竞争政策，组织调查、评估市场总体竞争状况，为推进和逐步完善公平竞争审查制度奠定坚实基础。各地区、各部门要按照确立竞争政策基础性地位的要求，有针对性地制定政策措施，及时研究新经济领域市场监管问题，不断完善市场竞争规则，加快形成统一开放、竞争有序的市场体系。"在此，市场总体竞争状况的调查是在主要法域的重要竞争政策工具。

英国在市场调查制度上积累了相当的经验。这一制度设计的初衷是认识到对竞争的负面影响不仅来源于特定的垄断行为，还有可能来自规制和国家行为等。在中国，有必要赋予"市场总体竞争状况"的评估更加丰富的内涵：在进行该等评估时，一方面识别垄断行为和有利于发生垄断行为的市场条件，以启动后续的反垄断调查；另一方面，可以深究垄断行为和有利于发生垄断行为的市场条件的根源，若涉及规制体制或产业政策越位，则启动后续的公平竞争审查。

在技术层面，欧盟在国家援助控制中还会使用市场信息工具，以处理关于援助性质或对其相容性评估的系列问题。该工具可以被用来评估正常的行为（如担保或贷款中的国家援助因素）、市场失灵以及激励效应基准。所寻求的信息主要包括：（1）真实的市场数据（如市场规模、市场份额、进口规模等）和公司数据（如成本结构、利润、所有权和控制权以及在其他公司的参股等）；（2）对市场运作基于事实的分析（进入壁垒、进入成本、监管障碍、市场成长速度和发展远景、产能过剩），如有可能，还有援助对受益人的影响、对所提议救济或补偿措施的评估。市场信息工具的使用，有利于维护成员国辩护的权利，保障程序的透明度；也符合竞争者和申诉人的利益；还可以通过此工具直接同步与有关第三方建立联系。这有助于信息交流更加透明、准确和迅速。

2. 竞争倡导：美国的经验

《意见》指出要加强宣传培训："有关部门要切实加大宣传培训力度，加强政策解读和舆论引导，增进全社会对公平竞争审查制度的认识和理解，为公平竞争审查制度实施营造良好的舆论氛围和工作环境。"这属于竞争倡导的范围。

在美国，竞争倡导除了宣传和培训之外，还包括执法机构的全方位努力。当法院、政府机构或者其他组织在考虑将影响消费者或竞争的案件或政策决定之时，执法机构将通过法院之友或者倡议信的方式提供意见。在这些问题上，执法机构提供专业支撑，以主张哪些保护消费者和促进竞争的政策。除此之外，执法机构对此做出了专门的分工。例如，在美国联邦贸易委员会：由政策规划办公室帮助指导竞争倡导和政策工作；法律总顾问办公室则通过法院之友表达执法机构的观点。①

在与政策制定者的沟通上，执法机构致力于督促其在政策制定过程中考虑以下问题，以减轻或预防反竞争后果：② （1） 拟议规制或其他拟议行为对竞争的可能影响，以及将如何影响消费者；（2） 任何对竞争的限制存在何种正当理由？（3） 有没有替代方案，在不减少消费者选择或不必要地对合法商业活动造成负担的情况下实现公共政策目标？

公平竞争审查制度的展望：将公平竞争审查制度嵌入《反垄断法》

公平竞争审查制度若要有效落实，除了在当前继续完善相关实施细则、指南，另一项重要的工作是将之纳入立法议程，使该项制度具有法律的支撑。在此，可以从《反垄断法》的立法目的、第一章、第五章、第六章和第七章的具体规定，分别考察公平竞争审查制度与行政垄断、行政程序和法律责任的衔接。

《意见》指明了基本原则包括：（1） 尊重市场，竞争优先。尊重市场经济规律，处理好政府与市场的关系，着力转变政府职能，最大限度减少对微观经济的干预，促进和保护市场主体公平竞争，保障市场配置资源的决定性作用得到充分发

① https：//www. ftc. gov/policy/advocacy.

② https：//www. competitionpolicyinternational. com/competition – advocacy – at – the – federal – trade – commission – recent – developments – build – on – past – successes/.

挥。(2）立足全局，统筹兼顾。着力打破地区封锁和行业垄断，清除市场壁垒，促进商品和要素在全国范围内自由流动。统筹考虑维护国家利益和经济安全、促进区域协调发展、保持经济平稳健康运行等多重目标需要，稳妥推进制度实施。

总的来看，一方面，公平竞争审查的基本原则与《反垄断法》的立法目的之间具有同向性和互补性。《意见》具有“尊重市场，竞争优先”的原则，与《反垄断法》第一条规定，“为了预防和制止垄断行为，保护市场公平竞争，提高经济运行效率，维护消费者利益和社会公共利益，促进社会主义市场经济健康发展，制定本法”具有相同的指向，即保障市场配置资源的决定性作用。同时，其中“处理好政府与市场的关系，着力转变政府职能，最大限度减少对微观经济的干预”，又构成了与《反垄断法》立法目的之间的互补关系。另一方面，公平竞争审查制度与《反垄断法》对行政垄断的规制具有相容性。“着力打破地区封锁和行业垄断”的着力点与《反垄断法》第五章“滥用行政权力排除、限制竞争”的规定具有相容性。进而，公平竞争审查制度不局限于对“行政性垄断”的规制，还旨在“考虑维护国家利益和经济安全、促进区域协调发展、保持经济平稳健康运行”。

据此，可以进一步分析公平竞争审查制度纳入《反垄断法》的整体方案。

（一）公平竞争审查制度与总则的衔接：第一章

总则是一部法律的引领，对立法目的、适用范围、规制对象等做出一般性规定。当前，《反垄断法》第一章总则的内容本身部分需要删减，部分需要增加，而需最终保留的内容之间的内在逻辑性有待加强，公平竞争审查制度若要有机融入《反垄断法》，必须考虑首先在总则中搭建一个逻辑一贯的法制架构。

当前，《反垄断法》第一至三条规定立法目的、适用范围和规制对象（三类垄断行为），第九至十条规定实施机制，第十二条规定术语界定（第十一条与总则体系不相容应删除）。除此之外，第四至八条的规定颇为松散。据此，应将上述条文进行增删、重组，形成反垄断法总则中对竞争政策规定的重要板块。

第一，当前《反垄断法》第四条中，“完善宏观调控”应删去。其理由是，立法初期，该条对《反垄断法》与完善宏观调控之间的关系认识起到了一定的澄清作用。当前，宏观调控与市场规制法的界分明确，已无该等需要。不仅如此，“健全统一、开放、竞争、有序的市场体系”应调整为“建设统一开放、竞争有序的市场体系”。其理由主要是依据《中共中央关于全面深化改革若干重大问题的决定》相关措辞做调整。最重要的是，该条建议新增：“确立竞争政策在国民经济发展政策中的基础性地位”，以统领总则中的整个竞争政策规定板块。具体的条文规定，可以拟定为：第四条［市场经济竞争规则与竞争政策］国家制定和实施与社会主义市场经济相适应的竞争规则，确立竞争政策在国民经济发展政策中的基础性地位，建设统一开放、竞争有序的市场体系。

第二，当前《反垄断法》第五条应整体删除，其理由是：立法初期，强调“经营者可以通过公平竞争、自愿联合，依法实施集中”尚有一定的宣导意义；当前，经营者集中审查的理念已经通过实践普及，无须再做专门强调。而且，该条规定与上下文条文之间逻辑不连续，很突兀。建议新增公平竞争审查制度的规定，紧随竞争政策的板块。具体的条文规定，可以拟定为：第五条［公平竞争审查制度］国家制定和实施公平竞争审查制度，预防和制止通过政策法律赋予竞争优势或弥补其竞争劣势，以及通过政策法律施加竞争限制的行为，维护市场竞争秩序。

第三，当前《反垄断法》第六条应整体删除，其理由是“具有市场支配地位的经营者，不得滥用市场支配地位，排除、限制竞争”的规定，与第三条对于垄断行为的规定构成同义反复。删除该条之后，应紧接规定第六条［国有企业竞争中性］（现第七条）。进而，删除当前《反垄断法》第八条［行政垄断］的规定（或将该规定纳入第五条）。据此，可以形成“竞争政策的确立—公平竞争审查制度的法制化—国有企业竞争中性”的逻辑链条，覆盖垄断行为外的竞争政策内容。据此，在后续第五章的修订中，将公平竞争审查制度整体纳入予以系统规定。

（二）公平竞争审查制度与行政垄断的衔接：第五章

根据《反垄断法》第五章滥用行政权力排除、限制竞争行为的规定，行政性垄断被分为两大类。一类是多体现为具体行政行为的“滥用行政权力，限定或者变相限定单位或者个人经营、购买、使用其指定的经营者提供的商品”（第三十二条）。另一类是多体现为抽象行政行为的“滥用行政权力……妨碍商品在地区之间的自由流通”（第三十三条），“滥用行政权力，以设定歧视性资质要求、评审标准或者不依法发布信息等方式，排斥或者限制外地经营者参加本地的招标投标活动”（第三十四条），“滥用行政权力，采取与本地经营者不平等待遇等方式，排斥或者限制外地经营者在本地投资或者设立分支机构”（第三十五条）。

由此可见，当前关于行政垄断的规定中，作为重要组成的规制地区封锁的内容实际上与《意见》中的“商品和要素自由流动标准”和“市场准入和退出标准”存在重叠。若确定将公平竞争审查纳入《反垄断法》，在当前的《反垄断法》文本体系下并不存在结构性障碍。因为，《反垄断法》总则中已经明确规定本法规制的对象，一是垄断行为（第三条），二是“行政机关和法律、法规授权的具有管理公共事务职能的组织不得滥用行政权力，排除、限制竞争”（第八条）；加之“滥用行政权力排除、限制竞争”这一专章的存在，将公平竞争审查制度的相关规定纳入其中，一方面是强化行政垄断规制和管制行业规制的需求，另一方面也并不会对反垄断法的文本结构造成冲击。

唯其问题是，《意见》中设置的公平竞争审查制度的主要标准，即“商品和要素自由流动标准”“市场准入和退出标准”“影响生产经营成本标准”“影响生产经营行为标准”，以及“例外规定”的纳入，需要在立法技术上与当前的行政性垄断的规制进行协调，以确立清晰、明确的脉络。在此，应当超越标准的细节，确立与《反垄断法》规制模式相适应的立法模式，以公平竞争审查制度的三大支柱来建构该章的修订。引入对通过政策法律施加竞争限制的规制、通过政策法律赋予竞争优势的规制的分类，重组第五章的结构。

可以考虑，该章重组之后的结构包括三个主要板块：（1）对公平竞争审查的规制/行政性垄断的总括性规定，主要包括行政机关和法律、法规授权的具有管理公共事务职能的组织：不得滥用行政权力，制定含有排除、限制竞争内容的规定（第三十七条）；不得滥用行政权力，限定或者变相限定单位或者个人经营、购买、使用其指定的经营者提供的商品（第三十二条）；不得滥用行政权力，强制经营者从事本法规定的垄断行为（第三十六条）；（2）对通过政策法律施加竞争限制的规制，以及包括适用除外与豁免的例外规定（在第三十三条、第三十四条、第三十五条的基础上扩充）；（3）对通过政策法律赋予竞争优势的规制，以及包括适用除外与豁免的例外规定（新增国家援助控制的制度）。

据此，第五章［公平竞争审查制度/滥用行政权力排除、限制竞争］才充实、完整，在逻辑上可以涵盖行政权力排除、限制竞争的具体行政行为和抽象行政行为。

（三）公平竞争审查制度与执法程序的衔接：第六章

《意见》提出要加强执法监督：“对涉嫌违反公平竞争审查标准的政策措施，任何单位和个人有权举报，有关部门要及时予以处理；涉嫌违反《中华人民共和国反垄断法》的，反垄断执法机构要依法调查核实，并向有关上级机关提出处理建议。案件情况和处理建议要向社会公开。政策制定机关要及时纠正排除和限制竞争的政策措施，维护公平竞争的市场秩序。”

《反垄断法》第六章是对涉嫌垄断行为的调查的规定，仅限于对涉嫌垄断行为的调查（第三十八条）、调查的措施（第三十九条）和调查的程序（第四十三条、第四十四条）。该等制度安排，仅聚焦垄断行为调查的具体方面，在对特定行业和市场的调查上存在调查环节的缺失。从当前的实践来看，这在成熟市场经济法域已经成为执法的常态，全行业和特定市场的筛查已经构成许多领域反垄断执法的前奏。不仅如此，仅仅规定垄断行为调查的常规程序，缺失对市场信息工具的运用，也使得该章的规定略显滞后于调查技术的发展。

结合将公平竞争审查制度的程序安排纳入《反垄断法》的定位，除了将举报和信息公开的制度安排纳入该章之外，还应当完成两个方面的改进。第一，设定专门的条款就市场调查、市场信息工具的运用做出规定；第二，对公平竞争审查制度适用过程中竞争执法机构与管制机构的互动框架、竞争政策与产业政策制定者的协调框架，包括执法机构对政策制定部门的建议方式，做出相应的规定。

（四）公平竞争审查制度与法律责任的衔接：第七章

《反垄断法》第七章是法律责任的有关规定，在考虑纳入公平竞争审查制度的背景下，亦需要做出实质性的扩充。主要应当聚焦于以下两个方面。

第一，《反垄断法》第五十一条规定，“行政机关和法律、法规授权的具有管理公共事务职能的组织滥用行政权力，实施排除、限制竞争行为的，由上级机关责令改正；对直接负责的主管人员和其他直接责任人员依法给予处分。反垄断执法机构可以向有关上级机关提出依法处理的建议。法律、行政法规对行政机关和法律、法规授权的具有管理公共事务职能的组织滥用行政权力实施排除、限制竞争行为的处理另有规定的，依照其规定。”《反垄断法》对行政性垄断设定了柔性的“提出建议”的法律责任，在某种程度上是立法时刻将行政性垄断做出专章规定而在法律责任上做出妥协的结果。当前，随着改革的不断深化，刚性的法律责任是更有效的执法和守法的需要，行政垄断的法律责任亦有必要做出调整。

即便不在法律责任的强度上予以提升，将公平竞争审查制度的审查结果纳入法律责任的设定亦是必须。实际上当前《意见》中的处理原则，已经超越了建议层面——“政策制定机关在政策制定过程中，要严格对照审查标准进行自我审查。经审查认为不具有排除、限制竞争效果的，可以实施；具有排除、限制竞争效果的，应当不予出台，或调整至符合相关要求后出台。没有进行公平竞争审查的，不得出台。”在此，该条纳入《反垄断法》至少不应降低法律责任的强度。

第二，第五十三条关于行政复议和行政诉讼的规定：“对反垄断执法机构依据本法第二十八条、第二十九条做出的决定不服的，可以先依法申请行政复议；对行政复议决定不服的，可以依法提起行政诉讼。对反垄断执法机构做出的前款规定以外的决定不服的，可以依法申请行政复议或者提起行政诉讼。”该等规定的基本逻辑是，将经营者集中审查与其他垄断行为做出区分，设定行政复议作为行政诉讼的前置程序。在此，由于反垄断执法机构仅有权对“以及滥用行政权力排除、限制竞争的行为”提出建议，不存在“决定”，目前无法纳入该等分类。需要考虑的是，在公平竞争审查制度设计的过程中，如果要设置前置申报的制度安排，则相关救济程序宜以经营者集中申报为同类，设定行政复议作为行政诉讼的前置程序。反之，则可以沿用当前《反垄断法》第五十三条的规定。

第三，罚款的可行性、现实性及其替代方案。设定基于公平竞争审查制度的罚款是有可能的，但必须通过后续立法来实现。罚款等法律责任只能限制在《反垄断法》的框架内才具有可行性。但是，即便罚款在《反垄断法》中得到规定，也不具有实质的现实意义，因为罚款上缴财政，对许多部门和地区并没有实质影响。可行的替代方案之一，是通过强化已有《意见》中规定的监察部门和纪委的建议，以强化公平竞争审查的程序和责任。可行的替代方案之二，是将其类比环保和就业，纳入政绩的考核指标，以造成对行政机关的刚性倒逼。

（五）公平竞争审查制度的实施展望：执法机构的整合与法律基础的夯实

2018 年国家市场监督管理总局成立后，国务院反垄断执法机构已经由三个不同的机构合并成为统一的执法机构，以往分头管理、职能交叉的问题得到了缓解，但是机构整合过程中依然会对公平竞争审查制度的有效实施形成挑战，需要具体措施保障公平竞争审查的独立性、权威性和有效性。

一是保障审查人员的数量。2018 年 11 月，国家市场监督管理总局张茅局长提出，“在 2018 年底前组织各地区各有关部门完成对清理废除妨碍统一市场和公平竞争政策文件、执行公平竞争审查制度情况的自查，并向全社会公示，接受社会监督”①。公平竞争审查制度目前主要采取政策制定机关自我审查的机制，但

① 中国共产党新闻网：《国家市场监督管理总局局长张茅：为民营经济营造更好的营商环境》，http://cpc.people.com.cn/n1/2018/1106/c64387-30383545.html，最后访问时间 2018 年 11 月 6 日。

是同样需要反垄断执法机构进行监督。反垄断执法机构合并后，从原有三个司局到目前的一个司局，审查执法人员的数量必然受到相应的影响，面对全国各地区文件审查的压力，必须保障审查人员的数量，才能保证公平竞争审查工作的有效开展。

二是不断提升审查人员的专业性。国务院下属部委、办、局都有权制定部门规章，对法律和行政法规没有明确的事项纳入本部门管辖和调整的范围，不同部门有不同的实际情况；同时地方政府及其部门还会进一步结合地方实际情况，细化国务院和部委部门规章的规定，为对规定文件、政策措施进行合法性审查和竞争分析，审查执法人员队伍中不仅需要有经济学家和法学专家，同时为了有效解决实际问题，审查执法人员还必须了解不同部门的工作目标和机制，这就需要进一步提升审查人员的专业性。

三是进一步发挥国务院反垄断委员会的整合与协调职能。虽然国务院反垄断执法机构属于正部级单位，但实际承担执法工作的反垄断局为部级单位的司局级机构，国务院反垄断委员会负责组织、协调、指导反垄断工作，反垄断执法没有直接领导关系。在这种执法机构设置的格局下，中国反垄断执法机构相对较低的部门职级，面对利益盘根错节的公平竞争审查对象，难以形成有效制衡，因此需要国务院反垄断委员会进行统一和权威的整合与协调。

第二，在公平竞争审查制度实施的过程中，政府权力过溢、国企一家独大、政策与法治的平衡等问题无一不是艰巨挑战。应对该等挑战，更应当明确制度建设的目标，是将公平竞争审查纳入《反垄断法》并完善其实施细则。这不仅是公平竞争审查制度获得法源支撑的需要，也是《反垄断法》完善自身体系的需要。进一步地，无论是在立法目的、基本原则上，还是在立法技术和文本结构上，将公平竞争审查制度纳入《反垄断法》都具备可操作性。而将公平竞争审查制度长期悬置于《反垄断法》之外，则可能使之成为又一个效力递减的政策文件。

当前，《反垄断法》的修订研究已经被纳入第十三届全国人大立法规划，[①]应当把握好这一机遇，善用公平竞争审查制度，将法律的修订聚焦于深化改革的政策法律匹配问题：一是运用公平竞争审查的理念与制度，在保障管制安全的基

① 中国人大网：《十三届全国人大常委会立法规划》，http：//www. npc. gov. cn/npc/xinwen/2018 - 09/10/content_2061041. htm，最后访问日期 2018 年 11 月 6 日。

础上实施竞争评估，推动放松管制、混合所有制的进程；二是运用公平竞争审查的理念与制度，推动产业发展和创新增长的竞争政策选择和实施，限定产业政策的作用范围；三是运用公平竞争审查的理念与制度，强化反垄断法对地区封锁和限定交易等行为的规制，建构更完备的行政性垄断规制体系。

强化中国公平竞争审查制度法律基础的最理想方式，应将其纳入《反垄断法》。一方面，需进一步细化审查对象、程序、方法等内容，以确保《意见》在纳入《反垄断法》后更具可操作性；另一方面，加强公平竞争审查制度责任落实，在公平竞争审查制度法制化的基础上构建相关责任机制，通过建立责任制度，做到责任到人、责任可追溯。为确保责任追究的公平和公正，应在实行自我审查的同时，加大社会监督的力度，通过社会监督促进行政机关进行更为严格的自我审查，形成自我审查和社会监督的良性互动，保证公平竞争审查制度的实施，并逐步过渡到第三方评估审查。依照第三方评估来落实和追究相关责任人的责任，从而真正实现公平竞争审查制度落地。

背景论文五

公平竞争审查制度的目标、设计和实施

李　青

2016 年 6 月，国务院印发《关于在市场体系建设中建立公平竞争审查制度的意见》，对建立和实施公平竞争审查制度做出全面部署。文件印发后，国家发改委会同有关部门，采取有效措施推动制度的贯彻落实。本文主要对公平竞争审查制度的主要目标、制度设计和实施情况做简要介绍。

1. 公平竞争审查制度的主要目标

公平竞争审查制度是中国深化经济体制改革的重要举措。中共十八届三中全会提出："经济体制改革的核心是处理好政府和市场的关系，使市场在资源配置中起决定性作用和更好发挥政府作用。"公平竞争的市场环境是市场发挥决定性作用的重要基础，也是更好发挥政府作用的重要体现。中共十八大以来，中国政府出台实施了"放管服"改革、市场准入负面清单、清理妨碍公平竞争政策措施、"双随机一公开"等一系列重大决策部署，营造公平竞争市场环境取得了重大进展。但是，政府行为排除限制竞争的问题仍时有发生。比如，一些地方政府部门通过设定歧视性市场准入条件、采取歧视性技术标准、实施歧视性监管等方式，限制外地商品和服务进入本地市场，实行地方保护、区域封锁，严重妨碍了商品要素自由流通，破坏了全国统一市场。一些政府部门通过文件指定经营、购买、使用特定经营者提供的商品和服务，或者以行政命令、行政授权、行政指导等手段强制、组织或引导经营者实施垄断行为，干预了经营者的自主经营权，导致行业壁垒、企业垄断，损害了消费者和其他经营者的合法权益。一些政府部门违法违规给予财政补贴或者财税、土地、信贷、价格等方面的优惠政策，使特定经营者获得不合理的竞争优势，影响了市场公平竞争，而获得补贴的经营者也往往由于缺乏竞争压力而丧失创新动力，阻碍了技术进步和效率提升；同时，由于相关经营者无偿获得部分资源，使其价格不能真实反映生产成本和供求关系，扭曲了正常市场价格体系和资源配置机制，在一定程度上保护了落后产能，加剧了产能过剩，降低了经济整体运行效率。

出台公平竞争审查制度，就是为了从源头上解决这些问题，通过将公平竞争审查作为出台政策措施的必经程序，并明确政府部门的 18 个“不得”，最大限度地减少政府对市场的不当干预，防止不合理地排除、限制市场竞争。这不仅是进一步营造公平竞争市场环境的有效手段，也是正确处理政府和市场关系，保障市场在资源配置中起决定性作用和更好发挥政府作用的重要举措，对深入推进供给侧结构性改革，促进经济转型升级和持续健康发展，具有重大而深远的意义。

党中央、国务院高度重视公平竞争审查制度，在一系列重要文件中做出了部署。2015 年 3 月，中共中央、国务院印发《关于深化体制机制改革加快实施创新驱动发展战略的若干意见》（中发〔2015〕8 号），首次提出“探索实施公平竞争审查制度”；5 月，国务院批转国家发改委《关于 2015 年深化经济体制改革重点工作的意见》（国发〔2015〕26 号），再次要求“促进产业政策和竞争政策有效协调，建立和规范产业政策的公平性、竞争性审查机制”；6 月，国务院印发《关于大力推进大众创业万众创新若干政策措施的意见》（国发〔2015〕32 号），进一步要求“加快出台公平竞争审查制度，建立统一透明、有序规范的市场环境”，并明确国家发改委、国务院法制办为此项任务的牵头部门；10 月，中共中央、国务院印发《关于推进价格机制改革的若干意见》（中发〔2015〕28 号），再次强调“实施公平竞争审查制度，促进统一开放、竞争有序的市场体系建设”。

2016 年 4 月 28 日，中央全面深化改革领导小组第 23 次会议审议通过了国家发改委报送的《建立公平竞争审查制度的意见》，习近平总书记在会上强调要从维护全国统一市场和公平竞争的角度，对有关政策措施进行审查，从源头上防止排除和限制市场竞争，建立健全公平竞争审查保障机制。李克强总理在 2017 年《政府工作报告》中，将公平竞争审查制度列入 2016 年国务院全面深化改革推出的标志性、支柱性改革措施之一，并多次强调营造公平竞争环境的重要性，要求政府施公平之策，坚决制止影响市场公平竞争的不合理行为。因此，要从全面深化改革的高度来理解和认识公平竞争审查制度的重大意义，按照党中央、国务院的决策部署，切实抓好公平竞争审查制度的落实，推动公平竞争审查制度的全面实施。

2. 公平竞争审查制度的制度设计

公平竞争审查制度的具体设计，立足于中国国情，同时借鉴国际经验，主要包括审查对象、审查方式、审查标准、保障措施四个方面。

（1）从审查对象看，制度要求对政府所有涉及市场经济活动的政策措施在出台前进行公平竞争审查。同时，根据反垄断执法实践和各方面反映的情况，将限制竞争情况多发、对竞争影响较大的一些领域作为重点审查对象，包括市场准入、产业发展、招商引资、招标投标、政府采购、经营行为规范、资质标准7个方面。在严格审查增量政策的同时，还要求按照“稳妥有序、分类处置、不溯及既往”的原则对存量政策措施进行清理。对市场主体反应比较强烈、问题暴露比较集中、影响比较突出的规定做法，要尽快废止；对以合同协议等形式给予企业的优惠政策，以及部分立即终止会带来重大影响的政策措施，要设置过渡期，留出必要的缓冲空间；对已兑现的优惠政策，不溯及既往。当前重点是清理现行政策措施中存在的地方保护、指定交易、市场壁垒等问题。

（2）从审查方式看，采取自我审查的方式，由政策制定机关在制定政策措施时，对照标准进行自我审查，评估对市场竞争的影响，形成书面的审查结论。“自我审查”是当前中国建立和实施公平竞争审查制度最现实可行的方案。一是有利于制度衔接。自我审查可以与现行法律体系和行政管理体制有效衔接，在不对现有体制机制做重大调整的前提下，推动公平竞争审查制度顺利出台和尽快实施。二是有利于明确责任。“谁制定、谁审查、谁承担责任”是最清晰、最合理的逻辑关系，政策制定机关应当对政策措施是否影响市场竞争承担说明责任，未进行审查或者违反审查标准出台政策措施的，要承担相关法律责任。三是防止专业陷阱问题。政策制定机关制定的政策措施种类多、涉及面广、专业性强，反垄断执法机构或者其他特定机构难以完全了解相关政策措施的制定背景、目的和内容，难以保障事前审查的效果，还可能对事后执法带来不利影响。由政策制定机关自我审查，可以将保护市场竞争与实现政策目标更好地结合起来，反垄断执法机构可以从竞争专业角度提供指导和帮助。

同时，在自我审查的基础上加强外部监督。外部监督主要包括社会监督和执法监督两个方面。一方面，公平竞争审查要征求利害关系人意见或者向社会公开征求意见，审查后出台的政策措施要向社会公开，发挥社会监督的作用。另一方面，要加大行政垄断查处力度，倒逼政策制定机关认真开展公平竞争审查。

（3）从审查标准看，从维护全国统一市场和公平竞争两个维度，明确了涉及市场准入和退出、商品和要素自由流动、影响生产经营成本、影响生产经营行为四个方面18项标准。违反这些标准的政策措施，原则上不得出台。这些标准的确立，全面系统地为公平竞争审查提供了遵循，也为政府行为列出了负面清单。同时，考虑经济发展实际需要，在原则上禁止出台排除、限制竞争政策措施的同时，对涉及国家安全、社会保障、公共利益等因素以及法律、行政法规另有规定的政策措施做出了例外规定。这些政策措施虽然具有一定限制竞争的效果，但在符合相关条件下也可以实施，以在更大程度上增进经济效率和社会福利。为防止例外规定的滥用，相关政策措施在适用例外规定时还需满足三个条件：一是对实现政策目的不可或缺，即为实现相关目标必须实施此项政策措施；二是不会严重排除和限制市场竞争，即不存在对竞争损害更小的替代方案；三是明确政策措施的实施期限，并逐年评估政策实施效果，期限到期或者未达到预期效果的要停止执行或者予以调整。

（4）从保障措施看，一是采取分步实施方式，2016年7月起国务院各部门和省级人民政府及所属部门开始实施，2017年起市县两级政府部门在省政府的指导下逐步推开；二是建立工作协调机制，统筹协调公平竞争审查制度的实施；三是严格追责，对未进行审查或者违反审查标准出台政策措施的政府部门，严格追究相关人员的责任。

3. 公平竞争审查制度的实施情况

公平竞争审查制度出台后，国家发改委会同有关部门积极行动，推进公平竞争审查制度的贯彻落实。一是加强政策宣传解读。在国新办召开专题发布会；在国家行政学院面向中高级领导干部做专题报告；在中央主要媒体上进行宣传解读；组织召开研讨会、培训班等。二是建立28个部门参加的部际联席会议制度，加强对制度实施的统筹协调和宏观指导；2017年5月5日，部际联席会议召开第一次全体会议，总结了制度实施情况，部署了下一阶段重点任务。三是组织开展覆盖31个省（区、市）的专题调研，督促指导地方落实制度。四是研究制定《公平竞争审查制度实施细则》《2017—2018年清理现行排除限制竞争政策措施的工作方案》《推进落实公平竞争审查制度2017年工作重点》三个配套文件。五是加大反垄断执法力度，查处了一批行政垄断案件，纠正有关政府部门滥用行政权力排除、限制竞争行为，通过积极有效的执法倒逼政府部门切实开展公平竞争审查。

在上述措施的积极推动下，各地区、各部门落实公平竞争审查制度取得了积极的进展。目前，大多数国务院部门已建立审查机制，严格对新出台的政策措施进行审查。30个省已经印发实施方案，明确机制，落实责任，着手开展审查。部分市县也在省政府及相关部门的指导下着手落实制度要求。但是，推进制度实施仍存在一些困难和问题。比如，一些政府部门存在不认真审查和审查能力不足的问题，使制度效果打了折扣。下一步，国家发改委将会同有关部门，按照以下思路加大工作力度，推动制度进一步贯彻落实。

（1）强化程序约束。通过健全审查机制、明确审查流程、制定规范的审查表、细化征求意见程序等方式，进一步完善公平竞争审查的程序性规则，确保审查留痕，体现审查的全流程，约束政策制定机关切实开展审查，解决不审查、不认真审查的问题。

（2）加强实体指导。通过《实施细则》对四个方面18项标准逐条进行细化，便于政策制定机关在实际审查中准确理解适用。建立健全咨询机制，政策制定机关在具体审查遇到疑难问题，可以向反垄断执法机构和专家学者、法律顾问、专业机构咨询。同时，进一步加强政策解读和专题培训，注重相关案例分析，提高相关工作人员的能力和水平，解决审查能力不足的问题。

（3）加大监督问责力度。切实发挥部际联席会议的作用，不定期地开展督导检查；建立健全举报反馈机制，细化责任追究条款，明确追责的主体、方式，使公平竞争审查真正地可监督、可检查、可问责；进一步加强反垄断执法，形成制度合力，共同规范和约束政府行为，维护市场公平竞争。

公平竞争审查制度是中国继2007年颁布《反垄断法》后，再次就公平竞争问题出台的重大顶层制度设计。这项制度全面、有实效地贯彻落实，将为所有市场主体营造更加公平、开放、有序的市场环境，为全面深化改革、深入推进供给侧结构性改革、促进经济持续健康发展起到积极的推动作用。

背景论文六

英国的市场调查

德里克·莫里斯

1. 前言

1948 年，英国成为继美国之后全球第二个引进竞争制度的国家。英国设立了“垄断和限制竞争行为委员会”来规制垄断、其他形式的市场支配地位滥用、卡特尔和其他限制竞争的协议。在随后的 65 年里，竞争机制经历了多次立法发展和制度变迁——其中最主要的改变是将限制竞争的行为拆分出来交予独立的法院，之后又整合到现在的英国竞争和市场管理局进行处理。此外，英国还将并购问题纳入竞争法管辖，并将欧盟法下“滥用支配地位”的概念融入英国法律。以上举措产生的结果是，目前英国的竞争制度与全球 100 多个国家（其中包括中国）的竞争制度存在相当大的共性——虽然在相关法律和具体制度安排上略有不同。其竞争制度涵盖了针对卡特尔行为、其他限制竞争行为、滥用支配地位行为（包含价格和非价格的限制行为）的规则，以及对并购交易的调查。

不过，在英国竞争制度不断发展演变的过程中，一个并非英国独有但确实极具特色的部分最终发展成为一项独一无二的政策工具。事实证明，这项政策工具十分有力，或许可以为中国国内正在成形的竞争制度提供参考。这就是众所周知的“市场调查”。本文简要描述了这项政策工具如何逐步成形及其包含的内容，介绍了一些典型案例，并且简要探讨了它与中国的相关性。

2. 发展过程

尽管人们讨论竞争政策时常常会谈到垄断问题，但诸如一家企业掌握了 100% 的市场份额这类垄断，本身是极其罕见的。有鉴于此，后来人们发展竞争政策时重点关注了“支配地位”这个概念，即某家企业掌握的市场份额远远超过其他同行业的经营者。通常这种支配地位及其赋予企业的市场力量本身不会被认定为非法，但是如果企业以某种特定方式使用这种力量将被视为滥用行为，成为竞争政策的规制对象。不过很多市场上都出现了一个熟悉得不能再熟悉的问题，即经济学家所说的“寡头垄断”，其在很多司法辖区里被称为“共同支配地位”。在寡头垄断中，少数几家大企业共同占有了市场绝大多数的份额——尽管其中任何一家企业的规模都不会远超其他企业，而且任何一家企业的规模都不足以独占整个市场。

如果这类企业聚在一起采取共同行动（如采取统一定价），那么就构成了卡特尔。各国通常都对卡特尔制定了非常严厉的惩罚规定，涉事者甚至可能被捕入狱。不过仍然存在一个潜在的严峻问题，就是即使不存在卡特尔行为或者寡头垄断企业之间没有相互联络，只要它们进行如下所述的理性推理，就足以抬高物价来盘剥消费者：假设存在一个双寡头市场（即两家大企业占据了大多数市场份额），而且这两家企业设定了竞争价格，即市场的价格水平接近于市场上存在众多有竞争力的小企业时的价格水平。企业 A 做出如下推理：“如果我提高自己的产品价格，而企业 B 没有跟着我一起涨价，那么我就失去了竞争力，销售量下降，最后被迫重新下调价格——这个战略相当失败。只有企业 B 跟着我一起涨价，我才能维持涨价后的价格水平，获得更多利润。那么，企业 B 会怎么做？如果它不跟着我一起涨价，那么它很清楚我会被迫回调价格，最后我们都回到了起点，只能实现竞争环境下的利润水平。不过如果它跟着我一起涨价，那么我们都可以保持较高的定价水平，企业 B 的利润也会水涨船高。只要企业 B 足够理性，那么显然它会倾向于第二种结果。所以，我要提高价格，而且我完全确信企业 B 会跟着我一起涨价。”企业 A 抬高物价后，企业 B 的思路与企业 A 的预期完全一致，也跟着上调了价格。这两家企业没有签署任何限制竞争的协议，事实上也没有进行任何交流，而且它们中没有一家企业占据支配地位，但是联手实现了垄断价格。这个推理过程同样阻止它们中的任何一家企业下调价格。如果市场存在三家大企业，那么推理过程会稍微复杂一些，但之后出现的结果是一样的。市场中的企业数量不断增加时，这种推理继续存在的可能性会越来越小。因此，人们通常认为市场中只有两三家企业时会出现这个问题，存在五家企业时出现这种问题的概率就很小，而存在四家企业时处于临界线——出现何种结果取决于市场的其他特性。

为了解决这个问题，英国政府制定了新的规定，确立了“复合垄断”的概念，即两家或两家以上企业如果采取上述行为“阻碍、限制或扭曲”竞争，尽管企业之间没有明示的或者默示的协议，也应受到卡特尔立法的规制。不过，这里存在着一个重要的法律障碍。立法当时和现在的情况一样，一家企业占据支配地位时，这种现象本身并没有触犯法律。一旦企业确定自己的支配地位，那么当时的垄断委员会必须要证实处于支配地位的企业“违背公共利益”（这个表述随后改成“滥用支配地位”，而不是反对企业本身的支配地位）。同样，“复合垄断”本身并不被视为违法行为。如果确实存在复合垄断，那么垄断委员会需要证实这种行为“违背公共利益”。不过，很多法律从业者认为，不能基于复合垄断者的行为阻碍、限制或扭曲了竞争就认定其违背了公共利益。因为，这仅仅是对“复合垄断”的定义，而其并非本身违法。

在实践中，竞争执法机构有效地规避了上述问题，如果证实了竞争被阻碍、限制或扭曲，那么就存在复合垄断，之后证实阻碍、限制或扭曲竞争的情况给公共利益带来不利影响即可（如构成剥削性价格）。不过从经济学的角度来看，损害竞争过程的行为本身不能在竞争制度下被起诉，这似乎有悖常理。因此，2002 年英国酝酿新的法案时，为了消除这种不合理现象，赋予新成立的竞争委员会独立于政府的权力，并且使英国法律更加切实地贴合欧盟法律。① 依据这项新的法律，如果企业行为阻碍、限制或扭曲了竞争，那么它本身就构成了“对竞争的不利影响”（Adverse Effect on Competition，简称“AEC”）。竞争委员会可以就此介入其中，采取行为性或结构性救济方案。

在这项法案的起草过程中，确实仔细研究了在过去一段时间内复合垄断者如何对竞争产生负面影响。通过分析过程可以清晰地看到，存在大量可能会被“对竞争的不利影响”新规规制的案例，同时在多数情况下，阻碍、限制或扭曲竞争的行为并不是企业行为，而是国家机构、消费者的行为，或者是由市场的其他特性造成的。譬如，能源业里有很多扭曲竞争的行为都来源于政府对不同能源供应商提出的监管要求。部分市场存在开展竞争的空间，但在很大程度上并没有变成现实，因为消费者普遍没有货比三家的习惯或想要更换供应商。他们在选择供应商时要么出于惯性，要么是基于理性评估更换的成本和潜在收益后做出的选择。在其他情况下，买卖双方之间的信息极其不对称（特别是涉及金融产品的信

① 请参见 UK Enterprise Act，2002：Chapter 40（HMG）.

息），足以扭曲或限制竞争。

因此，法规称只有企业会对竞争造成不利影响被认为是不充分的。相反地，法律应该明确规定，只要相关市场的任一特征或者多个特征的结合阻碍、限制或扭曲了竞争，那么就出现了“对竞争的不利影响”，需要采取行为性或结构性救济办法。如果问题出在法律或政府法规上，那么竞争委员会可以指出问题，并且建议修改相关规定（虽然建议不一定会付诸实施）。这种关于市场主体是否阻碍、限制或扭曲竞争的调查被定义为“市场调查”，自 2002 年开始被纳入英国竞争制度。

3. 市场调查

市场调查制度与英国竞争制度的其他制度都基于同一个前提，即要实现生产效率最大化、价格最小化和快速创新、加快经济增长、公平分配经济福利等一系列有益的结果，必须要存在竞争市场，这是全世界的共识。市场调查制度的特色在于：其认识到在实践中，竞争过程受到的限制可能来源于多种渠道，而不仅仅是滥用支配地位或采取卡特尔行为。因此，正如市场调查的字面所示，这项制度检视了市场中所有可能对竞争产生不利影响的市场特征，无论这些特征源自哪里，而不限于市场上企业的限制竞争行为。因此，除了人们已经相当熟悉的垄断行为的特征以外（如滥用支配地位、设置准入或扩张壁垒或采取纵向限制），这些市场调查可能还会关注协同行为、顾客惯性或锁定、先行者优势以及法律法规的影响等。从原则上来说，任何抑制市场有效运作的行为都要受到规制，并且采取相应的救济措施。

当然，这项有力的调查工具不得轻易使用。当潜在问题存在明确的界定或者包含在竞争政策的其他制度中时，就不需要使用市场调查制度。不过当存在其他情况时，如潜在问题没有涵盖在竞争法规的其他条款里，无法妥善地对很多相互关联的问题进行独立调查，或从效率、价格水平、发展或创新等角度来看市场表现明显不佳，但并不清楚为什么会出现这种情况时，非常适宜开展市场调查，政府完全可以针对这些场景设计具体的市场调查。竞争和市场管理局可以依职权自行发起市场调查，也可以申请开展调查。除此以外，如果特定机构掌握了充足的信息，而且能够充分代表消费者的利益，其可申请成为“特级申请人”，一旦申请调查，竞争和市场管理局必须在 90 天内做出回应，要么发起市场调查，要么宣布拒绝调查并说明原因。

鉴于市场调查的范围非常宽泛，所以这个流程耗时冗长且工作强度很大也就在意料之中了。市场调查的工作通常包括收集大量初始定量数据，邀请相关各方提出意见，在适宜的时候开展调查研究，最大限度披露信息，同时保留商业秘密，对主要相关方举行正式听证会，公布阶段性调查报告以允许相关方发表意见，发布最终报告以及在需要的情况下继续制定救济方案。这些工作需要大量人员（通常在 20～40 人），而且通常耗时 18 个月。

从经济的角度看，这个流程通常包括五个特定阶段。第一步是参考所调查产品或服务的供需可替代性条件，划定“相关市场”或一系列市场。这既包括产品市场，也包括地域市场，这与其他垄断行为的调查流程非常相似。第二步，收集和分析所有与相关市场有关的数据和意见。第三步，适用“损害理论”，衡量对竞争造成阻碍、限制或扭曲的潜在影响。第四步，也是最关键的一步，就是衡量现有信息是否或者何种程度上支持损害理论。如果现有信息在一定程度上支持了损害理论，那么说明存在一个或更多“对竞争的不利影响”，写进调查的阶段性报告。调查还需要依法考虑事关公共利益的非竞争因素，如国防或国家安全。最后，如果最终报告里仍然存在上述“对竞争的不利影响”，那么竞争和市场管理局会依据某些明确的标准，确定救济方案，来最有效地消除“对竞争的不利影响”。

从更广泛的角度看，它的分析往往遵循了固定的“结构—行为—绩效”范式，只是对这些概念的解读非常宽泛。譬如，结构问题可能会包括所有制和交叉持股问题，或结构变化的历史发展过程以反映市场表现。它还会包括市场信息的特征，如可获得性、内容和分布、对称性等。行为方面不仅包括企业行为，而且包括客户行为、最终消费者行为、国家行为及其他监管者的行为。① 绩效方面会包含前面提到的竞争市场产生的所有结果，但不包含外部性（外部性问题由其他政策解决）。

救济方案必须是能够消除“对竞争的不利影响”的合理、成比例、有效率和效用最高的方法。如果竞争和市场管理局达到这些标准，那么就不采取任何救济方案。救济方案可能是结构性的（通常包括一家或更多企业的分拆），也可能

① 请参见 *Guidelines for market investigations. Their role, procedures, assessment and remedies.* (Competition Commission) CC£ (revised) April 2013。

是行为性的（这个术语指相当广泛地干预企业行为或其他市场参与者的行为）。一旦法律法规被认定为是产生“对竞争的不利影响”的来源，那么竞争执法机构可能向政府提议修订或废除这些法律法规，而英国政府承诺在90天内做出反馈。因此政府需要权衡所出台政策的竞争限制效果与政策目标之间孰轻孰重。总的来说，市场调查的目标在于将市场视为一个有机整体，努力采取一切必要的行动使市场有效运作，从而最大化竞争带来的效益。

4. 市场调查的实践

迄今为止，竞争和市场管理局已经完成了44份市场调查。其中9份调查涉及银行业或其他金融服务市场，3份调查涉及能源市场，2份调查涉及机场服务，2份调查涉及医药卫生，剩下的涉及其他竞争限制突出的市场，如电信、水泥、生活用品、铁路和公路交通、数据服务和广告。绝大多数市场调查都促使政府采取了救济方案（尽管不可能所有市场调查最终都能实现这个结果）。其中最引人注目的救济方案涉及能源业、零售银行业和机场服务业，把这三个行业放在一起研究，可以清晰地显示出市场调查的范围和潜在影响。

英国对能源业（天然气和电力）的调查始于2014年，于2016年完成了报告。[①]英国之所以启动市场调查是因为这个行业引发了诸多问题，如能源价格的上涨速度远远超过英国的总体通胀水平（在2004—2014年间，电力的实际价格上涨了75%，天然气的实际价格上涨了125%）；自2008年开始，能源价格的上涨速度大幅超过能源投入成本的增长速度，显著提升了利润空间；同质能源商品在零售价格上差异很大；同时有强烈的信号显示服务质量正在恶化，如接到的投诉增长了6倍；此外还有迹象表明中小企业明显处于劣势。

值得关注的是，尽管人们担忧的这些问题显而易见，但如果适用传统的竞争政策来规制，又缺乏初始证据。能源零售市场上有6家主要供给商，此外还有34家小供应商，因此不可能对其适用“滥用支配地位”的法规。此外，也没有证据表明存在任何类型的卡特尔或定价上的协同行为。竞争和市场管理局担心的问题之一是同类产品的价格持续分化。因此，当时的情况非常适宜于开展市场调查。

---

① 请参见 *Energy market investigation: final report* (Competition and Markets Authority) June 2016.

市场调查发现能源业的很多重要方面都不存在“对竞争的不利影响”。无论天然气生产还是发电业务中都没有发现问题，而且在上述业务中，生产与批发/零售之间的纵向一体化也没有影响竞争。天然气批发市场亦是如此。不过，市场调查发现，在电力批发市场的五条定价规定和定价机制中，有两条规定会产生“对竞争的不利影响”（一条规定涉及所谓的差价合同，另一条规定涉及弥补传输损失），那么对于前一条规定的救济方案是审核差价合同，对后一条规定的救济方案是出台变更该规定的法令。

更重要的是，市场调查显示天然气和电力零售市场中存在着大量“对竞争的不利影响”。与此相关的问题包括：（1）消费者的市场参与度极低，所以对价差的反应极其微弱；（2）这相应地使主要供应商获得了一定程度的单方面定价权；（3）预付费为新企业进入这个细分市场设立了壁垒；（4）结算体系使预估用量和实际用量相互接轨；（5）能源监管者之前引进了一系列措施来进一步限制征收单一费率的商品数量，并且简化折扣结构；（6）众多相关政府部门建立的监管框架缺乏稳健性和透明度；（7）在实践层面，存在大量、细密的行业法规为潜在的新企业进入市场设置了极高的壁垒。

特别值得指出的是，在这七项“对竞争的不利影响”中，只有两项涉及企业行为（而且其中一项“对竞争的不利影响”派生出了另外一项）。其他“对竞争的不利影响”都涉及消费者行为和自然壁垒，另外各类监管限制也尤为明显。这凸显了利用常规反垄断政策工具解决这些市场中的竞争问题相当困难——或许在实践中完全无法操作。

尽管有些救济方案涉及计量和结算体系改革，但从市场调查报告来看，大多数救济方案涉及客户的参与度和监管限制——这完全在情理之中。针对客户参与度问题，竞争和市场管理局推出了一系列措施，如为消费者提供信息，进行价格比对，提高征收默认关税、定价较高的产品的竞争程度，采取新的激励措施鼓励竞争。针对监管限制问题，竞争和市场管理局提出了一系列建议，如根据监管者的目标、职责和工作流程制定新的法律，加强能源监管有关部门之间的协作，提高与消费者能源支出有关的监管法规的透明度，建立新的供应商财务申报体制来促进监管。竞争和市场管理局还建议对行业法规采取新的治理手段，以削减或者消除对竞争的负面影响。相关政府部门和能源监管者已经采纳了这些建议，并努力将它们付诸实施。

乍看起来，零售银行业与能源供给是完全不同的两个行业。然而，从竞争政策的角度来看，其在很多重要的方面都非常相似。无论是个人银行业务还是中小企业银行业务，值得关注的问题不仅仅是收费水平，还包括严重分化的收费价格和服务质量——然而这些问题在短期内并不能对银行拥有的市场份额产生很大影响。[1] 零售银行业的市场集中度略微高于能源供给业，但没有太多明显的迹象表明存在滥用支配地位的行为或卡特尔行为。因此，尽管对银行业提供的零售服务诟病已久，但几乎没有动用过传统的反垄断政策工具。相反，人们开展了大量其他类型的调查，如英国财政部完成的咨询报告、银行业独立委员会和议会银行业委员会对银行业标准的调查。不过这些调查都没有解决有关市场竞争效率和最终消费者福利的普遍问题。因此，竞争和市场管理局开展的市场调查是一种非常适宜的方法。其在调查的过程中还评估了竞争和市场管理局的前身依据当时的法律条文和调查采取的措施。

同能源市场一样，零售银行业的监管程度也很高，不过市场调查显示，与能源业不一样的地方在于，零售银行业中存在的监管限制并不是对竞争造成不利影响的主要来源。与之相对，市场调查发现了三大问题：较低的消费者参与度、因为消费者参与度低而被提升的准入和扩张壁垒（这增加了获取新用户的成本）和市场集中度。这没有引发任何卡特尔行为或协同行为，但市场上现有的主要银行凭借其庞大的规模拥有了显著的规模经济优势以及所谓的先行者优势，阻止了其他银行抢占自己的市场份额。即使市场上出现了新的银行，对现有主要银行造成威胁，后者也有多种手段来削弱前者的竞争力。这些市场特征结合在一起，使主要银行相对于客户拥有一定程度的单边市场力量。

市场调查发现了银行业存在一系列“对竞争的不利影响”，如在用户获取并评估信息方面存在壁垒、用户更换银行方面存在壁垒、用户参与度较低和存在先行者优势。此外，在中小企业银行业务这个细分市场里存在其他“对竞争的不利影响”，涉及用户对相关金融产品需求的本质以及信息不对称问题。竞争和市场管理局提出的救济方案清晰地反映出行为经济学和银行业务相关技术最新的发展动向，主要包括以下内容：提高用户参与度，提供随时可获取的信息，可以更便捷地更换银行并提升服务质量。尽管市场相对集中，但将市场作为一个整体来看时，消费者面前有充足的选择，所以竞争和市场管理局没有采取拆分大银行等结构性救济方案。问题的关键在于使消费者透明有效地做出选择。

---

① 请参见 *Retail banking market investigation: final report.* （Competition and Markets Authority）August 2016.

对机场服务开展的市场调查情况就大为不同。[①] 在英国，有四家机场的乘客人数占到英格兰东南部所有乘客的 90%，还有三家机场的乘客人数占到苏格兰所有乘客的 84%。这几家机场都属于同一家企业——英国机场集团。市场调查重点关注了上述以及其他市场特征是否会阻碍、限制或扭曲竞争；如果确实如此，那么这能否为机场高出合理水平的起降费和低下的服务质量等糟糕绩效提供解释。

市场调查详细研究了不同类型的乘客以及航空企业的航线模式（包括枢纽航线和直飞航线），二者之间的可替代性以及由此在英国机场集团所属机场和其他机场之间以及英国机场集团的所属机场之间的竞争情况。同时深入调研了机场逐渐增加的承运能力的制约（主要调研了英格兰东南部机场）。竞争和市场管理局依据调查得出的结论是，机场服务市场存在一系列“对竞争的不利影响”，这不仅因为主要机场的所有权集中在英国机场集团手中，而且因为希思罗机场区位特殊（它是英国唯一的枢纽机场），机场监管机制设计存在缺陷，政府关于机场规划、使用和扩张的政策中包含限制竞争的因素。因此，尽管可以从滥用支配地位的角度解决上述问题中的一个方面，但要想全面解决上述所有问题，尤其是涉及政府行为的问题，市场调查是唯一有效的办法。

政府采用的救济方案产生了极其深远的影响。英国机场集团被要求转让三家伦敦机场中的两家以及三家苏格兰机场中的一家。其他救济方案还包括监控和提升服务质量。此外，竞争和市场管理局还就监管机制改革、政府规划对竞争的限制影响和政府的长期机场发展政策提出建议，形成一个完整的一揽子方案。

纵观这三个行业，显然只有在一个行业（即机场服务业）中，市场结构是市场调查的关键特征。这些案例中都不存在卡特尔行为或明显的协同效应。然而，每个案例得出的结论都表示，市场中的其他很多特征对竞争产生了不利影响，并据此提出重要的救济方案。其他特征主要包括用户行为和天然准入壁垒。特别是其中两个案例还涉及一系列政府行为，如监管政策、具体监管干预和其他大量的政府政策。上述发现在 2002 年以后的多个案例调查中反复出现，意味着市场调查的本质和优势使它成为英国政策工具中的利器，卓有成效地确保了市场有效运作，最大化竞争带来的裨益。

---

① 请参见 *BAA market investigation*，（Competition and Markets Authority）March 2009.

5. 与中国反垄断政策的潜在相关性

如本文开篇强调的那样，英国在2002年之前就已经建立起完善的竞争机制，其细节特征与很多国家的竞争机制非常相似。当年被人们盛赞的立法进展造就了市场调查独一无二的特征。这反映出很多抑制竞争的因素并非像传统竞争制度确立的那样，来源于传统的市场结构或者行为问题（至少不是唯一来源）。这并不是说，必须要用英国确立的市场调查机制来解决这些问题。在一定程度上，竞争制度以外的其他调查也可以解决这些问题——这些调查可能是一次性的，有时也可能是定期开展的。不过其他的调查手段都没有为研究市场的整体运作奠定基础，也没有仔细研究传统竞争问题与其他市场特征制造出来的问题之间的相互影响。同时其他调查手段没有随着时间推移制定出前后连贯一致的案例法，未能对市场参与者、涉及市场运作的国家机构或负责解决这些问题的竞争执法机构产生指导作用。因此，像市场调查这样采取清晰、连贯和全面的方法的制度会显示出非常强大的优势。

自2009年开始，中国的竞争制度在很多方面与很多国家非常相似——虽然其也表现出不少中国特色。不过中国的经济环境非常特别，正在从全面国有的中央计划经济向市场对资源配置发挥决定作用的经济体系过渡。国有制广泛存在，产业政策仍然表现出高度的干预主义特色，很多国有机构滥用行政权力限制了行业发展——这些特征必然意味着，在中国，限制竞争的因素比支配地位、卡特尔或协同行为宽泛得多。在实践中，中国的另外一系列市场特征可能也与竞争息息相关，如国有制不可避免地扭曲竞争过程（除非一系列“竞争中性”条件被广泛适用，方可减轻竞争被扭曲的程度）；诸多国家授权行为限制了竞争，特别是限制了准入条件；滥用行政权（公平竞争审查机制正在解决这个问题）；大量的产业政策干预仍然对资源配置起决定性作用（尽管中国政府倡导用竞争市场来配置资源，但产业政策仍然在产生影响）。

因此，中国诸多市场表现出的特征很可能与当初促使英国引进市场调查的特征完全一致——而且很可能这些特征表现得比英国更明显。这并不意味着在这方面，中国可以直接或轻松地交叉参照英国的经验。市场调查极其复杂耗时，而且需要投入大量资源。如果可以妥善解决上述问题的话，可以把市场调查纳入资源丰富且已经运作多年的竞争制度，但中国的竞争制度刚刚建立，要做到这点会比其他国家更加困难。此外，中国的很多市场仍然处于转型过程中，在很多情况下受到转型自身产生的问题的困扰，特别是因为政府直接或间接支持那些本该重整或者破产的企业而导致的产能过剩问题，无疑使情况更加复杂。另外一个同样棘手的问题是，中国仍然有大量政府制度安排广泛干预商业决策，而且存在着错综复杂的关系。这意味着要想针对国家限制采取救济方案难上加难。

所有这一切表明，就任何一个具体市场而言，中国在竞争方面展开的改革表现出一定程度的分区性。反垄断法重点关注了商业企业的行为（虽然它也关注了其他领域）。公平竞争审查机制的主要目标是行政垄断——尽管其规制范围也会适时地延伸到其他领域，国企改革又属于另一个维度了。市场调查的优势主要表现在以下方面：首先，其可以同时分析特定市场的任何方面，帮助洞察整体市场如何运作、前文提到的不同因素如何发挥作用和相互影响以及如何对市场进行全面改革以充分发挥竞争带来的裨益。其次，如果要正确并客观地评估国家机构的行为，那么让独立机构开展这种调查至关重要。

当前，除了政府发起的一次性评估外，中国还没有允许开展市场调查的法律框架。中国正在开展大规模的改革，使竞争在本国经济的各个市场上都切实地发挥积极作用，而缺少市场调查会成为改革的最大短板。因此，为市场调查之类的政策工具投入资源会产生显著的回报。英国的研究表明，这类调查产生的收益量化后比成本高出很多倍。当前中国经济的市场发展正处于转型期，意味着市场调查能够在中国发挥更大效用。

关于中国实施公平竞争审查制度问题的思考

宁宣凤　宫　婷　杜　楠

1. 概述

1.1　历史背景

从计划经济时代到改革开放，作为全世界经济发展最为迅速的国家之一，中国由于其独特的监管机制成为国际焦点。当国际观察者审视中国时，他们经常会发现这样一种矛盾，即一个高度集权而又强大的政治体制经营着市场经济，并推动着这个文明古国迅速走向现代化。这种矛盾反映了一个事实：中国仍是处于转型阶段的发展中国家，市场结构仍在转型之中，某些经济部门仍存在国家管控。

政治体制在影响经济资源配置方面发挥着重要作用，但反之也使中国市场中出现了一些垄断力量。大型在位国有企业在保留了战略地位并保持竞争力的同时，也让许多其他市场参与者望而却步。如果要充分利用中国市场“看不见的手”的效用，就要求监管职能具有指导性和互补性。国内外市场参与者经常遭遇以国有企业或行政机构形式出现的“看得见的手”。这些国有企业或行政机构通常代表统一、高度集中的利益。因此，在这样的环境中，国家同时扮演多种角色，既是市场的管理者，也是市场的参与者和监督者。

由此，在全面深化经济改革的背景下，建立公平竞争审查制度的目的是通过减少国家对市场经济施加的“不公平”干预和控制，来适应国家对市场经济的需求。

1.2　构建公平竞争审查制度执法体系的主要考量因素

在中国背景下，公平竞争审查制度本质上属于中央政府在以下三个维度进行管理的工具。

(1) 横向维度：平衡中央一级的产业政策和竞争政策；

(2) 纵向维度："自上而下"处理经济分权和地方政策碎片化的问题，进而促成统一的全国市场；

(3) 治理规模：从实践的角度看，鉴于中国复杂的社会环境，建立较为有效且成本较低的执法机制，需要吸取其他国家的经验，并综合考虑本国具体情况。

1.2.1 横向维度：平衡产业政策和竞争政策

在中央层面，政府部门为特定产业（如受管制产业）和企业提供优惠待遇或保护，而其潜在竞争对手可能无法获得相同待遇。不仅在受管制产业（如烟草、邮电、建筑和机械），在一些非管制产业（如食品、饮料和房地产行业），这种优惠待遇也较为明显。①

正如吴敬琏教授指出的，产业政策是中国中央政府的主要政策工具，对中国经济发展产生过重大影响。20 世纪 80 年代，中国政府将日本的纵向产业政策引入"宏观调控"，并以产业政策的实施为理由，直接介入微观经济。②此后，这一逻辑一直是建立中国政治体制和政策决策的基础。

为解决产业政策与竞争政策之间的冲突，并对某些受管制市场实行自由化改革，欧盟国家援助规则是一个很好的参考。欧盟以前面临类似的问题，即成员国的国家政府干预经济以保护本国产业、促进特定产业发展或本国基础设施建设。在创立共同经济活动领域，建立一个没有任何物理、技术或财政障碍的统一内部市场时，欧盟必须制定一系列统一内部市场规则和国家援助规则，以减少成员国政府对本国市场的干预。欧盟的实施经验下文会详细介绍。

就中国市场而言，公平竞争审查制度是中国政府应对 21 世纪挑战的第一次尝试。

1.2.2 纵向维度：针对地方政府政策碎片化

从纵向维度来看，中国地方政府为区域间的内部贸易设置了障碍，保护了本

---

① http://scholarship. law. ufl. edu/cgi/viewcontent. cgi? article = 1187&context = facultypub&sei - redir = 1&referer = http%3A%2F%2Fcn. bing. com%2Fsearch%3Fq%3Dcompetition%2Bpolicy%2Bin%2Bchina%26go%3D%25e6%258f%2590%25e4%25ba%25a4%26qs%3Dn%26pq%3Dcompetition%2Bpolicy%2Bin%2Bchina%26sc%3D0 - 27%26sp%3D - 1%26sk%3D%26cvid%3D2BFD447026EC44C4841E6C3B2EDB5422%26first%3D31%26FORM%3DPORE#search = %22competition%20policy%20china%22.

② http://www. chinesemicronews. cc/a/128107. html.

地所有或者控制的企业。区域化垄断及地方保护主义导致各省内产业的过度重复。具体表现在同一产业内的地方生产商数量众多，如汽车和水泥业。[①]

地方政府对经济的这种"侵入"式干预并不陌生。在中国历史上，一统体制始终存在中央集权与地方分权的博弈和平衡，而中央与地方的纵向关系是核心所在。因此，我们认为公平竞争审查制度是中央政府限制地方政府控制经济的一种制度措施。

在 2015 年 3 月 13 日颁布的《中共中央国务院关于深化体制机制改革加快实施创新驱动发展战略的若干意见》中，国务院采用的措辞是："打破地方保护，清理和废除妨碍全国统一市场的规定和做法，纠正地方政府不当补贴或利用行政权力限制、排除竞争的行为，探索实施公平竞争审查制度。"从这个语境来看，公平竞争审查制度的重心在于中央和地方，即中央对地方参与治理市场行为权力进行制约和监督。但未提及如果中央政府的补贴出现不当的情况该由谁来纠正。

1.2.3　治理规模

从法律角度看，构建公平竞争审查制度的实施机制要时刻牢记一个现实因素，即治理规模。鉴于"统一执法"减轻了中央政府实施这一机制的负担，我们认为在最初的实施过程中，对所有行业统一执行公平竞争审查可能是一个首选方案。不过，还有一个不可避免的问题，那就是治理规模。将"规模"作为一个衡量尺度提出来，意在突出"组织成本"在治理过程中的重要作用。

中国幅员辽阔，地区、民族差异明显，从治理规模来看，中国治理框架与欧盟将多个成员国纳入统一治理制度之下面临的挑战相似。随着新成员国不断加入欧盟，国家援助规则的适用在横向和地域上都得到延伸，覆盖了数亿人口的市场和各种发展不平衡的经济部门。因此，欧盟的经验可提供有价值的参考。

在建立公平竞争审查实施机制时，要时刻谨记公平竞争审查制度只能在国家特定政治经济制度的约束下运作。中国体制结构与其在历史上的演变有很深的渊源。在过去的几十年里，国家治理主要由政府机构推动。政府设计了各种制度机制和机构设置，以便国家在经济发展过程中发挥重要且积极的作用。但是，正如其他组织形式一样，由于组织管理、信息不对称、激励机制和利益协调等因素，政府管理过程中势必会产生一系列管理成本。又由于政府组织的垄断性质，公务员更替率有限及组织的"向上负责"，更增加了这种管理成本。

---

① http://www.chinesemicronews.cc/a/128107.html.

本文的目的不是要提供关于如何构建公平竞争审查实施机制的详尽建议清单，而是通过考察诸如欧盟、美国以及经合组织等具有成熟竞争法律制度的国家或组织的经验，对我国公平竞争审查制度提出一些建议。

2. 关于建立公平竞争审查制度的意见

2016 年 6 月 1 日，国务院发布了《关于在市场体系建设中建立公平竞争审查制度的意见》（以下简称《意见》）。根据该《意见》，从 2016 年 7 月开始，中国各级政府部门在制定政策法规时应当进行公平竞争审查。

《意见》通过制定审查对象、审查方式及审查标准方面的内容，引入公平竞争审查制度。

2.1 审查对象

《意见》规定对下列事项进行公平竞争审查：行政法规、行政政策、行政惯例以及由行政机关和法律、法规授权的具有管理公共事务职能的组织颁布的所有涉及市场主体经济活动的规章。上述经济活动包括市场准入、产业发展、招商引资、招标投标、政府采购、经营行为规范以及其他资质标准。行政法规和国务院制定的其他政策措施、地方性法规，起草部门应当在起草过程中进行公平竞争审查。未进行前置自我审查的，不得提交审议。

2.2 审查方式

相关政策机关应在制定政策的过程中，按照审查标准进行自我审查。这些措施只有在不具有排除、限制竞争效果的情况下，才能发布和实施；如果具有排除、限制竞争效果，除非按照审查标准进行调整，否则不得发布。这种审查应征求有关方面和公众的意见。有关政策措施出台后，应按照《中华人民共和国政府信息公开条例》的要求向社会公开。

2.3 审查标准

根据《意见》的规定，要从维护全国统一市场和公平竞争的角度，尤其是要根据四个主要类别及下设的 18 条禁止性标准进行审查。

四大类标准分别是市场准入和退出标准、商品和要素自由流动标准、影响生产经营成本标准和影响生产经营行为标准。这些标准明确地处理并纠正了中国各种常见的行政性垄断行为。某些行政性垄断行为属于市场准入及退出标准的规定，例如有关当局规定不合理或歧视性的市场准入和退出条件，并强制要求经营者只能与指定经营者交易，或者使用指定经营者提供的货物和服务。

根据商品和要素自由流动标准的规定，相关部门不得限制外地和进口商品、服务进入本地市场，限制外地经营者参加本地招投标，或者限制外地经营者在本地市场投资或设立分支机构。

影响生产经营成本标准，要求相关部门不得以税收豁免等形式向某些企业提供优惠政策或财政援助。

第四类标准侧重于禁止国家强制要求企业从事某些属于《反垄断法》规定的垄断行为。例如，相关部门要求企业披露敏感或类似信息，并在法定的权限范围之外对商品和服务的价格进行管制。

2.4 审查机制

《意见》要求，自2016年7月开始，中国各级政府部门在制定政策法规时应当进行公平竞争审查。这将是一个困难和耗时的过程，审查机制将会按部就班地进行。《意见》进一步要求，建立一个定期评估机制来保障此项审查的正常实施。

此外，还要求国家发改委、商务部和国家工商总局，会同国务院法制办①分别研究制定实施细则，并提供有关公众监督的具体准则，完善审查的实施。这些实施细则很有可能成为之后实施审查机制的重要指导。

3. 主要问题

3.1 如何甄选特殊产业部门进行优先审查

根据《意见》的规定，该审查涉及所有产业，并且公平竞争审查的对象包括任何具有排除、限制竞争内容的地方性法规、规则、规范性文件和政策措施等行政法规。然而，考虑到中国治理规模引起的相关成本，我们建议可以根据部门特殊性确立审查优先次序。

3.2 特殊产业部门

3.2.1 农业

以农业为例，目前贫困地区有很多政府补贴和扶持政策，由于这些支持性措施涉及食品安全与国计民生，因此应考虑行业豁免，以提高这些政策的效率。实

---

① 国务院法制办已并入新组建的司法部。

际上，《反垄断法》第五十六条规定“农业生产者及农村经济组织在农产品生产、加工、销售、运输、储存等经营活动中实施的联合或者协同行为，不适用本法”，已经在行业领域方面为农业提供了反垄断豁免。

农业和渔业、水产养殖业并不适用欧盟的一般国家援助规则，欧盟为这些行业单独制定了国家援助的相关规定。具体内容可参见《欧盟运行条约》第 38 条至第 42 条关于“农业和林业部门国家援助社区准则”及“国家援助渔业社区和水产养殖准则”的规定。①

因此，我们认为鉴于农业的特殊性，其应属于公平竞争审查制度的除外适用行业，或者应当实施农业特殊规则来作为公平竞争审查全面适用的补充。

3.2.2 房地产

房地产是另一个需要考虑如何结合行业特点适用公平竞争审查制度的行业。与其他行业相比，宏观调控政策对房地产的影响非常突出，这是我国房地产的特点决定的。政府直接控制住宅用地的供应，同时作为市场参与者直接向用户提供土地，因此政府干预土地市场对房地产市场产生了深远的影响。例如，政府可以减少可用于住房开发的土地数量，反过来，政府可以抑制新住宅区的建设，并在需求旺盛时抬高住房价格。

在中国，国家对房地产的三级市场都采取宏观调控政策。房地产一级市场为土地交易市场，由国家垄断。《土地管理法》规定城市市区的土地属于国家所有，国务院土地行政主管部门统一负责全国土地的管理和监督工作，《房地产管理法》为国家出让土地使用权和房地产开发、交易提供了法律依据，因此在一级市场上，国家作为土地的所有者将土地的使用权出让给土地的开发商或土地使用者。对于房地产开发商而言，土地作为最重要的生产要素，土地数量的多少和所处位置直接制约着开发商的开发规模和结构，进而影响房价。同时，土地费用也是房价最重要的组成部分之一，国家可以通过土地交易的用途、数量和价格对一级市场进行宏观调控。房地产二级市场主要是指已取得土地开发经营权的房地产经营企业建造好建筑物后，将土地使用权和地上建筑物的所有权一并转让给房地产消费者，即房产增量市场，国家对房地产二级市场的管控主要是通过限价、限制购买者资质、限制贷款等方式展开，管控的宽严程度受经济形势、地方财政等多方面影响。房地产三级市场是居民自有商品房的交易市场，国家主要通过货币

---

① http://ec.europa.eu/agriculture/stateaid/leg_en.htm.

政策和税收政策进行调控。

下面是国家运用宏观调控政策影响房地产市场的两个典型实践。

2005年中国开始以稳定住房价格全面介入住房市场，并提出建立保障房制度

2005年4月，建设部等部委发布《关于做好稳定住房价格工作的意见》中首次提出："为了合理引导住房建设与消费，大力发展省地型住房，在规划审批、土地供应以及信贷、税收等方面，对中小套型、中低价位普通住房给予优惠政策支持。"国家也以监管者的角色建立了一整套规制住房市场的政策体系来促进或抑制住房的建设和交易。国家通过禁止商品房预购人将购买的未竣工的预售商品房再行转让、调整住房转让环节营业税、严格房地产开发信贷条件、有区别地调整住房信贷等政策对普通和自住房以外的建设和交易进行限制。此外，国家还通过限制或放松限制购房自由等调节住房交易的方式规制投资性房屋交易。

限制价格

2016年住房价格上涨过快的城市开始实施限制土地出让价格、一手房房屋售价的措施。苏州市政府制定的《关于进一步促进房地产市场稳定健康发展的意见》中规定了开发商一次性销售房源面积不低于3万平方米、楼盘备案价格涨幅一年内不超过12%等。福州、北京两地政府也采取了限制房地产价格的措施。《福州市进一步促进房地产市场平稳健康发展若干意见的通知》通过备案价格和限制同一房地产项目不同批次房源价格的上涨比例限制房屋销售价格。北京市《关于促进本市房地产市场平稳健康发展的若干措施》采取限定销售价格并将其作为土地招拍挂条件的措施，控制房地产价格快速上涨。

从以上两个例子可以看到，政府对房地产的管控涉及价格、数量、供给、资源等多方面，政策对房地产市场的影响广泛而深远。由于年交易量和房地产开支构成可支配收入的重要部分，国家干预在这一部门的财务影响可能大于其他部门。

基于上述分析，我们认为公平竞争审查制度主要适用于二级和三级房地产市场。在评估二级和三级市场时，应考虑住房的特殊性。住房是一种可交易的商品，但也是人类生活的必需品。从国际法的角度看，购置住房是一项基本人权，应由国家保障，所以国家有一定的义务确保公民有能力购买住宅，为了达到这一目标并符合相应原则的控制措施是正当的。

3.3 既往“行政性垄断”集中的产业部门

既往“行政性垄断”案件涉及的产业部门都可以是实施公平竞争审查制度的起点。

反垄断执法机构以往发布的行政垄断案件和法院判处的行政垄断案件为公平竞争审查制度的重点行业筛选提供了思路。我们据此整理出行政垄断案件涉及的行业如下表所示，同时也列明了这些具体案例违反了哪些审查标准。

部门	行业	违反的公平竞争审查制度相关标准
广东省教育厅	教育行业（“工程造价基本技能赛项”省级比赛中，指定广联达公司软件为独家参赛软件）	市场准入和退出标准：不得限定经营、购买、使用特定经营者提供的商品和服务。
广西、青海、重庆、河北等省级人民政府	新建居民住宅小区供配电设施	市场准入和退出标准：不得限定经营、购买、使用特定经营者提供的商品和服务。 影响生产经营行为标准：不得超越定价权限进行政府定价；不得违法干预实行市场调节价的商品和服务的价格水平。
深圳市教育局	学生装招标	商品和要素自由流动标准：不得排斥或者限制外地经营者参加本地招标投标活动。 影响生产经营行为标准：不得强制经营者从事《反垄断法》规定的垄断行为；不得违法干预实行市场调节价的商品和服务的价格水平。
上海市交通委	游船行业	影响生产经营行为标准：不得违法干预实行市场调节价的商品和服务的价格水平。
北京市城乡和住房建设委员会	混凝土行业管理	影响生产经营行为标准：不得强制经营者从事《反垄断法》规定的垄断行为；不得违法干预实行市场调节价的商品和服务的价格水平。

（续表）

部门	行业	违反的公平竞争审查制度相关标准
山东省交通厅	道路运输行业（车载终端和监控平台）	市场准入和退出标准：不得限定经营、购买、使用特定经营者提供的商品和服务。
甘肃省道路运输管理局	道路运输（重型载货车辆终端）	市场准入和退出标准：不得限定经营、购买、使用特定经营者提供的商品和服务。
威武市道路运输管理局	道路运输	影响生产经营行为标准：不得强制经营者从事《反垄断法》规定的垄断行为；不得违法干预实行市场调节价的商品和服务的价格水平。
蚌埠市卫计委、四川省卫计委、浙江卫计委、深圳卫计委	药品采购行业	市场准入和退出标准：不得限定经营、购买、使用特定经营者提供的商品和服务。
云南省通信管理局	电信行业	影响生产经营行为标准：不得强制经营者从事《反垄断法》规定的垄断行为；不得违法干预实行市场调节价的商品和服务的价格水平。

3.4 基于产业政策角度形成的《外商投资产业指导目录》

为了国家利益并促进经济增长，中国以战略连贯的方式推进产业发展，制定了发展或限制某些产业的指导目录，这与产业政策的基本原理一致。国家发改委于2005年首次发布《产业结构调整指导目录》,[①] 随后在2011年[②]和2013年[③]都进行了修订。在工业和信息化部、商务部等其他部门的参与下，该目录利用各种行政和监管工具来发展或限制某些行业。该目录列出了539条鼓励类、190条限制类和399条淘汰类。限制类产业不允许新增投资，淘汰类产业的现有投资将进

① http://www.ndrc.gov.cn/zcfb/zcfbl/200512/t20051222_54304.html.

② http://www.ndrc.gov.cn/zcfb/zcfbl/201104/t20110426_408008.html.

③ http://www.ndrc.gov.cn/zcfb/zcfbl/201302/t20130226_528175.html.

行重组或淘汰。该目录涵盖了 20 多个行业，包括农业、发电、交通、纺织、服务和环境技术。它适用于所有在中国的投资，而不仅仅是外国投资，是一个了解政府经济优先事项的良好工具。

此外，2017 年发布的《外商投资产业指导目录》（以下简称《目录 2017》）继续限制外商投资部分行业。这份文件包含了一系列市场准入规则。该目录的主要限制为所有权限制，将行业划分为三个基本类别：鼓励、限制或禁止。不属于这些类别的行业都被认为是“允许的”。

在汽车行业，《目录 2017》放开了汽车电子和新能源汽车电池、摩托车等领域的外资股比限制，但仍然保留了汽车整车、专用汽车制造公司中方股比不得低于 50% 的规定；同一家外商可在国内建立两家及两家以下生产同类（乘用车类、商用车类）整车产品的合资企业，如与中方合资伙伴联合兼并国内其他汽车生产企业以及建立生产纯电动汽车整车产品的合资企业可不受两家的限制。汽车行业合资股比的问题一直受到各方关注，这一政策被认为是为了保护中国国内汽车工业。

就限制外国投资而言，金融业也是一个关键行业。根据《目录 2017》的规定，银行方面要求单个境外金融机构及被其控制或共同控制的关联方作为发起人或战略投资者向单个中资商业银行投资入股比例不得超过 20%，多个境外金融机构及被其控制或共同控制的关联方作为发起人或战略投资者投资入股比例合计不得超过 25%。投资农村中小金融机构的境外金融机构必须是银行类金融机构；设立外国银行分行、外商独资银行、中外合资银行的境外投资者、唯一或控股股东必须为境外商业银行，非控股股东可以为境外金融机构。除银行外，寿险公司外资比例不超过 50%，证券公司、证券投资基金管理公司以及期货公司都要求中方控股。

如果施加在上述行业中的限制措施在比例上不合理，就会被认为与公平竞争审查制度标准相冲突。

国务院 2017 年发布《国务院关于扩大对外开放积极利用外资若干措施的通知》指出，中国将在服务业重点放宽银行类金融机构、证券公司、证券投资基金管理公司、期货公司、保险机构、保险中介机构的外资准入限制，放开会计审计、建筑设计、评级服务等领域外资准入限制，推进电信、互联网、文化、教育、交通运输等领域有序开放。这一要求可以理解为中国面对全球跨国投资和产业转移的新趋势，要进一步鼓励外资，为外资进入营造公平竞争环境。为此，《国务院关于扩大对外开放积极利用外资若干措施的通知》要求各部门制定外资政策，要按照《意见》规定进行公平竞争审查。原则上，该文件被视为中央层面为确保政策法规执行的一致性，禁止擅自增加对外商投资企业的限制做出的努力。

3.5 近期自由化的产业部门

中国正在逐步放开以前由国有企业主导定价的某些行业，如电力、能源和电信行业。根据经合组织的说法，在这类产业部门引入竞争需要广泛的专业知识和经验。[①]此外，在从公有制向更加依赖市场力量的过渡期间，有三项任务需要特别注意：

1. 保护竞争，控制违反竞争行为和合并控制；
2. 进入管制，确保非歧视；
3. 技术规范，设置和监控相关标准，以解决隐私、安全和环境保护问题。

综上所述，作为一项普遍适用的原则，所有行业都必须遵守公平竞争审查制度。然而，考虑到某些行业的特殊性，我们认为制定特定行业适用的公平竞争审查制度框架和规则是非常必要的。这将提供法律确定性，并确保公平竞争审查制度的权威不会在那些一直以来受到高度监管的行业中被削弱。

4. 实施公平竞争审查制度是否有足够的立法基础

公平竞争审查制度的立法基础是《关于建立公平竞争审查制度的意见》，是中国共产党通过国务院发布的行政措施。鉴于此，公平竞争审查制度目前被定性为“软法”。

为了给公平竞争审查制度提供足够的法律基础，我们建议通过修订《反垄断法》，将公平竞争审查制度作为一个新章节纳入《反垄断法》体系，为公平竞争审查制度提供一个“坚实有力”的法律基础。这样做的原因有以下几点。

第一，目前的《反垄断法》不能为公平竞争审查制度的实施提供一个清晰的法律框架。例如，第七条规定了对特定国有企业（国有经济占控制地位的、关系国民经济命脉和国家安全的行业，以及依法实行专营专卖的行业）的豁免。此类豁免可能会影响公平竞争审查制度在上述关系国民经济命脉和国家安全的行业中的实施。

虽然公平竞争审查制度声称是普遍适用于中国所有行业，但这些豁免却和公平竞争审查制度的基本目标发生直接冲突。实践中，尽管中国已经开放了某些关键行

---

① 经合组织政策圆桌讨论：“行业监管机关与竞争执法机关的关系（1998）”，https：//www.oecd.org/competition/sectors/1920556.pdf。

业，包括电信、银行、电力、石油、铁路和航空，但它们仍倚赖国家管控。特别是在这些已开放的领域中，国有企业仍主要倚赖国有银行提供的资金支持，并不严格按照市场规则运行。尽管《反垄断法》第七条对某些行业的国企提供了豁免，但该豁免的范围仍有待界定，其范围可以通过规则和解释来扩大或缩小。

此外，《反垄断法》第五十一条没有提供充分的法律依据，仅赋予反垄断机构“向有关上级机关提出依法处理的建议”，以纠正行政垄断行为的权力。而《意见》强化了责任追究。“对未进行公平竞争审查或者违反公平竞争审查标准出台政策措施，以及不及时纠正相关政策措施的地方政府和部门，有关部门依法查实后要做出严肃处理。对失职渎职等需要追究有关人员党纪政纪责任的，要及时将有关情况移送纪检监察机关。”《反垄断法》第五十一条未能为《意见》中设置的处罚措施提供充分的法律依据。

鉴于上述情况，当市场主体是国有企业或属于影响国家经济命脉、国家安全的行业时，第五十一条可能无法提供足够的威慑力来执行公平竞争审查制度。因此，《反垄断法》中与公平竞争审查制度无法完全协调的现有条款应当进行相应的修订。

第二，某些行业部门法律，如能源法、房地产管理法和电力法等没有提及竞争政策。如果这些法律的内容与竞争政策相悖，从立法层级角度来看，《意见》缺乏足够的法律依据来阻止这些法律的适用。

第三，根据“新法优先于旧法”的原则，相比于《反垄断法》生效之前颁布的其他监管法律，《反垄断法》应当得到优先适用。

第四，《反垄断法》第五章规定了对于个案行政垄断行为的事后控制。因此，其威慑效果的实现需要相对较长的时间。相比之下，公平竞争审查制度是一种事前控制机制，通过所有对当前（或未来）政府措施规定的竞争标准进行全面审查。公平竞争审查制度旨在消除行政垄断的根源。在这方面，将公平竞争审查制度作为与《反垄断法》第五章并行的单独新章节更为合适。

第五，《反垄断法》目前正在修订中。修订《反垄断法》的提案已经提交给全国人大，正在由专家组进行审查。[①] 因此，这是将公平竞争审查制度作为新的一章纳入《反垄断法》的理想机会。

关于新《反垄断法》章节的内容，建议至少涵盖以下议题：

---

① 本文撰写于2017年4—5月，当时，黄勇教授等人在《中国公平竞争审查制度：国际经验与中国体系》（见本书第231—272页）中提到《反垄断法》已在正式修法程序中。

（1）公平竞争审查制度的机构和程序；
（2）公平竞争审查制度的对象；
（3）公平竞争审查制度的标准和方法；
（4）公平竞争审查制度的豁免；
（5）如果未实施公平竞争审查，将对当局和负责人实施的制裁。

5. 机构设置

在设置公平竞争审查机构时，会出现两个问题：建立一个新的、统一、集中的机构来监督公平竞争审查制度的实施是否合适？还是应该坚持现有的反垄断执法机构，即价格相关的措施受国家发改委审查，非价格相关的措施需要经过国家工商总局的审查？

要回答上述问题，我们应该牢记公平竞争审查制度的三个方面。

横向上，公平竞争审查制度应在中央层面平衡产业政策和竞争政策。纵向上，公平竞争审查制度的任务是处理经济权力下放和地方分割的问题，以形成统一的全国市场。最后，考虑到中国政府治理规模的巨大体量和复杂性，需要在中央层面建立独立的超部长级别管控，以在全国范围内有效实行公平竞争审查制度。这一点参照欧盟管理模式的成功执法经验是恰当的，原因如下。

5.1 欧盟与中国的共性

欧盟和中国存在的共性是不同制度间相互借鉴的基础。两个法域之间最主要的共性在于实现单一市场的政治承诺，然后释放出单一市场的全部潜力，造福所有人。

5.1.1 国家视角

欧洲的特点可以归纳为“多样性的统一”。欧盟是一个政治经济联盟，有28个（英国脱欧后为27个）成员国。当前，欧盟正接近一个联邦政府：一个强大的、位于高层的中央行政机构——欧洲委员会和位于下层的各成员国。而中国则是“统一中的多样性”。宪法规定中国是一个统一的国家，地方政府的权力来自中央政府。地方政府分为四个层次，包括34个省级单位，332个地级和2 853个县级单位。[1] 中央和地方政府之间的关系一直是国家的主要关注点。

---

① http://www.chinareform.org.cn/gov/system/Practice/201511/t20151130_239360.htm.

5.1.2 相似的法律传统

从历史沿革角度来看，中国法律一直深受欧洲大陆法系的影响。特别是中国《反垄断法》的法律框架，很大程度上受到欧盟经验的影响。

5.1.3 治理结构

在欧盟，竞争法相关的第1/2003号条例推行执法权力下放的改革。这项改革的主要内容是将更多的权力下放给成员国，并让欧委会有足够的人力和时间来关注那些具有欧盟层面影响力、引起更多竞争关注的复杂案件。

在中国，权力下放一直是国家治理中的一个关键问题。财政自治权力的下放被视为政治战略的基石，以支持经济改革。它为地区政府提供激励，使其能够专注于更直观、更可衡量的任务，但同时也加强了地方政府树立贸易壁垒、阻止外地商品进入本辖区的政治手段。在20世纪80年代引入权力下放后不久，地方保护主义开始出现。每个地方政府都开始独立行动，根据当地利益和高级官员的意愿分配资源，从而产生地方保护主义。地方保护主义人为地将大型单一中国市场划分为较小的组成部分，从而缩小了市场规模。地方政府还通过对经营者施加各种限制来改变产业结构，以防止它们扩展到各自的辖区范围之外。

因此，欧盟和中国面临的治理问题是相似的，即如何平衡中央和地方以满足不断变化的政策需求。

5.1.4 共同目标——实现没有本地封锁的统一内部市场

中国正在努力实现一个统一的内部市场，消除地方封锁。欧盟和中国在内部市场中存在类似的问题。因此，中国立法者真正感兴趣的是欧盟通过有效执法以形成和维护统一市场的路径。

5.2 中国的具体国情

5.2.1 双轨经济体制和资源分配的不平等

中国已从主要依靠政令管理的中央计划经济，逐渐向基于市场竞争（主要是定价机制）配置资源、充分运行的市场经济过渡。在过渡期间，双轨制经济体制仍然存在。第一是作为国家基础的经济部门，其特点是公有制和国家定价机制，这些机制主要是深受中央计划经济影响的产物。在中央计划经济中，整个国民经济就像一个庞大的企业，中央政府就像总部，地方政府像分支机构。第二则是非国有的、以市场为基础的经济，为民营经济的出现创造了一个灵活的制度环境。基于独立定价机制的私有制逐渐发展和扩大。

民营部门和市场定价体系的持续发展，最终与公有制和国家定价机制发生冲突。由于政府行政单位有权分配资源，那些与这些单位有关联的实体（包括国有企业）能够迅速积累巨额财富。例如，国有企业能够获得隐性国家援助（如低息贷款和补贴），而民营企业只能从市场上获得原材料、设备和贷款。这种差异从产业链上游阻碍了民营经济的发展，继而影响了整个国民经济。

5.2.2 通过干部管理体制的严密控制

宪法确立了中国共产党在国家中的领导地位。在中国共产党内部，各部委和省政府被授予相应的官僚级别。尽管上文提到了普遍的权力下放机制，但中央仍然通过控制省领导的晋升道路实现对人员的严格控制。此外，中央政府可以通过扩大省级政府的财政自主权或向省级政府提供部分经济盈余来奖励地方政府。地区的经济绩效对省级领导人的晋升有着重大影响。

此外，地方一级有两条领导路线。中国实行统一的行政制度，地方政府的权力来自中央政府。例如，每个中央部门在省级都有对应的机构，但是省级机构也是省级政府的组成部分。因此，省级反垄断部门同时对省政府和中央级别的反垄断部门负责。[①]

但是，在中国共产党的级别制度中，部委和省级政府具有相同的级别。考虑官僚级别的关键原因主要源于同一级别的单位之间不能相互发布约束性命令。因此，当中央部委和省级政府发生冲突时，该如何处理？在实践中，具有优先领导力的通常是行政领导，其次是专业领导。省级政府通常控制省级人员的任命以及大多数省级机构的预算，因此起主要领导作用。[②]

这种官僚结构和政治决策过程塑造了行政机构的激励结构，进而会影响公平竞争审查制度的实施。

5.3 参考欧盟经验对公平竞争审查制度机构设置的建议

在欧盟，实施欧盟国家援助控制规则的主要责任在于欧委会及竞争总司。在竞争总司中，国家援助执法单位是根据行业划分的，包括 B 司（能源和环境），C 司（信息、通信和媒体），D 司（金融服务），E 司（基础工业、制造业和农业），F 司（运输、邮政和其他服务）。

集中（统一）式执行机构框架设计背后的逻辑是，相互平行且互相依存的

---

① 张湖月著，“Bureaucratic Politics and China's Anti – Monopoly Law,” paper prepared for the symposium “Never the Twain?: Emerging US – Chinese Business Law Relations,” Cornell Law School, February 21, 2014.

② 同上。

机构设置，存在重叠的管辖权，这会使执法过程复杂化，从而对整个制度的权威产生负面影响。

考虑到欧洲模式和中国的特点，中国的“最优”解决方案是在中央层面建立一个独立、超部级的权力机构，以拥有强大的权力来执行公平竞争审查制度。

目前现存的反垄断委员会①（同级或超部级类似机构）应拥有公平竞争审查执行的正式权力和相当的级别（中央的权力），能够与其他行政单位沟通并获得积极的配合。

2008 年，国务院成立了反垄断委员会，作为协调三个反垄断执法机构活动的咨询和协调机构。该机构不承担任何具体的执法活动，是通过召集会议进行管理。在实践中，反垄断委员会的日常工作由市场监督管理总局办公室负责。

国家发改委负责执行反垄断法下的反行政垄断任务，对于政府干预市场竞争进而产生竞争关切这一领域已获得不少经验和相关专业信息。此外，发改委还因负责监督各产业经济部门而具备特定产业的专门知识（如石油）。因此，鉴于其专业知识、经验和体制特点，发改委似乎更适合协助国家反垄断委员会或其他类似机构执行公平竞争审查制度。

确立相应执法权威的法律基础可依照《国务院行政机构设置和编制管理条例》的规定。

6. 审查程序

对于执行机关而言，区分不同的程序至关重要，如寻求中止的行政程序和诉诸法院要求损害赔偿的法律程序。中国的《反垄断法》主要以行政执行为中心。本节将重点介绍构建“第三方监督”程序的可能性，这在目前的公平竞争审查的执法环境中仍然缺乏。

6.1 第三方监督

6.1.1 欧盟模式

在欧盟，修订后的《程序条例》（2013 年 7 月 22 日的理事会条例 N. 734/2013）包含有关投诉处理、投诉人义务以及澄清投诉要求的规定。这确保向欧盟

① 本文撰写于 2017 年 4—5 月，反垄断执法机构尚未进行机构改革。

委员会提交了调查投诉所需的所有必要信息。[①]

此外，欧盟法院还规定了欧盟委员会对第三方所负责任。法院反复重申，国家援助程序是发生在欧盟委员会和成员国之间，第三方是信息来源。法院澄清，欧盟委员会没有义务与第三方交换意见或观点，但有义务对任何投诉进行认真和公正的审查，并说明决定背后的原因。[②]

此外，欧盟法律的一般原则在国家援助程序中发挥着作用。首先，人们认识到可以依靠合法期待和法律确定性的原则来申诉以免除损害赔偿责任。其次，当欧盟委员会的行政程序超过适当期限时，申请人可以要求赔偿（不包括委员会决定的非法性）。[③]

6.1.2　**中国**

在中国现有的法律框架下，第三方可以通过两种途径对政府活动进行投诉。

根据审查对象是否明确和行政法律的规定，政府行为可分为抽象行政行为和具体行政行为。

法律法规的抽象行政行为针对不特定的自然人、法人或其他组织，而具体行政行为针对的是特定的自然人、法人或者其他组织。具体行政行为通过国家或国家资源并在有选择的基础上支持一家或多家企业。根据现行行政法，行政行为的补救措施包括行政诉讼和行政复议，但对抽象行政行为和具体行政行为的适用不同。

6.1.2.1　行政诉讼

目前，行政法庭的法官负责审理行政案件。行政诉讼适用于抽象行政行为和具体行政行为。[④]

先前的《行政诉讼法》排除了对抽象行政行为的行政诉讼，修改后的《行政诉讼法》取消了这一限制。尽管如此，关于行政管辖权范围是否随之扩大的实际效果仍有待观察。修订后的《行政诉讼法》规定，可以对行政机关滥用行政职权排除限制竞争的行为提起诉讼。[⑤] 但是行政诉讼的范围是有限的，即如果法

---

① Jonathan Fall 和 Ali Nikpay，《欧盟竞争法》（第三版），牛津大学出版社，2014 年，第 2000 页。

② 同上。

③ 同上。

④ 《行政诉讼法》第 2 条规定：“公民、法人或者其他组织认为行政机关和行政机关工作人员的行政行为侵犯其合法权益，有权依照本法向人民法院提起诉讼。前款所称行政行为，包括法律、法规、规章授权的组织做出的行政行为。”

⑤ 《行政诉讼法》第 12 条规定：“人民法院受理公民、法人或者其他组织提起的下列诉讼：（八）认为行政机关滥用行政权力排除或者限制竞争的。”

院判定规范性文件是违法的，该规范性文件不能作为判决的依据。法院无权修改规范性文件，只有提出建议的权利。[①]

《行政诉讼法》规定，可以对行政机关滥用行政职权，排除限制竞争的行为提起诉讼。例如，个人可依据《反垄断法》第53条对行政垄断提起诉讼。具体来说，对于此前商务部关于经营者集中的决定，行政复议是启动行政诉讼的先决条件。而对于发改委或工商总局的决定，个人可以申请行政复议，也可以直接提起行政诉讼，没有行政复议前置要求。

2015年，我们见证了第一起针对行政垄断的私人诉讼，诉讼双方是深圳斯维尔科技有限公司与广东省教育厅。2015年2月2日，广州中级人民法院裁定广东省教育厅选择广联达公司作为专业技能竞赛的唯一软件供应商的做法，违反《反垄断法》第三十二条。这种指定的唯一性排除了其他软件供应商（包括原告）与其他供应商竞争提供软件的可能性。

然而，广东省教育厅向上级法院提起了上诉，辩称在专业技能竞赛中选择软件供应商并非行政决定。它没有决定指定广联达公司作为年度省级专业技能竞赛的唯一软件提供者，该决定是比赛的组委会发布的。因此，该决定不能被视为部门行政命令，不应视为行政垄断。法院判决不予支持，维持原判，认定广东省教育厅指定使用广联达公司相关软件属于滥用行政权力，排除、限制竞争的行为。

6.1.2.2　行政复议

行政复议原则上主要适用于具体的行政行为，[②] 抽象行政行为本身不能申请行政复议。但是，如果行政机关以抽象行政行为作为具体行政行为的依据，抽象行政行为和具体行政行为可以同时适用行政复议。[③]

《反垄断法》第五十一条规定："行政机关和法律、法规授权的具有管理公共事务职能的组织滥用行政权力，实施排除、限制竞争行为的，由上级机关责令

---

① http://www.pkulaw.cn/CLink_form.aspx? Gid = 239820&Tiao = 13&km = siy&subkm = 0&db = siy.

② 《行政复议法》第2条规定："公民、法人或者其他组织认为具体行政行为侵犯其合法权益，向行政机关提出行政复议申请，行政机关受理行政复议申请、做出行政复议决定，适用本法。"

③ 《行政复议法》第7条规定："公民、法人或者其他组织认为行政机关的具体行政行为所依据的下列规定不合法，在对具体行政行为申请行政复议时，可以一并向行政复议机关提出对该规定的审查申请：
（一）国务院部门的规定；
（二）县级以上地方各级人民政府及其工作部门的规定；
（三）乡、镇人民政府的规定。
前款所列规定不含国务院部、委员会规章和地方人民政府规章。规章的审查依照法律、行政法规办理。"

改正；对直接负责的主管人员和其他直接责任人员依法给予处分。反垄断执法机构可以向有关上级机关提出依法处理的建议。法律、行政法规对行政机关和法律、法规授权的具有管理公共事务职能的组织滥用行政权力实施排除、限制竞争行为的处理另有规定的，依照其规定。”根据本条规定，反垄断执法机构无权修改规范性文件，只有提出建议的权利。

鉴于此，第三方监督可以在现有法律框架下进行。但由于公平竞争审查本质上是中央政府在公平竞争审查规定的标准界限内控制地方政府行为的一种工具，因此需提高相应的申诉门槛。在中国，公平竞争审查制度不会发展到鼓励第三方对政府机构提起私人诉讼的程度。同样在欧盟，第三方申诉也仅被视为一种辅助机制或信息来源。

7. 特定技术性问题：审查对象

这一部分主要探讨对于不同的审查对象，是否需要不同的审查方式。例如，已经出台的、对一个或数个公司有特定授益性的行为，执法机构不能要求对方退还，否则就违反了法律的确定性原则。下面，我们基于多种原则讨论对于不同审查对象需要采用的不同审查方式。

7.1 基于出台时间的分类

7.1.1 既有政策

既有政策特指在公平竞争审查制度出台前（2016 年 7 月前）已经出台的政策。对于既有政策，《意见》要求评估该政策，按照“谁制定，谁清理”的原则，考察其是否影响全国统一市场和公平竞争，区分不同情况，有序清理。

在清理过程中，应当先清理严重限制、排除市场竞争的政策，但不同情形仍需考察不同因素，如下表所示。

情　形	考察因素与建议
市场主体对该政策表示强烈反对，已造成严重影响或已暴露垄断问题	此类政策应当被撤销。建议： 如确定其已不再适应经济社会发展，应当撤销； 如确定还需要该政策在某些方面起到规制或引导作用，应当进行修订以维护市场公平竞争。

（续表）

情　形	考察因素与建议
立即终止会带来重大不利影响	建议做好其对市场竞争和经济社会影响的双重评估： 如果该政策虽然影响市场竞争，但符合公平竞争审查制度的例外规定，可以继续实施，但之后应对其必要性定期评估； 如果该政策严重排除、限制了市场竞争，不符合例外规定，鉴于其立即终止带来的重大影响，应当设置过渡期，做好预防、减轻影响的准备，对该政策进行修订或采取替代性措施。
以合同协议等形式给予企业优惠政策（尚未兑现或只有部分兑现）	应当结合具体情况进行评估，特别是应当按照比例原则，综合评估： 对竞争可能造成的不利影响； 合同签订时企业付出的对价； 对政府的信誉和公信力的影响。 如果这些以合同协议等形式给予企业的优惠政策严重排除、限制了市场竞争，必须予以撤销才能恢复正常市场竞争秩序，则： 建议设置过渡期，留下必要缓冲空间； 考虑偿还企业对价或采取其他替代性措施对企业的信赖利益给予补偿。①

7.1.2　新政策

新政策指在公平竞争审查制度出台后（2016 年 7 月后）出台的政策。针对新政策，公平竞争审查制度要求，对 2016 年 7 月以后国务院各部门、省级政府及其所属部门出台的规章、规范性文件或采取的政策措施，以及 2017 年 1 月以后县市政府及各部门出台的规章、规范性文件和政策措施，应当在相关政策出台前进行公平审查，未进行或未通过公平审查的，不予出台。

① 信赖利益保护原则是行政法的重要概念。普遍认为，信赖利益保护原则在行政许可、行政给付、行政指导等各个领域中适用（参见《试论行政法中的信赖保护原则的适用》，http：//www. chinacourt. org/article/detail/2014/11/id/1489132. shtml）。一般认为《行政许可法》明确了信赖利益保护在行政许可领域的适用。

情　形	考察因素与建议
未经公平竞争审查擅自出台的规章、规范性文件、政策或具体行政行为	补充审查； 对补充审查合格的，给予事后授权，规章、规范性文件、政策或具体行政行为可继续实施； 经补充审查不合格的，如不涉及利益相关者的信赖利益损失，应撤回。如涉及利益相关者的信赖利益损失，在撤销时应考虑赔偿被许可人的合法利益。
经公平竞争审查，未发现对市场竞争的不利影响	准予出台、实施； 定期评估，对因市场环境变化而开始对市场竞争产生不利影响的规章、规范性文件、政策或具体行政行为进行修订或废除。
经公平竞争审查，有扭曲市场竞争的效果，但符合例外规定，利大于弊	准予实施； 定期评估； 如市场环境突发变化，及时修订。
经公平竞争审查，严重扭曲市场竞争的效果，不符合例外规定	不予出台或只有在修订后通过公平竞争审查再出台。

7.2　基于政策措施对象的分类

7.2.1　抽象行政行为

根据措施对象是否特定，行政机关实施的行政行为可分为抽象行政行为和具体行政行为。抽象行政行为指立法机构制定的具有普遍影响力而没有指向特定对象的政策。例如，法律和法规管理的是非特定自然人、法人或其他组织，而具体行政行为管理的是特定自然人、法人或其他组织。公平竞争审查制度对抽象行政行为和具体行政行为的关注重点应有不同。

纠正影响竞争的抽象行为的途径	现有规制方式
司法诉讼	《行政诉讼法》专门规定了可以针对行政机关滥用行政权力排除或限制竞争的行为提起诉讼；① 法院只能对规章以下文件进行附带性审查，如法院认定规范性文件非法，该规范性文件不能作为判决依据，但法院没有针对规范性文件的修改权，只有建议权。②

① 《行政诉讼法》第12条规定："人民法院受理公民、法人或者其他组织提起的下列诉讼：（八）认为行政机关滥用行政权力排除或者限制竞争的。"

② 参见 http：//www. pkulaw. cn/CLink_form. aspx？ Gid = 239820&Tiao = 13&km = siy&subkm = 0&db = siy。

（续表）

纠正影响竞争的抽象行为的途径	现有规制方式
《反垄断法》对“行政性垄断”的规制	行政机关和法律、法规授权的具有管理公共事务职能的组织滥用行政权力，实施排除、限制竞争行为的，由上级机关责令改正； 对直接负责的主管人员和其他直接责任人员依法给予处分； 反垄断执法机构可以向有关上级机关提出依法处理的建议。

鉴于此，《反垄断法》和《行政诉讼法》对抽象行政行为的规制仍有较大的局限性。如能将公平竞争审查落到实处，则可以节约司法资源，弥补法律判决和反垄断法规制的局限性。

时间点	建　议
公平竞争审查制度实施前已经存在	市场主体对该政策表示强烈反对，已造成严重影响或已暴露垄断问题： ①如确定其已经不再适应经济社会发展，应当废止或撤销； ②如确定还需要该政策在某些方面起到规制或引导作用，应当修订，以维护市场公平竞争。 立即终止会带来重大不利影响，建议做好其对市场竞争和对经济社会影响的双重评估： ①如果该政策虽然影响市场竞争，但符合公平竞争审查制度的例外规定，可以继续实施，但之后应对其必要性定期评估； ②如果该政策严重排除、限制了市场竞争，不符合例外规定，则鉴于其立即终止带来的重大影响，应当设置过渡期，做好预防、减轻影响的准备，对该政策进行修订或采取替代性措施。
公平竞争审查制度实施后才出台	建议严格按照公平竞争审查制度的 18 条标准进行对照式核查，对市场竞争产生不利影响的，不予出台或修改后再出台； 未经公平竞争审查即出台的政策，建议补充审查。补充审查后合格的，事后授权，对补充审查不合格的，应撤回。考虑到抽象行政行为的影响广泛性和政府公信力，若一些市场经营者因为该不合格的抽象行政行为获得的利益难以计算和撤回，建议对此等利益不做追究。

7.2.2　具体行政行为

具体行政行为是指立法机构制定的具有特定性影响力且选择性地给予一个或多个经营者优惠、特权的政策。

时间点	建　议
公平竞争审查制度实施前已经存在	如果具体行政行为是滥用职权或超越职权做出的，应当撤销，并视相对人是否为善意来给予补偿。《行政诉讼法》专门规定了可以针对行政机关滥用行政权力排除或者限制竞争的行为提起诉讼。《行政许可法》规定了如果行政机关工作人员滥用职权、玩忽职守、超越法定职权、违反法定程序，做出行政许可决定的行政机关或者其上级行政机关，根据利害关系人的请求或者依据职权，可以撤销行政许可。在该情形下，如果公平竞争审查制度实施前已经存在的具体行政行为是超越职权或滥用职权做出的，该具体行政行为应撤销。被许可人的合法权益受到损害的，行政机关应当依法给予赔偿；被许可人以欺骗、贿赂等不正当手段取得行政许可的，其基于行政许可取得的利益不受保护。①
公平竞争审查制度实施后施行	建议严格审查，对市场竞争产生不利影响的，不予实行或修改后再实行； 如果在未进行公平审查的情况下实行，非授益性行政行为应当及时撤销。如果是授益性行政许可，可以撤销，但同时按《行政许可法》信赖利益保护精神，对善意相对人的信赖利益应当予以保护或采取补偿措施。

7.3　基于政策是否符合公平竞争审查制度要求的分类

7.3.1　合法政策

经过公平竞争审查制度审查并通过审查的行政行为，可以实施。同时，由于市场竞争环境时刻发生变化，不能排除有经过公平竞争审查的行政行为随后对竞争产生不利影响，因此建议定期评估。

7.3.2　非法政策

在公平竞争审查制度实施后，未经审查即出台的影响市场竞争的政策，不符合法定程序的非法政策可以被移除、撤销。但如果该非法政策是具体行政行为，可能需要特别处理（原因在于法律的确定性原理）。欧盟的相关处理办法可以参考借鉴。

① 参见 http://www.pkulaw.cn/CLink_ form.aspx? Gid = 239820&Tiao = 13&km = siy&subkm = 0&db = siy.

法律规定	欧　盟	中　国
“非法”的概念	未经欧盟委员会竞争机构授权而经欧盟成员国批准的国家援助可能是非法的。	公平竞争审查制度实施后，对2016年7月以后国务院各部门、省级政府及所属部门出台的规章、规范性文件或采取的政策措施以及2017年1月以后县市政府及各个部门出台的规章、规范性文件和政策措施，应当在相关政策出台前进行公平审查，未进行或未通过公平审查的，不予出台。 鉴于此，公平竞争审查制度实施后未经审查即出台的影响市场竞争的政策，不符合法定程序，是为“非法政策”。
法律程序	对于非法援助，委员会先启动初步审查，如认为援助符合欧盟相关规定，可事后授权； 如果发现确有问题，继而启动进一步审查。调查期间，委员会可以命令成员国提供相关信息，暂停援助或临时收回援助； 如果最后确认援助存在消极影响，那么在不违反欧盟法律一般原则的条件下，成员国必须连本带息撤回援助； 撤回援助款项的决定由欧盟委员会竞争机构发布，如果相关企业不偿还国家援助，则不被允许再接受国家援助。①	对于未经公平竞争审查制度审查而制定的规定、规范性文件、政策或具体行政行为，建议对其实施补充审查： 如果规定、规范性文件、政策或具体行政行为通过了补充审查，在得到授权后可以有效。 如果规定、规范性文件、政策或具体行政行为没有通过补充审查，则应被废止。其中， ①对于抽象行政行为，考虑到其广泛影响和政府公信力，即使某些经营者通过不合格的抽象行政行为获益，因很难计算利益或撤销利益，建议不再追究这些利益（以维护政府公信力）。 ②对于具体行政行为，例如行政许可，如果被许可人存在恶意，根据《行政许可法》第69条和第79条的规定，行政许可应撤销。被许可人以欺骗、贿赂等不正当手段取得行政许可的，行政机关应当依法给予行政处罚，此时被许可人的违法收益应被没收。如果被许可人出于善意，根据《行政许可法》第69条：“被许可人的合法权益受到损害的，行政机关应当依法给予赔偿。”虽无明文规

① 克罗地亚竞争局指出有关国家援助的规定内容包括对非法援助的事后授权和收回；参见 OECD Competition, State Aids and Subsidies，第92—93页。关于对非法国家援助的禁止和收回，参见 *The limitations of European Union control of state aid*, Oxford Review of Economic Policy, Volume 28, Number 2, 2012，第347—367页。国家援助的相关规定可参见欧盟竞争委员会官网 http://ec.europa.eu/competition/state_aid/overview/state_aid_procedures_en.html。

（续表）

法律规定	欧盟	中国
法律程序		定，但普遍认为信赖利益保护原则适用于私人因信赖行政主体的授益性行为、承诺或规则而产生或可产生的利益。[①] 因此，对于非行政许可的具体行政行为的处理，建议参考行政许可行为的相关处理方法。

8. 技术性问题：审查方法

欧盟国家援助制度中采用的一些方法，如“选择性标准”和“私人投资者测试”标准，可被用于公平竞争审查制度使其更加完善。

8.1　国家援助制度简介

国家援助被欧盟定义为干涉（市场）行为，包括补助、补贴、贷款、担保和税收抵免，在选择性的基础上使接受者获得优势，该优势可能扭曲竞争，并影响成员国之间的贸易活动。这些政府行为通常是被禁止的，[②] 但对能有效解决市场失灵且对贸易影响相对较小的横向产业政策，存在范围较广的豁免。

国家援助必须向欧委会申报且只有在获得批准后才能实施。欧盟法院有权审查欧委会的批准决定。

认定某一援助是否构成国家援助，需要满足以下四项测试：援助由国家或通过国家资源给予；援助有利于某些公司或某些商品的生产；扭曲竞争或可能存在扭曲竞争的风险；影响成员国之间的贸易活动。如果四项测试均满足，未经欧委会事先批准就提供援助则是非法的，除非适用豁免。

8.2　选择性标准

一般而言，在审查时需要先辨别潜在的限制性规定，然后决定是否需要修订；如果需要，则必须确定需要修订的内容。在这一问题上，我们认为欧盟采用的选择性标准是一种值得借鉴的方法。

---

① 参见《依法行政原则对信赖利益的保护——益民公司诉河南省周口市政府等行政行为违法案分析》，http://www.calaw.cn/article/default.asp? id=10570。参见《试论行政法中的信赖保护原则的适用》，http://www.chinacourt.org/article/detail/2014/11/id/1489132.shtml。

② 欧盟委员会《条约》第107条第（1）款。

正如伊丽莎贝塔·里吉尼（Elisabetta Righini）在她的论文中所述："国家援助控制只针对那些专门且有选择性地针对一家或多家企业、使其受益的公权性干涉措施，例如创设一种本质上可以被视为歧视的'区别待遇'。"①

选择性标准不仅包括依据法律规定选择受益主体的措施（法律上的选择性），还包括那些虽然看似中立但实际上将某些公司排除在外（事实上的选择性）或由公共机构酌情决定（酌情的选择性）排除这些公司。选择性标准也可能涉及某些公司或行业，或者基于对某些地域的适用。②

根据判例法，国家援助措施是依据其产生的效果界定的，而不是根据它们隐含或明确提出的目标界定的。所以，基于选择性授予的援助会通常被推定为有损竞争效果。

在这个一般原则基础之上，里吉尼总结了一个在实践中评估选择性标准的三步分析框架。第一步，应确定一个参考系统作为基准。这通常由一套一致的规则组成，适用于其设定目标所定义范围内的所有企业。第二步，如果有关措施区别对待具有相似的事实和法律背景的经营者，应确定其是否构成对该系统的减损。例如，免除公司税而对合作社产生利益。第三步，考察这种区别待遇是否来自系统性或整体结构，进而大致判断该选择性是合理的。③ 在这一判定过程中，最重要的是举证责任。第一步和第二步的举证责任由起诉人承担，被告人需要证明的是该减损本质上是合理的。④

8.3 私人投资者测试

私人投资者测试一直是欧盟国家援助制度的基石，可用来确定国家授予的援助是否损害了竞争或对竞争构成潜在的威胁。私人投资者测试的实质是，当公共机构根据在正常市场经济条件下运营的私人投资者可接受的条款和条件进行投资时，该投资不是国家援助。

在欧洲法院的判例中，这一观点被逐渐接受，即使用的基准不仅是一个假设的"理想"市场投资者，其行为还可以通过计量经济学衡量。它的有效用途在于在市场环境下比较国家行为与私人行为，尽可能地将假设的市场条件与被审查

---

① 参见 Elisabetta Righini，《控制国家干预经济的原因和方法：欧盟 60 年国家援助控制的经验》。见本书第 317—349 页。

② 同上。

③ 同上。

④ 同上。

的措施所处市场环境拉近。[①] 相应的，欧盟法官不再使用“投资者”一词，[②] 而是依据案情调整分析，例如向私人“债权人”偿还国家贷款或对私人进行私有化销售的过程。[③] 最近，欧洲法院似乎完全接受了上述“进化”方法，如在处理失败银行的重组协议修订的案件中，欧洲法院谈到了审查措施是否满足“经济合理性测试”，以使私人投资者也可接受这样的修订，特别是通过增加获得资本注入偿还的预期可能性。[④]

在适用私人投资者测试时，判例法授予欧盟委员会很宽泛的决定权。欧盟委员会只需要确定与特定公共机构具有相同特征的假设投资者会做出同样的决定即可，并不需要每个（市场经济）私人投资者都做出该决定。

在公平竞争审查制度评估某些国家的投资是否符合要求时，该测试将会是个有益的参照。

9. 法律责任

目前，对那些负责制定国家措施而该措施排除、限制了竞争的公职人员只能通过党纪手段处罚。当政策制定机构拒绝修改有关政策措施时，是否可以适当引入其他具有更大威慑作用的处罚手段？在中国现行的法律和行政框架内，我们将初步评估这种惩罚机制是否可行。

首先，中国共产党对中国的所有战略决策保持控制力，并将决策任务委托给政府。需要注意的是，尽管党组织渗透到中国政府的各个层面，但两者在组织上是截然不同的。政治局位于中国共产党政治等级的顶端，将经济事务特别是《反垄断法》的实施委托给国务院，国务院又将这些任务委托给各部委。

考虑到中国共产党在中国拥有最终和唯一的控制权，在实践中，共产党的纪律措施可以作为一种有效和务实的惩治方式。

目前，除了党的纪律处分措施外，还有一些法律法规对滥用职权或涉嫌其他侵权行为的公务员规定了法律责任。《公务员法》第53条规定，公务员必须遵守纪律，不得有下列行为，如玩忽职守，贻误工作；贪污、行贿、受贿，利用职务

---

① 欧盟案例 C-124/10 P，欧委会/ EDF，2012年6月5日判决。

② 欧盟案例 C-480/98 Magefesa［2000］ECR I-8717。

③ 欧盟案例 T-268/08 和 T-281/08，Land Burgenland 和奥地利/欧委会，［2012］ECR II-90。

④ 欧盟案例 C-224/12 P 欧委会/荷兰和 ING Groep NV，2014年4月3日判决，第213段。

之便为自己或者他人谋取私利；滥用职权，侵害公民、法人或者其他组织的合法权益等。《行政机关公务员处分条例》第 21 条规定，“有下列行为之一的，给予警告或者记过处分；情节较重的，给予记大过或者降级处分；情节严重的，给予撤职处分：（一）在行政许可工作中违反法定权限、条件和程序设定或者实施行政许可的；（二）违法设定或者实施行政强制措施的；（三）违法设定或者实施行政处罚的；（四）违反法律、法规规定进行行政委托的；（五）对需要政府、政府部门决定的招标投标、征收征用、城市房屋拆迁、拍卖等事项违反规定办理的”。

为了落实公平竞争审查制度，我们建议设定违反公平竞争审查制度的法律责任，对制定排除、限制竞争措施的公务人员予以处罚。这样做的目的不仅是加强公平竞争审查制度的威慑效果，而且是为了增强整个制度的权威。

10. 结论

竞争规则允许政府在市场失灵时进行干预。但公平竞争审查制度必须应对地方政府的保护主义，并解决国有企业的垄断行为。因此，公平竞争审查制度处理的不是市场失灵问题，而是政府干预问题。鉴于中国是一个拥有庞大治理规模的国家，公平竞争审查制度的实施是一个多元化分工协作的过程，涉及中央政府各部门和地方政府机构的官员（横向和纵向）。因此，创设一个恰当的激励结构和节省成本的方法将有助于确保公平竞争审查制度的成功实施。在这方面，实施公平竞争审查制度是一个政治任务。为了尽可能避免潜在的冲突，我们建议采用务实的方法，特别是在实施初期，在全国范围内采用渐进的方法以增强公平竞争审查制度适应性，使这一制度能够生根、成长。

背景论文八

控制国家干预经济的原因和方法

欧盟 60 年国家援助控制的经验

伊丽莎贝塔·里吉尼

1. 国家援助控制的目标

创设欧盟的条约将国家援助控制制度和反垄断制度一起，作为实现公平竞争的工具。而欧盟内部单一市场的建立有两大主要政策工具，公平竞争就是其中之一，另外一项为规制干预。[①]

与欧盟内部市场四项基本自由的设想类似，国家援助规则同样立足于这样一种认识：除了公平竞争和内部市场之外，还有其他目标需要保护。因此，在实施国家援助政策的这 60 年里，欧盟委员会用区域发展、环境保护、公共服务等共同的欧盟政策目标来证明将部分国家援助予以豁免的必要性。

欧盟国家援助分析有两个主要步骤：

首先，根据《欧盟运行条约》第 107（1）条评估一项公共措施是否可以被视为援助，然后再看其在原则上是否与公平竞争和内部市场的建立相矛盾；

其次，如果一项公共措施符合《欧盟运行条约》第 107（2）和（3）条中所列的欧盟共同目标之一，那么则由欧盟委员会独自评估这一公共措施是否具备“兼容性”。

通过这一办法，欧盟委员会可以监管政府对经济的干预措施，在各成员国之间保持公平的竞争环境，同时促进欧盟经济的一体化进程。[②]

---

① 欧盟法律对内部市场的定义是：确保商品、资本、服务和人员在欧盟内部自由流动——即“四项自由”——的单一市场。这一市场包括欧盟的 28 个成员国，并通过欧洲经济区协定延伸至冰岛、列支敦士登和挪威，通过双边条约延伸至瑞士——后两者属于少数例外情况。

② 据估算，通过国家援助控制措施，欧盟委员会平均每年修订约 1 000 亿欧元的公共资助，相当于欧盟 GDP 的 0.7%（最新数据请参见国家援助公示牌，每年由竞争总司网站提供）。

1.1 创建内部市场

欧盟创建了一个没有任何内部边界或其他阻碍人员、服务、商品和资本自由流动的规制壁垒的市场。根据《欧盟运行条约》第3条，内部市场“应当致力于推动欧盟的可持续发展，这种发展要立足于经济平衡增长和价格稳定、以充分就业和社会进步为目标的高度竞争的社会市场经济以及对环境质量的着重保护和改善。其应当促进科技的进步”。因此，内部市场的目标是推动欧盟内部的经济增长。

在这种情况下，国家援助规则是实现内部市场及其目标的关键所在，因为成员国向本国企业提供的援助将会形成自由市场壁垒。国家援助规则确保已被取消的规制性贸易壁垒不会被具有同等效果的私人或公共限制措施取代。[①] 国家援助规则与内部市场之间这种不可分割的联系是显而易见的，因为其源自国家援助规则对“援助”的定义。要想被视为国家援助，一项国家措施必须实际或有可能扭曲内部市场的竞争。因此，国家援助规则构成了欧盟经济一体化的基本特征。

1.2 保护公平竞争

根据“开放且自由竞争的市场经济原则”,[②] 国家援助规则也被视为对企业间竞争的保护。公共部门给予的国家援助扭曲了成员国之间以及内部市场中企业之间的竞争。[③] 反垄断制度应对的是企业之间的竞争扭曲，而国家援助控制制度的目的则是防止政府对经济的干预和成员国之间的补贴竞赛造成的竞争扭曲。因此，国家援助政策是一项促进公平竞争并让企业和消费者获益的重要工具。事实上，正如宽带行业所示，同样快速优质的宽带接入服务，欧盟消费者比美国消费者所支付的费用少三分之一,[④] 由此可以看出，国家援助控制会带来有效且目标明确的公共支出，从而让欧盟企业彼此公平竞争，最终在质量和费率方面使消费者受益。

---

① XXVth Report on Competition Policy 1995, p. 15.

② Article 4 of the Treaty establishing the European Economic Community.

③ 请参见 A. Biondi and P. Eeckhout, “State Aid and Obstacles to Trade”, *The law of State aid in the European Union*, New York Oxford University Press, 2004

④ 请参见 M. Vestager, State aid and fair competition worldwide at the High - Level Forum on State Aid Modernisation, Brussels, 28 June 2017, available at: https: //ec. europa. eu/commission/commissioners/2014 - 2019/vestager/announcements/state - aid - and - fair - competition - worldwide_en.

1.3 追求欧洲共同政策目标

国家援助分析的第二步是评估被《欧盟运行条约》第107（1）条禁止，但是又与《欧盟运行条约》第107（2）和（3）条列出的欧盟共同政策目标相“兼容”的援助措施能否被接受。在下文将会看到，分析一项措施能否归入例外情况是欧盟委员会的专属权限。[1]

《欧盟运行条约》第107（2）条列明了哪些措施满足客观标准，因而可以在某种情况下或者本身与内部市场相兼容。具体包括：（a）援助具有针对个人消费者的社会性质；（b）援助旨在修复自然灾害或特殊情况造成的破坏；（c）最后一类援助与历史上德国的分裂状态相关，如今已经不再适用。

第107（3）条指出，委员会可以在以下情况宣布国家措施与内部市场兼容：（a）促进生活水平异常低下或就业情况极差的地区的经济发展；（b）推动开展事关欧盟共同利益的重要项目，或改善特定经济较差的成员国的经济状况；（c）促进某些经济活动或某些经济领域的发展，同时此类援助对贸易条件产生的不利影响不会与共同利益相悖；（d）促进文化和遗产保护，同时此类援助不会违反共同利益，影响到欧盟内部的贸易条件和竞争。根据第一种例外情况，欧盟委员会批准了用于推动欧盟弱势地区发展和整合的国家援助。这种地区援助的形式可以是资助企业投资新的生产设施或是扩展或改造现有设施。根据第二种例外情况，委员会批准了用于改善特定经济较差的成员国的国家援助，从而使国家援助控制制度足以灵活应对成员国遭遇的负面外部性。比如，经济危机之后，委员会批准了符合此类例外情况的面向银行的援助，[2] 以解决金融部门在当时面临的系统性问题。第107（3）（c）条列出的第三种豁免是涵盖面最广、最常用的援助授权依据。其被用来推动一系列经济活动的发展。比如，委员会授权成立拉脱维

---

① 自早期判例法以来，法院已经认识到，现在的《欧盟运行条约》第107（3）条赋予委员会广泛的裁量权，使其可以通过背离《欧盟运行条约》第107（1）条中的一般性禁令来批准援助措施（judgment of 17 September 1980, Philip Morris Holland BV v Commission, C－730/79, ECR EU：C：1980：209, paras 24－25）。法院认为，关于特定形式的国家援助是否与共同市场相兼容的判定引发了一些问题，这些问题涉及对复杂且不断变化的经济事实和情况进行审查和评估（judgment of 14 February 1990, France v Commission, C－301/87, ECR EU：C：1990：67, para 15）。与此同时，法院仅负责评估争议性决定的违法性，而事实评估则明确交由委员会负责，尤其是经济领域的事实（judgment of 15 June 1993, Matra v Commission, C－225/91, ECR EU：C：1993：239, para 23）。

② 请参见 Commission Decision SA. 38304（2014/N）of 6 February 2014, Amendment to the restructuring plan of Royal Bank of Scotland 等文件。

亚发展机构，从而促进中小企业融资，[①] 并为一种创新型太空发射引擎的研发提供支持。[②] 第四种例外情况是以促进文化和遗产保护为批准援助措施的立足点，根据这一点，委员会授权了一个图书出版项目，该项目旨在保护克罗地亚语文学创作和出版作品的质量与多样性。[③] 通过上述举例可以大致涵盖欧盟委员会如何通过兼容性评估，既实现其政策目标，又确保内部市场的公平竞争。

1.4　对公平竞争审查制度的建议

在执行和完善公平竞争审查制度的时候，应当明确界定所要达成的目标，与此同时，既要考虑根据公平竞争审查制度 18 项标准来规范政府行为的原因，也要考虑设置例外规定的原因。要想制定合理而有效的公共支出控制制度并在中国贯彻执行，设立明确的目标是关键所在。

国发〔2016〕34 号文件称公平竞争“是市场经济的基本原则，是市场机制高效运行的重要基础”并将之设为主要目标。文件特别划定了一些行为，如地方保护、区域封锁，行业壁垒、企业垄断，违法给予优惠政策或减损市场主体利益等“不符合建设全国统一市场和公平竞争的现象”。因此，建立公平竞争审查制度的立足点是保护中国国家市场这一目标，这一点与欧盟国家援助控制制度相类似。

至于例外情况，国发〔2016〕号文件第三项第（四）条列出了公平竞争审查制度的若干例外规定：（1）维护国家经济安全、文化安全或涉及国防建设的；（2）为实现扶贫开发、救灾救助等社会保障目的的；（3）为实现节约能源资源、保护生态环境等社会公共利益的；（4）法律、行政法规规定的其他情形。

除了（1）点所列的例外规定之外，其他类别的例外规定都非常宽泛，属于开放式类别。公平竞争审查制度目前预想的是由中国各级政府——包括国务院各部门、各省级人民政府及所属部门、县市级政府——自行实施，因此这些类别在适用过程中出现实质性差异的风险非常高。从欧盟的经验来看，只有对所有部门都必须持续追求的共同目标进行精确和严格的定义，才能确保相关部门不滥用例外规定，保留那些原本应被视为具有竞争限制性效果的公共措施。

---

① Commission Decision SA. 36904 (2012/C) of 9 June 2015, Latvian Single Development Institution.

② Commission Decision SA. 39457 (2015/N) of 14 August 2015, SABRE design project.

③ Commission Decision SA. 37923 (2013/N) of 29 July 2014, Book publishing program for the period 2014 – 2016.

2. 欧盟国家援助控制制度的演变

自1958年以来，国家援助控制制度和相关政策所立足的《条约》规则一直没有修改过，这种情况极为少见。尽管如此，为了与欧盟的经济、社会和政治发展重点保持同步，其背后的概念已经发生了巨大变化。正如之前在其他文章中说到的那样，[①] 为了适应公共部门和市场在规模和职能方面的不断变化，以及补贴或其他形式的政府干预措施种类的不断变化，国家援助规则经历了一个适应调整的过程。与此同时，随着新成员国的加入，该体系实现了领土上的横向扩展，目前已经涵盖了五亿人口和多个经济部门，这在内部市场这一理念刚刚成型的时候完全是不可想象的。下文的分析表明，“援助”的概念一直在随着市场自由化和欧盟一体化不断调整。此外，对欧盟共同目标（即实现援助措施的“兼容性”）的积极效果评估也变得越来越复杂，[②] 这主要是因为欧盟社会日益追求经济的增长，并致力于将公共支出用于共同利益目标的实现。通过这种方式，委员会和欧盟法院在确保内部市场凝聚力的同时，既避免了公共资源的浪费，又应对了成员国在财政收入方面越来越大的差距——即所谓的“深口袋扭曲”。[③]

2.1 第一阶段（1958年到20世纪70年代初期）

欧共体的第一个10年见证了政策制定的缓慢开端。当时既没有一般性指南，也没有成员国组织实质的谈判。保护性措施仍然存在，但已经开始被逐步废除，而且步伐越来越快，为欧共体在1968年7月建立起真正的关税同盟提供条件。[④]

20世纪60年代和70年代初期，一些决定零星出台，主要涉及面向钢铁和煤炭工业、造船业、农业、纺织业的援助以及某些个案的救助和重组——这些是欧盟当时主要的经济问题。

---

① 请参见 A. Biondi and E. Righini, “An Evolutionary Theory of EU State Aid Control”, *The Oxford Handbook of European Law*, OUP, 2014.

② 关于国家援助充当进一步一体化工具的情况，请参见 European Commission SWD, *Assessment of the* 2014 *national reform programme and stability programme for Germany*, SWD (2014) 406 final, available at < http: //ec. europa. eu/europe2020/pdf/csr2014/swd2014_germany_en. pdf >.

③ 请参见 Joaquín Almunia, “Doing more with less – State aid reform in times of austerity: Supporting growth amid fiscal constraints”, speech delivered at King's College London on 11 January 2013, available at < http: //europa. eu/rapid/press – release_SPEECH – 13 – 14_en. htm >.

④ 请参见 C. Ehlermann, “State Aids under European Community Competition Law”, 18 *Fordham Int' l L. J.* 410, 1994 – 1996.

2.2 第二阶段（20 世纪 70 年代初期到 80 年代中期）

在经过 70 年代至 80 年代中期个案的实践摸索后，委员会着手制定更为全面的标准来评估国家援助措施的兼容性，并将这些标准写入指南、通告和信函之中供成员国适用。委员会的这一举动再次反映出欧盟经济的发展和规模的扩大。意料之中的是，第一批“指南”针对的是纺织业、[①] 地区援助的一般体系、[②] 第一次石油危机以及环境问题。[③] 造船业规范和钢铁业规则于第二次能源危机之后被推出，并分别在 1981 年和 1985 年获得通过。[④] 委员会同时也在运输援助领域设立规则——现载于《欧盟运行条约》第 93 条——向理事会提议了两项援助条例，一项针对铁路、公路和内陆水运的公共服务援助，一项针对多式陆运，理事会于 1969 年和 1970 年通过了这两项条例。[⑤]

2.3 第三阶段（20 世纪 80 年代中期至 21 世纪初期）

从 20 世纪 80 年代中期开始，随着单一市场的构想和建立，[⑥] 对于何谓《欧盟运行条约》第 107（3）条下的“共同目标”，委员会的分析开始体系化。在《关于建立内部市场的白皮书》中，[⑦] 委员会强调了国家援助控制制度对内部市场发展和欧盟竞争力的重要性。更有意思的是，委员会粗略描述了近三十年后将被称为“良性援助”的措施：“行之有效的针对［国家援助］的共同体指南将有助于确保可用资源从落后产业转向具有竞争性并能创造就业机会的未来产业。”[⑧]

---

① Community framework for aids to the textile industry, Communication to Member States, SEC (71) 363 Final, July 1971.

② Framework on general system of regional aid: Council Resolution of 20. 10. 1971, [1971] OJ C 111/1; and Commission communication, [1971] OJ C 111/7.

③ Community Framework in environmental matter—Letter of the Commission to Member States S/74/38807, 07. 11. 1974, reproduced in in *Competition Rules in the EEC and the ECSC applicable to State aids*, Commission of the European Communities, Brussels—Luxembourg, 1987, page 91.

④ Aid to shipbuilding: Council Directive of 28. 04. 1981, [1981] OJ L137/39. Decision 3484/85/ECSC of 27 November 1985 establishing Community Rules for aid to the Steel industry, [1985] OJ L 340/1.

⑤ Regulation (EEC) No 1191/69 of the Council of 26 June 1969 on action by Member States concerning the obligations inherent in the concept of a public service in transport by rail, road and inland waterway, [1969] OJ L 156/1; and Regulation (EEC) No 1187/70 of the Council of 4 June 1970 on the granting of aids for transport by rail, road and inland waterway, [1970] OJ L 130/1.

⑥ 《单一欧洲法》于 1987 年 7 月 1 日生效，该法设定 1992 年 12 月 31 日为完成内部市场建立的确切期限。其还引入共同关税多数表决机制、免费提供服务、资本自由流动和国家近似立法等，加强了内部市场的决策机制。

⑦ COM (85) 310 final, 14 June 1985, paras 19 and 158.

⑧ 同上，第 158 段。

从那时起，委员会开始认可有利于中小企业、促进研发、改善劳动力市场工人状况及培训的政府干预并将之列入共同目标。①

最后，委员会在1999年提议了所谓的《授权条例》并得到理事会的批准。②根据这一文件，理事会“授权”委员会通过相关条例，认定特定类别的援助具有兼容性，并且免去成员国事先申报的程序，前提是其符合条例中的若干标准。

2.4 现今的政策

自20世纪90年代末期以来，有三个主要因素影响了国家援助政策：欧洲经济货币联盟的成立、③ 经济萧条以及“里斯本战略”的制定和实施。④

为了配合“国家援助现代化”进程，委员会再一次对国家援助政策进行修订。⑤ 这一修订过程始于2012年，三个主要目标是：（1）在强劲且充满活力和竞争的内部市场中推动经济增长；（2）专注于对内部市场影响最大的案件；（3）精简规则，使决策得到更快落实。总而言之，这些目标旨在通过“良性援助”来促进增长。“良性援助”指的是“经过精心设计、旨在识别市场失灵和共同利益目标、对内部市场扭曲程度最低的援助”。⑥ 至于兼容性评估，在被视为欧盟社会经济驱动力的领域和市场本身无法实现必要增长的领域，欧盟委员会尝试激励成员国调动（通常）稀缺的公共资源来带动——而不是取代——私人支出。

2.5 对公平竞争审查制度的建议

公平竞争审查制度是中国竞争控制体系的必要组成部分。这种控制制度通过限制公共部门的行为而对反垄断制度形成补充，从而帮助建立统一开放、竞争有

---

① Community guidelines on state aid for small and medium - sized enterprises (SMEs), [1996] OJ C 213/4; Community framework for state aid for Research and Development, [1996] OJ C 45/5; Guidelines on aid to employment, [1995] OJ C 334/4; Framework on training aid, [1998] OJ C 343/10.

② Council Regulation (EC) No 994/98 of 7 May 1998 on the application of Articles 92 and 93 (now 107 and 108 respectively) of the Treaty establishing the European Community to certain categories of horizontal state aid, [1998] OJ L 142/1.

③ 关于欧洲经济货币联盟，更多内容请参见 https://ec.europa.eu/info/business - economy - euro/economic - and - fiscal - policy - coordination/economic - and - monetary - union/what - economic - and - monetary - union - emu_en.

④ 关于“里斯本战略”，更多内容请参见 https://portal.cor.europa.eu/europe2020/Profiles/Pages/TheLisbonStrategyinshort.aspx.

⑤ Communication from the Commission on EU State Aid Modernisation (“SAM”), COM (2012) 209 final, 08.05.2012, para 12.

⑥ 关于“国家援助现代化”，更多内容请参见 http://ec.europa.eu/competition/state_ aid/modernisation/index_en.html.

序的市场体系。公平竞争审查制度应当随着时间的推移不断发展和完善，这样才能精准调整公共部门影响最大的行为，并随着中国经济不断变化的需求和特点调整例外规定。

3. 国家援助的两步分析

3.1 设立实质性法律标准的必要性

用于评估公共部门的行为是否构成国家援助以及这种援助是否具有兼容性的实质性法律标准至关重要，因其决定了委员会对成员国政府干预经济的管控力度与成员国公共部门采取措施对自由程度之间的分界线。分析的第一步——是否存在援助——本身并不给委员会留有任何裁量权，而兼容性评估则是一种平衡，给予委员会相当大的自由裁量权。

关于是否存在援助这个问题，《欧盟运行条约》第107（1）条的一个基本特征是，其没有区分国家干预的原因或目标，而是根据其影响进行评估。[①] 比如说，一项措施声称其具有财政性质或社会目标（如减少社会费用、货币政策、创造就业机会或鼓励经济发展和投资）不足以使其免受国家援助规则的限制。[②] 援助的法律概念是客观的，唯一的检验标准就是一项公共措施是否会使一家或多家企业处于有利地位。[③] 禁止对经济进行公共干预意味着不仅要禁止直接补贴等明显的保护主义措施，还要禁止在实践中可能产生同样效果的其他所有公共措施。委员会和欧盟法院都对“国家援助”一词做出了广义解释，将多种不同形式的国家财政援助或经济优势涵盖在内。这一切使得国家援助控制制度能够有效地限制成员国在产业和经济政策领域采取单边行动的自由，即使只是通过单边措施使特定经济部门的竞争条件与其他成员国的竞争条件相接近。[④]

---

① 请参见 judgments of 26 September 1996, *Francev Commission*, C－241/94, ECR, EU: C: 1996: 353, para. 20; and of 6 March 2003, *Westdeutsche Landesbank Girozentralev Commission*, Joined Cases T－228/99 and T－233/99, ECR, EU: T: 2003: 57, para. 180.

② Judgment of 2 July 1974, *Italy v Commission*, C－173/73, ECR, EU: C: 1974: 71, para. 13.

③ 请参见 judgments of 26 November 2015, *Comunidad Autónoma del País Vasco and Itelazpi v Commission*, T－462/13, ECR, EU: T: 2015: 902, para. 73; and of 6 March 2003, *Westdeutsche Landesbank Girozentrale v Commission*, Joined Cases T－228/99 and T－233/99, ECR, EU: T: 2003: 57, para. 180 and the case－law cited therein.

④ 请参见 judgments of 3 March 2005, *Wolfgang Heiser*, C－172/03, ECR, EU: C: 2005: 130, para. 54; and of 25 March 2009, *Alcoa Trasformazioni v Commission*, T－332/06, ECR, EU: T: 2009: 79, para. 71.

除了对援助和兼容性的两步评估之外，在对公共措施是否属于国家援助政策进行分析的时候，一个初步步骤就是要评估这种措施的对象，即潜在援助的实施对象是不是一个企业。

3.2 企业的概念

国家援助规则和更广泛意义上的竞争规则一样，仅适用于援助对象是企业的情况。企业的概念指的是所有从事经济活动的实体——经济活动是指所有在市场中提供商品和服务的活动，[①] 至于其法律形式和融资方式均不予考虑。[②] 这是一种功能性的识别方法，因为在适用国家援助规则乃至整个竞争规则时，关键的不是相关实体的法律或所有权特征，而是其所从事的活动。欧盟法院和委员会因此能够随着时间和空间的变化而调整对企业的定义，从而在推动欧盟所有经济部门自由化的同时跟踪市场内部的发展，尤其是公共事业与经济活动之间的界限变化。比如，随着欧盟指令逐步放开邮政部门这一公用事业垄断市场，该部门的自由化进程始于 1999 年并于 2011 年 1 月 1 日完成。[③] 与此同时，一旦之前的经营者开始在竞争市场运营，委员会就会对针对其活动的援助展开评估。[④]

这种功能性方法产生的一个重要结果就是，《欧盟运行条约》第 107 条同时涵盖了私人企业、公有企业及其所有的生产活动。[⑤] 这一点对国有企业乃至从事经济活动的国家机构来说格外重要。如果一个实体同时从事经济活动和非经济活动，即使是公共部门，也应被视为从事经济活动的企业。[⑥] 比如，机场经营者的纯行政和监督职责（如监督机场周边公共土地、建筑物和设施的占用情况，地勤服务商需要为此支付政府规费）和其所提供的管理和运营服务（如机场管理服

---

① Judgment of 12 September 2000, *Pavlov and Others*, C－180/98, ECR, EU: C: 2000: 428, para. 75.

② Judgment of 22 October 2015, *EasyPay and Finance Engineering*, C－185/14, ECR, EU: C: 2015: 716, para. 37.

③ 可参见 Directive 2008/6/EC of the European Parliament and of the Council of 20 February 2008 amending Directive 97/67/EC with regard to the full accomplishment of the internal market of Community postal services, OJ L 52, 27. 2. 2008, p. 3－21.

④ Commission Decision SA. 14588 (C 20/09) of 25 January 2012, De Post-La Poste (now bpost), OJ L 170, p. 1, para 227.

⑤ Judgment of 15 March 1994, *Banco Exterior de España v Ayuntamiento de Valencia*, C－387/92, ECR, EU: C: 1994: 100, para. 11.

⑥ 请参见 point 10 of the Commission Notice on the notion of State aid as referred to in Article 107 (1) of the Treaty on the Functioning of the European Union, OJ C 262, 19. 07. 2016, p. 1－50 (hereinafter referred to as the "Commission Notice").

务和地勤服务供应许可，地勤服务商需要为此支付商业费用）之间存在明确的界限——前者被视为非经济活动，因此不在国家援助控制的范围之内；后者具有经济性质，因此处于国家援助控制的范围之内。①

同样，如果国家或其他公共机构从事经济活动，那么在其行使公共权力——这种公共权力要么涉及国家特权，要么提供公共部门服务——的时候，如公共行政、军队或警察，不应当被视为企业。② 如果特定实体的有关活动涉及国家基本职能或其性质、目的和规则与这些职能相挂钩时，则可认为该实体是在行使公共权力。③ 一般而言，除非相关成员国决定引入市场机制，否则的话，如果特定活动在本质上属于官方机构的特权并由国家予以实施，则该活动不构成经济活动。④

3.3　援助是否存在

在评估特定公共措施是否属于“援助”以及《欧盟运行条约》第 107（1）条是否适用的时候，关键在于是否符合某些标准。根据欧盟法律，符合以下情况的支持措施将被视为国家援助。

a. 该项措施对国家或公共权力机构构成负担（由国家拨款或使用国家资源）；

b. 一个理性的市场经营者不会采用该项措施（赋予优势）；

c. 其偏袒某些企业（选择性）；

d. 其加强了特定企业在市场中的地位（扭曲竞争），并对内部市场产生实际或潜在影响（对成员国之间贸易的影响）。

如果符合上述条件，除非适用于豁免条款，否则未经委员会事先批准，不得给予援助。

（1）由国家拨款或使用国家资源

使用国家资源具体指，公共措施以支出或收入减少的形式对公共财政形成负担，并在国库如实入账。⑤ 国家资源则指的是直接或间接受国家控制或由国家支

① 请参见 Judgments of 12 December 2000, *Aéroports de Paris v Commission*, T－128/98, ECR, EU：T：2000：290, para. 117；and of 24 October 2002, *Aéroports de Paris v Commission*, C－82/01 P, ECR, EU：C：2002：617, paras. 75－79.

② K. Bacon, *European Community Law of State Aid*, OUP, 2009, pp. 36－37.

③ Judgment of 19 January 1994, *SAT Fluggesellschaft v Eurocontrol*, C－364/92, ECR, EU：C：1993：878, para. 30.

④ Commission Notice on the notion of State aid as referred to in Article 107（1）of the Treaty on the Functioning of the European Union, *OJ* C 262 of 19. 07. 2016, point 17.

⑤ Advocate General Capotorti in *Van Tiggele*, C－82/77, ECR, EU：C：1977：205, 52.

配的资源。[①]

成员国的直接干预或通过使用国家资源的方式间接干预未必是由相关成员国的联邦或中央政府发起的。[②] 其也可能是地方政府发起的，具体表现为各类分散的国内组织（这些组织具有地方化、联合性、区域性或其他特征）采取的不同层级和内容的措施。[③] 公共资源包括资金、资产、权利或任何具有经济价值的事物。[④]

公共措施还必须“可归因于”国家。[⑤] 公共行政的立法权或其他行动导致的援助几乎都满足可归因性标准。[⑥] 不过，就公有企业而言，可归因性问题需要进行深入评估，因为不能仅凭公有企业实施了特定措施就推定具有可归因性。[⑦] 而是需要进一步评估公共部门是否参与了这些措施的实施，但无须证明公共部门曾以具体指令鼓励共有企业采取相关援助措施。[⑧] 就公有企业采取的援助措施而言，也可以根据一系列足够精确且具有连贯性的指标来评估可归因性，这些指标要视相关案件的具体情况和措施实施的背景而定。[⑨]

（2）赋予优势

国家援助不仅包括补贴、贷款、担保或直接投资等正面助益，还包括减轻费

---

① Advocate General Jacobs in *France* v *Commission*, C－482/99, EU: C: 2001: 685, points 40－41.

② Judgment of 12 May 2011, *Région Nord－Pas－de－Calais v Commission*, Joined Cases T－267/08 and T－279/08, ECR, EU: T: 2011: 209, para. 108.

③ 请参见 judgments of 6 March 2002, *Territorio Histórico de Álava and Others v Commission*, T－92/00 and T－103/00, ECR, EU: T: 2002: 61, para. 57; and of 14 October 1987, *Germany v Commission*, Case C－248/84, ECR, EU: C: 1987: 437, para. 17. That conclusion is not undermined by the argument the public institution is constitutionally independent or autonomous. *See* Judgment of 12 December 1996, *Air France v Commission*, T－358/94, ECR, EU: T: 1996: 194, para. 60.

④ 请参见 judgments of 8 September 2011, *Commission* v *Netherlands*, C－279/08, ECR, EU: C: 2011: 551, para. 106; and of 6 March 2003, *Westdeutsche Landesbank Girozentrale* v *Commission*, T－228/99, ECR, EU: T: 2003: 57.

⑤ Judgment of 10 May 2016, *Germany v Commission*, T－47/15, ECR, EU: T: 2016: 281, para. 36.

⑥ 如果批准措施的是国家设立或委派进行援助管理的公共或私人机构，情况也是如此。请参见 Advocate General Jääskinen in *Association Vent de Colère and Others*, C－262/12, EU: C: 2013: 469, point 31.

⑦ 请参见 opinion of Advocate General Jacobs in *France* v *commission*, C－482/99, EU: C: 2001: 685, point 55.

⑧ 请参见 judgments of 17 September 2014, *Commerz Nederland* v *Havenbedrijf Rotterdam*, C－242/13, ECR, EU: C: 2014: 2224, para. 31; and of 19 December 2013, *Vent De Colère! and Others*, C－262/12, ECR, EU: C: 2013: 851, para. 17.

⑨ 请参见 judgments of 25 June 2015, *SACE* v *Commission*, T－305/13, ECR, EU: T: 2015: 435, para. 45; and of 10 November 2011, *Elliniki Nafpigokataskevastiki and Others* v *Commission*, T－384/08, ECR, EU: T: 2011: 650, para. 54.

用的措施——这些费用通常应包含在企业预算之中——如减免税款和填补营运亏损（与补贴存在类似的性质和效果）。[①] 根据援助的功能性定义，还可以将非典型和非直接的国家干预措施定性为赋予企业非法优势的行为，如重新分配无线电频谱、[②] 以低于合理区间的价格或优惠条件提供货物或服务[③]以及无偿划拨可交易排放配额。[④]

优势可能来自措施给实施对象带来的直接影响（直接优势），也可能通过对措施的设计将次级经济影响（间接优势）传导至可识别的特定对象。[⑤] 因为成员国可能通过公私合营企业[⑥]和国有（公营）企业[⑦]来间接发放国家资源。而欧盟法律不允许通过（人为）创建以实施国家援助为目的的组织来规避国家援助规则。[⑧]

优势标准的核心检验方法是看特定公共部门在采取特定措施时是否充当了市场经营者。[⑨] 这一客观的检验标准旨在评估，在类似的情况下，如果考虑到预期的获利并撇开所有社会和政策考量因素，私人投资方是否会以相同的条件实施交易。[⑩] 在对公共和私人投资者的行为进行对比时，必须参考私人投资者依据现有的可获取信息和预期的发展情况，会对相关交易采取何种态度。[⑪] 市场经营者检

---

① 请参见 judgments of 14 January 2015, *Eventech*, C－518/13, ECR, EU：C：2015：9, para. 33; and of 15 September 2016, *FIH Holding and FIH Erhvervsbank* v *Commission*, T－386/14, ECR, EU：T：2016：474, para. 52.

② Commission Decision SA. 32619 (2012/C (ex 2011/N)) of 5 August 2016 on State aid notified by the Kingdom of Spain for the compensation of certain costs for the release of the digital dividend, OJ L 361, 31. 12. 2016, paras. 1－25.

③ Judgment of 16 September 2004, *Valmont Nederland* v *Commission*, T－274/01, ECR, EU：T：2004：266.

④ Judgment of 8 September 2011, *Commission* v *Netherlands*, C－279/08 P, ECR, EU：C：2011：551.

⑤ 请参见 G. Conte and J. Kavanagh, "Chapter 2：Advantage", in V. Verouden & P. Werner, *EU State Aid Control：Law and Economics*, Wolters Kluwer, 2017, pp. 66－67.

⑥ Commission Decision SA. 24123 (2012/C) (ex 2011/NN) of 23 January 2013 on State aid implemented by the Netherlands Alleged sale of land below market price by the Municipality of Leidschendam－Voorburg (2013/247/EU), OJ L 148, 1. 6. 2013, p. 52, recital 65.

⑦ Judgment of 16 May 2002, *France* v *Commission*, C－482/99, ECR, EU：C：2002：294, paras. 38－39.

⑧ 请参见 judgments of 10 May 2016, *Germany* v *Commission*, T－47/15, ECR, EU：T：2016：281, para. 35.

⑨ Judgment of 5 June 2012, *Commission* v *EDF*, C－124/10 P, ECR, EU：C：2012：318, para. 79.

⑩ Judgment of 6 March 2003, *Westdeutsche Landesbank Girozentrale and Land Nordrhein－Westfalen* v *Commission*, Joined Cases T－228/99 and T－233/99, ECR, EU：T：2003：57, para. 245.

⑪ Judgment of 24 September 2008, *Kahla and Thüringen Porzellan* v *Commission*, T－20/03, ECR, EU：T：2008：395, para. 238.

验能够保证公共部门和公有企业以私人经营者身份而非政府身份去干预市场。[①]

（3）选择性偏袒特定企业或特定商品的生产

国家援助控制制度承认如下原则：公共部门应当采取有利于整体经济且无差别地适用于所有经营者的一般经济政策干预市场。[②] 这项制度仅针对使特定企业受益，从而创造了本质上的歧视性差别待遇的干预措施。[③]

这一选择性标准不仅涵盖那些合法挑选出实施对象的措施（法律选择性），还包括那些虽然看似中性但实际上将某些企业排除在优势受益群体之外（事实选择性）或受制于公共部门自由裁量权（酌情选择性）的措施。[④] 选择性也可能涉及某些企业或部门（实质选择性），或是适用于某些地理区域（地域选择性）。[⑤]

需要进一步对一般措施或单项援助加以区分。在后一种情况下，只要识别出经济优势就足以判定该项措施具有选择性。[⑥] 相比之下，在审查一般措施时，即使该措施具有普遍适用性，也需要判定其是否专为特定企业或特定部门的利益而设。[⑦]

在这些一般性原则的基础上，可以通过三步分析来进行选择性评估。首先，需要确定一个参照系作为基准。这一参照系通常是一系列具有连贯性且适用于目标范围内所有企业的规则。第二，需要判定有关措施是否因区别对待经营者而背离了这一参照系，而根据参照系的内在目标，这些经营者所处的实际情况和法律状况是具有可比性的。最后，对于被初步认定具有选择性的措施，需要进一步证明，是由于该措施的性质或其所属整体架构才导致区别对待的，措施的实施具有正当理由。

第一步和第二步的举证责任由委员会或国内法院诉讼程序中的原告承担，而成员国则需证明由于措施的性质和所属整体架构，产生这种背离有其正当理由。

---

① 私人/公共所有权中立原则见于《欧盟运行条约》第 345 条，“条约绝不对成员国的财产所有权体制管理规则怀有偏见”。

② 另请参见 judgments of 8 November 2001, *Adria – Wien Pipeline and Wietersdorfer & Peggauer Zementwerke*, C – 143/99, ECR, EU: C: 2001: 598, para. 48; and of 16 April 2015, *Trapeza Eurobank Ergasias*, C – 690/13, ECR, EU: C: 2015: 235, para. 22.

③ 请参见 judgments of 30 June 2016, *Belgium* v *Commission*, C – 270/15 P, ECR, EU: C: 2016: 489, para. 48; and of 21 December 2016, *Commission* v *World Duty Free Group*, C – 20/15 P, ECR, EU: C: 2016: 981, para. 54.

④ Judgment of 18 July 2013, *P Oy*, C – 6/12, ECR, EU: C: 2013: 525, paras. 25 – 32.

⑤ 请参见 A. Jones and B. Sufrin, “Additional Chapter on EU State Aid”, *EU Competition Law*, OUP, 2014, 27.

⑥ Judgment of 26 October 2016, *Orange* v *Commission*, C – 211/15 P, ECR, EU: 2016: 798, para. 53.

⑦ 请参见 judgments of 30 June 2016, *Belgium* v *Commission*, C – 270/15 P, ECR, EU: C: 2016: 489, para. 49; and of 4 July 2015, *Commission* v *MOL*, C – 15/14 P, EU: C: 2015: 362, para. 60.

（4）扭曲竞争并影响成员国之间的贸易

虽然贸易影响和竞争影响在援助中是概念不同、实体分立的两个评估要件，但在实践中，依据《欧盟运行条约》第107（1）条展开的评估通常会将其一并处理，因为一般认为，两者之间存在不可分割的联系。① 一项措施只要有影响成员国之间贸易并扭曲竞争的可能性就足够了；委员会无须再证明实际效果。比如，如果公共支出加强了一个企业相对于欧盟内部贸易中其他竞争企业的地位，则可以认定后者受到了该项措施的影响。②

如果一个经济部门已经在欧盟层面实现自由化，那么这将有助于判定措施对竞争存在实际或潜在影响，同时也影响了成员国之间的贸易。③ 因此，事实上，面向内部市场经营者的任何援助都有可能扭曲竞争并影响成员国之间的贸易。④

就竞争扭曲而言，有一种理论认为，对企业的运营援助给该企业带来了人为的财政支持，从原则上说，这种支持就扭曲了该企业所在部门的竞争。基本上，如果国家干预措施加强（或有可能加强）特定企业的竞争地位，就可以认定其符合本项标准。

3.4　援助的兼容性

《欧盟运行条约》第107条首先在第一段阐明了禁止成员国实施任何扭曲或有可能扭曲竞争的援助的原则，然后指出这一禁令有两类例外情况：

◎由第107（2）条而产生的法定兼容性：从法律角度而言，这类援助只要符合特定条件就与内部市场兼容，且委员会必须予以批准；

◎由第107（3）条产生的酌定兼容性：这类援助可以被判定与内部市场相兼容，委员会在批准时有很大的自由裁量权［不同于上述第（2）条］而且可以平衡不同的利益。

---

① 请参见 judgments of 22 April 2016, *Ireland* v *Commission*, Joined Cases T-50/06 RENV II and T-69/06 RENV II, ECR, EU: T: 2016: 227, para. 113; and of 9 December 2015, *Greece* v *Commission*, Joined Cases T-233/11 and T-262/11, ECR, EU: T: 2015: 948, para. 165.

② Judgment of 15 December 2015, *Unicredito Italiano*, C-148/04, ECR, EU: C: 2005: 774, para. 56.

③ 请参见 judgments of 13 February 2003, *Spain* v *Commission*, C-409/00, ECR, EU: C: 2003: 92, para. 75; and of 15 December 2005, *Italy* v *Commission*, C-66/02, ECR, EU: C: 2005: 768, para. 116.

④ 请参见 judgments of 11 June 2009, *ASM Brescia* v *Commission*, T-189/03, ECR, EU: T: 2009: 193, para. 68; and of 22 April 2016, *Ireland* v *Commission*, Joined Case T-50/06 RENV II and T-69/06 RENV II, ECR, EU: T: 2016: 227, para. 113.

上述规定打破了“国家援助与内部市场不兼容”这一基本规则，因此在解读上述规定时必须适用狭义的解释，[①] 而且对其的评估是欧盟委员会的专有权限——委员会在这方面享有很大的自由裁量权。[②] 不过，委员会关于援助兼容性的每项决定都必须对援助在实现共同利益目标方面的积极影响与其潜在的消极影响进行权衡。委员会在行使自由裁量权时，必须以整个欧盟而不是以特定成员国为背景进行经济和社会评估。委员会的广泛裁量权带来的必然结果就是，各成员国法院的裁量权控制仅限于（1）委员会依据的事实是准确的，以及（2）委员会的评估没有明显错误。[③]

委员会的权衡工作有可能会给评估带来不确定性，因此应当只适用于少数特定领域。第107（3）条指出，只有国家措施符合以下情况时，委员会才可以宣布其与内部市场兼容：

（a）促进生活水平异常低下或就业情况极为严重的地区的经济发展；

（b）推动事关欧盟共同利益的重要项目的开展，或改善特定成员国经济萧条的状况；

（c）促进某些经济活动或某些经济领域的发展，同时这些援助对贸易条件产生的不利影响不会与共同利益相悖；

（d）促进文化和遗产保护，同时这种援助不会违反共同利益，影响贸易条件和竞争。

如果此类援助不能促成实施对象采取可能有助于实现《欧盟运行条约》第107（3）条所述目标之一的行为，委员会有权拒绝批准实施援助。虽然从原则上说，应该由委员会证明措施构成《欧盟运行条约》第107（1）条意义上的援助，

---

① Judgment in *Atzeni and Others v Commission*, Joined Cases C－346/03 and C－529/03, ECR, EU：C：2006：130, para. 79.

② 自早期判例法以来，法院已经认识到，现在的《欧盟运行条约》第107（3）条赋予了委员会广泛的裁量权，使其可以通过背离《欧盟运行条约》第107（1）条中的一般性禁令来批准援助措施（judgment of 17 September 1980, Philip Morris Holland BV v Commission, C－730/79, ECR EU：C：1980：209, paras 24－25）。法院认为，关于特定形式的国家援助是否与共同市场相兼容的判定引发了一些问题，这些问题涉及对复杂且不断变化的经济事实和情况进行审查和评估（judgment of 14 February 1990, France v Commission, C－301/87, ECR EU：C：1990：67, para 15）。与此同时，法院仅负责评估争议性决定的违法性，而事实评估则明确交由委员会负责，尤其是经济领域的事实（judgment of 15 June 1993, Matra v Commission, C－225/91, ECR EU：C：1993：239, para 23）。

③ Judgment of 24 October 1997, *Wirtschaftsvereingung Stahl v Commission*, T－244/94, ECR, EU：T：1997：160, para 87.

但措施具有内部市场兼容性的举证责任主要由相关成员国承担，该成员国必须表明相关措施满足上述条件。[①]

这种权衡方法这些年来日益完善，正如上文所述，在“国家援助现代化”的背景下，委员会要求明确定义“共同原则”，更好地指导兼容性评估。因此，只有在下列情况下，才能宣布援助与内部市场兼容：

（a）援助有助于达成明确的共同利益目标；

（b）事实证明确实存在进行国家干预的必要：在国家援助措施所针对的情况中，援助可以通过纠正市场失灵或追求公平目标等手段实现市场本身无法实现的实质性改进；

（c）援助措施是应对共同利益目标的合理政策工具，即没有其他成本更低或是扭曲程度更小的替代措施；

（d）援助措施带来激励效应：援助改变了相关企业的行为，使其开始从事额外活动，而如果没有援助的话，其将无法开展这样的活动，或者其将以有限或不同的方式或地点来展开这样的活动；

（e）措施力度是合理的，即援助金额仅限于在有关地区促成额外投资或活动所需的最低额度；

（f）措施对成员国间竞争和贸易的消极影响是有限的，因此措施整体上取得了积极影响：国家援助对竞争的消极影响分为三类，分别涉及生产效率、配置效率和动态效率。[②]

（g）措施具有透明度：从即日起，对于50万欧元以上的所有国家援助，成员国都必须在专门的网站上公布受益者的信息，如受益者是中小企业还是大企业，活动地点和所在产业部门；给予的援助金额；目标和法律依据。

委员会根据这些标准逐例进行兼容性评估，这项任务并非精确的数字统计，而是评估成员国能否证明援助的积极影响大于消极影响。

3.5 对公平竞争审查制度的建议

公平竞争审查制度显然是中国落实《反垄断法》的重要一步，该制度着手

① Judgment of 24 June 2015, *Italy v Commission*, T-527/13, ECR, EU: T: 2015: 429, para. 16.

② Ulrich Schwalbe, “European State Aid Control—The State Aid Action Plan”, in *Structure and Effects in EU Competition Law: Studies on Exclusionary Conduct and State Aid*, *International Competition Law Series*, Volume 47, 2011.

应对的是一个全新的存在潜在竞争限制性行为的领域，即政府各级公共部门的行为。不过，如果没有以客观、清晰、定义明确且毫无歧义的方式来制定审查标准，同时又未在全国范围内全面推行这种控制制度，那么这一制度的实施可能会在中国不同地区产生不均衡的结果。

从欧盟的经验来看，企业的功能性定义和国家援助的两步分析法是一个关键，可以确保所有潜在的具有竞争限制性的公共行为都必须受到规制，同时例外规定的设置又让这项制度保留一定的灵活性。

第一，有了企业的功能性定义，国家援助控制制度就可以适用于所有从事经济活动的实体，不管其是私人企业、公有企业还是公共部门。这一点没有在公平竞争审查制度中得到明确体现，因为该审查仅适用于中国各级政府的行为。不过，可以预想的是，公平竞争审查制度 18 项标准适用于所有竞争限制性法规，必然包含选择性地给予特定企业享受国家援助或优惠政策等竞争优势的法规，进而延伸到国有企业的行为规制。

在欧盟体系中，市场经营者原则的适用确保了公共部门或公营企业以市场经营者的身份经营时采取的措施不属于国家援助。这背后的原则是，国家援助规则对国有企业的适用要立足于“企业的公共和私人所有者享有同等待遇”。[①] 与之相反，基于市场经营者测试，如果将国家行为与私人投资者在正常市场经济条件下的行为相比，国家在符合正常市场条件的情况下直接或间接地处置企业的公共资源不能被视为国家援助。[②]

第二，在分析何谓竞争限制性行为乃至被禁止的国家援助时，在欧盟法院审查下的法律标准适用，确保了各成员国进行客观、统一、不具有歧视性的国家援助控制。而公平竞争审查制度列出了 18 项对公共行为进行审查的“标准”，即设定 18 种影响市场准入和退出、商品和生产要素的自由流动、生产和经营的成本和行为的公共行为。[③] 这可以被看作国家援助的本身违法规则；但实际上，这种方法只是列举出一些具体的行为，而没有归纳其基本构成，因此不够灵活、准确，无法适应公共行为类型的不断发展。事实上，国家援助控制的 60 年历程已

---

① Judgements of 21 March 1991, *Italy v. Commission* (*Alfa Romeo*), Case C – 305/89, EU: C: 1991: 142, para. 24.

② Judgment of 6 March 2003, *Westdeutsche Landesbank Girozentrale and Land Nordrhein – Westfalen* v *Commission*, Joined Cases T – 228/99 and T – 233/99, ECR, EU: T: 2003: 57, para. 267.

③ 请参见 point 3. (3) of State Council Decision No. 34.

经证明，公共部门的想象力有多广，其适用范围就有多广。

第三，在国家援助控制制度中，对国家援助的权衡一方面享有自由裁量权，同时还需要依据兼容性共同标准进行更深入的经济评估，因此这项工作可以说是具有一种内在风险，那就是有可能给评估带来不确定性和不公正性，从而导致对公共行为的控制出现不均衡现象。正因为如此，兼容性评估仅限于少数特定领域；主要依据一组共同标准，并按行业逐个改进完善；评估工作由一家独立机构以前后一致的方式逐案处理。正如上文所述，公平竞争审查制度也预设了一些例外规定。要想对这些例外规定做出改进，除了采用更精确的表述和减少开放式规定之外，还可以设立共同的执行标准，并对例外规定带来的积极和消极影响进行严格而统一的评估。而国发〔2016〕34 号文件开了个好头，具体规定为，“政策制定机关应当说明相关政策措施对实现政策目的不可或缺，且不会严重排除和限制市场竞争……”

4. 兼容性评估工具

委员会通过数十年的案例实践，制定了第 107（2）和（3）条。随着时间的推移，委员会已经将案例实践与欧盟法院判决所展现出来的立场综合到一起。目前，兼容性评估主要根据各类横向和行业指南以及集体豁免条例展开。

此外，委员会逐渐认识到，其所评估的大部分援助都属于相对标准化的援助类别，由于受援助行业本身的特点以及援助规模不大，上述援助对竞争和内部市场的影响非常有限。因此，委员会在 1998 年提议了《授权条例》并得到理事会的批准，[①] 该文件授权委员会通过集体豁免条例来宣布某些一般类别的援助具有兼容性，享有豁免权，无须再进行事先申报。[②] 在通过若干行业集体豁免条例之后，欧盟委员会于 2006 年决定将所有豁免标准重新归入一份统一的文件之中，这就是所谓的“一般集体豁免条例”。[③]

---

① Council Regulation (EC) No 994/98 of 7 May 1998 on the application of Articles 92 and 93 of the Treaty establishing the European Community to certain categories of horizontal State aid, OJ L 142, 14. 5. 1998, p. 1 –4.

② 《授权条例》还包含一项微量条款，根据这一条款，委员会有权宣布某些援助属于微量援助，即小到可以认定其不会对贸易和竞争产生影响，因此不属于第 107（1）条的范围。欧盟委员会对微量援助的定义是：在三个财政年度内向单一接收者提供最多 20 万欧元的公共资金。

③ Commission Regulation (EC) No 800/2008 of 6 August 2008 declaring certain categories of aid compatible with the common market in application of Articles 87 and 88 of the Treaty, OJ L 214, 9. 8. 2008, p. 3 –47.

4.1 行业指南

指南将特定行业的案例实践整理成规则，方便委员会向成员国和企业解释其在运用第107（2）条和第107（3）条时如何行使自由裁量权，从而提高透明度和法律确定性。指南首先对委员会本身具有约束力。尤其需要指出的是，委员会通过这些指南限制了自身行使自由裁量权的空间，而且委员会不得违反指南，否则很可能会被视为违反一般法律原则，如平等待遇或信赖保护。[①] 因此，在国家援助领域，只要委员会发布的指南和通告没有偏离《欧盟运行条约》中的规定，委员会自身就要受到其约束。[②]

目前有多个行业受到行业指南的规制：农业、林业和农村地区、宽带网络、电影和其他视听作品、渔业和水产养殖、造船、海运、机场和航空公司、银行、对困难企业的救助和重组、研发和创新、地区援助。

4.1.1 地区援助

欧盟在经济发展、收入水平和失业率方面一直存在显著的地区差异。因此，第107（3）条（a）、（c）两款规定，用以促进欧盟内部某些贫困地区经济发展的国家援助，委员会可以认定为与内部市场兼容。这种类型的援助被称为“地区援助”。

在欧盟成员国发放的援助总额中，地区援助一直占比较大。委员会在1971年通过的第一批指南中就包括这一领域的指南。[③] 近年来的援助重点是经济不平衡，在2007—2012年，成员国花费了约750亿欧元用于区域发展方面的国家援助，这相当于欧盟GDP的0.11%[④]。委员会于2013年通过了最新的《地区援助指南》，[⑤] 其具体目标是通过促进对欧盟最贫困地区的投资来促进经济增长。该指南的适用期为2014—2020年。

地区援助可被用于两类贫困地区：

◎“a”区：根据第107（3）条（a）款，援助可被用来促进生活水平异

---

① Judgment of 11 September 2008, *Germany and Others v Kronofrance*, Joined Cases C－75/05P and C－80/05P, ECR, ECLI: EU: C: 2008: 482, para 60.

② Judgment of 2 December 2010, *Holland Malt BV v Commission*, Case C－464/09 P, ECR, ECLI: EU: C: 2010: 733, para. 47.

③ 请参见 Framework on general system of regional aid.

④ European Commission, *Competition Policy Brief – Guidelines on Regional state aid for* 2014－2020, September 2014, http://ec.europa.eu/competition/publications/cpb/2014/014_en.pdf.

⑤ *Guidelines on regional State aid for* 2014－2020, OJ C 209, 23.7.2013, p.1－45.

常低下或就业情况极为严重的地区的经济发展。这些地区包括人均 GDP 低于欧盟平均值 75% 的地区以及偏远地区。[①] 与整个欧盟相比，这些地区的经济形势极为不利。

◎“c”区：根据第 107（3）条（c）款，援助可被用来促进某些经济活动或某些经济领域的发展，同时这些援助对贸易条件产生的不利影响不会与共同利益相悖。相对于全国平均水平而言，这些地区处于不利地位。

在向这些地区的企业提供地区援助之前，成员国必须向委员会提供一份显示全部地域的地区援助地图。在地图中，“a”或“c”区需要标示出来，并附上适用于这些区域的最高援助水平。最高限额由《地区援助指南》制定，不过每个成员国可以自行制定最低限额。

可以发放的地区援助有两种类型：运营援助和投资援助。运营援助旨在减少企业的当前支出——这一支出与初始投资无关。由于这类费用很少会给社会带来效益，因此委员会对此类援助的评估非常严格。《地区援助指南》列举了一些可以归入此类的支出，如人力成本、合同服务、通信、能源和租金。折旧成本和融资成本不包括在内。面向大企业和中小型企业的投资援助是地区援助的主要构成部分。对有形和无形资产的初始投资可以获得援助，这类投资涉及建立新企业、扩建现有企业、促使企业产出种类多样化以增加新的额外产品或是在根本上改进现有企业的整体生产流程。在一定条件下，收购与企业直接相关的资产也被列入初始投资，前提是这家企业已经倒闭，或者说如果不收购将会倒闭。不过，在“c”区，对大型企业的地区援助仅限于可在这些领域创造新的经济活动的投资，或扩大现有企业业务范围，促成新产品或新流程的创新。

4.1.2 对处于困境之中的非金融企业的救助和重组

《救助和重组援助指南》在国家援助控制架构中发挥了非常特殊的作用。[②] 其他指南都旨在以“良性援助”来推动投资，从而为共同利益目标提供支持，

---

① 《欧盟运行条约》第 349 条列出了九个“偏远地区”：瓜德罗普岛、法属圭亚那、马提尼克岛、马约特岛、留尼汪岛和圣马丁岛（法国）、加那利群岛（西班牙）以及亚速尔群岛和马德拉群岛（葡萄牙）。“偏远地区”是欧盟不可分割的一部分，必须遵守其法律和义务。“偏远地区”的特点是远离欧洲大陆、偏狭闭锁、面积较小（法属圭亚那除外）、地形复杂、气候不利、经济依赖少数产品。

② 委员会于 1994 年通过了第一份关于救助和重组困难企业的国家援助指南。目前的指南于 2014 年修订并通过，预计将适用至 2020 年：Communication from the Commission — Guidelines on State aid for rescuing and restructuring non - financial undertakings in difficulty, OJ C 249, 31. 7. 2014, p. 1 - 28.

而《救助和重组援助指南》则是为身处财政困境的企业制定规则，这些企业的重点是维持生存，而不是实现共同利益目标，事实上其在实现共同利益目标之前就有可能破产。因此，这些规则的目标是在准许使用公共资金进行重组（前提是确实可以预防社会经济困境或解决市场失灵）和防止严重的竞争扭曲之间找到一种良好的平衡。效率较为低下的企业退出市场是所有健康经济的正常特征，因为这样可以使更高效的竞争者取得发展，并将资产返回市场以用于更有效益的用途。相反，如果在市场中保留困难企业的话，则会推迟必要的经济调整，抑制竞争者进而抑制竞争，保护国家企业因而破坏单一市场，最终造成公共资金的浪费。如果干预最终走向了上述路径，那么救助和重组援助可能会大大减缓有关部门的经济增长。

为了限制这些消极影响，《救助和重组援助指南》严格规定了向困难企业提供援助的条件，比如企业的财务分析显示其债务负担不可持续。① 为此，指南划分了三种类型的援助：救助援助、重组援助和临时重组支持。

救助援助旨在为即将倒闭的企业提供紧急和临时救济，使其能够维持足够长时间的生存来制订重组计划。这种援助必须采取流动性支持（包含贷款或担保）的形式，最多只能发放 6 个月。②

重组援助旨在资助企业进行重组并恢复长期生存能力。这种援助可以发放较长的时期，但必须附有详细的重组计划，而且重组计划必须符合若干条件并获得委员会的批准。尤其重要的是，重组计划必须说明在没有进一步国家支持的情况下如何恢复长期生存能力。其次，企业所有人或外部投资者必须自己承担一部分

---

① 根据《救助和重组援助指南》第 20 条，“如果在没有国家干预的情况下，企业几乎肯定将在短期或中期内停业，那么该企业可被认定为困难企业。因此，至少要出现以下一种情况，企业才可被认定为困难企业：

（a）就有限责任企业而言，其认购股本已经因累计亏损缩水一半以上。从准备金（以及常被视为企业自有资金一部分的所有其他要素）中扣除累计损失后得出的负累积额超过认购股本一半的时候，这种情况就会成立。

（b）就至少有一些成员对企业债务承担无限责任的企业而言，企业账户中显示的资本由于累计损失缩水一半以上。

（c）企业需遵守集体破产程序，或者是符合国内法标准，可以应其债权人的请求进入集体破产程序。

（d）就非中小型企业而言，则在过去两年里：i. 企业的账面债务与权益比率大于 7.5；ii. 企业的税息折旧及摊销前利润（EBITDA）利息备付率低于 1.0。”

② 同上，第 26 条。

重组成本（被称为所有者贡献）。第三，企业股东和次级债权人必须承担企业已经产生的损失（被称为责任分担）。该条件为 2014 年新增，主要参照金融机构重组援助的实例,① 目的是减少道德风险（因为投资者知道，如果企业失败，自己也要承担损失）从而减少援助金额，进而减少竞争扭曲。第四，企业必须采取措施来限制国家支持造成的竞争扭曲，比如出售可盈利业务。最后，重组援助在 10 年期内只能发放一次（“仅此一次”原则）。

临时重组支持以流动性支持（贷款或担保）的形式提供援助，这种支持只在无须进一步重组援助的情况下发放给中小企业和小型国有企业，最多发放 18 个月，需要提供重组计划。

4.2　一般集体豁免条例

一般集体豁免条例明确规定了哪些类别的援助无须向委员会事先申报而依据已定的具体标准判断是否具有兼容性。一般集体豁免条例当前的版本②是在“国家援助现代化”的背景下于 2014 年通过的，另一项专门针对农业和林业部门的集体豁免条例对之形成了补充。③

一般集体豁免条例的主要目的是简化那些相对标准化且额度不超过给定限额的援助类别的批准程序。这种简化的审批程序使得成员国无须申报就可以提供财政支持，也使得委员会可以将兼容性深入评估的重点放在那些对内部市场影响最大的援助措施上。

一般集体豁免条例适用于整体援助计划、援助计划下的单项援助、临时援助，前提是援助既符合条例第一章规定的一般条件，又符合条例第三章针对各类援助制定的具体条件。一般集体豁免条例涵盖的援助类别包括：（i）地区援助；（ii）以投资援助、运营援助和融资渠道的形式向中小企业提供的援助；（iii）环境保护援助；（iv）研发和创新援助；（v）培训援助；（vi）面向弱势工人和残疾工人的招聘和就业援助；（vii）特定自然灾害援助；（viii）为偏远地区居民提供

---

① Communication from the Commission on the application, from 1 August 2013, of State aid rules to support measures in favour of banks in the context of the financial crisis (“Banking Communication”), OJ C 216, 30. 7. 2013, p. 1 – 15.

② Commission Regulation (EU) No 651/2014 of 17 June 2014 declaring certain categories of aid compatible with the internal market in application of Articles 107 and 108 of the Treaty, OJ L187, 26. 6. 2014, p. 1 – 78.

③ Commission Regulation (EU) No 702/2014 of 25 June 2014 declaring certain categories of aid in the agricultural and forestry sectors and in rural areas compatible with the internal market in application of Articles 107 and 108 of the Treaty on the Functioning of the European Union, OJ L 193, 1. 7. 2014, p. 1 – 75.

交通运输的社会援助；（ix）宽带基础设施援助；（x）文化和遗产保护援助；（xi）体育和多功能休闲基础设施援助；（xii）地方基础设施援助。

对于每类援助，一般集体豁免条例都规定了限额，超出限额的援助措施必须向委员会事先申报。比如，中小企业投资援助的申报限额为每年750万欧元，而环境保护投资援助的申报限额为每年1 500万欧元。一般集体豁免条例指出："不得通过人为拆分援助计划或援助项目来规避限额。"① 此外，为了确保将援助限制在必要的额度之内，只有符合援助强度门槛的才能享受一般集体豁免条例的福利。②

委员会对这一程序的简化意味着成员国要肩负起更大的责任。对于新的豁免措施，事后管控将会得到加强。此外，欧盟还制定了新的透明度规则。③

4.3 对公平竞争审查制度的建议

明确且预先制定的共同目标可以成为设立国家援助例外情况和兼容性标准的理由，以统一的方式在所有成员国推行这些目标是国家援助控制制度在欧盟取得成功的关键所在。委员会逐步制定出来的兼容性评估工具使得国家部门和企业具有可预测性、可靠性和非歧视性，这在极大程度上推动了对公平竞争的追求和内部市场的建立。

目前，国家和省级政府自我审查制度的例外规定对其追求的目标存在比较含糊的定义，因此有可能会导致18项审查标准及例外规定在全国范围内和各行业之间得不到均衡落实。之后，国务院可能会进一步明确何种经济、社会或文化因素，如区域发展，可成为公平竞争审查制度的例外情况；同样重要的是，国务院可能会进一步制定统一的适用标准。

5. 机构设置

在国家援助控制制度中，《欧盟运行条约》第108条赋予委员会管控成员国

---

① Commission Regulation (EU) No 651/2014 of 17 June 2014 declaring certain categories of aid compatible with the internal market in application of Articles 107 and 108 of the Treaty, OJ L187, 26.6.2014, p.1－78., article 4, para. 2.

② 援助强度是指在税收或其他征税之前以合理成本百分比表示的援助总额。

③ 按照一般集体豁免条例第5条的要求，在条例生效两年后，成员国必须通过国家或地区网站提供关于援助的信息。

国家援助政策的专属管辖权，以防止内部市场出现竞争过度扭曲的情况。[①] 所有可能处于国家援助控制范围之内的公共措施都必须向委员会申报，再由委员会评估其是否构成援助以及是否兼容。未经欧盟委员会批准，任何援助措施不得生效。这种管控在实施过程中会受到欧盟法院的全面审查，法院会从受益人、竞争者和成员国的利益出发，审查欧盟委员会执行的合法性。

5.1 委员会的作用

在欧盟架构中，委员会是政治上独立的欧盟执行机构，代表着整个欧盟的利益。其负责监督成员国对欧盟条约的遵守情况、起草新的立法提案、执行欧盟议会和理事会的决定，并在竞争领域充当欧盟的中央竞争执法机构。其独立于国家和政治利益之外，这一点对其促进整个欧盟“共同利益”的使命来说是根本所在。[②]

委员会由专员团和各个总司组成。专员团是政治委任产生的委员会领导机构，每个成员国向专员团派驻一名专员。总司是委员会的行政机构，被划分成若干司，秘书长和法务部负责协助各司工作。专员团会根据竞争事务专员的建议，就竞争个案做出最终裁定，并发布指南和通告。竞争政策实施的主要负责机构是竞争总司。

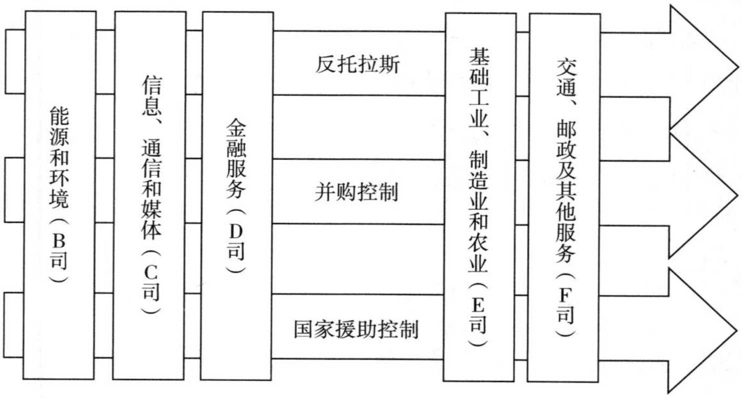

① C. – D. Ehlermann, “State Aids under European Community Competition Law” in *Fordham International Law Journal*, Volume 18, Issue 2, 1994, 410.

② P. Lowe, “The design of competition policy institutions for the 21st century – the experience of the European Commission and DG Competition”, *Competition Policy Newsletter*, 2008, Issue 3, pag. 1.

竞争总司共有约800名官员，[①] 体现为矩阵型组织结构，结合多种竞争工具，并根据行业划分成五个司：能源和环境（B司），信息、通信和媒体（C司），金融服务（D司），基础工业、制造业和农业（E司），交通、邮政及其他服务（F司）。每一个司都由专门负责实施主要竞争执法工具（反垄断、并购控制和国家援助控制）的小组组成。除此之外，还有两个按执法工具划分的司，分别是专门负责卡特尔执法的G司和专门负责所有横向（即非特定部门）国家援助规则制定的H司，此外还有A司负责所有涉及竞争执法工具及欧盟竞争网络、私人执行机制和国际关系的政策。[②]

竞争总司还会就其执法活动与其他总司进行沟通，使竞争控制与行业政策相一致并确保欧盟委员会行动的连贯性。竞争总司在法务部的监督下行事，所有具有法律效力的欧盟委员会行动，如个案决定以及通讯、指南、通告和立法提案，都必须征求法务部的意见建议。法务部还在所有国家和国际层面的欧盟法院诉讼程序中代表欧盟委员会。与此不同，首席经济学家及其团队则是在单个竞争案例和政策制定的经济分析方面提供支持。其直接向竞争总司的总司长汇报工作，并向竞争专员提供独立建议。

原则上，根据《欧盟运行条约》第108（3）条，所有新的援助发放或现有援助的变动都必须向委员会申报，而且在委员会批准之前不得生效。即使成员国根据《欧盟运行条约》第107（2）和（3）条的规定，认为措施与内部市场兼容，也同样履行申报委员会的义务。[③] 申报义务针对成员国，而非措施的实施对象。[④] 但是，有些援助措施是经过申诉进入欧盟委员会的事业，所以说申诉是审查国家援助的一大信息来源。[⑤] 当竞争者正式填写表格提出申诉并成功证明其利益可能受到相关援助的影响时，[⑥] 委员会必须对申诉进行尽职公正的审查，可能

① Commission, DG Competition, Annual Activity Report 2016, 13 June 2017, pag. 5 – 6.

② 请参见 the organigram of DG Competition, available http: //ec. europa. eu/dgs/competition/index_en. htm (last consulted 10 July 2017).

③ K. Bacon, *European Community Law of State Aid*, Oxford University Press, 2009, p. 448.

④ Judgment of 5 August 2003, *P&O European Ferries (Vizcaya) v Commission*, Joined Cases T – 116/01 and T – 118/01, ECR, EU: T: 2003: 217, para. 64.

⑤ Recital 32 of the Procedural Regulation.

⑥ 请参见 recital 33 and Article 24 (2) of the Procedural Regulation, and Article 11 (a) of the Implementing Regulation.

还要审查申诉人没有明确提出的事项。[①] 最后，委员会有能力主动审查有关违法援助的各种信息来源，确保国家援助规定得到遵守，这就是所谓的依职权案件。[②]

对潜在援助措施的审查分不同阶段进行。在初级阶段（也被称为“第 1 阶段”），委员会就企业、是否存在援助以及兼容性这三项要素形成初步意见。如果在第 1 阶段结束时，委员会对三者中的任何一项存有疑问，因此无法直接批准援助，或者在接到申诉的情况下无法否认相关指控，那么就必须启动《欧盟运行条约》第 108（2）条制定的实质审查阶段（即“第 2 阶段”）。[③] 这种规定可以让委员会充分了解案件的方方面面，并允许可能存在利害关系的第三方发表意见，从而保护其权利。其实在第 1 阶段和第 2 阶段之前就存在委员会与有关成员国协调援助项目的最佳实践，即所谓的申报前阶段。第 2 阶段只能以两种方式结束。如果措施不构成援助，或者措施构成援助但与内部市场兼容，委员会会做出“批准决定”。在某些情况下，委员会可能会将兼容性与若干条件挂钩（“附条件决定”）。在其他情况下，委员会可能会因为不能判定援助与内部市场相兼容而做出“否决决定”。[④] 在这种情况下，如果相关措施在生效之前已经申报委员会，那“否决决定”则意味着成员国必须放弃这一措施。如果委员会审查一项违法援助，那么在其做出否决裁定之后，相关成员国有义务采取恢复措施从受益人那里追回援助。

在过去 10 年里，这一执法行动让委员会平均每年筛选出 700 多起国家援助案件。[⑤] 不过，自一般集体豁免条例的最新版本于2014 年通过以来，委员会的决定在数量上已经出现下降，因为现在有更多领域的国家援助享受豁免，无须进行事先申报。[⑥]

---

① Judgment of 2 April 1998, *Commission* v *Syntraval and Brink' s France*, C－367/95 P, ECR, EU: C: 1998: 154, para. 62.

② 请参见 Article 25 of the Procedural Regulation.

③ 请参见 judgments of 1st December 2004, *Kronofrance* v *Commission*, T－27/02, EU: T: 2004: 348, paragraphs 51 and following; of 4 July 2007, *Bouygues* v *Commission*, T－475/04, EU: T: 2007: 196, paragraph 89; of 15 March 2001, *Société chimique Prayon－Rupel* v *Commission*, T－73/98, ECR, EU: T: 2001: 94, paragraph 43.

④ Articles 9 and 15 of the Procedural Regulation.

⑤ Commission, DG Competition, Annual Activity Report 2016, 13 June 2017, pag. 29.

⑥ 最新可查数据为2014 年通过517 项决定，2015 年通过312 项，2016 年通过293 项，2017 年仅通过245 项。

5.2 欧盟各级法院的司法审查

欧盟国家援助控制在机构设置上还有一个重要的方面，那就是确保欧盟各级法院对委员会的所有决定进行司法审查。对于委员会涉及国家援助措施的所有决定，都可以在其发布后两个月内将其诉至卢森堡的两级欧盟法院，起诉理由可以是：缺少权限、违反基本程序要求、违反欧盟条约或相关法律、滥用权力等。①

要求撤销委员会决定的申请不仅可以由相关成员国提出，也可以由受益人等与该决定直接相关的第三方提出。②

普通法院负责审查委员会对法律问题的立场、对事实的实质性审查结果及对这些事实的法律评估，并评估委员会依据的证据是否准确和充分，以判定其是否涉嫌违反"必要的法律证据标准"。③ 而欧盟法院只负责法律问题。根据《欧盟运行条约》第107条的规定，国家援助是一个法律概念，必须根据客观因素进行解释。因此，欧盟各级法院原则上必须同时考虑案件的具体特点和委员会评估的技术性或复杂性，对一项措施是否属于《欧盟运行条约》第107（1）条的范畴进行全面审查。④ 不过，如果委员会的评估具有技术性或复杂性，那么对一项措施是否属于《欧盟运行条约》第107（1）条范围的司法审查则是受到限制的。⑤在这种情况下，需要对委员会的事实评估给予一定程度的尊重，审查内容应仅限于有关法定程序和理由陈述的规定是否得到遵守、事实是否得到准确查明以及是否有明显的评估失误或滥用权力的行为。⑥ 换言之，虽然委员会在复杂性和经济

---

① Articles 263 (1), (2) and (6) TFEU.

② Articles 263 (2) and (4) TFEU.

③ Bellamy & Child, *European Union law of competition*, Oxford, Oxford University Press, 2013 (7th edition), p. 1068; F. Castillo de la Torre, "Evidence, Proof and Judicial Review in Cartel Cases", *World Competition* 32 (4), 2009, p. 505 – 578.

④ Judgment of 21 June 2012, *BNP Paribas and BNL* v *Commission*, C – 452/10 P, EU: C: 2012: 366, paragraph 100.

⑤ Judgment of 30 November 2016, *Commission* v *France and Orange*, C – 486/15 P, EU: C: 2016: 912, para. 88.

⑥ Judgment of 2 September 2010, *Commission* v *Deutsche Post*, C – 399/08 P, EU: C: 2010: 481, para. 97. Although the General Court must not substitute its own economic assessment for that of the Commission, EU judicature must nevertheless establish, among other things, whether the evidence relied on is factually accurate, reliable and consistent and whether that evidence contains all the relevant information which must be taken into account in order to assess a complex situation and whether it is capable of substantiating the conclusions drawn from it. *See* judgment of 11 September 2014, *CB* v *Commission*, C – 67/13 P, EU: C: 2014: 2204, paragraph 46.

评估方面——包括兼容性分析——保留了很大的自由裁量权，但是如果相关政策过度干涉一国自治的话，法院仍然可以介入。

5.3 权力下放?

与反垄断的情况不同，国家援助控制制度并没有考虑到国家竞争执法机构的作用——后者仅在少数情况下推动国家援助授予机关与委员会沟通。

曾经有过这样的疑问，即国家援助的完全集中化会不会给委员会造成太大的负担，因为委员会有义务就所有申报的援助措施以及向其提起的所有申诉做出正式决定，即使这些措施和申诉具有本地性，对贸易和竞争的影响也微不足道。

虽然权力下放在欧盟反垄断执法领域已经取得了成功,[①] 但对于权力下放在国家援助控制方面是否也具有可行性和必要性，各方尚未达成共识。在这一点上，必须指出的是，反垄断执法的驱动力与国家援助控制的驱动力完全不同。反垄断规则针对的是活跃在市场上的企业的行为，而国家援助规则针对的则是28个成员国的公共管理部门或其他政府机构采取的措施，其主要是限制政府乃至议会为本国某些部门提供经济优势的自由。[②] 有鉴于此，欧盟选择了在组织机构和政治上独立于授予机构或行政部门的超国家实体，事实证明这是确保国家援助规则在不同成员国得到有效统一实施的关键一步。就国家援助控制而言，各国的竞争执法机构除了有可能受到企业（国家援助的接受者）的规制俘获之外，也很容易受到政府（国家援助的授予者）的政治俘获,[③] 而且各国的竞争执法机构充其量也只能从国家的角度来考虑问题。

5.4 对公平竞争审查制度的建议

目前，公平竞争审查制度的机构设置非常简易。国发〔2016〕34号文第三条规定，“行政机关和法律、法规授权的具有管理公共事务职能的组织（以下统称政策制定机关）……应当进行公平竞争审查。行政法规和国务院制定的其他政策措施、地方性法规，起草部门应当在起草过程中进行公平竞争审查。未进行自我审查的，不得提交审议。”国家和省级政府的独立自我审查由国务院法制办公

① 在适用于企业的竞争规则于2003年进行现代化改革之前，有一个事先授权程序，其形式为单项豁免、豁免证明和委员会根据当事方协议通知而发布的告慰函。新的制度规定了事后控制，国家法院、国家竞争管理机构和委员会都在其中发挥着作用。

② C. – D. Ehlermann, State aid control in the European Union: success or failure? in *Fordham International Law Journal*, Volume 18, Issue 4, 1994, 1218.

③ N. Fiedziuk, “Towards Decentralization of State Aid Control: The Case of Services of General Economic Interest”, *World Competition Law and Economics Review*, Volume 36, Issue 3, 2013, 390.

室和中国三家竞争执法机构负责监督，这三家机构分别是国家发改委、商务部和国家工商总局，不过审查程序中似乎没有包含司法救济途径。虽然在公平竞争审查制度实施的第一年里中国做出了一些努力，[①] 不过机构设置看起来可能是其最薄弱的一个环节。

欧盟一直坚持由委员会掌握超国家、集中化的监管权并接受欧盟各级法院的审查的原则，这个原则多年来一直行之有效地控制了国家支出以及国内措施可能对内部市场和成员国间产生扭曲竞争的影响。

如果立足于以下几点采取更为有力的机构设置，公平竞争审查制度将会大大受益：（i）由一个独立的机构负责这项政策及集体的执行工作；（ii）该机构拥有足够的资源；（iii）该机构拥有足够权力去审查各级政府和国有企业的行为；（iv）司法机关会对主管机构的决定展开有效审查。

首先，如前文所述，在跨区域背景下，集中化的机构在超国家层面对公共措施进行监督和控制的做法不仅是明智的，也是合理的，因为这种区域或地方措施可能会导致跨境的负面外部性（如租金转移效应和公平竞争环境的扭曲），其通常仅在本地区推动经济和社会发展，因而在区域和地方利益与整个国家的集体利益之间形成了分歧。[②] 去中心化则更易完全偏向国家利益，因此容易受到企业的规制俘获，而超国家层面的执法者由于离得较远，因此受国家利益的影响肯定较小，受到规制俘获的风险也较低，这意味着其在做出决策时会更加独立。[③] 就国家援助规则的实施而言，集中化制度的另一个重要优点是，其能确保同样的标准统一适用于所有地区——无论其存在何种特性——以及所有具备共同法律和事实特点的案件——无论其地理来源或地理位置。[④]

同样重要的是，需要建立一个强有力的法律体系，客观地应对该机构所做决策引发的争议，从而促成相关公共措施得到公正独立的分析评估，同时又让执法

---

① S. Zang and L. Meng, *China' s Fair Competition Review System*, 1 *Year Later*, in Orrick Antitrust Watch, 29 June 2017.

② 关于国家援助控制经济学，请参见 H. W. Friederiszick, L. – H. Röller and V. Verouden, *European State aid Control*: *an economic framework*, in P. Buccirossi, *Handbook of Antitrust Economics*, MIT Press, Cambridge, 2008; and D. Spector, *State aids*: *Economic Analysis and Practice in the EU*, in X. Vives, *Fifty Years of the Treaty*: *assessment and Perspectives of Competition Policy in Europe*, Oxford University Press, Oxford, 2009.

③ N. Fiedziuk, "Towards Decentralization of State Aid Control: The Case of Services of General Economic Interest", *World Competition Law and Economics Review*, Volume 36, Issue 3, 2013, 388 – 389.

④ G. Kamaris, *A Critical Analysis of the European Union' s State Aid Policy Implementation*, Brunel University, 2014, 192 – 193.

者有足够的余地制定政策。要想执法工作行之有效并促进竞争，这是一个关键因素。

6. 国家援助的恢复措施和执行

《欧盟运行条约》第108条规定，国家援助措施必须向欧盟委员会事先申报，由其根据欧盟国家援助规则对相关措施进行审查和评估。在委员会根据《欧盟运行条约》第107条判定援助措施与内部市场的兼容性之前（或提出异议，或认为该措施不构成援助），成员国有义务暂不执行相关措施，这一冻结义务是欧盟国家援助制度执行过程中的一个关键要素。

违法援助指的是构成国家援助的措施和没有事先申报欧盟委员会就已实施的措施——即使委员会后来依照《欧盟运行条约》第107条宣布其与内部市场兼容。如果委员会发现某项措施属于违法且不兼容的国家援助，那么委员会可以要求发放援助的成员国从受益人那里追回援助款，让一切恢复原状。同样，当一个国家法院审理违法援助时，原则上其必须要求从受益人那里全额追回这些援助款项。

6.1 恢复措施

国家援助控制与反垄断法之间的本质区别在于，如果发现违法援助不符合内部市场规定，发放援助的国家机构不会受到制裁或经济处罚，但其必须从受益人或实质受益的企业那里追回援助款，或是采取“反向措施”（*acte contraire*）来扭转不兼容的国家援助措施造成的影响，从而让一切恢复原状。而违反反垄断法的后果则是违法者被处以巨额罚款，这些罚款将被存入欧盟预算。追回违法且不兼容的援助并非一种惩罚，而是援助被判定为非法之后的一个合理结果。

相关成员国有义务采取恢复措施而废止被委员会认定为与单一市场不兼容的援助措施，其目的是让一切恢复到援助发放之前的原状。[①] 只要受益人归还相关援助款项与合理的应付利息，这一目标就算达成。[②] 援助接受者在归还援助款之后，就丧失了其在市场上相对于竞争对手的优势，并将一切回复至援助发放之前

① Judgment of 21 December 2016, *Commission v Aer Lingus*, C-164/15 P, EU: C: 2016: 990, para. 89.

② 关于确定、适用和发布利息的方法，请参见 Articles 9 to 11 of the Implementing Regulation

的原状。① 以恢复原状为目的的恢复措施，并不意味着要根据各种假定的因素重构过去的事实，因为假定的因素中自然包括相关经营者可能会做出的选择，这样的选择多种多样，而经营者在接受援助时做出的选择往往是不可逆的。② 换言之，恢复措施只是追回援助本身给接受者带来的优势，而不是收回接受者有可能利用这种优势享受到的所有经济利益。③

即使委员会的决定被上诉至欧盟各级法院，恢复措施也不会中止。④ 受益人时常试图通过援引法律确定性、信赖保护或难以量化恢复额度等理由来规避恢复措施。不过，此类申诉一般都以失败告终。⑤

委员会在违法援助方面的权力受到欧盟《程序条例》第 12 至 16 条的约束，该条例在恢复措施的问题上对委员会的行政程序和行为做出了规定。需要特别指出的是，委员会无须量化恢复措施的确切数额。只要决定的接收方（一般为成员国）能够依据委员会的决定中包含的信息较容易地计算出恢复额度就足够了。⑥

成员国必须按照该国的程序规则并在委员会的监督下追回援助金额以及利息。委员会通过决定之后，恢复措施的程序就必须尽快完成。恢复命令下达之后，成员国有义务“立即”采取措施，按照国家程序追回援助。在这个过程中，成员国可以采取本国法律体系允许的“一切必要措施”。

为了设立法律确定性，委员会下令采取恢复措施的权力要受到 10 年时效期的限制。⑦ 不论援助以独立援助或援助计划下的某项援助的形式授予，时效期的

---

① Judgment of 29 April 2004, *Germany* v *Commission*, C-277/00, ECR, EU: C: 2004: 238, para. 75.

② 请参见 judgments of 21 December 2016, *Commission* v *Aer Lingus*, C-164/15 P, EU: C: 2016: 990, para. 91; and of 15 December 2005, *Unicredito Italiano*, C-148/04, ECR, EU: C: 2005: 774, para. 118

③ Judgment of 21 December 2016, *Commission* v *Aer Lingus*, C-164/15 P, EU: C: 2016: 990, para. 92.

④ *Notice*, *Towards an effective implementation of Commission decisions ordering Members to recover unlawful and incompatible State aid*, OJ C272, 15. 11. 2007, p. 4-17, para. 25.

⑤ 关于法律确定性，请参见 Commission Decision of 30 August 2016 on State aid SA. 38373 (2014/C) (ex 2014/NN) (ex 2014/CP) implemented by Ireland to Apple, paras. 439-441 and Commission Decision of 21 October 2015 on State aid SA. 38375 (2014/C ex 2014/NN) which Luxembourg granted to Fiat, OJ L 351, 22. 12. 2016, paras. 360-362. Regarding protection of legitimate expectations, *see* Commission Decision of 30 August 2016 on State aid SA. 38373 (2014/C) (ex 2014/NN) (ex 2014/CP) implemented by Ireland to Apple, para. 443. Regarding difficulties in the quantification of the recovery amounts, *see* Commission Decision of 30 August 2016 on State aid SA. 38373 (2014/C) (ex 2014/NN) (ex 2014/CP) implemented by Ireland to Apple, para. 444.

⑥ Judgment of 18 October 2007, *Commission v France*, C-441/06, EU: C: 2007: 616, para. 29.

⑦ Article 17 (1) of Council Regulation 2015/1589 of 13 July 2015, laying down detailed rules for the application of Article 108 TFEU (codification), OJ L 248, 24. 09. 2015.

起始日期均以违法援助的授予日为准。委员会或成员国应委员会的要求就违法援助采取的任何行动都会中断时效期限。[①] 每次中断之后就会重新开始计算。

6.2 各国法院的执法

采取恢复措施既可能是欧盟委员会做出否决裁定的结果，也可能是因为竞争者在国家法院启动了诉讼程序且涉及《欧盟运行条约》第107（1）条。[②]

如果国家法院得出结论认为某项措施属于违法援助，则必须宣布相关措施无效并下令采取恢复措施。[③] 在委员会尚未做出决定的时候，国家法院的义务并不受影响——不论委员会的程序是否正在进行之中。[④] 除非在国家法院提交判决意见的时候，委员会已经判定援助措施与单一市场相兼容或是特殊情况导致不适宜采取恢复措施，国家法院下令全额追回非法国家援助的义务才会终止。[⑤]

违反《欧盟运行条约》第108（3）条规定的冻结义务，提供援助，会导致竞争被扭曲，国家法院有权采取临时措施防止扭曲的发生。[⑥] 由于在国家法院诉讼过程中可能会出现违法援助款项继续发放的情况，法院可以在必要时发布临时命令，防止非法放款，直至实质问题得到解决。[⑦]

最后，在委员会经过评估得出结论，认为所发放的援助属于违法且不兼容的措施，并下令采取恢复措施时，国家法院在执行委员会的恢复决定方面也发挥着重要作用。国家法院之所以参与此类案件，通常是因为受益人采取行动，要求审查援助授予机构发出的恢复命令的合法性。

6.3 对公平竞争审查制度的建议

“否决决定”的执行可能是欧盟国家援助控制制度中问题最大的领域。与反垄断的情况不同，在国家援助中，违法者是成员国而不是受益企业。因此，欧盟

---

① 同上，Art. 17（2）。

② 请参见 judgments of 18 July 2007, *Lucchini*, C－119/05, EU：C：2007：434, para. 50；of 18 July 2013, *P Oy*, C－6/12, EU：C：2013：525, para. 38

③ Judgment of 8 December 2011, *Residex Capital IV*, C－275/10, EU：C：2011：814, para. 29.

④ Judgment of 12 February 2008, *CELF*, C－199/06, EU：C：2008：79, para. 36.

⑤ 请参见 judgments of 12 February 2008, *CELF*, C－199/06, ECR, EU：C：2008：79, paras. 45, 46 and 55；and of 11 July 1996, *SFEI and Others*, C－39/94, ECR, EU：C：1996：285, paras. 70 and 71.

⑥ 请参见 judgments of 21 November 1991, *Fédération nationale du commerce extérieur des produits alimentaires et Syndicat national des négociants et transformateurs de saumon*, C－354/90, ECR, EU：C：1991：440, para. 11；and of 21 November 2013, *Deutsche Lufthansa*, C－284/12, ECR, EU：C：2013：755, para. 34.

⑦ Judgment of 26 October 2016, *DEI and Commission* v *Alouminion tis Ellados*, C－590/14 P, ECR, EU：C：2016：797, para. 101.

法律将国家援助程序视为委员会与成员国之间的程序，而受益人仅仅只是一个利益相关方。这意味着，受益人并不能提前向委员会申报援助措施以确保援助得到批准，此外，如果审查程序正在进行当中，那么受益人就只能享有有限的权利。除了上述几点原因，还有一个原因导致社会舆论质疑国家援助执法的威慑效果，即让授予援助的成员国采取恢复措施追回所有援助。

公平竞争审查制度目前预设的是，未经公平竞争审查或已被识别出具有排除、限制竞争效果的公共措施不得出台。[①] 该原则类似于《欧盟运行条约》第108（3）条规定的冻结义务。事实上，在欧盟国家援助控制的原始架构中，如果成员国在向委员会申报的时候“没有提前足够的时间使其提交意见”，则不得进行任何援助发放或变动，此类提议措施在委员会宣布其具有兼容性之前也不得生效。因此，根据《欧盟运行条约》，一项援助措施要么就是得到委员会的授权，要么就是得不到授权并永远不得生效。但事实上，成员国并不总是先向委员会申报自己有发放援助的意图，然后再让援助生效，而且也并非所有事先申报过的援助都是在得到委员会批准之后才予以发放的。久而久之，委员会开始规定，一旦某项援助被认定是在没有事先申报的情况下发放的，成员国就需要从接受者那里追回所发放的援助。[②] 自从采取这样的措施来制裁违法且不兼容的援助以来，委员会和欧盟法院一直在努力加强并澄清恢复范围、形式，另外明确某些情况下的援助效力，此时往往很难界定成员国的恢复措施，或是恢复措施的程序被规避了。

对于以上问题，公平竞争审查制度可以从欧盟漫长而不易的历程中借鉴经验，采取适宜的措施加强公平竞争审查。尤为重要的是，该制度可能需要采取一些惩罚措施强制要求公共部门遵守其审查义务。正如欧盟经验所示，冻结原则带来的后果并没有产生足够的威慑效果。而将私人执行作为另一项有力的合规手段，则可能促进利益相关的第三方（尤其是受益人）的程序权利得到保护。

---

① 请参见 Point 3.（2）of State Council Decision No. 34.

② Judgment of 12 July 1973, *Commission v. Germany*, Case C－70/72, ECR, ECLI: EU: C: 1973: 87, para. 13.